ECKHARD HENSCHEID

Sudelblätter

HAFFMANS VERLAG

Umschlagbild von
Tatjana Hauptmann
Lektorat: Thomas Bodmer

1.–6. Tausend, Herbst 1987

Satz: Fosaco AG Bichelsee
Herstellung: Franz Spiegel Buch GmbH, Ulm
ISBN 3 251 00110 8

»Wahrhaft gut ist man nur aus Bosheit.«
WALTER SERNER

»Satire wohnt in meiner Feder, nicht auf meiner Zunge, nie in meinem Herzen.«
JEAN PAUL

»O Gott, ich sehe je länger, immer weniger!« BENN AN OELZE, 19.10.1938

Für Brigitte A. Mikula,
die Erstbetreuerin, sowie Botho S. Dammer

Etwa das erste Fünftel der hier versammelten Glossen und Splitter erschien zwischen März und Juli 1986 unter dem gleichen Titel und in je zu einer Druckseite vereinten Bündeln im ›Zeit-Magazin‹, so und in dieser Reihenfolge, von winzigen Abweichungen abgesehen; Näheres dazu im Nachwort. Die vier restlichen Fünftel wurden eigens für die vorliegende Buchveröffentlichung geschrieben bzw. zum kleineren Teil aus älteren Veröffentlichungen für sie zusammengestellt.

Keine Frage, daß deshalb das erste Fünftel eher journalistisch-strategischen, auch formal-taktischen Geboten gehorcht – der größere andere Teil deutlicher ins Tagebuchartige, wenn man will Privatistische neigt. Auch dazu mehr im Nachwort.

In Anbetracht des zuweilen bedrohlichen Hinundherhüpfens der Formen und Inhalte und der Wusligkeit des zeitgeistlichen Materials ist es wohl ratsam, das Buch eher häppchenweise zu lesen. Natürlich schön von vorn nach hinten.

Inhalt

Frühjahr 9

Sommer 67

Herbst 141

Winter 253

Frühjahr 341

Nachwort 425

Register 433

Frühjahr

Achtung, Achtung! Hiermit teile ich mit und mache bekannt, daß die sog. Postmoderne Ende 1985 definitiv verstorben ist und ab 1986 durch den oder die oder das sog. Posthistoire, gespr. Postistoah, abgelöst und deshalb ab sofort beim unseligen Namen zu nennen verboten wird, nämlich abwinkende Gesten und verächtlichmachendes Gelächter nach sich zieht. Dies gilt bis Silvester 1986. Dann aber ist auch das oder der Posthistoire wieder weg vom Fenster, und es komme was ganz was Neues. Ich aber sage Euch rechtzeitig Bescheid, was.

☆

»Nun fängt alles wieder von vorne an«, schrie Sue Ellen am 14.1.86 in der schätzungsweise 943. Folge von ›Dallas‹ J.R. an. Endlich hat sie die abgründige Drehbuch-Dramaturgie durchschaut. Macht aber weiter mit.

☆

Was ich Ihnen, Leser, sagen muß, weil Sie's sonst nie erführen: Meine einleuchtendste Medien-Erfahrung 1985 – noch weit vor dem komplett erwartbaren Zinnober rund um B. Becker und die Schwarzwaldklinik –: Autoren schreiben nur noch Bücher, um ins Fernsehen zu kommen; weil, wie schon Hemingway in einem Brief an Mizener geweissagt, ja ohnehin »alle nur noch ins Fernsehen wollen«. Der Beweis: bin ich.

Bzw. im Gegenteil. Nachgerade kapriziös lehnte ich es 1985 nämlich dreimal ab, in der Folge eines vergleichsweise spektakelhaften Buchs (über H. Kohl) in TV-

Talkshows vorzusprechen; aus a) Unlust, und b) war mir ahnungsvoll auch danach, die TV-Fürsten ein wenig vorn Kopf zu stoßen — und siehe, das letztere glückte prächtigst: Ich stieß dreimal auf baß benommene Verblüffung so quasi des Gehalts: Man habe sich meiner erbarmt und mir eine letzte Chance geben wollen — und nun das?!?

Schon kurz vorher war mir der neue Schreib-TV-Konnex weitgehend luzid geworden: Auf einen reichlich polemischen Aufsatz über H.D. Hüsch hin bedachte mich die reichlich artverwandte E. Heidenreich mit einem überreichlich krausen Brief des verklausulierten, aber deutlich zaunpfahlwinkenden Tenors: Wenn ich printmedial (so heißt das heute) so glänzend weitermachte, dann sähe sie für mich gewisse Chancen, ins Fernsehen, nämlich zu ihr in ihre weltberühmte Talkshow zu dürfen.

Mein dritter Indizienbeweis: Vor Jahren nach einer Lesung in Köln frug mich ein ›express‹-Reporter, wann ich — er kenne ja meine Romane (das war gelogen) — denn nun nach so vielen Büchern endlich mal eine komische Fernsehshow absolvierte.

Recht sonderlich wird einem da im Herzen und Gemüte. Dochdoch, Leser, die immer noch sog. Kultur ist heutzutage zuzementiert in einem TV-zentrierten Schrumpfsinn, von dessen gigantischer Niedertracht sich weder Du noch sogar die mit ziemlich vielen Wassern gewaschenen gleichfalls noch immer sog. Kulturredaktionen des Vaterlands alles schwanen lassen.

☆

Der Verkommenheit der deutschen Medialsprachverfassung ist wahrlich keine törichte Metapher zu dumm, als daß sie sie nicht auch fände oder erfände und sogleich begeistert dauerverwendete. Jetzt redet man also, sobald Kohl und Strauß und Bangemann zusammenkommen, von einem »Elefantentreffen«. Welche Frage mir bei derlei immer bange macht: Ob das ein einzelner ausgeheckt hat und alle anderen sofort blindbetäubt zuschnappten? Oder ob sowas der Weltgeist der Metaphernverrottung quasi eo ipso gebiert, verteilt auf 20 Sprachverwahrloser in den führenden Redaktionen, denen der Dreck wie durch ein Wunder simultan in die Schreibmaschine plumpst? Ob, während alle Redakteure, Setzer, Korrektoren schlafen, ein dämonisches Heinzelmännchen ins Volle langt?

Wie auch immer, ist die Pestilenz erst einmal ausgeschwitzt, dann hält sie sich auch bis in alle absehbare Ewigkeit. Schon deshalb nützte der fromme Wunsch wenig, es möge doch demnächst wenigstens einen der drei Parteivorsitzenden irgendwie aus der Kurve des Vorsitzes tragen. Bringt nichts. Im wünschenswertesten Fall macht eben dann Genscher wieder den dritten Elefanten. Ja, zur Noth bringt's sogar Späth.

☆

Wir haben heute nicht nur die hinlänglich bekannten Exemplare der Senioren, der Vorsenioren und der Frühsenioren; sondern laut ›Rheinische Post‹ vom 18.1.86 neuerdings auch die »Jungsenioren«. Ein Greis dagegen darf man, laut Verfügung des Bundesfamilienministeriums, frühestens ab 87 sein. Vorher, ab 80, ist man ab sofort Spätsenior.

Nein, damit nix durcheinanderkommt: Das mit der ›Rheinischen Post‹ stimmt; verantwortlich für den Terminus »Jungsenioren« (50–65jährige) aber ist selbstverständlich ein deutscher Professor, und daß er Leiter des »B.A.T.-Freizeitforschungsinstituts« ist und ausgerechnet akkurat Horst W. Opaschowski heißt, verleiht selbst diesem hochalpinen Unfug die Aura des schon wieder Versöhnlichen.

☆

»Der Penis«, teilte 1979 die Essayistin Barbara Sichtermann mit und wiederholte es in Buchform 1983, »ist noch nicht wieder ›in‹.« Ob er's heuer packt, der Lackel?

»Unterm Sozialismus leben, und das noch ohne Alkohol – da fühlten sich viele Sowjetbürger überfordert.« So der ARD-Jahresrückblick 1985 zu Gorbatschows Antialkoholismus-Kampagne.

Während im Kapitalismus aus ganz anderen Gründen verschärft gezecht wird. Vor allem aus Freude am Kapitalismus und aus Freude darüber, nicht unterm Sozialismus leben zu müssen.

☆

»Diese drei Autoren (Köpf, Süskind, Th. Becker, Anm. E.H.) wollen uns weder belehren noch erziehen, sie bilden sich nicht ein, sie könnten die Welt verändern; es ist ihnen auch nicht daran gelegen, der Kunst neue Wege zu weisen oder die Literatur zu revolutionieren. Alle drei sind sie gebildete Herrn (. . .) Aber was wollen sie denn eigentlich, diese neuen Schriftsteller? Nicht mehr und nicht weniger als erzählen. Wo sie auch ansetzen, es gerät ihnen alles und immer zur Geschichte und zum Gleichnis, zum Märchen und zur Legende, zum Sittenbild und zur Genreszene. Das Anekdotische bildet das Fundament ihrer Epik. Ob der nachdenklich-skurrile Köpf, der so sinnliche wie musikalische Süskind oder der flotte und fidele . . .«

Usw. Viele hielten ja für eine abermalige Parodie von mir auf ihn, was unser Lautester vom FAZ-Feuilleton wie alle Jahre auch diesmal wieder in seine sinnfrei donnernde Jahresbilanz hineinwuchtete; aber nein, es war schon sein Pluralis majestatis M. Reich-Ranicki selber, der da so flott und frech und fidel wie allzeit vor sich hin und in die nachdenklichen Köpfe des Landes hineinröhrte – und in der Tat, abgesehen davon, daß den jungen Autoren immer alles auch »zu Fabel und Parabel, zu Hyperbel und Palindrom, zu Anagramm und Amalgam der sinnlich-skurrilsten Art auf dem Fundament musikalischer gleichnishafter Gebildetheit gerät, ohne bildend belehren zu wollen«: Besser hätt' ich's auch nicht gekonnt, besser hätt' ich den ex negativo ins affirmativ Unendliche ausholenden Begriffsschrott auch nicht hingekriegt. Dochdoch, auf unsere Altmeister ist schon Verlaß. Noch in der Nachahmbarkeit bleiben sie unnachahmlich.

Und der Gedanke hat zwar sein Bezwingendes, daß meine Reich-Ranicki-Satiren einfachheitshalber gleich direkt in der FAZ erscheinen; er ist aber zumindest noch verfrüht.

☆

»Leserinnenbriefinnen« überschrieb die ›taz‹ neulich jene Seite, die üblicherweise bei ihr »Leserbriefe« heißt; derart das seufzende O-weh-Gefühl ironisierend, das der Redaktion täglich das Leben ein wenig verleidet; angesichts der nimmermüd einrollenden und omnilateralen Betroffenheitsprosa speziell aus Frauenfingern. Säße ich dort als Redakteur, ich fürchte, ich wäre einen Schritt weitergegangen und hätte mir, entschieden plumper, mit dem

Titel »Weiber wabern wundersam« kurzfristig Luft verschafft.

☆

Auf eins bin ich gespannt. Zur Jahreswende 1984/85 übersprangen, meist per Seitflanke, viele dabei fotografierte Menschen zugunsten div. Bausparkassen und Gesundheits-Elixierchen begeistert allerlei Hürden, Barrieren und Mauern. Beim Jahreswechsel 1985/86 wurde das rasant hüpfende Motiv mehrheitlich durch meist in Gruppen voll durchstartende Menschen abgelöst: Diesmal rannten sie wie um ihr Leben zum letzten Bausparkassentermin, zu günstigen Geldwertanlagen oder zu Leistungsschauen auf Fachmessen. Nicht mehr Hürdenspringen – schieres Rennen hieß jetzt die symbolisch-semiotische Botschaft. Was aber, darauf eben bin ich gespannt, wird 1986/87 werden?

Luftsprünge mit angewinkelten Beinen im Schlittschuhkünstlerstil? Gibt's seit spätestens 1984 in Form managerköfferchenschwingender Jungdynamiker, die sich nämlich über die neue Daten-Text-Bild-Bürokommunikation freuen. Schwebende Menschen? Hat längst u. a. TWA besorgt. Menschen werden in die Höhe geschnellt? Hat 1985 schon die Gruppe Underberg erledigt. Männer heben jesusgleich von selber ab? Seit dem HB-Sympathieträger ein alter Hut.

Menschen schlagen wie toll Purzelbäume? Wäre noch frei, beweist aber irgendwie nichts. Eine Fontäne katapultiert einen verträumt blickenden jungen Menschen in die Schwerelosigkeit der ewigen Seligkeit? Hat zu wenig Safety-Appeal. Dreifacher Rittberger mit eingebautem Salto? Kommt als Foto nicht so gut rüber. Männer und Frauen mit Brett vorm Hirn brummen gemeinsam gegen eine Mauer? Ist politisch mißdeutbar. Und wahr dazu.

Nun, ich bin gespannt. D. h. *so* gespannt nun grad auch wieder nicht.

☆

»es schneit, dann fällt der regen nieder/ dann schneit es, regnet es und schneit/ dann regnet es die ganze zeit/ es regnet und dann schneit es wieder.«

Nein, gültiger, vollkommener als in diesem Gedicht ›wetterverhältnisse‹ von Ror Wolf (›Hans Waldmanns Abenteuer‹, 1985) kann man ES eigentlich nicht mehr sagen.

EIN BESONDERS SCHARF denkender Herr scheint der Bonner Journalist F. Paul Schwakenberg zu sein. »Ein Mann mit vielen Ecken und Kanten«, lautet die Dachzeile seines Porträts des Parlamentarischen Staatssekretärs C.-D. Spranger; die Artikelüberschrift aber: »Immer schnurstracks geradeaus«.

Ja, was denn nun? Nun, wahrscheinlich ist Spranger, dieser typische Eierkopf, einfach eine kugelrunde Persönlichkeit.

☆

Meine persönliche Lieblingstörin Luise Rinser läßt nicht nach: »Ich bin die geborene Rebellin und die geborene Sozialistin«, kräht sie glucksend (und wer je diese Stimme, die einst Hitler pries, leibhaftig hörte, wird sie schwerlich wieder los) – »so war ich, so bin ich. Reue? Das Gesetz, nach dem ich antrete, muß ich erfüllen, koste es, was es wolle.«

Nun, so ist sie mal; sie schämt sich eben partout nicht und graust sich vor gar nix mehr. Daß aber ihr Fischer Verlag diesen womöglich widerlichsten Satzauflauf, den je in diesem Dezennium ein deutscher Schriftstellermund ausquakte, nicht nur in seinem letzten Herbstprogramm groß rausbrachte, sondern noch etwas größer gedruckt seinem Frühjahrsprogramm-Cover als Motto nochmals aufverleibte – das nun lehrt und beweist uns wiederum was?

Genau. Das.

Die FAZ hat im Fall dieser so gerade noch verhinderten Bundespräsidentin (oder war's die Bundestagspräsidentin? Na, so genau wird sie das heute auch nicht mehr wissen) fast recht: Gegen so viel gebenedeite Einfalt ist letztlich kein Kraut von Belehrung mehr gewachsen. Allein, es ist eben doch gerade nicht um Einfalt zu tun; sondern um Dummheit, und deren betäubende Bosheit hat noch allemal etwas unheilig Heilloses, Verwahrlostes, von Tücke Starrendes, Teuflisches. Und deshalb wollen wir auch fernerhin diesen von Lesung zu Lesung, von Buch zu Ehrung zu Friedensfest trippelnden Fersen auf den Spuren bleiben.

☆

Es gibt, so lautet Edward Murphys ehernes Gesetz von 1949, keinen Schwachsinn, den's dann nicht auch wirklich gibt. »Von Jesus zu Christus« betitelt sich ein Buch keineswegs von Karl Valentin, sondern (ich sah's im Schaufenster) pfeilgrad von Rudolf Steiner, und selbst wenn dieser Titel so gerade noch sinnvoll sein sollte, sieht man hier gleichsam eine Staubschicht Wahnsinns lagern. Und keineswegs Ottos Text-Autoren waren es, die sich die Überschrift »Handel im Wandel« einfallen ließen, sondern wer? Richtig, die Damen und Herren vom FAZ-Wirtschaftsteil; wer denn sonst.

☆

Wenn allerdings stimmt (und es stimmt), wovon ich aber neulich erst Kunde kriegte: daß der Kabarettist D. Kittner im Vorjahr wider die Machenschaften der niedersächsischen Landesregierung den Slogan »Brecht statt Albrecht« in die Welt stemmte; wobei Brecht = Kittner meint: Dann, ja dann gehört ihm aber auch schleunigst der gleichfalls längst überfällige H.-D. Hüsch-Preis zugescherbelt.

☆

»Romantiker aus Passion«: Schon der Titel von Norbert Elys kürzlichem ARD-Porträt Wilhelm Furtwänglers ist passionierter, ja potenzierter journalistischer Stiefelsinn. Denn als Künstlertypus war Furtwängler alles, nur nicht Romantiker. In Wirklichkeit pflog der Dirigent, was der Autor wähnt, zeitlebens eine gewisse und ja keineswegs atypische Vorliebe für das, was man mangels weniger schludriger Begriffe von Schubert bis Bruckner als »romantische Musik« subsumiert; und er hing einem Dirigier- und speziell Klangverständnis an, dem im nachhinein gleichfalls das Hilfsetikett »romantisch« aufgeklebt wurde; mit nicht allzuviel Fug übrigens.

Indessen, vor der Schlußbilanz des Elyschen TV-Essays muß man dann doch wieder den Hut platterdings romantischer Passioniertheit ziehen: »Chaotische Versessenheit auf fixe Ideen« sei Furtwänglers wahres Wesen gewesen. Da stimmt denn endlich gar nichts mehr. Bzw. das annähernd Elysäische des funkenspeienden Wortschrotthaufens gründet eben darin, daß der Autor genausogut von einer »fixen Versessenheit auf chaotische

Ideen« hätte schnarren können (und diese vermutlich auch meinte) — oder noch konziser von der »versessenen Idee chaotischer Fixheit«; in Gedanken an seine eigenen TV-Aktivitäten.

Gibt's keine Sittenpolizei, die derlei schwiemeligen Unflat ahndet, wie er nicht mal einem ARD-Sportreporter auf Anhieb gelänge? Ja doch, unser Lautester und Wortmächtigster von der FAZ-Kulturabteilung hat draußen im Lande durchaus seine Vasallen, die ihm beim wahnhaften Wüten mit zur Hand gehen.

☆

Aber auch was Klaus Geitel in der ›Welt‹ über Furtwängler vorträgt, ist nicht ohne: »Seine Kunst bestand letztlich aus ihm allein.«

Während die Karajans mehr aus dem Teamwork von Management und Solidaire-Gesinnung samt Feedback-Solitaire-Effekt herrührt.

☆

»Meine Göttin«, himmelt c/o ›Emma‹-Redaktion eine Paderborner Leserin Alice Schwarzer an. »Günter, wir lieben Dich!« schwört via die ›taz‹-Leserbriefspalten dummhals ein ausgerechnet »Friedensforscher« (mit Postfach!) aus ausgerechnet Kassel. Um die zerebrale Befindlichkeit derer vom »linken Spektrum« muß man sich immer wieder mal nicht geringere Sorgen machen als um die der Spranger, Fellner und ohnehinnigen Inkommensurablen.

Den kämpferischen Frauen fällt schon fast gar nichts Gescheites mehr ein. In einem Brief an die ›Frankfurter

Rundschau‹ beklagt sich eine Leserin aus Hamm über den mißlichen Terminus »Woche der Brüderlichkeit« – denn die Hälfte der Menschheit bestehe nachweislich aus »Schwestern«. Klar, nach der ziemlich überwältigenden Neuerung »frau« statt »man«, nach »Frau Ministerin« statt »Frau Minister« und nach »Göttin« statt »Gott« muß es nächstens zäh wie Kruppstahl auch noch mit »Basen-« statt »Vetternwirtschaft« weitergehen sowie mit einer »Tante« für den elektrischen bösbösmännlichen Widerstand »Ohm«.

Und ausgerechnet *dieses* trüb-ältliche Geschlecht reklamiert die *Phantasie* für sich und sein – jawohl – absolut *mumisch-oheiminnenhaftes* Gebaren.

☆

Die ›Quick‹ über »Skinheads«: »Saufen und Raufen sind ihr Lebensinhalt. Sie prügeln sich auf Fußballplätzen und am Rand von Neonazi-Veranstaltungen, predigen Rassismus und schlugen in Hamburg sogar einen Türken tot.«

Das »sogar« hätte Karl Kraus zu einem ca. 5½seitigen Aufsatz in der ›Fackel‹ veranlassen können. So viel zur betroffen machenden Anleitung: Es ist ein unauslotbares, ein dämonisches Wörtchen …

☆

O Academia! Auf einen kuriosen, nein grandiosen Fall machte jüngst der Universalmäzen und Geisteswissenschaftler Jan Ph. Reemtsma aufmerksam. In Blochs Briefen, 1985 herausgegeben in zwei Bänden von 10 (zehn!) Herausgebern, findet sich der Satz: »Ich war glücklich, wie gut sie aussah, ganz wie der junge Cromwell.« Was immer das bedeuten mag: Es braucht schon zehn (10!) Herausgeber, um auf die Idee zu kommen, im Anmerkungsteil dazu nun die geballte Kurzvita Cromwells aus einem Lexikon abzufeilen: »Oliver Cromwell (1599–1658), englischer Staatsmann, strenger Puritaner und einer der Führer gegen den Absolutismus Karls I., den er 1649 . . .«

O jerum, jerum, jerum, schrumm: 15 Zeilen lang der entfesselte Stumpfsinn, der nackte Wahnsinn, vor dem Goethes Wagner vergleichsweise wie ein Schiller und Bloch zugleich ragt. Der Fall mahnt als ein besonders wimmernder vor dem Hintergrund der akademischen Proletarisierung (irgendwas müssen Wissenschaftler gemäß Parkinsons viertem Gesetz eben zu tun kriegen) und der abstrusen Pietät vor dem Großdenker zugleich. Ja, bald werden sie die Lieblingsbuchstaben nicht nur Goethes und Hölderlins, sondern auch Adornos und Blochs auszählen, auf daß das wissenschaftliche Mäntelchen irgendwie weiterflattere – dabei wäre ein anderes gleichermaßen angezeigter wie reizvoller, etwas, worauf ich persönlich seit Jahren harre: kritische Einlassungen zu Bloch, zu seinem Denk- und Sprechstil, der mir zumindest phasenweise so vorkommt, als rede nur noch die überbordend blinde Automatik (was? Überbordende Automatiken gibt's nicht? Dochdoch, blinde schon) des Wortproduzierens mit sich selber – bis hin zum entschiedenen und nur noch konfusionierenden Gefasel. Was? Glauben Sie nicht? Dann lesen Sie mal zur Strafe da rein:

»Gretchen verschwindet und ist befreit von allem sich Bewegen, um dennoch früher als Faust im Himmel zu scheinen. Aber sie erhebt sich auf Geheiß der Madonna gloriosa; denn in dem Weib wirkt das reinste Staunen, ahnend und erfüllend, zutiefst erfließend, Jungfrau und Mutter zugleich. Sie hält so utopisch den Kranz: Muse, Sibylle, Geheimnis und unergründliche Bewacherin seiner Tiefe zugleich. Darin ist sie der träumende Schoß und im Gewölb der unkonstruierbaren Frage, die durchs

Geliebtenland am trostreichsten widerhallt, die Ampel zugleich, das Herdsymbol . . .«

Haben Sie's verstanden? Eben. Kann man gar nicht. Was für ein träumender Galimathias aus dem brummelnden Widerhall keineswegs einer besonders schlecht gelungenen Vorlesung, sondern des ampelhaft weltbekannten Hauptwerks ›Geist der Utopie‹ – nein, nicht des im Vergreisen noch raunenden, sondern des stramm jungen Bloch!

Also, wer packt's an und holt sich die Meriten? Oder muß man denn, herrschaftseiten, alles selber machen?

☆

Ein wunderlich-manierliches Vormittags-Erlebnis: Einer alten Unsitte folgend, lese ich gleichzeitig in einem Buch (Arno Schmidt über Cooper) und höre dazu Musik (Schubert-Chöre). Zunächst ist beides so weit auseinander, daß ich's gar nicht gewahr werde. Schubert spielt im Wienerwald, in der »freundlichen Stille«, dann in Venedig (»Es tanzen Mond und Sterne«) – Coopers Biographie berührt derweil Burlington, Cooperstown, London, Gibraltar. Dann aber dann: Als der Schubert-Chor mit »Des Menschen Seele gleicht dem Wasser«, vertonend Goethes Gedicht über den Staubbach-Wasserfall von Lauterbrunnen also, die Berner Alpen erreicht – just in diesem Augenblick erfahre ich von Coopers Simplonpaß-Überquerung von 1828: Musik und Buch haben sich auf 25 Kilometer Luftlinie einander angenähert.

Das passende Deutungs-Zitat zum synästhetischen Luftreise-Stückchen? Brentanos »Alles ist freundlich wohlwollend verbunden«? Ach was, ist doch gar nicht wahr. Besser also der Kameradin Elsemarie Maletzke Buchtitel: »Alltag – Knalltag«.

Wussten Sie schon, daß die erste Übersetzung von Carson McCullers' Erzählung ›The Ballad of the Sad Café‹ ins Deutsche auf »Die Mär von der glücklosen Schenke« lautete? Der Menschheit ganzer flehentlicher Jammer faßt einen ans Hirn, ja in es hinein; allein, wo aber auch schon partout alles falsch ist, was überhaupt irgendwie falsch gemacht werden kann, da waltet gleichwohl schon wieder jenes segensreich Erhabene, das uns dereinst, werweiß, dann doch erlösen wird, jawohl.

☆

Schon in meinem/unserem ›Dummdeutsch‹-Lexikon von 1985 wundern sich die Autoren über die deutsche Preisentwicklung. Statt der alten Ausverkaufs- und Schleuderpreise gibt es seit ca. 1975 ff. den »Spar-Preis« und den »Traum-Preis«, es hat vielfach »Tip-Preise« und »Top-Preise«, und schon 1978 mit eigenen behämmerten Augen sah ich in einem deutschen Supermarkt dicht nebeneinander sowohl »tiptop-Preise« als auch »Top-Tip-Preise«. Reichlich ambiguisch wurde die Sache mit dem »Superpreis« und dem »Plus-Preis«, denn beide deuten ja eher auf horrende »Spitzenpreise« hin; nichtsdestoweniger gibt es in voller hartverkaufender Benommenheit alle drei. In diesem Winter aber erspähte ich schließlich weit über den »Traum-Preis« hinaus noch den »Star-Preis« sowohl als den »Anmach-Preis« als auch endlich den lang überfälligen »Turbo-Preis«.

So weit, so undicht, wie aber könnte es weiterpreisen im kapitalistischen Preisauftrieb? Nun, konsequent wäre die Vorwärtsentwicklung des Turbo-Preises zum »Turbogeil-Preis« oder auch schlicht zum »Geil-Preis« bzw. »Aufgeil-Preis«. Item ein Rückgriff auf die Lieblingsvokabeln von 1983/84 käme in Betracht, mit der Folge eines »Oberaffengeil-Preises« oder eines »Rattenscharf-

Preises« – viel Hoffnung läge aber auch in einem Rekurs auf schon bejahrtere Wort-Ohnmachten mit der Konsequenz eines »Klasse-Preises«, eines »Wahnsinns-Preises« und eines »Hyper-Preises«. Bei den beiden letzteren droht freilich wieder ein bißchen die Gefahr logischer Konfusion – ebenso wie beim sonst sehr einleuchtenden »Eminent-Preis«, dem deshalb der sehr schön alliterierende »Prominent-Preis« knapp vorzuziehen sein möchte. Dies bahnte gleichzeitig den Weg für den »VIP-Preis«, was immer der nun bedeuten mag, und dieser schlüge gleichzeitig eine Bresche für den klangverwandten »Zack-Preis«, den »Hopp-Preis« sowie den absolut unwiderstehlichen »Hauruck-Preis«.

Eine andere Stoßrichtung der neuen Preisentwicklung führte über den vermutlich schon kurrenten »Prima-Preis« zum – in Anlehnung an das tolle und schon bei Karl Kraus (›Die Fackel‹, August 1902) belobigte Epitheton – »Hochprima-Preis« und weiter zum »Sauprima-Preis«. Den »Nur-Preis« gibt's längst, oder? Dann also entschlossen auf zum »Nurdas-Preis«. Wie andererseits wär's mit dem Verbundsystem »City-Center-Preis«? Schlecht; denn der ist gar zu verräterisch superhigh. Im Gegenteil also dann der »Türken-Preis«? Hm. Macht sich auch nicht so gut.

Ja, die Werbeagenturen sind sicherlich schon schwer am Bibbern: Wie soll's langfristig vorwärtskrähen im spätkapitalistischen Preis- und Sprachschamott? Zurück zur Natur, ein Regredieren zu lauterer Klarheit und Wahrheit? »Erfreulich niedrige Preise«? Ähbäh. Vorwärts zurück ins Antiquiert-Preziöse? Ein »Heil-Preis«? »Heil- und Segen-Preis«? Schreibt sich schlecht. »Wonne-Preis«? Artiger noch: »Wunnigliche-Preis«? Ob's das bringt, ob da die Kasse klingelt? »Haben-Preis« im Sinn der guten Seite des Bankkontos? Ist zu rätselhaft für unsere Regressiven. Dann schon besser »Habenhaben-Preis«. Wie freilich wär's denn am Ende mit einem Progreß in Richtung auf vollkommen sinnferne, aber vollrohr positiv aufgeladene Vokabeln? »Konkret-Preis«? »Kompakt-Preis«? »Konzis-Preis«? »Harmonie-Preis«? »Friedens-Preis«? Hmhm. Nein, also in dieser späten Problemzone wär' ich dann schon für die schärfste Innovation, für die rücksichtslose künstlerische Avantgarde: »Boris-Becker-Preis«. Mit ihm würde zwar definitiv und beiläufig das Abendland zerschellen; dies aber strahlend und nicht ganz ohne Pfiff.

☆

In verwandtem Zusammenhang mein Lieblingspreisschild des letzten Jahres. Es stand neben der Bertelsmann-Buchclub-Ausgabe von Franz Alts ›Liebe ist möglich‹ und lautete: »Hier kriegt man noch was für die Knete!«

Den Verfasser möcht' ich glatt umarmen.

☆

In dem »rührenden« Lustspiel ›Die zärtlichen Schwestern‹ des Christian Fürchtegott Gellert aber steht zu lesen: »Ja, meine Schöne, ich liebe Sie ewig und bin durch Ihre Liebe für meine Treue unendlich belohnet (. . .) Erlauben Sie, der Papa wartet schon lange mit dem Kaffee auf mich.«

Erlauben Sie, Leser, aber die Kausal- und Finalkette Liebe – Treue – Kaffee deucht mich eine ebenso artige und aber eherne wie die spätere und bekannte und hochstringente Trias Egalité – Fraternité – Pfefferminztee.

Joachim Kaiser von der ›Süddeutschen‹ ist zwar ein breitseitiger Schwafelhans von Spitzengraden – indessen galt diese feuilletonistische »Mozartkugel« (Hermann P. Piwitt) der ersten Sahne bislang immerhin *auch* als Autorität im Musik- und Opernfachlichen. Damit ist es nun leider vorbei. Nämlich seit Kaisers SZ-Besprechung des Salzburger ›Don Carlo‹ 1986. Das nahezu einzig Erwähnenswerte der Wiederaufführung waren drei brutale Striche Karajans in der großen Elisabetta-Arie sowie im ätherischen Final-Duett, da, wo es als Ideenkern der Oper buchstäblich von den »affetti profani« abhebt; über welche Barbarei aber in der SZ kein Sterbenswörtchen stand. Wo er wirklich mal rechtens über Versündigungen am Allerheiligsten hätte jammern dürfen, hat unser Mann nichts mitgekriegt – und statt dessen mal wieder lieber über das »große, strömende, passionierte Verdi-Glück« geseimt, angeohrs dessen Quasigkeit ihm wohl der Klavierauszug aus dem Kopf und übers leidenschaftlich bewegte Knie gerutscht ist. Auf nichts ist mehr Verlaß, und wenn ich nicht selber alles auswendig und besser wüßte, wäre Deutschland vollends aufgeschmissen.

☆

Manchmal ist's schon gut, daß es auf der Welt so rücksichtslos ominös = komisch zugeht. Die Tatsache, daß der im Zentrum der Neu-Berliner Skandalträchtigkeit so blond wie bildschön operierende Bordellier Schwanz Schwanz heißt: Sie übermäntelt, sie überspielt fast mühelos den Widerwillen, den Abscheu vor all dem dort in Berlin angehäufelten Unguten; sie erteilt zumindest diesem flottsoignierten Herrn die komplette moralische Absolution. Ich brauch nur dran zu denken, schon muß ich wieder lachen: Schwanz.

☆

Wenn mir mal jemand sagt, was der inzwischen weltberühmte Satz des Botho Strauß »Ohne Dialektik denken wir auf Anhieb dümmer; aber es muß sein: ohne sie!« (aus: ›Paare Passanten‹) – wenn mir jemand erklären kann, was der eigentlich genau bedeutet: Dann kriegt er von mir bei Erfolgsnachweis auf der Stelle ein Freiabonnement aller künftigen Publikationen des Dichters zu Lebzeiten. Inzwischen meine ich auch zu wissen, warum's mich immer heftiger weg von der Schwerliteratur und -philosophie hin zu z. B. Kasparow und Kortschnoi treibt. Da nämlich müssen sich hochgeschraubte Hirnkonstrukte immer noch und irgendwie durch ein Ergebnis ausweisen. Im Schwurbel, im »Sudelgeköch« (Lichtenberg) der Feuilletonbrühe geht's auch ohne. Gut so; denn sonst sähen die Burschen alt aus.

☆

Jahrelang warb der bayerische Allzweckschauspieler W. Sedelmayr mit seinem originalgelogenen Charakterkopf tiefwahrer Kleinbürgerschrecklichkeit für Weizenbier zu jeder (»Mein zweites Frühstück«) Tageszeit. Kürzlich nun stand derselbe kreisrunde Kopf für das erste bayerische »alkoholfreie Hefeweißbier« promotionsmäßig kerzengerade. Es ist schon so: Für Geld opfert der Mensch noch seine letzten Ideale.

☆

In dem zu Recht ziemlich bekannt gewordenen Wagenbachschen Sammelband ›Das pfeifende Schwein‹ kommt der Beiträger Joseph Huber zu dem Befund, der »Spätkapitalismus« nehme »sozusagen überhaupt kein Ende« (Seite 16): »Wer hier und heute lebt, hat gar keine andere Wahl, als eben kapitalistisch zu leben. Nirgends gibt es mehr eine reelle Möglichkeit, ›auszusteigen‹ oder ›auszuwandern‹« (Seite 21). Denn: »In einer bereits hochgradig entwickelten Industrienation ist etwas anderes als ein Reformismus der kleinen und mittleren Schritte weder vernünftig vorstellbar noch machbar« (Seite 22). Womit Hegels Satz, das Wirkliche sei das Vernünftige, abermals und gegen Marx wieder auf den Kopf gestellt zu sich kommt – auch wenn dieses Wirkliche als »Happiness-Maximierung« und als »diesseitiges Erlösungsparadigma« (Seite 25) schal und öd genug auffunzelt. Allein, »wir können aus der Entwicklung des Kapitalismus/Industrialismus nicht ›heraus‹, sondern nur durch sie ›hindurch‹« (Seite 23).

So daß denn endlich die gesammelten linken, sozialistischen, kommunistischen, alternativen Glücksversprechen der letzten 20 bzw. 200 Jahre rückmünden in das Rezitativ des Joh. Seb. Bach: »Wir müssen durch viel Trübsal in das Reich Gottes eingehen.«

Und das wird zumindest traun die Theologen freuen; denen die Chose insgeheim ja immer schon zu obskur, nämlich letztlich zu untheologisch fuhr.

☆

Michael Westphal aber sei, etwas verspätet, dafür bedankt, daß wir so hochkantig und erfreulich früh aus dem Davis-Cup rausflogen; wodurch dem Volke großes Heil widerfahren wird; ihm nämlich der Terror erspart bleibt, wie zuletzt und wider alle bisherigen Gepflogenheiten der TV-Solidar- und Schicksalsgemeinschaft sechs Stunden hintereinander das trübsinnige Gekloppe anschauen zu müssen und im Zuge dieser weißen Plage das komplette TV-Sonntagsprogramm samt Krimi kippen, ja sich in nichts auflösen zu sehen: wer warum auch immer diesen Blödsinn befohlen haben mag. Nein, nein, die durchaus genscherische Berechenbarkeit und Zuverlässigkeit des Fernsehprogramms muß schon die letzte Bastion, der letzte verbindliche Sozialkanon dieser unserer Kasperlgesellschaft bleiben.

DIE ›TAZ‹ scheint gerettet; ob aber ihre Sportberichterstattung, ihre Fernsehkommentare und vor allem ihre Leser noch zu retten sind?

»Projekte. Wir (w 34, m 36 und Föti) planen, auf dem Land zu leben. Wir würden gerne einen geistig Behinderten aufnehmen, dazu suchen wir Erfahrungsaustausch mit Leuten, die so was schon machen.«

Warum wollen die beiden Doldis einen geistig Behinderten aufnehmen? Wahrscheinlich, damit der Föti später einen Spielkameraden hat.

☆

Was ist eigentlich mit E. Stoiber los? Noch 1979 trefflich Sätze in die Welt geknallt wie jenen berühmtesten: »Wir haben in der Vergangenheit nicht deutlich gemacht, daß Nationalsozialisten in erster Linie Sozialisten waren«; noch 1982 virtuos-paradox nachgekartet mit der entfesselten Einsicht, die Grünen seien die NSDAP unserer Tage – und heute? Heute? Rien ne va plus. Ja, muß denn Geißler heute wirklich alles alleine erledigen? Es scheint, daß Strauß abermals die Nation belogen hat, als er unlängst dem Kanzler jede, aber auch wirklich jede erdenkliche Hilfe zusicherte.

☆

Gezählte 217 Bücher wurden in einem der letzten ›konkret‹-Hefte per Anzeige ans Herz gelegt; von redaktionellen Buchempfehlungen zu schweigen. Reschpekt, Leserschaft – bzw. andersrum, was mich betrifft: Zwar weiß auch ich viel, doch möcht' ich jetzt bald, nein ab sofort, nichts mehr wissen. Vor allem nichts über die »Sexualität im sozialen Wandel – eine empirische Vergleichsstudie an Studenten«, nichts über »Zahnmedizin und Faschismus« – und schon gleich gar nichts über die »Grenzen des Subjekts – Verbot und Verheißung«, nein, partout nix, absolut nix will ich davon wissen, weder über die Grenzen noch über ihr Verbot, und sogar die Verheißung verheißt mir nichts Gutes, im Gegenteil. Nein! Nix!! A Ruah is!!!

☆

Es habe der Mensch, so Johnson gegenüber Boswell, noch nichts erfunden, das so viel Behagen schaffe wie ein gutes Wirtshaus. Indessen, in unseren Mixed-Media-Zeiten wackelt selbst dieser excathedrale Erlaß. Deshalb hier ein wichtiges Wort zu den aktuell-akuten Formen der Alltagszecherei resp. des Alkoholismus:

Vor ziemlich genau zehn Jahren begann sich die deutsche Tankstelle als ebenso latentes wie andererseits reichlich offenes Ersatzkneipen-Refugium zu etablieren; vor allem Rentner, aber auch leicht angekratzte Geschäftsleute verbrachten, so fiel mählich auf, bier- und schnapstrinkend (und z. T. fernsehend) ungebeugt frohen Sinns ganze Tage in Tankstellenräumen – und sommers hokkend schwergemütlich vor den Zapfsäulen, sich ein Fläschlein nach dem andern zapfend. Etwa simultan schwangen sich allerlei Reitsport-, Segler- und Bowling-Klubräume zu ähnlich branchenfremd-innovatorischer grenzüberschreitender Funktion auf – eine Sauna, die auf sich hielt, hielt sich auch gleich ein Bierstüberl für nachher und zwischendurch – von obskuren und offiziell z. B. als Teppichbödenverkaufsfilialen geführten Gewerbebetrieben mal ganz zu schweigen: vita misteriosa durstica enorma, z. T. vollkommen ungescheut.

Es muß, merke ich erst jetzt, auch so etwas wie einen frappanten Wanderer- und Spazierfahrer-Alkoholismus geben: Geht man heute eine Landstraße lang, finden sich in Straßengraben und Kornfeld ca. alle zehn Meter eine leere Bierbüchse, ein leerer Flachmann, geleerte Sekt- und Weinflaschen sonder Zahl. Wird heute allzeit trinkend gewandert? Der Wagen durchs Gelände kutschiert, damit man so beschaulicher zechen kann? Einen konkreten Anhaltspunkt lieferte und einen mich erregenden Kasus von Schöner-Leben berichtete mir jüngst mein Schwager, ein Jägersmann: Ein Bauer fahre den ganzen Tag lang mit seinem Mercedes über Land, im Kofferraum einen Kasten Bier. Treffe der Bauer auf einen anderen, auf einen Jäger, auf einen Wandersmann, so dränge er diesem auf Gottes freier Flur treulich ein Bier auf – und traulich schlucke er traun selber eins. Tagessatz: ein Kasten leer; zehn Flaschen gehen auf den Landmann, zehn a conto Gäste.

Ob man, nur mal behutsamst angefragt, die Frau Gesundheitsminister informieren soll? Ob sie auch nur eine trübe Ahnung von all dem hedonistisch fröhlich-grausen Treiben der Bürger draußen im Lande hat? Aber wo. Die kippt doch auch grad schon wieder ihren Melissengeist, mitten im Dienst, mitten im Kabinett. Und Kohl hat davon keinen Dunst; ist er selber viel zu breit dazu.

☆

Ihn als »Playboy« zu bezeichnen, hält Julio Iglesias für »blasphemisch«.

Klar, denn dann ist er ja ein Gott. Der freilich die einfachsten Wörter nicht kennt.

☆

An sich widerstrebt mir ja moderne Technik, widert mich fast an. Oder, um es knalliger zu sagen: Meine ideologiekritisch motivierte Basisidiosynkrasie vor den Fetischen von Technik und Technologie ist seit Jahrzehnten eine gefestigte; und für die Surrogatwelt der Geräte gilt das zumal. Um so mehr möcht' ich dann bloß mal wissen, warum ich zwar noch immer keinen Farbfernseher habe (mein ganzer Stolz), warum aber trotzdem zwei Plattenspieler, ein Walkman, ein Watchman (Mini-Fernseher), eine elektrische Schreibmaschine, ein elektrischer Wekker, zwei Radios und sieben (in Zahl 7) Kassetten-Recorder in meinem kleinen Haushalt (samt Auto) herumstehen. Wahrscheinlich bin ich, halten zu Gnaden, einfach nicht ganz dicht.

»DEUTSCHLANDS *bleiche Mutter* hat in jüngster Vergangenheit viel *bleierne Zeit* auf deutschen Fernsehschirmen verbreitet.«

Die Hervorhebungen sind von mir – und das Ganze stand aus Anlaß von Hilde Knefs 60. im ›Spiegel‹. Und nur dort konnte es unfehlbar stehen. Denn zwar möchte sich noch der harmreichste Volontär, der miserabligste Redakteur schwer schämen für das rasend-anspielungsstarke, blindlings bildungsdünklische Schmink- und Schmierentalmi – allein, im deutschen Nachrichtenmagazin geht's: Da erscheinen die meisten Beiträge nach wie vor so namenlos, wie sie es in ihrer einen Gedanken vortäuschenden Gedankenferne auch meist randvoll sind.

Doch was red ich, was echauffier ich mich. Weiß doch eh jeder ›Spiegel‹-Leser seit 40 Jahren. Und wenn, dann läge im Zusammenhang dieses korruptionistischen Zitat-Droppings z. B. näher, zu untersuchen, wie oft der Filmtitel vom »diskreten Charme der Bourgeoisie« in wie vielen espritsatten Abwandlungen schon in die Gewalt der Headline-Artisten und nachher unter die Leute kam: »Der dezente Charme der Bourgeoisie«, »Bürgercharme und Diskretion«, »Scham, Charme und diskrete Damen« – verschwurbelt im Hinterhirn, wie wir daherkommen heutzutage, weiß man schon bald nicht mehr, was von Buñuel ist, was von Dr. Schmock.

☆

Eil-Tip an Hans Neuenfels: Schleunigst irgendwo Verdis ›Maskenball‹ inszenieren! Dabei Gustavo resp. den Gouverneur Richard von Boston mit einem Tenor besetzen, welcher Olof Palme möglichst ähnlich sieht! Den Mörder Renato sodann leidlich irgendwie in Assoziation bringen mit einem »Kommando Holger Meins türkischer Kurden« o. s. ä.! Über die Mordszene aber ein Transparent »Stockholm 1792–1986« hängen! Denn, falls Sie's nicht wissen sollten, Neuenfels: Das letzte schwedische Politiker-Attentat tödlichen Ausgangs war eben jenes auf König Gustav III., das Verdi 1859 zum ›Maskenball‹ ummodelte.

Und deshalb ins Vorspiel auch gleich die ›Tosca‹-Arietta »Wie sich die Bilder gleichen« einblenden! Damit auch der letzte Schafskopf es mitkriegt, und ehe ein anderer von der Regie- und Aktualitätentheaterfront zuvorkommt!

☆

Und was aber haben wir 1976 geweissagt, Herr Golo Mann? Erinnern wir uns? Nein? Hat er, Golo Mann, nicht der ›Bild‹-Zeitung gegenüber vorausgesagt, daß spätestens 1985 Europa kommunistisch wäre? Ja, hat er das, Historiker Golo Mann? Was aber sehen wir heute, da die Zeit längst erfüllt, anno '86? Haben wir den kontinentalen Kommunismus als Geißel am Herrschen und Würgen und Brandschatzen? Oder nicht vielmehr doch noch den altbewährt christsozialdemokratischen Stiefel, der schon vor zehn Jahren die Richtung angab? Und zwar kommunismusferner noch denn je? Wie? Nein, Mitterand ist kein Beweis und Palmes Nachfolger Carlsson gleich noch minder! Was? Ach was, schwatz er doch keinen solchen Unfug, daß Joschka Fischers Regierungsübernahme als Teufelswerk das Wort allschon habe Fleisch werden lassen! Hat er also keine besseren Visionen? Als diesen schneidig-raunenden Humbug von 1976? Warum, Golo Mann, setzen wir ohne Not solch wohlfeile Verblendung in die Welt? Und harren feist darauf, daß diese, kommt Zeit, kommt Rat, tunlichst bald wieder vergessen und verschnarchet werde? Haben wir wieder mal nicht mit dem Gedächtnis der Menschheit gerechnet, Golo Mann, dem bärenstarken Gedächtnis eines Eckhard Henscheid nämlich, der sich dabei seinerseits auf Hermann Gremlizas hochrühmliches Trostbüchlein ›Was Gabriele Henkel alles mit der Hand macht‹ stützt, in welchem dein, Golos, teiresiatischer Kassandraruf eschatologischer Brummwucht dankenswerterweise für alle nähere Ewigkeit aufgezeichnet steht?! Und nun sag er, Golo, bloß noch, das Ausbleiben der Erfüllung der Warnprophezeiung danke sich im Sinne Rankes eben ihr!? Im Verein mit ›Bild‹ und Kohl! Sondern setz er, Golo, sich und schäm er sich! Er macht seinem Vater aber auch nur mehr Schande!

☆

Vom Schlachtfeld der rasenden Sprachverwahrlosung und ruchlosen Wortgeschmeißbildung ist aktuell zu vermelden, daß nach Hilmar Hoffmann, der FAZ und Heiner Geißler nun auch schon der Ministerpräsident Uwe Barschel das neudummdeutsche Glanzwort »kontraproduktiv« beherrscht; er, der bisher für solche Fälle nur »ungut« draufhatte; was letztlich auch gemeint ist.

☆

Die Großtörin und Fast-Bundespräsidentin Luise Rinser ist, wie neulich schon beklagt, auch nach komplett 75 Jahren (30.4.86) weder zu kurieren noch zu bremsen: »Ich habe mein ethisch-politisches Gewissen nicht korrumpieren lassen. Meine Unabhängigkeit erlaubte mir, eine unbequeme Mahnerin zu sein (. . .) Eine Person, die eine gute Figur macht im Ausland, eine politisch Unbescholtene, eine nicht in Skandale Verwickelte, eine international angesehene Schriftstellerin.«

Was sie eigentlich sagen will: Ich bim quaqua da mattahorna dumpf pfallera, bumm quaqua wurscht mulla in kara ben aua. Bimms zipf quoquo rumms schwall, non quamquark hupf hugla.

Genau.

☆

Nicht gelogen, ehrlich nicht: »Fachidiotisch« stand in der Zeitung, gelesen habe ich »faschistoid«. Arno Schmidt hat's gewußt: Etyms sind schon sehr »polyvalente Gesellen«, die wahren wahrsagenden »Humoristen der Sprache« – und anagrammatische ganz besonders. Siehe auch Henscheid. Heischend allzeit Ihren Beifall für seine unermüdliche und rigide glossistische Tiefenschärfe.

☆

Eine Farbanzeige: »BMW 325i. Das Führungskraftfahrzeug. Dem sportlich-dynamischen Fahrverhalten des 325i merkt man sofort an, wer die Urheberrechte für die Freude am Fahren besitzt.«

Die Angst vor der eigenen Courage bzw. ein sozusagen gerade noch abgefangener und in den Nonsens »Urheberrechte« hinein gebogener Freudscher Verdenker resp. Wahrdenker: »Faustrechte« war gemeint.

Die ›Bild‹-Zeitung aber ist einzig:

»Was ist mit den Männern los?« fragte unlängst die Headline. Der Anlaß: Zum zweitenmal kurz hintereinander hatte ein deutscher Vater seine kinderreiche Familie und dann sich selber ausgelöscht.

Doch, doch: ›Bild‹ ist absolut einzigartig, uneinholbar, unantastbar. ›Bild‹ ist ewig.

☆

Daß Trainingsanzüge (meist mit weißen Seitenborten) vornehmlich für die samstagnachmittäglichen Autowäschen Verwendung finden: das ist seit zehn Jahren nichts Neues, denn schriftlich hab ich mich darüber schon vor zehn Jahren mokiert. Und hab mich doch eigentlich gar nicht zu mokieren; denn neulich, als der Frühjahrs-Fensterputz nicht länger zu umgehen war, fand ich mich plötzlich auch mit einer Trainingshose (samt weißen Seitenborten) wieder.

So weit, so individual- und massenpsychotisch einleuchtend: Der samstägliche Nachmittags-Trainingsanzug leitet evident spornstreichs zur geheiligten Stunde der 18-Uhr-Sportschau hin, dieser als symbolisches

Sportsurrogat gleichsam projektiv die Ehre zu erweisen. Überfordert aber war mein vulgärpsychologisches Haus-Schatzkästlein, als ich jüngst mit eigenen tränend-tremolierenden Augen erlebte, wie mein Gastgeber, ein alter und scheint's altvertrauter Freund, kurz vor den 20-Uhr-Nachrichten aus seinem Wohnzimmer verschwand, im Trainingsanzug (mit weißen Seitenborten) wiederkehrte — und sich in diesem arschgemütlich zum gleich drauf beginnenden Kulenkampff-Euroquiz aufs Sofa niedersacken ließ.

Ich aber sage Euch: Der Vorgang ist des Teufels. Und macht selbst mich, einen der stärksten Exegeten des Landes, schwach. Was liegt hier Kniffliges an: Der durch den Fernsehtrainingsanzug reflektierte Action- und Fitness-Terror als Schuldabweisung vor dem Hintergrund der eigenen Leistungsansprüche? Symbolisierte Kampfbereitschaft in Richtung auf das Medium und seinen erwartbaren Psychostreß? Beschwichtigung des Überichs durch einen rituellen optischen Bauerntrick?

Oder wie oder was. Welcher gewiefte Psychologe oder aber Trainingsanzug-(mit weißen Seitenborten)Theoretiker hilft mir weiter?

☆

Bundesliga-TV-Berichterstattung 1986: Zweimal innerhalb von acht Minuten fällt dem Reporter das Wort »Motivation« ein, einmal »Motivationsschub«, viermal »Standardsituation« und dreimal »Leistungsträger«. Anschließend redet der Studio-Moderator von »Leistungsdruck«. Es ist zum Weinen und zum Zähnefletschen; es ist der reine anti- und aseptische Dreck. Aus dem nicht einmal ein Ror Wolf mehr Perlen machen kann.

☆

»Die SPD klotzt mit Glotz«; so die ›Bunte‹ vor einigen Wochen in einer Überschrift.

Es bleibt dabei: Jeder irgend denk- und befürchtbar dickfellig feiste Mindersinn wird von Journalisten nicht nur gedacht, sondern auch pfeilgrad aufs Papier gesemmelt. Und so bin ich denn gewißlich sicher, daß es im Fall Glotz auch diese verzwickten Edelsteine schon gab: »Glotz ist ein Klotz am Bein der SPD.« Und: »Der klobige Glotz.« Nach einer Fernsehdiskussion: »Glotz in der Glotze.« Nach einer verlorenen Wahl: »Jetzt glotzt Glotz dumm.« Bzw.: »Glotz fühlt sich von der SPD angekotzt.«

Den recht erstaunlichen Bann, über den die Wortkunst mittels ihrer schlichtesten Magieformen wie Wortspiel, Assonanz und Endreim in diesen kunstfernen Zeiten per Journalismus, Kommerz und Werbung noch immer gebietet, haben in den letzten Jahren Peter Rühmkorf und Robert Gernhardt in zwei essayistischen Arbeiten (›agar agar-zaurzaurim‹ bzw. ›Glück Glanz Ruhm‹) ausführlich behandelt. Von »eisgeliebt« bis »schuhverlässig« brandet unentwegt Witz der höchsten Art durch unseren Alltag, und beim Endreim ist vor allem die ›Bild‹-Zeitung in einer nicht und nicht nachlassenden Anzeigenkampagne nicht mehr zu bremsen: »Ist das nicht toll, Herr Knoll?«

Der klotzende Glotz, der den Kanzler verkohlende Strauß, der willfährige Brandt, die Parteigeißel Geißler, der fiese Feisal – sie freilich erst formieren das wie gepanzert eiserne Reservoir journalistischer Spitzenklöpplerei an sich. Wird's nächstens auch mit Rau klappen? Dochdoch. »Wenn das Zeitungswesen das letzte Mark aus den Knochen der Kunst gefressen haben wird« (Karl Kraus, ›Die Fackel‹ 122/1902), dann wird auch der harmoniesüchtige Rau plötzlich ein windig rauhes Klima verbreiten. Werweiß nimmt sich Rau ja wirklich dran ein

Beispiel, und der verschwiemelte Spuk schlägt so noch gar zum Segen aus.

☆

»Man kann nicht den ganzen Tag essen oder lesen oder auf der Seite schlafen« (Kieseritzky, ›Trägheit‹). Deshalb schreibt man ab und zu einen Aufsatz. Oder immerhin heute diese 4 Zeilen da.

Und schon ist es passiert. Noch vor einer Woche hatte ich an gleicher Stelle die Befürchtung ausgesprochen, daß es nach dem stolzen Stoltenberg, dem klotzenden Glotz, dem ebenso feisten wie fiesen Feisal nächstens auch den mild-harmonistischen Rau mit einem artistischen Nomen-Omen-Wortspiel erwischen würde – und schon titelt die Münchener ›Abendzeitung‹ »Rau in rauhem Klima«.

Ja, unsere Boulevardblätter. Die lassen an Pfiff und Chuzpe nienix anbrennen.

☆

Daß bis hin zu Joyce, Proust, Thomas Mann heute schon jedes zweite Buch speziell der modernen Hochliteratur mit einem knallfarbigen Foto aus der entsprechenden Verfilmung verunziert, ja verschauerlicht wird, auch von scheinseriösen Verlagen wie Suhrkamp: Das ersetzt als Buchalltag und Dauerzumutung allzeit die erste Kauf- und Leselust durch eine Ohrfeige aufs düpierte Kulturgemüt. Auch die Klappen- und Cover-Texte erzählen weniger von Swann und Castorp als von deren breitkoloriger Verrührung durch Schlöndorff und Gottweißnochwen.

Den bislang dumpfsten, nichtswürdigsten und ordinärsten Schlag in diese Richtung führte, wie so oft, vor einiger Zeit das Haus Ullstein. Es versah den ebenso kaum-bekannten wie schönen Roman ›Die Geliebte des französischen Leutnants‹ von John Fowles nicht nur mit dem Titel einer farbfotografierten Meryl Streep; sondern vertraute, als wichtigste Information, auch dies noch dem Buchrücken an: »Verfilmt mit Meryl Streep, der Oscar-Preisträgerin aus ›Kramer gegen Kramer‹ . . .«

O Gott. Nächstens werden sie sicher Dostojewskis ›Dämonen‹ mit dem beschwörenden Hinweis verhökern, daß der TV-Darsteller des Stepan Trofimowitsch, Hannes Messemer, in ›Kramer gegen Kramer‹ beinahe eine kleine Nebenrolle gekriegt hätte.

☆

»Ein Arschloch in Managua« – so betitelt die Zeitschrift ›Tempo‹ eine Rezension von F.X. Kroetz' Nicaragua-Tagebuch. »Der Mensch, ich Arsch« benennt Hermann Kinder einen Band Prosa. »Carmen oder bin ich das Arschloch der achtziger Jahre« fragt sich Wolf Wondratschek im Titel seines jüngsten Buchs, nachdem ihn schon die Stadtzeitschrift ›Auftritt‹ als »Das Arschloch« porträtiert hatte.

Fraglos, der Arsch hat momentan wieder stark Konjunktur. Bzw. schon länger. »Arschloch« titulierte Dietmar Schönherr den Präsidenten Reagan. Als »Arschloch« beschrieb Biermann Berlin. Die »Memoiren eines alten Arschlochs« veröffentlichte Roland Topor. »Mit Verlaub, Sie sind ein Arschloch, Herr Präsident!« tat Joschka Fischer Stücklen unverstockt Bescheid.

Eigentlich hatte man gedacht, daß der vielberufene rundlich-niedliche und gutmütige Körperteil als analfixierendes Allzweckreizwort und -schimpfmittel längst aufs Altenteil abgetreten sei. Aber offenbar und leider ist dem Menschen halt nichts anderes Interessantes nachgewachsen, des Überstrapazierten Funktionen zu übernehmen.

☆

Ohne Zweifel, die schönste Inschrift steht auf Clemens Brentanos Feldkreuz angeschrieben: »O Stern und Blume, Geist und Kleid, Lieb', Leid und Zeit und Ewigkeit!«

Die zweitschönste und nämlich fast gleich tiefsinnige findet sich auf dem Eingangspfortenschild des Seeleute-Vermißten-Friedhofs der Insel Amrum: »Es ist noch eine Ruhe vorhanden.«

Was möchte sie deuten, die verfänglich schillernd-irisierende Botschaft an die Irdischen? Was schwante dem Autor? Daß die Vermißten zwar keine materielle, aber immerhin »noch« eine spirituelle Ruhestatt gefunden haben? Oder: Daß draußen im Reich und auf dem Festland zwar alles drunter und drüber geht, indes auf Amrum die Dinge bestens, nämlich ruhiggestellt stehen? Oder: Daß der am Friedhof vorbeiwandelnde Amrumer bzw. Urlauber es nicht verschmähen sollte, sich von der Ruhe zu bedienen – es sei ja »noch« reichlich »vorhanden«? Oder wird ein letzter Restposten Ruhe wegen Totallagerräumung offeriert? Oder möchte vielleicht doch dies blümerant verblümt gemeint sein: Noch herrscht Ruhe, ist man am Ruhn auf dem Amrumer Friedhof. Aber schon bald, so viel habt zur Weisung und Warnung, wird ein Geschrei und ein Gebrüll und ein Radau anheben, vor dem Gott selber sich die Augen reiben wird und im Vergleich zu dem der Gesang der Holländer-Mannen Richard Wagners, ja die Posaunen des Jüngsten Gerichts wie eitel Wohllaut tönen?

Man weiß es nicht und wird es nie erfahren. Es sei denn, daß nächstens die Gräber sich auftun und ein Gebrüll, Radau und Lärm ...

☆

Der ›taz‹ ist zu entnehmen, in Grünen-Kreisen sollte man überlegen, ob man nicht zur Bundestagswahl 1987, wie einst zur Bundespräsidentenwahl, einen eigenen Kanzlerkandidaten antreten lassen solle. Schon mal in Vorschlag gebracht wird namentlich Otto Schily.

Ich hätte, meiner Treu, einen besseren Kandidaten. Einen weiblichen, einen aus der Welt derer, die momentan noch im Dunkeln singen, um dann um so unverborgener, unverfrorener ... allein, es wäre *zu* schön, wenn da nochmals ... wie damals gegen Weizsäcker ... nun gegen den baumlangen Kohl ... so was Kleines ...

Nein, es wäre *zu* schön.

Der vermutlich schwiemeligste, schwitzigste Vorgang des Jahres 1985 betraf das Zusammentreffen von Karajan und Papst Johannes Paul II. im Petersdom zum Zwecke des gemeinsamen Frevels an Mozarts Krönungsmesse. Die Vulgarität dieser Show rund um ein vollends unverdientes musikalisches Himmelsgeschenk konnte selbst von ›Bild‹ nicht übertroffen, sondern nur noch egalisiert, legalisiert und kanonisiert werden: »14 000 jubelten im Petersdom: Papst umarmte Karajan (...)

Gestern jettete Herbert nach St-Tropez. Er will sich ein bißchen beim Segeln entspannen.«

Kürzlich nun hat als vierter im heillosen Bunde die Deutsche Grammophon Gesellschaft nachgezogen und aus dem maestro-pontifaxialen Gemeinschaftszynismus eine Schallplatte ausgebrütet, nicht ohne in einer Großanzeige von einem »historischen Ereignis« zu sprechen – so sehe es nämlich auch die (nein, nicht FAZ, nicht ›Frankfurter Rundschau‹, nicht die ›Zeit‹, sondern) ›Hör zu‹.

Wahrlich, wäre ich Chef dieser Gauklerbande, ich wäre noch einen kernigen Schritt weiter gegangen und hätte, wenn schon denn schon, auch gleich noch einen Vergleich mit dem Wormser Konkordat von 1122 frisch drangelogen.

☆

Freundlicher Sonntagnachmittag. Ein Amateur-Fußballgekicke in der Sportanlage beim Hessischen Rundfunk. Wenig Spielsystem, dafür ziemlich rundliche Bäuche. Dann aber dann: Ein wunderbarer Schrägschuß akkurat ins Tordreieck. Zwei Sekunden Vorfreude auf die putative Wiederholung und auf Slow-Motion. Jäher Winzigschock, ja etwas wie ein verkniffener Horror vacui, als beides ausbleibt. (Aus meinen aufgegebenen Werken à la manière dö Peter Handke)

☆

Sehr geehrter ›Zeit‹-Feuilletonchef Ulrich Greiner, im Hause: Spätestens seit Tucholsky kennt jeder professionelle Autor, sofern er nicht nur Lyrik betreibt, das Phänomen der sogenannten »inneren Zensur«. Man schreibt für Zeitung A ein bißchen anders als für B und C. Das führt in harmloseren Fällen zu zahlreichen und oft nicht mehr ganz geheuren und überschaubaren Autoren-Ichs; in harmvolleren zu Korruption und/oder Wahnsinn.

Sie andererseits, Kollege U. Greiner, stellten in einem Aufsatz in der ›Zeit‹ dar und klar, daß die Kunst, vom Thema Juden abgesehen, bald all ihrer notwendigen und auch willkommen-liebsamen Tabus verlustig gegangen sein werde. Das mag wohl stimmen für die Kunst, U. Greiner – für die Halbkunst des Journalismus stimmt es mitnichten; ja, da läuft die ganze Entwicklung platterdings akkurat andersrum. Beweis: Ich.

Wenn ich für den sozialdemokratischen ›Vorwärts‹ schreibe, habe ich die Tabus SPD und möglichst Kirche/ Papst zu achten, sonst krieg ich den Text nicht durch. Fabriziere ich umgekehrt für den ›Rheinischen Merkur‹ eine Glosse, so muß ich im Auge behalten, möglichst Kohl, Strauß und item den Papst nicht zu schmähen, ja nicht mal zu tangieren. Bei meiner Arbeit für die ›Frankfurter Rundschau‹ stieß ich 1973 auf Abwehr und fiel bös' auf, als ich den linken Bauernfänger G. Zwerenz entlarven wollte (erst ein Jahr später hatte das Blatt ein Einsehen und ließ das durch Peter Iden besorgen). Anläßlich meiner wenigen Arbeiten für FAZ und ›Capital‹ habe ich deshalb schon mal immer wohlweislich vorab das Tabuthema Kapitalismus vermieden. Im Feuilleton der ›Welt‹ veröffentlichte ich ein Feuilleton wider den Feuilletonismus und mußte erkennen, daß mir die beiden einzigen namentlichen und konkreten Bezugspunkte rausgestrichen wurden. In ›Titanic‹ wollte ich schon immer mal den Konkurrenzdichter Robert Gernhardt so frontal angreifen, wie er's längst verdiente; scheiterte aber weit vor der Redaktion schon an der inneren Tabu-Zensur: Dem Mann ist zumindest dort nichts anzuhaben, zumindest solange er dort Mitbesitzer ist. Und in der ›Zeit‹?

In der ›Zeit‹, Kollege Greiner, würde ich natürlich

nichts und wieder nichts so liebend gern tun, als zum Beispiel pfeilgrad die Gruppe Schmidt-Dönhoff-Sommer feindlich anzugehen. Darf aber nicht. Man läßt mich einfach nicht. Dabei hätte ich so glänzende Finten, Attakken, Satiren und Schmerzenshiebe in meinem polemischen Rucksack. Wer ruft sie, ehe der platzt, ab? Wie? Wer? Der ›Bayernkurier‹? Nein, der kriegt sie nicht. Der nun gerade nicht. Da respektiere ich nun wieder meine eigene Stolztabuzensur! Und schneide mich hinein ins Fleisch des eigenen Säckels!

Vielleicht, Kollege Greiner, denken Sie über solche hier nur angedeuteten subtilsten Tabu-Verflechtungen dann in Ihrer nächsten Analyse doch noch weiter nach.

☆

Daß aber der bekannte und kürzlich aus dem Berliner Senat ausgeschiedene Ausländer-Zwingherr H. Lummer Sohn einer, wie ich jetzt erst erfahre, jugoslawischen Mutter ist: das gibt a) abermals dem unsterblichen Zweizeiler von F.W. Bernstein recht: »Die schärfsten Kritiker der Elche / Waren früher selber welche«; und ist b) ein nun wirklich apartes Beispiel für self-fulfilling prophecy: »Ausländer raus!«

Ein rabulistisch einleuchtender Druckfehler fand sich in der Überschrift der ›Süddeutschen Zeitung‹: »Kohl: Khadhafi hat die USA porovoziert.«

Man hört ihn vor erregter Uninformiertheit seitens unserer amerikanischen Freunde förmlich so pfälzisch wie porös haspeln oder wahlweise grämlich schlottern.

☆

Daß der Maler Salomé von den hochetablierten weiland »Neuen Wilden« für sein Bild ›Der Henker und sein Opfer‹ im Zuge der Ausstellung ›Images of Shakespeare‹ in der Berliner Grundkreditbank mit dem Preis von satten 10 000 Mark geziert wird, obgleich das Bild schon acht Jahre alt ist und selbstverständlich mit Shakespeare nichts zu schaffen hat – gegen derlei frohsinnige Ungereimtheiten läßt sich natürlich nichts vorbringen und noch weniger machen.

Wenn aber nächstens die mindestens ebenso mäzenatslockere Dresdner Bank den Malerfürsten Baselitz für seine Weigerung, Shakespeare auch nur zur Kenntnis zu nehmen, mit Trinkgeldern aushält, dann, ich warne euch, dann – dann – passiert vielleicht doch noch was.

☆

Versteifung der Gedanken kann sehr eindrucksvoll sein. Alljährlich, wenn die div. IG-Metall-, IG-Druck- und ÖTV-Tarifrunden eingeläutet werden samt der alljährlichen Andeutung, eine Streikdrohung bis hin zur Urabstimmung und zum Arbeitskampf könnte ins Haus stehen – alljährlich wimmeln da die Ernst Günter Vetter und Friedrich Karl Fromme von der FAZ in Wirtschaftskommentar und Leitartikel Hände überm Kopf zusammenwringend vorab und beim ersten Muckser dahingehend ab: »Der unnütze Streik«; »Der Streik, der niemand nützt«; »Dieser Streik schadet allen« – und zwar seit zehn Jahren alljährlich um die gleiche Zeit mit diesen drei-vier-fünf störrisch dickfelligen Beschwörungs- und Abwehrformeln. Und wohlgemerkt hergeflennt von denselben Journalisten, die noch drei Tage vorher (und ohne daß die klugen Leserköpfe etwa einen Widerspruch mitkriegten) unsere FDGO, zu der ja wohl das Streikrecht zählt, gelobhudelt hatten.

Vergreisung kann schon wieder was Verjüngendes abstrahlen. Und Fortschrittsträchtiges: Im allgemeinen pflegen m. W. Zeitungen nur fixe Überschriftentitel wie »Das Streiflicht« oder »Aus dem Wirtschaftsleben« als Stehsatzblöcke aufzubewahren, um sie wiederzuverwenden. Die FAZ könnte/sollte es mit ihren Streikschreckartikeln grad so halten. Die Angst- und Blindklischees von 1982 sind 1987 noch genauso pfeilgrad richtig – und das Blatt spart dabei an Personalkosten für hochdotierte Denker. Nur, aufgepaßt, ein paar Namen müßten ab und zu ausgewechselt werden: Mahlein z. B. ist tot und Loderer weg vom Fenster. Allein, das könnte der Redaktionsbote auch erledigen, und mit Lichtsatz ist sowas ja eh kein Problem mehr.

☆

»Mein radikalstes, vielleicht mein persönlichstes Buch«: Mit diesen Worten geht F.X. Kroetz via Verlagsreklame entschlossen für sein ›Nicaragua Tagebuch‹ auf den Markt. Drei der sechs Wörtchen müßte man ihm, was immer in dem »Roman« genannten Wechselbalg steht, sofort als ewiges Kainsmal hinter die rotbeschämten Ohren brennen. 1. »Radikal«, weil's das übelste Nullwort der 70/80er Jahre ist. 2. »Persönlich«, weil, wenn's wahr wäre, man gerade damit nicht hausieren ginge. 3. »Vielleicht«, weil er nicht mal genau weiß, was er da herzlich Lausiges zusammenschmarrt. Zusätzlich unschön prangt das aufdringlich doppelte »mein«. Bliebe vom Ganzen das sachlich und sprachlich untadelige »Buch«. Das ich aber nicht mehr haben möchte. Nach dieser Ausgeschamtheitsballung nicht einmal geschenkt.

Zumal der sich der Überschrift anfügende Kroetzsche Selbstanpreisungstext, der u. a. »Politik und Poesie unter einen Hut bringen« (!!) will, präventiv noch instinktsicherer danebenlangt als auf dem Titelbild der pfeifenrauchend-nachsinnige Volksanwaltautor, der sich – nein, einmal auf dem Strich, läßt er wirklich nichts aus – dafür auch noch mit einer zweifelsfrei nicaraguanisch eingefärbten und offensichtlich ihn als Befreier anhimmelnden Marktfrau ablichten ließ.

☆

In der Frankfurter Zeil hat es ein »Kegler-Zentrum«, nein, eben kein »Kegler-Center«. Deutschland erwacht.

☆

Eine erkennbar sonst nicht unintelligente, durchaus aufgeräumte und überdies komikwillige Dame steckte mir, Humor schön und gut, aber Gerhard Polt sei ihr denn doch zu »zynisch«.

Daß ausgerechnet einer der empfindsamsten, weichherzigsten, fast möchte man sagen: zartesten Wortkünstler, an denen wir uns derzeit trösten dürfen, als Zyniker fehlverstanden wird, obschon er seit einem Jahrzehnt nichts anderes tut als dies: den offiziellen staatskorruptionistischen Zynismus vom Altmühltal über die Aluminiumhauseingangsanlage und das Atomschutzeigenheim bis zur Affäre Wackersdorf zu entlarven und bloßzustellen:

Das legt im Land der High-Techs und der Facharbeiterkulturen abermals die Notwendigkeit nahe, für das schwindende Reich des Common sense Notschulen einzurichten, die den Menschen wenigstens die elementarsten Verständigungswörtchen und ihre Bedeutung zur Not ins Hirn zu nageln befugt sind.

Nur noch wen'ger eil'ger Stunden Flügelschlag; dann geht's los in Mexiko. Die Lage: Rummenigge hat festgestellt, wie weit sein Werbevertrags-Marktwert seit 1982 gesunken ist, und will sich deshalb besonders anstrengen. Karlheinz Förster spielt momentan so ideenstark, wie nur der Genius Schwabens sprühen kann. Briegel hat speziell nochmals daraufhin geübt, lebende Menschen nicht als solche anzuerkennen, sondern einfach durch sie hindurchzumarschieren. Der Torwart Schumacher hat sein schmuckes goldgelbes Torwarttrikot noch in der Vorwoche 45 Stunden lang vor dem Toilettenspiegel werbe- und weiberwirkungsmäßig austrainiert. Gabi Schuster fehlt; für sie führt nun doch Magath Regie. Und der Coach Beckenbauer?

Beckenbauer möge sich damit trösten: Wenn wir die Vorrunde überdauern, war's Dusel. So wir Weltmeister werden, hat Gott persönlich mitgebohrt, und er, Franz, möge er sagen, schäme sich ja auch. So wir aber sofort klangvoll in den Orkus rauschen und ausscheiden, darf Beckenbauer darauf bestehen: Das habe nicht mal Jupp Derwall in seinen besten Zeiten geschafft. Und das sei doch immerhin wieder ein Hoffnungsschimmer. Sprich neuer Neuanfang.

Und Ribbeck werde in diesem Sinne (Schumacher, Briegel, Magath nebst wiedererstarkter Gabi Schuster) weitermachen.

☆

Werden Bücher heute primär als Alibiträger, als Reinwaschungen des eigenen schlechten Gewissens gelesen? Dem Kritiker Wolfgang Pohrt deutete sich so Neil Postmans Fernseh-Problematisierungsbuch und sein wunderlicher Erfolg bei einer exzessiv TV-versessenen Nation. Verschiedene Analytiker kamen im Fall der unvergleichlichen und multimedialen Wallraff-Großrezeption auf die nämliche Idee. Und – Grass' ›Rättin‹? Geht der Leser-Käufer jetzt noch einen entschlossenen Schritt weiter und erwirbt das Buch massenhaft als Alibi, meint: als Wiedergutmachung an Grass, weil er schon dessen ›Butt‹ nicht zu Ende gelesen hatte und es mit der ›Rättin‹ absehbarerweise genauso halten wird??

Tempora mutantur et nos werden dabei immer undurchschaubarer. Ich jedenfalls halt's umgekehrt und vergleichsweise logisch: Ich *habe* den ›Butt‹ als einer der wenigen zu Ende gelesen und kaufe die ›Rättin‹ erst gar nicht, weil ich mich dafür belohnen und Grass dafür bestrafen muß, daß ich den ›Butt‹ zu Ende gelesen habe.

☆

Drei »brutale Striche« Karajans beim Salzburger Verdi-›Don Carlo‹ hatte ich kürzlich als Kulturniedergangssymptom erschütternd beklagt. Leser Wolfgang Ludwig macht mit Fug darauf aufmerksam, daß, was mir entfallen war, es mit dem Auslassen der zweiten Strophe von Ebolis Schleierlied noch eine vierte Barbarei gegeben habe. Und nennt auch gleich den Grund: »Der Karajan wird sich hier, zu Recht, gedacht haben, daß es den Geldsäcken eh wurscht ist, was sie vorgesetzt kriegen.«

Wahr, wahr, wahr. Und daß er sie auf so diskret-perniziöse Weise bestraft, macht fast wieder Sympathiepunkte für Karajan.

☆

Der ›Playboy‹ montiert den ungefragten Forschungsminister Riesenhuber mit einem ihn umgarnenden Bunny-Häschen. Das Schweinigel-Blättchen ›Superstar‹ setzt den Trend fort und seine fettigen Hoffnungen darein, cover-motivlich den Tennisspieler Becker mit einem anonymen prallrund speckig nackerten Frauenhintern zusammenzupacken. Welche Illustrierte aber erbarmt sich und erfüllt mir meinen Lieblingswunsch und vermanscht im neuen Coverstil irgendwie die brünette Stéphanie von Monaco (topless) mit dem reifen Strauß, nein, schöner noch: mit dem strohblonden Stoiber (weißblau rautierter Binder) – einem also, der alleine als Titelheld keinen Hund hinterm Ofen vorlocken möchte?

Der ›stern‹ wäre eigentlich schon gar lang mal wieder mit einer ganz besonders ausgeschamt granatenen Titelblödheit dran.

☆

Johann Heinrich Voss 1794 in einem Gedicht über die Kartoffel: »Nur ein Knöllchen eingesteckt / Und mit Erde zugedeckt. / Unten treibt dann Gott sein Wesen.«

In dieser dritten Gedichtzeile hat Gott ohne Frage gleichfalls und abermals sein Wesen getrieben und offenbart, weit über die durchschnittliche poetische Befähigung Vossens hinaus. Und mich leitete freilich ein Untergott, mir die Zeile finden zu helfen; die bisher erhabenste des Jahres, vor deren milder Anmut selbst die Zumutung der Ranzigkeit millionenfachen Pommes-frites-Geruchs in Schimpf und Schande theosophisch wie nichts Böses sanft zerschellt.

☆

Dagegen las man im Herbst in einem oberpfälzischen Kartoffelfeld auf einer Tafel: »Aus uns werden Chips.« Das Leben sei ein Traum der Hölle, steht irgendwo bei Shakespeare – bzw. mit Gerhard Polt zu seufzen: »Mir leb'n halt amal in einer Zeit der Verdichtung.«

☆

»Entmassung« forderte, laut ›Zeit‹ vom 3. Mai 85, vor einem Jahr der Ex-Vorsitzende Genscher – und gemeint war, wenn überhaupt was, die Ablösung der sozialdemokratisch vergeigten »Vermassungs«-Epoche durch eine, so Genscher, »wesensmäßig neue liberale«.

Was wohl *daraus* geworden ist?

Der Filmschauspieler Don Murray sagte es, und der ›Spiegel‹-Autor W. Bittorf zitiert es zustimmend: daß mit dem relativ kurz hintereinander erfolgten Tod von Marilyn Monroe, John F. und Robert Kennedy »Amerika sein Glück, seine Gnade, seine Unschuld verloren« habe.

Es wird mir bis zu meinem vermutlich unseligen Ende ein Mysterium bleiben, woher anscheinend glückliche Menschen die Begnadetheit nehmen, in aller Unschuld und unter der Vorspiegelung bzw. Autosuggestion sozial- und ethnopsychologischen Erkenntnistriebs einen solch schmählichen, schauerlichen, ja verruchten Stuß von sich geben zu können, an den sie auch nicht 1 sec. lang selber glauben; es aber nichtsdestoweniger vermögen, uns Zeitungsleser damit 10 sec. lang in atemberaubte Benommenheit zu versetzen, ehe wir ihnen ihre schändlich schamlosen Schamanismen um die schaumigen Köpfe schlagen möchten; die sie aber bereits eingezogen haben, den nächstbesten haltlosen Stiefel auszubrüten.

☆

»Stürzt Kohl wegen Atom?« frug ›Bild‹ am 12.5. im Gefolge von Tschernobyl unwiderstehlich. Trotzdem: »Stürzt Kohl weil Atom?« wäre noch einen Tick präziser gewesen, und am allergescheitesten: »Stürzt Kohl über Atom?« Antwort am 13.5.: »Rumpelkraasch! Päng!«

☆

Irgend jemand muß vor einigen Jahren unsere Bauern und zugezogenen Landbewohner behext und vollends irregemacht haben: Da, wo noch ehedem wie bei Heimito von Doderer und hundertfach im Märchen das nächtens hell erleuchtete Fenster so manchem unruhig Wandernden Hoffnung und Heil verhieß, im Wald, in der fernen Einöde, im nahen Dorf – da eben gibt es diese gelblich warmen Lichtrechtecke heute mitnichten mehr. Sondern: Rolläden. Rolläden, nichts als Rolläden. Blinde und heruntergelassene Rolläden.

Ein bayerisches Dorf wirkte heutzutage ab 21 Uhr wie menschenentvölkert, bezeugten nicht blecherne Karossen sonder Zahl vor und in den Hofeinfahrten, daß da offenbar doch noch wohnende Wesen hausen, die irgendwie zur Spätformation der Humanitas zählen möchten. Unsere wohl mythisch begründete Augenbedürftigkeit nach einem hellwarmen Fleck der Einkehr in der Kälte des nächtlichen Heimwegs: Hingemeuchelt ist sie von einer scheint's massenpsychotisch geschürten Rolläden-zwangsanschaffungssucht im Namen und Rahmen und unter der Fuchtel des allgemeinen Flach- und Zumachsinns. Tränen, wo seid ihr, daß ich euch heule.

Konträr die Lage in der Frankfurter Neuhaußstraße, in der ich wohne; einem überwiegend von Professoren, Künstlern und späten Großbürgern oft roter oder grüner Neigung bevorzugten Idyllenreservat inmitten des üblichen Frankfurt-Schamotts: Kaum ein Rolladen, kaum Vorhänge, kaum Stores noch gar Fensterläden. Dafür allseits offene Blickzugänge in beleuchtete Wohnungen, ja diese Voyeursblicke fast provozierend. Und in den

Wohnungen hat es: frappierend viele und gutgefüllte Bücherregale.

Dorf – Stadt; modernes Land-Proletariat dort – Bildungsbürger hie; Rollädenzwang und -freiheit: Kann man draus eine neue soziologische Dependenzen-Gesetzlichkeit ableiten? Aber immer. Allerdings nur eine polykausalnektisch fünfgeteilte, z. T. in Frageform:

1. Die Neuhaußsträßler besitzen so viele Bücher, weil sie keine Rolläden kaufen. Das Lesen der Bücher aber bestärkt sie nochmals in der Überzeugung, daß es Rolläden nicht braucht.

2. Sie haben auf Rolläden verzichtet, weil sie dem Zaungast stolz Einblick in ihre Bücherpracht, d. h. Gebildetheit geben möchten.

3. Der evident irrationale und vag rationalisierte Grund des Rollädenmassenzwangs unserer Dorfbewohner – die Angst vorm Einbruch – entfällt. Der Neuhaußsträßler zeigt dem Räuber offen, daß hier außer Büchern nichts zu erben ist. Sekundäre Folge: Der Stadtteil wird immer räuberfreier.

4. Bücher meinen Aufklärung. Aufklärung, von Kant bis Adorno, meint Antimythos, Wegfall atavistischer Ängste. Während die Dörfler, befangen im dumpfen Mythos, bald aus lauter Dummheit Doppelrolläden zulegen sich werden, wird das Leben in der Neuhaußstraße langsam so frei, daß das Ganze auch schon wieder ziemlich neurotisch sein möchte.

5. Sollte aber alles ganz anders sein, sollten nämlich die dörflichen Rollädenballungen nur Porno-Video-Filme hinter sich verbergen, indes die zurückgebliebenen Städter noch Bücher lesen müssen: Dann freilich müssen wir unsererseits unser schönes soziologisches Gesetz in all seiner satt komplexen Stringenz nochmals von vorne zu bedenken anheben.

☆

Eine »solidarische Individualgemeinschaft« fordert L. Späth; eine »Wertegemeinschaft« kühn H. Geißler. Ja, was denn nun? Nun, bei A. Dregger nennt sich das Ding »Sicherheitspartnerschaft«; so daß wir denn am prächtigsten mit einer Solidarsicherheitswerteindividualgemeinschaftspartnerschaft aus dem Schneider wären.

Allgemach geht der Junker Frühling zu Ende und auf die holde Mamsell Sommer hin, sich mit dieser strahlend zu vermählen, ja, und dann wird langsam der Maler Herbst wieder einziehen und mit seinem bunten Farbkasten übers Land gehen, hinter ihm aber wird bald schon der gestrenge Herr Winter folgen samt seinem weißen Leichentuch aus eitel Sargleinen, das, warte nur balde, mit eisigem Würgegriff auch und gerade Dir, Leser, der Du jetzt noch ruhig diese Zeilen hier liest und nachsummst, langsam, so ganz langsam an den Hals greifen wird, um Dir endlich und ganz plötzlich die jahrzehntelang so schändlich daherquatschende Gurgel abzudrehen, quschpft! – ja, m. W. so um den 12.12. gegen 17.10 Uhr herum, dann nämlich, wenn, während greifvogeleigroße Schneebälle vom Himmel plumpsen, Dir ausgezehrten Kopfs und mit tränenüberströmten Wangen brennend das Gewissen hämmert, der Hahn zum drittenmal tropft, um Dich liederlichen Sünder zu verra–

Jetzt habe ich Dir aber doch Angst eingejagt, was, Leser? Hoho. Aber nein, nicht weinen, Tschapperl. Ist alles halb so wild. Bis mindestens Ende Januar '87 brauchen wir Dich ja noch. Zum Kohl-Wählen und so weiter.

☆

Rhetorik und Metaphorik des F. J. Strauß sind ja immer wieder mal studierenswert, nämlich tiefenpsychologie-suspekt. Auch jenseits der »Ratten und Schmeißfliegen«. Allerdings, wie schon aus seiner legendären Abgrenzung der Menschen von den Tieren aus dem Wahlkampf '69 hervorschimmert, scheint Strauß angesichts von Tieren insgesamt viel Ekel und Verachtung zu verspüren, allzeit auf das Primat des Menschen sui, Straußens, generis zu pochen. So auch, als er vor Jahren die FDP-Dame H. Hamm-Brücher als »politische Krampfhenna« (Krampfhuhn) entlarvte. Unlängst griff Strauß neuerlich auf die Gefieder-Bildlichkeit zurück und wertete die Bonner Regierungsszene als »ewiges Gegackere«.

Was könnte da allegorisch-enigmatisch und psychopathisch dahinterstecken? Vermißt sich Strauß gleichsam selber als Bonner Hahn im Korb? Weiß er nicht mehr, wo er seine politischen Eier hinlegen soll? Will er als schon zum zweitenmal krähender Hahn und als der neben Kohl und Bangemann dritte Vorsitzende Bonner Elefant die beiden anderen verraten und den ganzen Bonner »Saustall« (Strauß, 1975) dazu? Für eine grundlegend neue Hackordnung als Obergockel sorgen?

Manchmal sind Frauen doch zu was gut. Diese hier z. B., gleich rechts von meiner Schreibmaschine. Die traf nämlich die hier einzig überzeugende Exegese und Pointe: Ein blindes Huhn, nach dem kein Hahn mehr kräht, findet auch mal ein Korn. Das unsere hier, Strauß, nämlich zwei durchaus passable metaphorische Eier.

☆

Erst jetzt fiel er mir in die Finger, zugeschickt aus Leserhand, der konjunktivsatteste Zeitungssatz der letzten Jahre: »Entstünde der Eindruck, Kohl sei dem Erfolg der CDU im Wege, dann wäre ein Faktor, daß Späth offensichtlich gern Kanzler werden möchte. Wichtiger aber würden dann Ansehen und Kabinettserfahrung Stoltenbergs.«

Der Satz glückte wem? Richtig, der, wäre dieser auch noch am Leben, kurz vor Robert Musil artistischsten Instanz fürs hauchzart kasuistische, potentialistisch-semirealistische, ja fast utopische Denken — der FAZ. Der ab sofort die Direktion des »Clubs zur Rettung des deutschen Konjunktivs« anzutragen sich deshalb sehr empföhle, ja empfühle.

☆

Klappern, befand selbst ein so rigider Mann wie Arno Schmidt, gehört zum Handwerk. Und sei's auf dem Parnaß; und sei's auch auf der falschen Klaviatur. Bei meinen ersten Büchern funktionierte das so, daß mich mein damaliger Verleger Lutz Kroth als deutschen Bukowski verkaufte — obgleich wenig in meinen Büchern und nichts in meinem eher ätherischen Kopf die Parallele nahelegt. Kroths suggestiver Beleg war ein Foto mit mir und vielenvielen Flaschen drauf, die zwar nicht mal in meiner Wohnung standen und sich bei näherem Hinsehen auch als leere Mineralwasserflaschen entpuppten — aber macht nix: Kroth und ich wurden jedenfalls steinreich dabei; das Publikum ist eben nicht das hellste.

Doch die Zeiten werden schwerer. Heute verkauft derselbe Kroth seinen neuen Star, den Wiener Maler Manfred Deix, einmal mehr als »Gesellschaftssatiriker«, als »Sittenstrolch« und als Bürgerschreck, der die »gutbürgerlichen Schrecken« im Bilde dingfest macht — als Beleg für Deixens insinuierte Staatsfeindlichkeit aber lassen er und der Herausgeber Traxler den Bundeskanzler Sinowatz, den Vizekanzler Steger, den ÖVP-Führer

Mock und den Altbundeskanzler Kreisky Deix auf dem Buchcover über den Schellnkönig loben und preisen.

Erschütterte Frage unter Freunden, Lutz Kroth: Ist Österreich so aufgeklärt? Sind seine Politiker vielmehr so maliziös verlogen? Ist der Revoluzzer Deix domestiziert, ehe er auch nur eine Chance kriegt, wild zu werden? Und: Muß deshalb die Subkultur resp. Werbung langsam wahnsinnig werden? Trost immerhin für mich: Mich, seinen Biographen, hat bisher noch kein Kanzler Kohl öffentlich umarmt, ja vermutlich noch nicht einmal im geheimsten Herzkämmerlein. Dazu ist er doch viel zu unverbrüchlich Kohl. Gottseidank.

Über den prosperierenden »Ästhetisierungsschub in der fortgeschrittenen Industriegesellschaft« war neulich in der ›Zeit‹ ein Aufsatz zu lesen: Die Kultur, so der Tenor, wuchere verschwenderisch in alle Alltagsbereiche hinein, potenziere sich selber wie rasend und nicht mehr ganz gescheit. Mein Nachtrag dazu: Die ärgste Wucherung schaffte die Zigarillo-Fa. Dannemann, die aus der guten alten und fast wortlosen Paff-Reklame kleine Selbstbiografien diverser Raucher von 1½ Prosaseiten machte. Damit sich die Werbemenschen nicht so ihres Daseins schämen müssen; und damit der Mensch, vom Anzeigentextlesen schon ermattet, nur ja nie dazukommt, evtl. mal 4000 Romanseiten Proust zu packen.

Ach ja, Leser, du hast ja so recht. Meine Kolumne hält ja auch davon ab.

Hm.

☆

Was aber Ihre kurzfristigen und noch nicht getätigten Sommerurlaubspläne angeht, da hat mein Freund Alfred Edel, Frankfurter Schreck- und Trostgestalt suae genialitatis, schon vor zwei Jahren dem hiesigen ›Pflasterstrand‹ die richtige Antwort anvertraut: »Wohin in diesem Sommer? Auf die (Frankfurter) Freßgaß. Da hab ich alles zusammen. Kneipen, Cafés und Zeitungsstand. Die Freßgaß ist für mich das ideale Urlaubsgebiet: kompakt, widersprüchlich und schön. Hier bekomme ich Inspiration und Erholung.«

Und die, wo in Frankfurt bleiben *müssen?*

»Die sollen nach München oder zum Starnberger See fahren. Dort is' auch schön, und dann stört mich keiner bei meinem Urlaub auf der Freßgaß.«

Danke, Alfred. Eins mit Stern.

☆

»Gewisse Orginal-Köpfe, die in Celle in einem gewissen Haus eingeschlossen sitzen«, sieht Lichtenberg in den ›Sudelbüchern‹ (E 103) »einfältige Streiche« treiben.

Hat er also wirklich selbst Schmidts Arno vorausgeahnt? Neinnein, er kann ihn nicht gemeint haben. Ich les grad einige der Schmidtschen Funkdialog-Essays über die deutsche Literatur des 18. Jahrhundert wieder, die sind schon »matterhornmäßig« (A. Schmidt) spitze.

Freilich, Lichtenberg kommt da kaum vor. Merkwürdig. Sollte das Gehirn-Tier Schmidt sich von Lichtenbergs Nagel auf den Original-Kopf – –

☆

Die grellsten Erfindungen seien Zitate, lehrt Karl Kraus – und er, der Herrlichste von allen, Kohl, proklamiert ergo auf dem CDU-Parteitag »die Solidaritätsaufgabe der Tagesordnung der Zukunft«, genau, wer sagt's denn.

☆

Kurzbesuch bei einem Freund. Im Wohnzimmer sehen zwei Personen in zwei TV-Geräten zwei Programme fern, in einem Fall per Kopfhörer und mit Fernbedienung sowieso. Ich selber überspiele gleichzeitig, sehr piano zu hören, im selben Kompaktgerät eine LP auf Tonkassette. Ein vierter Mensch hört in der angrenzenden Küche zum Schwatz mit der Nachbarin zärtliche Radiomusik. Derweil im TV-Gerät A lauter Katastrophen gemeldet werden, lacht der Kopfhörfernseher hell auf – ein Sheriff fliegt in den Heuhaufen. CB-gefunkt wird zufällig nicht. Wäre technisch-gruppendynamisch aber auch noch drin gewesen. So soll es sein. Das deutsche Familienidyll 1986. Alles sehr paletti. Natura naturans.

Zwei Wochen später bin ich meinerseits denkwürdig gescheitert. Die Synchronie der Geräte, befürchtete schon Günther Anders in seinem Fernseh-Philosophiebuch von 1956, gehe auch im Zeitalter der Simultaneität mitunter schief. Die Schaltung zwischen Mensch und Gerät breche zusammen. Dies einzusehen lehrte mich mein bestimmt nicht erfundenes Erlebnis, dessen möglicherweise einfältige Struktur ich Spezialisten und Technik-Freaks zu entschuldigen bitte, ich bin ja nicht vom Fach und auch nicht mehr der jüngste:

22.30 Uhr. Seit 22 Uhr ziehe ich mir via Kopfhörer Verdis Requiem rein, möchte aber jetzt von Berufs wegen in den TV-›Tagesthemen‹ nochmals eine bestimmte Bildfolge mit Strauß sehen. Kein Problem. Das Bild kommt, ich stelle den Ton auf Null. Derweil Verdis ›Dies irae‹ wütet, wuchtet Strauß mit Stücklen schwitzend aus dem Fraktionszimmer, rennt einen Gang lang und redet stummgemacht auf Mikrophone ein. Ich aber, nicht faul, beginne plötzlich gleichzeitig, immer nach dem dicken Bayern spähend, per Hand einen lang überfälligen Brief zu schreiben. Sodann, »Ingemisco« schluchzt Verdis

Tenor, Strauß hechtet auf eine Türe zu, der Brief schreibt sich wie geschmiert, fällt mir ein, daß ich ja längst Ljubojevics letzte Schach-Glanzpartie nachspielen will – die Rechte kritzelt weiter, mit der Linken stelle ich, alle Brücken hinter mir abbrechend, die Männlein auf, Carlo Bergonzi erklimmt das hohe B, das Ohr lauscht inflammatus, das Auge schweift zu den deutschen Schachblättern, die Rechte möchte weiterschreiben – da kommt's zum Kollaps: Der verzwirbelte Sinnen- und Zerebralkreislauf (oder wie das Ding sich nennt) gerät ins Schlingern und Schwimmen, das Blackout schwimmt sich frei zu der Erkenntnis: Brief *und* Ljubo geht nicht mehr. Aus, Äpfel, Amen.

Man sieht: Drei Dinge, wie bei Julius Caesar, gehen, viere nicht.

PS 1: Obwohl . . . auch das nicht stimmt. Eine Schachpartie gegen einen schwachen Gegner oder einen nachdenkenden Computer hätt ich als viertes durchaus ja noch gepackt.

PS 2: Diese Glosse habe ich schicklich ohne Verdi-Beduselung geschrieben. Man merkt's an der Logizität der blitzschlauen Gedanken und der attisch-anmutigen Reinheit ihres Stils.

Im Stuttgarter Hauptbahnhof, der sich auch sonst unter Deutschlands IC-Hochburgen durch besondere Schönheit, Pracht und Einladungskraft hervortut, ist neuerdings ein Anschlag zu lesen, der das Rauchen auf den Bahnsteigen zu unterlassen empfiehlt: Derart bleibe die Luft sauber. Wäre hier nachzufassen, daß auch das Niesen auf Bahnsteigen tunlichst zu unterbleiben habe:

Damit würde das Leben auf den Bahnsteigen noch hygienischer, leiser und überhaupt irgendwie lebenswerter.

Denn siehe, ich stecke Euch ein Geheimnis: Weniger die Grünen selber als vielmehr ihre flankierenden Sauberkeits- und Gesundheitsgrenadiere sind schon die allerbösesten der Finger. Der Teufel hol sie alle.

☆

Jawohl, ausgerechnet. Ausgerechnet ›Penthouse‹-Nakkerl Michaela empfiehlt ausgerechnet ›Penthouse‹-Lesern, ausgerechnet Erich Fromms ›Die Kunst des Liebens‹ zu lesen. – Das Cover-Foto der amerikanischen ›Playboy‹-Ausgabe zeigt eine vollständig und nicht mal glamourig bekleidete Frau, nein, eine richtige Dame, die tatsächlich erotisierender wirkt als all der übliche rosigbraune Speck.

Die Welt ist mächtig aus den Fugen und in scheint's baudrillardhafter Simultaneität wieder in ihnen – bzw. andersrum: Man sollte Kohl die Meldung durchgeben, daß die Wende zumindest in einer Branche jetzt vollzogen ist.

☆

»Das Prestige der maßgebenden Kunstkritik hängt allerdings davon ab, ob die Ware, die sie anpreist, sich durchsetzt.«

Ja, also eigentlich wäre das Zitat aus Hans Platscheks Buch über die Dummheit in der Malerei der rechte Anlaß, die Gedanken wieder einmal ganz inständig auf meinen Lieblingsgroßkritiker zu richten, Unseren Lautesten von der ›Frankfurter Allgemeinen‹; jenen also, der mutatis mutandis seine sog. Literaturkritik eo ipso in aller Ungescheutheit und Chuzpe dazu zu benutzen pflegt, sich für die Waren Hahn, Maiwald, Burger und

Becker einzusetzen, ausdrücklich meist zu dem Ende, sich selbst deren selbst ihm schwer vorstellbare Durchsetzbarkeit stante pede vorzuführen und ein darüber nicht mal staunendes Publikum dazu; dies in oft atemberaubender Courage, hasardspiel- und kamikazemäßig riskierend das eigene und ja nicht geringe Prestige –

– aber einerseits hat mir kürzlich die ›taz‹ meine diesbetreffenden Einlassungen und Insistenzen untersagt: Ich rennte damit längst offene Türen ein; andererseits hört man seit einem Jahr von einem mählichen Retirieren des bravourösen 66jährigen aus der FAZ-Kulturabteilung munkeln; und erst jetzt, angesichts des erschreckend nah drohenden Endes einer Ära, geht natürlich selbst einem über lange Zeit hin krittelnd Verblendeten wie mir vollends wie ein Vollmond hesperidischer Deszendenz die ganze Schwer-, ja Nichtentbehrlichkeit dessen auf, dem ich, und heute dauert's mich, seit ca. 1980 auf den Wecker gehe, indem mir seither kaum eine der seriellen sprachglanzlich-argumentativen Immortellen entgeht jenes Mannes, der einst, FAZ-Silvesterausgabe 1982, in seiner Jahresbilanz schwarzaufweiß Sarah Kirsch mit der »schönsten Orchidee« bedachte, Ulla Hahn aber hingerissen »eine rote Rose« coram publico überreichte – es war zu schön, es war *zu* unsterblich schön.

Und jetzt? Merke ich, wie kalt der Wind bald pfeift? Spüre ich nicht mit seinem in einiger Bälde erwartbaren Abtritt allschon jetzt ein Teil von mir selber ersterben? Mir, dem hingegossenen Zaungast all des jahrelangen dunklen Zaubers, dem dann etwas Großes, Lebenspendendes, wie durch Torheit Betörendes furchtbar fehlen wird? Zumal jetzt, da auch von Boris, Brauchitsch, Boenisch ja nervenkitzelversorgungsstrategisch leider nicht allzuviel Fruchttreibendes mehr winkt? Ja, funzelt's nicht wie ein fahler Vorbote des Verscheidens, daß ich seit einem Vierteljahr schon keinen Reich-Ranicki-Satz noch gar -Essay mehr vor Augen und vor Ohren gekriegt habe, der als Stimulus des aufschnappenden Eingedenkens wahrlich wert gewesen wäre? Welcher Leser erbarmt sich und schickt mir tröstend einen? Auf daß ich wisse, daß es IHN noch – jedenfalls noch eine Zeitlang – gibt?!

☆

»Die resultative Referenzlosigkeit der Phantastik korrespondiert mit historisch präparierten Bedürfnissen –«

Jaja, ist gut, Herr Soziologieprofessor Dietmar Kamper. Setzen. Und weitermachen. Oder aufhören. Oder wie oder was, ist ja eh wurscht.

☆

Die ›Zeit‹ hat sich zu einem großen Blatt aufgebläht, in dem sich Unbildung und organisatorische Unfähigkeit paaren, das Protzentum von der Höhe seines Geldsacks über die Verhältnisse richtet und hilfloser Unverstand feierlich gespreizt seine Mätzchen aufführt.

So. Das mußte auch mal gesagt werden. Wie? Neinnein, nicht diese ›Zeit‹ hier. Sondern das österreichische Namensschwesternblatt von 1900 ff. Diese ›Zeit‹ hier hat aus den von Karl Kraus (›Die Fackel‹ 124/126) aufgezeigten Schwächen gelernt und ist heute ohne Fehl, sehr edel, hilfreich und gut.

Sommer

Radioaktivität lockert, erwartbar, auch so manche Schraube. Der CDU-Angehörige und allzeit maßlos moralprunkende Fernsehschaffende Dr. Franz Alt, früher schon einmal eindrucksvoll dadurch aufgefallen, daß er der ›Brigitte‹ verriet, nicht seine Frau sei schwanger, sondern seine Frau und er seien es gemeinsam; – derselbe Dr. Alt machte sich kürzlich abermals für ein neues Kinddenken stark, indem er seinem Kanzler Kohl via einen langen und »Offenen Brief« steckte, daß »Kinder in diesen Wochen« – nach Tschernobyl – »in Angst und Schrecken leben«.

In einem Offenen Brief – diesem hier – appelliere ich, auf die Gefahr hin, völlig richtig verstanden zu werden, an den Katastrophendenker und Wichtigkeitscrack Dr. Alt: Er möge a) bei seinen öffentlichen Korrespondenzen den Verstand nicht schon in der Betroffenheitsgarderobe abliefern; und b) mir ein einziges, von »Angst und Schrecken« gebeuteltes Kind vorweisen. Schafft er das, spinne ich. Bringt der Streitliche keins auf die Beine, sollte er künftighin seine Schwer-Appelle drei bis acht Sekunden länger überlegen.

☆

In einem verwandten Zusammenhang, dem einer kürzlichen Anti-Atom- und sog. »Zwergerl«-Demo von 4000 Kindern in München, sprach F. J. Strauß laut ›Welt am Sonntag‹ von »verabscheuungswürdiger Manipulation an jungen Menschen«.

Daß z. B. Grüne ihre Kindlein für ihre und sei's humanitärsten Absichten sehr pathetisch und quasi schicksalsverbandsstrategisch einzuspannen pflegen, das fiel z. B. schon beim großen Bonner Raketengeplapper vom 23.11.1983 übelst auf. Und verdiente hin und wieder den biblischen Mühlstein an den Hals, ebenso wie Strauß der Balken vorm eigenen Auge splittern möge; denn Manipulation an jungen Menschen betreibt er seit 40 Jahren in bester Manier selber. Aber freilich, gerade weil er was davon versteht, hat er, wo er recht hat, leider recht.

Ganz abgesehen davon, daß eine »Zwergerl«-Demo auch noch auf affektierteste Links-Folklore hinausläuft, kurz auf Kitsch.

☆

Von »Super-« und »Star-« und »Anmach-Preisen« auf aktuellen Preisschildern hatte ich vor einiger Zeit berichtet – und dann ein paar neue, noch absentere Varianten vorgeschlagen: »Eminent-Preis«, »Zack-Preis«, »Habenhaben-Preis«, »Kompakt-Preis«. Und abermals hat die unergründliche Realität die neben ihr herkeuchende Satire fast mühelos überspurtet. Von »sauberen Preisen«, »Tief-Preisen« und »Geld-zurück-Preisen« berichtet, sie jeweils dokumentierend, Leser Ludwig aus München. Und Leserin Zander aus Berlin vermag anläßlich des Ostergeschäfts noch eins draufzusetzen: »Süße Preise« und »Bei diesen Preisen dachte der Osterhase, er wäre ein Weihnachtsmann« – und das glänzendste und mutigste Exemplar: »Preise, wie aus dem Ei gepellt!«

Von »Dingen, die man kauft, damit sie nicht länger quälen«, weiß Bodo Morshäuser in einer Erzählung. Ihrer Stummheit Laut aber verleiht der Freiherr von Eichendorff: O Gott, führ uns liebreich zu Dir!

☆

Vom deutschen Bundespräsidenten bis zu den Lesern einer führenden deutschen Wochenzeitung wird mit großer Regelmäßigkeit, als Kontrast zum böskritischen Blick, der Ruf nach dem Positiven laut. Also, wenn's denn sein muß: Gegen die ARD-Tagesthemen-Moderatorin Ulrike Wolf ist wenig zu sagen, oder?

Auch wenn man möchte, nicht. Das heißt, die klugen Augen könnten noch einen Tick neutral-verbindlicher, das Lächeln einen Hauch ernsthafter— —

Nein, Quatsch. Es ist wirklich nix gegen sie vorzubringen. Und ich ernenne Frau Wolf hiermit demoskopisch einwandfrei zum weiblichen Leitbild 1986.

☆

»Autoren schreiben aus zahlreichen, verschiedenen Gründen: um Geld, um Ruhm, für Kritiker, Eltern, Freunde, Geliebte; aus Eitelkeit, Stolz, Neugier, Unterhaltung« (John Fowles, ›Die Geliebte des französischen Leutnants‹).

Et moi? Um Gott zu preisen und zu loben. Aber der hört und hört nicht hin.

Seitdem der ›Playboy‹ statt von Liebes- oder Ehepaaren von »Partnern« redet, also wie von verschworenen kommerziellen Gaunern; seitdem sich andererseits die bayerischen Grünen auf dem Wahlplakat als »Partner der Natur« einstufen; seitdem muß man auch auf dieses harmlose Wörtchen achthaben, denn es wuchert metastatisch, und der lumineszierend schnittigste Satz dazu gelang schon 1981 dem auch sonst bestgestylten CDU-Mann W. Leisler-Kiep, als er echt welldressed und streamlined kundtat: »Wir sind und bleiben der größte Partner von in Amerika produzierter Sicherheit« – Gott befohlen, ein Mann, ein Wortproduzent.

Hie die wohl US-gebürtige Ideologie von der proficoolen »Partnerschaft« – dort die meist nicht minder obskurantistische und gegenteilige von jener wärmenden »Solidarität«, die mitunter und versuchsweise sogar Kohl aus seinem prallvollen Mund heraus in die weite Welt schickt.

Den gröbsten Streich führten da allerdings unlängst und hörbar in der Gratisfolge des berühmten »Lernziels Solidarität« der C.H. Beck-Verlag und das Herausgeber-Team T. Kruse/H. Wagner mit der Buchtitelbehauptung »Sterbende brauchen Solidarität«. Was nicht gar. Also, was immer Sterbende brauchen: Liebe, Zuwendung, Trauer, Lügen, Trost, ein großes Pils – auf eins können sie mit Sicherheit verzichten: auf Solidarität. Weil das qua definitione nicht geht: weil nämlich das eine stirbt, die anderen weiterleben.

Häufig ist es gar nicht so sehr die Fraktion der gewohnheitsmäßigen Zyniker, welche geschwind die Grenzen vom Dumm- zum Obszöndeutschen hin öffnet; sondern die vom Gutheits- oder »Wackernagel-Syndrom« (Michael Rutschky) Gezeichneten sind's, die vor lauter aufgescheuchter Bonität und Solidarität alles noch viel ärger machen – – so ich denn die Struktur des paroxystischen Wirrwarrs hier nicht überinterpretiere; und wir es hier wie dort mit schlichten Heuchlern und blasierten Lügnern zu schaffen haben.

☆

Gegen die plane wie gleichzeitig transzendierende prallvolle Idiotie eines juliheiß randvollen Schwimmbads gibt es nur ein einziges Antidot: Liebe. (Aus meinen gescheiterten Aphorismen, Band 19)

☆

Ehedem durchaus verehrlicher Kulturphilosoph Günther Anders! Seit gut 30 Jahren sind Sie der nimmermüde, ja professorelle und inzwischen 84jährige Warner unserer Zeit; und obschon das etliche einst wohlgesonnene Beobachter, die Ihre früheren Bücher eher mit Gewinn lasen, mählich eher albern finden und das auch zum Ausdruck bringen, sind Sie offenbar auch noch stolz drauf: »Gleichwohl, warnen müssen wir« – Sie – »unter allen Umständen«, schreiben Sie trutzig eingangs Ihrer ›Zehn Thesen zu Tschernobyl‹ (›taz‹ vom 3.6.86) – und warnen uns »liebe Endzeitgenossen« dann eine volle Breitseite lang mit aller Gewalt vor der kriegerischen gleichermaßen wie vor der sog. friedlichen Nutzung des Atoms.

Nicht so sehr die Politiker und Gleichgültigen, vor allem möchten Sie »diejenigen warnen, die Angst vor der Angst haben« – also mal gradheraus, Kulturphilosoph Anders, finden Sie das – fragen wir, frage ich – nicht auch langsam komisch? Wie Ihre Wiener sagen: einen großen Schmäh? Nein, Sie verfallen, sich sehr gefallend, vielmehr in einen fortschreitend biblischeren Warnton der Art: »Wer uns Maschinenstürmer und unprogressiv nennt, den haben wir als Dummkoch« – ? – »zu verlachen«, und am Ende wird gar Bergpredigt- und eben Zehn-Gebote-Pathos draus: »Seid nicht tollkühn, weil das bequemer ist und weil die bestrahlte Speise auch munden kann.«

Ehedem recht ehrenwerter Kulturphilosoph, Atomgegner und Apokalyptiker Anders: Spätestens jetzt müssen wir – muß ich – Sie entschieden zurückwarnen. Sie nämlich warnen vor Ihrer Stil- und Instinktlosigkeit der (von Satirikern so genannten) Fertigkomik gegenüber. Warnen vor Ihrer, der Kalauer ist berechtigt, entsetzlich aufgesetzten, unweigerlichen, selbstgerechten und blindautomatischen Warnerei; auch vor dem unselig trübseligen Warner-Sound, in dem Ihre Humanismen aufmarschieren, um endlich zu elenden Platitüden zu verkommen sowie zu Selbstanpreisungen (»Ich, der ich stets als Radikaler klassifiziert worden bin und das auch wirklich bin«), mit denen Sie definitiv das Bauernfängerniveau einer gewesenen grünen Bundespräsidentenkandidatin erklimmen.

Groß-Warner Anders, im wesentlichen teile ich ja a) Ihre Ansichten und b) weiß ich auch keineswegs, ob ich dereinst blochisch aufrechten Gangs und lachend mein radioaktives Sterbestündlein betreten werde. Ihre Warnsagerei, ja Warnprotzerei dünkt mich gleichwohl rumpelköpfisch quengelig und ergo schon fast ebenso quatschig, wie an der anderen Front die desinformativen Kraftmeiereien der Strauß, Zimmermann usw. es zweifellos auch sind – da sind wir nämlich gleichfalls einer Meinung. Habe die Ehre.

☆

Doch da, was ist das? Eine kleine Erlösung! Nach einem runden Jahrzehnt »Betroffenheits«-Bekundungen von Kelly bis Hamm-Brücher, von R. Hoffmeister bis zum Innenminister Winterstein, von Weizsäcker bis Genscher – nach einer Großära omnilateraler Betroffenheit, der sich irgendwann 1983 sogar vollends überzeugend und einschläfernd in heilloser Allianz der Kanzler Kohl eingliederte, lese ich bei Hermann P. Piwitt zum ersten Mal seit Menschengedenken von Unbetroffenheit; und zwar von einem »unbetroffenen Himmel«.

Na, wenigstens hält sich *der* aus allem raus.

Ja, doch, letztlich hab ich's schon geahnt, daß a) irgendein Zitat dahinter lauert und daß b) die ›Zeit‹-Leser die bibelfestesten sind. Zwölf Leserzuschriften hoch kriegte ich's verdonnert: »Es ist noch eine Ruhe vorhanden« ist Hebr. 4,9 in der Luther-Übersetzung.

Schade: Apokryph, ohne Luther, wär's geheimnisreicher, irgendwie oszillierender, phosphoreszierender geblieben.

☆

Leser, wenn Du mir sagen kannst, was es zu bedeuten hat, daß die Stimme der lebenden Annemarie Renger der der toten Lilli Palmer bis ins letzte Phonem hinein bei Licht besehen immer ähnlicher, ja bestürzend ähnlich wird: Dann stell ich Dir auch ab sofort keine kniffligen Fragen mehr.

Höchstens noch diese: Hat eigentlich je jemand einen jener Grünen, die jedes Wochenende irgendwo einen Parteitag ableisten, schon mal rechtschaffen wandern sehen?

☆

Arthur Schopenhauer an Ruth Berghaus: Taceat mulier in theatro. Indessen, die berühmte sog. Brecht-Schülerin parierte nicht, sondern inszenierte in Frankfurt nach ›Rheingold‹ auch noch ›Die Walküre‹; was zur Folge hatte, daß ich für 4½ Stunden Wagner 2 mal 40 DM bezahlt hatte – und trotzdem nach 27 Minuten schon wieder in der U-Bahn saß: Hunding, in (selbstverständlich) goldblinkender Ritterrüstung, begründete, als er in seine (selbstredend) schmucke Art-deco-Wohnung einmarschierte, um einen grasgrünen (logo) Spielknaben-Teddy namens Siegmund zu stellen, diesmal meinen vorzeitigen Exodus; immerhin hielt ich's exakt 14 Minuten länger aus als zuvor bei der ›Verkauften Braut‹.

So, und jetzt sollte ich also zerknirscht drüber nachdenken, warum ich so dumm bin, Frau Berghaus' Tat als stillosen, plumpen, puren Unfug mißzuverstehen. Aber so dumm, hier auch noch mühsam pro & contra zu streiten, bin ich nun grade nicht; noch neurotisch genug, mir da Selbstbezichtigungen aufschwatzen zu lassen, denn die sind ja der psychostrategische Haupttrick dieser Frankfurter Gattung Operntheater; sondern steindumm und neurotisch ist hier wer anderer; und zwar hat der in der eigenen Lumpigkeit sehr wonnevoll sich wälzende Quatsch natürlich nichts mit »mulier« zu tun, sondern sämtliche hier regielich Unverantwortlichen von Neuenfels über Heyme bis Zehelein kamen ja auf den gleichen zähen Dreh und Schmäh –

– nein, worauf ich vielmehr hinauswill: Sie, Hamburger oder Münchner oder Berliner Leser und Opernrumhänger, die Sie's zu Hause gut und solide haben, müssen wirklich und schleunigst mal nach Frankfurt kommen, um diesen jetzt 1 Jahrzehnt lang währenden Kasperlrucksack namens »Regieoperntheater«, ehe er sich übers Jahr generalstabsmäßig selber auflöst, in seinen letzten Schnaufern wenigstens einmal mitzuerleiden: Er ist *zu* behext, sprich doof, um nicht *auch* irgendwo g'spaßig zu sein, nein, ehrlich: Euer Lachen wird nicht eher vergehen, bis daß der Tag graut.

☆

Dorothee Sölle und Luise Schottroff: »Der Held der Bibel ist der kleine Mann.«

Heinz Rühmann; man hat's ja immer geahnt. Und auch dies, daß es schon zweier schrottreifer Theologie-Professorinnen bedarf, im Rahmen der von ihnen verantworteten ›Texte zur Bibelarbeit von Frauen‹ die Welt samt dem landläufig ohnehinnigen Telosschwund mit derartigem leimsiederisch beifallsgeilen Schotter noch vollends zuzubetonieren.

☆

Bei einem Ethnologen des 19. Jahrhunderts hinwiederum steht über einen Kongostamm zu lesen:

»Unter den Andombies haben die Frauen hart zu arbeiten und schwere Lasten zu schleppen, führen jedoch ein ganz glückliches Leben. Sie sind oft kräftiger als die Männer, besser entwickelt und sollen oft geradezu herrliche Gestalten besitzen« (Havelock Ellis, ›Mann und Weib‹, 1894).

Und weil man dazu nur einen doppelt beschaulich reaktionären Kommentar abgeben kann, geben wir lieber dem hl. Tertullian das Wort: »Weib! Du bist die Pforte zur Hölle!«

In Geilheit wie in Bibel- wie in Opernunfug.

☆

Kaum meldet die ›Frankfurter Rundschau‹ Reich-Ranickis Rückzug von seinem Klagenfurter Jurorenamt – im Nu verabschiedet sich am gleichen Tag und im gleichen Blatt Peter Iden von Boy Gobert dreifach in jenem Pluralis majestatis, der doch eigentlich seit einem Dezennium dem Trefflichsten von der FAZ gewohnheitsrechtlich zusteht: »Wir wollen sagen, daß wir ihn (Gobert) mochten.«

Wer kann mir (uns? Nein, ich bin nun mal ein läppischer Einzelmitredner) sagen, wie (leider bin ich auch nicht vom Fach) der Psychologe derlei nennt? Substitutionsdesiderat? Paraprojektionsparrizid? Oder was oder wie wär's denn recht?

☆

Im ›Rheinischen Merkur‹ liest man, Karlheinz Böhm habe den mit 5000 DM dotierten »humanistischen Preis deutscher Freimaurer« erhalten und werde mit der Weiterleitung des Geldes »28 000 äthiopischen Familien eine Existenzgrundlage geben«.

Wenn das wahr ist, daß man in Äthiopien für 17 Pfennige eine Familie dauerhaft stützen kann: dann erstatte ich hiermit mein Abiturzeugnis an die Nord-Süd-Konferenz zurück; denn dann begreife ich gar nichts mehr, nein, da kann mir auch der berühmte Weltwirtschaftsdenker Schmidt nicht mehr draufhelfen.

Ist's aber ein Druckfehler, der da narrt, dann belange ich den christlichen Setzer wegen Verstoßes gegen das christliche Hauptgebot: Du sollst im Behagen des eh schon gramvoll genug dahingammelnden Lebens keine jener Horror-vacui-Gefühle bereiten, welche an die tödlich marodierenden Schwarzen Löcher im Weltraum gemahnen! Apage, Satanas!

☆

In Essen gibt's eine Art Gemeindehaus, in Großlettern unterm Giebel ausgewiesen als »Jesus Center«. In Düsseldorf aber, höre ich von Gewährsleuten, soll ein Etablissement prangen, das bisher auf St. Antonius-Kirche, vulgo Tünnes-Kirche, hörte, jetzt aber, in offenbarungsevidenter Anknüpfung an die sonntagvormittägliche NDR-Fernsehsendung gleichen Namens, »Christothek« heißt.

Eigentlich logisch, wenn man sich in Erinnerung ruft, wie gern schon der kleine Christus in der Gospel-Bar von

Nazareth an der Theke hing und seine jesusmäßigen Sprüche klopfte, daß die Wände rockten.

☆

In meiner Volontärzeit in Regensburg lernte ich einen dortigen Altjournalisten kennen, der bei seinen Berichten im wesentlichen mit sechs Wörtern auskam: »Veranstaltung«, »Maßnahme«, »durchführen«, »stattfinden«, »teilnehmen« und »Initiative«. Das las sich dann etwa so: »Nach Durchführung der Veranstaltung kommt es zu einer weiteren Initiative mit einer Maßnahme aller Teilnehmer.« Im Zweifelsfall war die gemeinte Maßnahme ein Hochamt im Dom.

Das Wörterbuch des Unmenschen? Aber woher denn. Den verehrlichen Altjournalisten – R.i.P. – sehne ich als richtungweisend und maßstabsetzend oft zurück; z. B. wenn mich Geschoße wie das folgende aus der ›Süddeutschen Zeitung‹ blenden, nein, in diesem Fall nicht von Kaiser, sondern von Doris Schmidt, welche über »Beuys' religiöse Wurzeln« dies zu Papier bringt:

»Das Missionarische, das Beuys' gesamte Werke« – möglicherweise ein Druckfehler – »gesamte Werke, seinen Objekten wie seinen Aktionen anhaftet, ist legitim. Seine Symbolsuche, die sich immer wieder zum Motiv des Kreuzes wendet, hängt zunächst mit Aufgaben im Bereich der religiösen Thematik zusammen. Die Kreuzform bleibt lange Beuys' zentrales Thema . . .«

War's b'suffa, dös Madl? Jaja, es is' wirkli a Kreuz mit denane Symbolsuachereien, die wo se aa no an dene Motive hinwend'n!

»O mei o mei« (Karl Valentin) – bei meinem Regensburger Altjournalisten jedenfalls hätte der Sachverhalt schon mannhafter getönt: »Eine Missionsveranstaltung wird derzeit im Werk von Beuys durchgeführt. Auch zahllose Kreuze nehmen teil. Anschließend findet noch eine Symbolsuche statt.«

☆

Nach den Freizeit- bzw. Sommerakademien (vorzüglich in der Toscana), den Lernfesten, dem Kreativurlaub, den Kompaktseminaren und Parkprofessoren gibt es jetzt auch noch und als Spätfolge des alten Antitheaters: Gegenuniversitäten, doch, ich hab's mit eigenen grambetörten Augen gesaugt, konnte aber dann irgendwie vor Schwäche die alternativen Einzelheiten nicht auch noch lesen.

☆

Ach Gott, wenn der verblichene Max Horkheimer wüßte, wie seine späte Kategorie des »Ganz Anderen« = Transzendierenden in Form eines absolut immanierenden Anders-Reisens, Anders-Wohnens, Anders-Lebens, Anders-Lernens auf den schandbarsten aller Hunde gekommen ist, er würde es sich nochmals anders überlegen, doch, weiß Gott, sehr anders, sehrsehr anders, ha –

☆

»Eine ungeheure Nötigung, fernzusehn«, empfand Nietzsche – Sie können's gern nachprüfen – bereits 1888 in ›Ecce homo‹. Ich aber werde mich heute abend heroisch dieser wahrhaft fatalen Nötigung entziehen. Und ganz relaxed und vollkommen freiwillig fernsehn.

☆

»In der Zeitung zu stehen sei die wahre Seligkeit«, heißt's in Henry James' Roman ›Damen in Boston‹ (1885). Für mich ist's die reine Pflicht. Fast Tag für Tag, Woche für Woche die gleiche Last und Lästigkeit: Irgendwo in irgendwelchen Zeitungen herumzustehen. Sei's als schreibendes Subjekt, sei's als beschriebenes Objekt. Tja. Peinlich. Alles wird gedruckt; sogar noch dies Intimbekenntnis. Pfuiteufel. Ahallerdings: Relativ selten steht mein Foto anbei. Und das will mir gar nicht gefallen. Denn mein Fotoportrait hinwiederum, das gefällt mir, ich müßte sonst lügen, sehr. Dochdoch. Fürs Leben gern. Bildsauber. Aber echt. Gib's zu, Leser!

(Die Schlußpointe bezieht sich auf das Autorenportrait, das der ›Zeitmagazin‹-Kolumne jeweils beigesellt war und das offenbar — vgl. Nachwort — die Leser überaus beschäftigte.)

LESERIN Dr. M. E. aus 575 Menden hinwiederum findet die ›Sudelblätter‹-Kolumne und das Foto des Kolumnisten gleich »widerlich«. Nun, das Widerliche des »naßforschen Geschreibsels« ist leider nicht zu ändern, es wäre denn, Gnädigste fügte sich darein, ihre hochkarätig blindlingischen Ressentiments auf dem Altare etwelcher Leselernwilligkeit zu opfern —

— aber probieren wir's hier immerhin schon mal mit einem neuen, ebenso schwerskeptisch blinzelnden wie grundsympathischen Konterfei.

(Ein neues Foto war geplant — dazu kam es wegen der Beendigung der Kolumne nicht mehr.)

☆

»Die Vorzüge (der Kernkraft) sind so groß«, wußte der CSU-Parteitag namens seines Professors Walter Humbach schon 1979, »daß man die gegenwärtige Kontroverse aus der Sache überhaupt nicht verstehen kann — es sei denn, man verstehe die Agitation gegen die Kernenergie auch als einen von außen gesteuerten Versuch, unsere Wirtschaft an der Wurzel zu treffen.«

Und drum ist partout nicht einzusehen, warum das, was schon vor sieben Jahren, indem es flink den Neben- zum Hauptkriegsschauplatz machte, Humbachs Humbug war, wenigstens heute nicht als Evidenz von Quatsch eingesehen werden sollte. Denn in mindestens ebenso evidenter Weise glaubte doch schon damals selbst in CSU-Kreisen dem Professor niemand. Hier beißt sich doch bloß die friedlich-nützliche atomare Kettenreaktion in den Schwanz der Wiederaufbereitung eines alten Huts.

☆

Aber es geht auch anders. Noch im Wahlkampf 1980 verteidigte der Professor Kurt H. Biedenkopf schriftlich die »Freiheit, für die unsere Väter gefallen sind«; was Hermann L. Gremliza als »das Zitat des Jahres« würdigte. Doch was verficht's, 1986 ist Biedenkopf im Rahmen einer Anthologie kalt lächelnd Wagenbach-Autor. Ja, die Linke, wenn sie Biedenkopf heißt, wird halt immer permissionsfroh spontiesker.

☆

Boris Becker möchte, so ›Bild am Sonntag‹, mit dem Papst reden, aber »ohne Fotografen«.

Das genau will aber der Papst nicht. Sondern mindestens eine Kamera dabeihaben; wenn nicht ein austrainiertes Fernseh-Team.

Daß die beiden aber eines baldigen Tages als neues Traumpaar aufeinanderbrummen werden, die Meinungen zu tauschen: Das ist so kanonisch sicher wie die gleichfalls dicht bevorstehende Heirat zwischen Walter Scheel und Ed von Schleck.

☆

»Warum«, erforscht sich Harald Juhnke, »müssen Genie und Wahnsinn so nah beieinander liegen wie bei mir?«

Weil, Harald, über beide der deutsche Psychiater Wilhelm Lange-Eichbaum 1927 ein sprichwörtlich berühmtes Buch veröffentlicht hat, und von dem hast Du zwar noch nicht mal leise klingeln hören, geschweige denn, daß Du sonst seit zwanzig Jahren zwischen den nah beieinander liegenden Schampus-Lagen etwas Buchartiges Dir angetan hast – aber siehe, Harald, es reicht ja trotzdem, um irgend etwas dergleichen, das auch fast noch nach was klingt, als des Chaos' wunderlicher Sohn kecklich in die Welt zu schnarren; und genau das, Harald, ist Dein Geniales – und das Wahnsinnige ist, daß sich dabei auch noch immer jemand findet, der das aufschnappt und abdruckt; in diesem Fall der, ausgerechnet, ›Rheinische Merkur‹, der Du, Harald, wenn wir Dich so anschauen, irgendwie auch bist.

☆

Aus der ›Frankfurter Rundschau‹: »Die Prosa der Adelheid Duvanel provoziert nicht nur Zufallsbewunderung und Spontanapplaus; sie offenbart ein Spürtalent von schier gespenstiger Güte, eine große Dichterin, deren Kommunikationswille zum Ausdruck schöpferischen Wagemuts gerät.«

Auch nicht schlecht.

☆

Glaubwürdig steht bei Konrad Lorenz zu lesen, in puncto große Gefühle könnten es die Hunde durchaus mit uns Menschen aufnehmen, ja, sie überträfen uns darin; nicht jedoch könnten sie je uns intellektuell Paroli bieten. Der Casus gemahnt stark daran, daß es Hunde offenbar und zahllos auch im Menschenreiche hat. Einen gewissen Typus deutlicher zerebraler Zurückgebliebenheit, der um so inständiger, ja rücksichtsloser auf dem besteht, was er als große, bewegende, erschütternde Gefühle versteht. In der Regel soll man ihm, so treu das Hündchen dabei schaut, kein Sterbenswort abkaufen. Vor allem dann nicht, wenn es aus der FR kommt.

☆

Verehrter Wolfgang Neuss, Ihr hochangereiztes Wortspiel (in der ›taz‹) vom »hingeschiedenen Henscheid« les und hör ich nicht gern; das hab ich nämlich vor zehn Jahren schon selber fabriziert. Gleichfalls von mir okkupiert ist längst das Menschheit-liche des Henscheid. Also, vorher am besten anfragen. Bei mir.

☆

Grad in der Woche, in der der ›stern‹ die Tennisspielerin Claudia Kohde auf seinem Titelblatt feiert, wird diese von Steffi Graf geschlagen. Über dem ›stern‹ waltet aber auch schon ein derartiger Unstern, daß, o Neuss, selbst mir die besseren Wortspiele ausgehen.

☆

Deshalb zurück zur Welt von Genie und Wahnsinn oder wie die ›Freizeit-Revue‹ es sieht: »Schwarzenegger wird bald ein Kennedy!«

Das hört man gern. Und noch ist der Welt Schönster zwar Österreicher, aber demnächst wird er auch noch Deutscher, und der laut ›Bild‹ »schönste Staat, den wir jemals hatten«, wird noch vielviel schöner.

Utopisch-Metamorphotisches dieser Art erahnte freilich schon 1967, in ihrem letzten und genialen Jahr, meine Großmutter, als sie ihres kleinen Urenkels, des Sohns ihrer Enkelin, zum erstenmal ansichtig wurde. Ob das ein Henscheid sei, wollte sie wissen. Nein, das sei ein Rahm, so wie eben ihre Enkelin jetzt auch Rahm heiße. Meine Großmutter sandte einen fünf Sekunden langen, leicht verstörten, halberloschen wehen und gleichzeitig überaus zuversichtlichen Blick in meine Augen; um dann munter das Fazit zu ziehen: »Naja, im Lauf der Zeit wird er schon ein Henscheid werden!«

Genau das ist es, wie ich heute weiß: Im Lauf der Zeit haben die Menschen nur zwei Möglichkeiten: entweder ein Kennedy oder ein Henscheid zu wer

☆

Franz Kafka ist für die ›Bild‹-Zeitung, soweit sie ihn tangiert (gelegentlich über die TV-Vorschau ›Fernsehen wird durch 'Bild' erst schön‹), wahlweise »der berühmte Dichter« oder »der prominente Prager Autor«. Schön, prima. Nur, noch wünschenswerter wäre: »der Prager Stardichter« oder »der bekannte Bestsellerautor«.

Einmal nur! Bitte!

☆

»Fast jeden zweiten Tag finde ich in der Zeitung eine für mich allein bestimmte Nachricht«, schrieb jener Kafka an Felice Bauer und schickte ihr, mit der Bitte, ihn aufzubewahren, einen Artikel aus dem ›Prager Tagblatt‹ über die »Seligsprechung der 22 christlichen Negerjünglinge von Uganda« und die sich daran knüpfende Seligkeit des Negerstamms zu Hause.

Ich selber werde, wenn ich dazu komme, jeden Tag mehrfach fündig und wie Kafka tränenbereit bei den Polizeiberichten »Blick in die Heimat« im fränkischen ›Weißenburger Tagblatt‹. Eins meiner Lieblingsirrlichter: »Weißenburg. Bei der ehemaligen Post wurde ein Einbruch gemeldet. Der Täter brach über das Kellerfenster in einen Lagerraum für Büromöbel ein, zerschlug einige Lampen und legte sich zum Schlafen nieder. Schaden über 150,– DM. Es ist nicht bekannt, ob es ein Dortmunder war.«

»Wo man hinschaut, wird den Augen schlecht«, klagte Erich Kästner schon vor fünfzig Jahren übers deutsche Freibad; aber seitdem sie die Tangas und die am Bein hochgeschnittenen Badeanzüge durchgedrückt haben, ist es schon ganz ausgeschamt. »Die Natur«, ahnte Elfriede Jelinek 1985, »erhält in diesen Jahren ihre Endform«; allein, keineswegs ist es ja so, daß dabei dieselbe »Natur vor Eifer kocht«, es den Frauen »recht zu machen« (Jelinek); sondern nur ein paar trickreich fotografierte Modelle sehen in dem Neugeschnittenen zuweilen erbaulich aus – selbst gut proportionierte Damen aber hochalbern bis unermeßlich; in fehlgeleitetem Feuereifer fahren sie gleichwohl unverdrossen darin fort, sich pudelnärrisch furiengleich durch unsere Schwimmbäder zu wälzeln – auch dergleichen Irrtümer müssen alt sein, denn auch über sie, die »sogenannten Klassefrauen«, hat Kästner bereits alles gewußt: »Wenn es Mode wird, auf allen vieren durch die Stadt zu kriechen, machen sie's. Wenn es gälte, das Bein zu heben an den Laternen – morgen könnten wir's bei ihnen sehen« – mal ganz abgesehen von ihren Gesichtern, die Visagen nicht zu nennen der Courtoisie wahrlich recht schwerfällt; die man nur studiert, um im nächsten Augenblick von ihnen erdrückt, zermalmt, verschluckt zu werden – immerdar o weh! – –

– doch ich rutsche vom Thema ab, das kommt davon, wenn man während des sommerabendlichen Tippens auch noch fernsieht, nämlich Sigi Harreis – worum's mir aber geht: Um die Rückkehr des Einteilers, ja des herkömmlich braven Einteilers, der noch allemal das Ästhetischste ist, was das Erotische im Rahmen des Sexuellen bisher schwimmbadvisuell erfunden hat. Alsdann bis 1987: Heißen wollen wir Euch hoffen.

☆

Mit Schreiben vom 29.7. bittet die elektronische Datenverarbeitungsanlage jener sogenannten Künstlersozialkasse in Wilhelmshaven, die mich seit Jahren belästigt, um Verständnis dafür, daß sie nur eine elektronische Datenverarbeitungsanlage sei und deshalb mit freundlichen Grüßen nicht unterschreiben könne. Wenn da kafkaische Scham redet: Gebongt.

☆

Neben dem Bildungs-, Erfahrungs-, Technologie-, Glücks-, Lust- und Sinndefizit gibt es immer noch auch das Erziehungsdefizit, nämlich bei Peter Struck in seinem Buchtitel »Erziehungsdefizite in Familie, Schule und Gesellschaft« – jawohl, das alte und schon halb-vergessene Erziehungsdefizit, nein, die »verschwurbelten Köpfe« (Katharina Rutschky) unserer Humanpädagogen lassen wirklich nichts aus und das bräsige Zeugs, das sie 1965 schon mal in der Hand hatten, schon gleich gar nicht.

☆

Als »die aufschlußreichste und zugleich unterhaltsamste Lektüre zum Thema Tod, die mir jemals untergekommen ist«, stellt J.C. Sellenbroich Constanze Elsners ›Trilogie vom Tod‹ im ›Börsenblatt‹ vor.

Wer immer J.C. Sellenbroich sei, er hat vollkommen recht: Auch »untergejubelt worden ist« wäre keineswegs stärker. Sondern J.C. Sellenbroichs »untergekommen ist« steht schon optimal. Denn dies »Untergekommene« stellt ja, was J.C. Sellenbroich vielleicht gar nicht so genau bedacht hat wie ich hier an meinem Schreibtisch, erst die unterbewußte Kongruenz von Tod-Lektüre und imaginiertem Leichen-Leintuch her. Und die Identität seiner lausigen Schmeißfliegen-Stilkunst mit der Gesamtimago seines schmeißfliegenassoziierten Eichborn Verlags darüber hinaus und frettchenhaft und sowieso; und weichherzige Menschen sollten sich nicht nur das Zeitungslesen abgewöhnen (›Die Fackel‹ 129, S. 10), sondern vor allem das der Verlagsverlautbarungen; allein, es geht nicht, es muß weiter sein.

☆

Ach, Journalismus, du läßt aber auch schon gar nichts aus und hast die schöne neue Welt, noch ehe sie im freien Westen richtig ausgebrochen ist, längst ja schon verinnerlicht und schlechthin sanktifiziert. »Die Mannschaft wird sich dann« – nach dem Rückflug und einem Empfang im Frankfurter Römer – »der jubelnden Menge zeigen«, freut sich dpa-Sport – einen Tag *vor* dem Finale in Mexiko.

Nun, während die Vizeweltmeisterelf von 1982 mit dieser massigen Claque gleichfalls gerechnet hatte und damit auf den Bauch plumpste, nämlich auf unverhoffte Restwiderstände sportlichen Fairnessempfindens stieß und also keineswegs bejubelt wurde; derweil tat diesmal die Menge der Elf, die, wie Pontius ins Credo, ins WM-Finale gekaspert war, den Gefallen ebenso, wie sie dpa parierte: Sie jubelte. So wie sie bald eben nur noch jubeln wird. Über alles und jedes.

☆

Der Schurnalismus triumphiert in der gleichen Woche aber gleich noch einmal mit der Beobachtung: »Das von Dalli-Dalli-Showmaster Hans Rosenthal so oft vorgeführte ›Das war Spitze!‹ wurde zum Bestseller.«

»Das war Spitze!« – wohlgemerkt ein ohnmächtiger Daueraufheiz-Schrei des Fernsehesels. Nein, sie wissen auch nicht im mindesten mehr, was die Wörter ungefähr bedeuten, die sie sich schnappen – und auch zwischen gedruckter und Stammtischsprache kippen alle Barrieren. Das freilich kann zu beachtlichen künstlerischen Melangen führen, ja zu wahrem Havarien-Segen. Wie etwa in jenem Report des Chamer ›Bayerwaldecho‹ über einen dreifach tödlichen Unglücksfall an einer Baustelle, bei dem der Großvater die vierte Leiche gewesen wäre, wenn er nicht gerade Bier geholt und also »einen unwahrscheinlichen Schutzengel gehabt« hätte.

☆

Juli 1986. Eine neue Europa-Autobahn Hamburg–München–Kärnten–Triest–Neapel ist fertig geworden. Im Fernsehen findet deshalb ein »Gala-Abend« statt: »Kärnten gibt sich die Ehre«. Ein bärtiger Moderator führt vor dem Hintergrund vollkommen ausdrucksabstinenter Musik für Autofahrer in Film-Spots vor, wie Kilometer um Kilometer Restnatur für die Autobahn abgezwackt wurde. Das Publikum applaudiert begeistert.

Ja, 's ist seltsam. Beklatschen sie die schiere Schönheit der neuen Autobahn? Oder doch nur die Tatsache, daß Fernsehen ist und sie mit drin? Oder klatschen sie *einfach so*? Es gespenstelt heute alles sehr. Würden sie auch bei der Mitteilung klatschen, der Dritte Weltkrieg sei soeben ausgebrochen?

Im Fernsehen wird jetzt alles beklatscht. Als unlängst in Arlington/Texas ein Mann seine Frau und sich dann selber durch einen Sprung aus dem Fenster tötete und das Fernsehen zufällig dabei war, brachen, so dpa, »Hunderte von Zuschauern vor Ort, die gebannt auf das Ereignis starrten, einige mit Feldstechern und Kameras ausgerüstet, in Beifallsrufe aus«.

Und recht haben sie. Nachdem das Bayreuther Applausverbot für den ›Parsifal‹ schon länger aufgehoben ist, nachdem auch in der römischen Peterskirche beim Rendezvous Mozart/Karajan/Woityla aus Leibeskräften geklatscht wird, ist da jetzt eh kein Halten mehr.

☆

Wenn die »rätselhaft biegsame Greisinnenstimme« der ›New York Times‹ Uwe Johnson an eine »schickliche Tante« (›Jahrestage III‹, S. 1359) gemahnt, – was bleibt dann für unsere FAZ noch übrig? Richtig: eine tantenhafte Schickse.

☆

Die ›Süddeutsche‹ wiederum aber ist es, die ungerührt auch den folgenden – garantiert unfreiwilligen – dpa-Sumpf abdruckt: Zum Start der Bayreuther Festspiele 1986 »drängten auch Hamburgs Bürgermeister Klaus von Dohnanyi, die Bundesminister Dollinger, Schneider und Warnke sowie Fürstin Gloria und fast das gesamte bayerische Kabinett in Richard Wagners Musentempel«.

Da hat sie aber ein heißes Plätzchen gefunden, unsere Entfesseltste.

☆

Es hat schon ein maßvoll Desperates. Was immer man zusammenliest – es sind alte Hüte: »(Diese) Politik lebt davon«, so Hermann L. Gremliza 1977, »daß Terroristen nicht aussterben.« Hundert Jahre vorher Friedrich Hebbel: »Weil einer gegen alle nicht ausreicht, so verbanden sich alle gegen einen, den Verbrecher. So entstand der Staat.« Was nur Plato präzisiert: »Verbrechen haben ihre Ursache in der Einrichtung des Staates.«

Nur: Immer häufiger verbünden jene, die Strauß Verbrecher und Anarchisten heißt, sich unbedacht mit seinem Staate und terrorisieren mich gemeinsam. Und plakatieren z. B. zum Beginn der Bayreuther Festspiele 1986 einen Radkarren mit der Aufschrift: »Liebe Bayerische Staatsregierung. Walküre ist besser als WAA Willkür!«

☆

Und erfaßt zum Kehraus gar noch einen unserer derzeit muntersten Hohlköpfe. »Es ist etwas faul im Staate Hillermeiers«, stellt laut einer amerikanischen Nachrichtenagentur bereits am 2.7. angesichts von Einreiseverbot für Österreicher, Beschneidung von Demonstrationsrechten usw. kein Geringerer als M. Bangemann zum Fall CSU fast demokratiefest fest.

Richtig, Sir, zwar com'st thou in a questionable shape and the time is out of joint, but readiness to UPI is all and the rest is Hecuba.

Im übrigen stimmt's auch nicht. Sondern nach wie vor das, was Justus Möser 1781 schon befand: »Der Staat geht maschinenmäßig seinen Gang«, und Hillermeier sogar seinen maschinengewehrmäßigen.

☆

Niemand hat, darin folge ich gern Arno Schmidt, so oft recht wie ich – noch wittert einer inständiger (den Bargfelder inklusive): Vier Wochen nach meiner Notiz über Schmidt–Lichtenberg (siehe S. 60) findet's im Materialien-Nachlaßband ›Wu Hi?‹ auch der Arno-

Schmidt-Freund Johannes Schmidt verwunderlich, »daß Arno Schmidt nicht auf Lichtenberg zurückgekommen ist«.

Naja, es sind eben die »Pfennig-Wahrheiten« (›Sudelbücher‹ F 1209) der »Schmierbuch-Methode«, welche solch berechtigten Verwunderungen ins Plausible ummünzen. Nämlich als klingende Münze aus jenen verborgenen Problemen heimholen, die überhaupt zu erkennen Goethe generös gerade wiederum Lichtenberg zu bescheinigen nicht sich scheute – mit anderen Worten: Die Verwunderung des Johannes Schmidt erfährt ihre Entwunderung schon auf S. 60.

DAS REGSAME RAUSCHEN der Zeit, das mooskrause Rollen etwelcher Begebenheit:

Mit einem DIN-A4-Foto von Karl Kraus nebst dazu passendem Herzchen wirbt »Vienna. The heart of Europe« für sich und das »Austria Center«; nicht ohne auch dies zum Foto zu vermelden: »Genauigkeit der Beobachtung und Sprachgewalt zeichnen ein Bild dieser Zeit, dessen Schärfe und Unbestechlichkeit auch spätere Generationen noch zu Fragen und Urteilen zwingt.«

Double-Bind? Die freiwillig akzeptierte Beziehungsfalle in Gestalt einer souverän hing'schlamperten Schizophrenie, die aber auch eh nur der ordinäre Schmäh ist? Nicht einmal das: Sondern nur der melancholische Beleg, daß GGK-Texter eigentlich auch gern Kraus-Nachfahren geworden wären und sich zuweilen noch schämig wehmütig dran erinnern. Freilich nicht gut: Ihre Hirngebresten von wegen Zeit und Schärfe und Genauigkeit, gerade die hätte Kraus unbestechlich sofort in die schon brodelnde und seiernd verkasperte »Welthirnjauche« (›Die Fackel‹ Nr. 261/62, S. 1) eingetaucht.

☆

Sehr geehrter Herbert Riehl-Heyse von der ›Süddeutschen‹, Sie sind mir bisher als einer der besseren, wenn nicht fast guten Reporter der Republik bekannt. Um so weniger hätte es da die Herausgeberschaft bei einem so steindummen Buchtitel wie »Die Wahlbekanntschaften – Fünfzehn Portraits von Leuten, auf die es ankommt« gebraucht. So Ihnen jedoch der Kindler Verlag die galoppierend anspielungsstarke Unholderei gegen Geld abgepreßt hat, dann rächen Sie sich aber auch bitte dafür, indem sie ihm nächstens ein »Die Wahlkreuzsonate« aufpressen oder zumindest mit »Das Wahlkreuz« die Pistole auf den Kindskopf drücken.

Für welches letztere und bärenstarke Funzelglanzlicht allerdings und gleichfalls im Herbst 1986 schon der Luchterhand Verlag bolzengerade steht. Und was das Schönste und mir Unfaßlichste ist: Bei dieser Anthologie bin ich mit einem Textchen auch beteiligt. »Das Wahlkreuz des Südens« wäre freilich – wenn schon, denn auch schon ganz narrisch – noch ein Quark metafuseliger gewesen.

☆

Man hat es ja immer ahnen können, aber jetzt ist es raus: Nicht nur die Juden leben im Getto; nicht nur die Neger, die Frauen und die Arbeitslosen darben in ihm dahin. Sondern – wer noch? Wer vor allem? Richtig, vor allem die Cembalisten. Hoffnung erspähte jetzt immerhin die FAZ in der Überschrift ihres Berichts von den Ersten Internationalen Cembalotagen in München: »Ein Ausweg aus dem Tastengetto?« Wider die großkotzigen Pianisten soll, soweit ich's verstanden habe, ab sofort der Freiheitshammer geschwungen werden, und zwar mittels »vermehrter agogischer Finessen«, durch verbesserte »gestisch-rhetorische Gestaltung« sowie durch »hinreißend graziöse fliegende Manual- und Registerwechsel«.

Jaja, die Cembalisten, soll der alte Ernst Bloch immer vor sich hin geträumt haben, wenn seine greisen Hände den welken Einband der Erstausgabe des ›Prinzips Hoffnung‹ streichelten.

☆

Hoch hergegangen muß es aber auch beim alljährlichen Lyrikertreffen in Darmstadt sein. Laut Hans-Jürgen Heise in den ›Kieler Nachrichten‹ hatte man es da doch nicht nur mit »verschütteten Erlebnispartikeln« zu tun, sondern auch noch mit der »kollektiven Erwartungshaltung« der »neuen Sensibilisten« samt ihrer nein nicht agogischen sondern »akausalen Struktur« – und jedenfalls haben wir, die wir ja nicht dabeiwaren, trotzdem, »sofern wir uns nicht innerlich abblocken«, ab sofort mit einer »lyrischen Minimalität« zu rechnen, welche »das Regelsystem unserer sprachlichen Übereinkünfte vorübergehend außer Kraft setzt«, jawohl, hauruck ist unheimlich was losgewest in wiedermal Darmstadt scheißdochrein –

– wir aber machen nach dieser vorübergehenden regelaußerkraftsetzenden Entlastung weitgehend hochverschüttet, aber übereinkunftsartig weiter; nämlich pazifistisch schweinisch:

☆

»Der Krieg ist der Todesfick enttäuschter Liebhaber.«

Jawohl, auch das mußte mal gesagt werden. Von wem?

Klar, von meinem alten Freund G. Zwerenz. »Der Todeskniefick« hätte allerdings vielleicht noch eine Idee zwerenzischer gewichst.

Aber dann fährt mein Lieblingssozialist wahrhaft uneinholbar fort: »Wenn ich sage: Die Atombombe ist ein blutiger Witz – so ist mir damit furchtbarer Ernst. Also werde ich mir ins Fäustchen lachen, wenn die Raketen unterwegs sind (. . .) Das Inferno ist der schlimmste Grad der Hölle.«

O trefflicher Atomsprengknallkopf.

☆

›Die Wahrheit über Arnold Hau‹: Das erste große Gemeinschaftswerk der schwerlich je sterblichen Komik-Trias F.W. Bernstein, R. Gernhardt und F.K. Waechter wird dieser Tage 20 Jahre alt und mit ihm – und dies künde ich ex cathedra meiner belletristischen Unfehlbarkeit – eins der schönsten Bücher des sonst eher schalen Säkulums, jawohl des Säkulums.

Ob Sie's glauben oder nicht: Diese Perle hat zwar mit einiger Verspätung schöne Auflagen erlebt, aber in zwei Dezennien nicht eine (in Zahlen: keine einzige) ernsthafte, würdige, der edlen Sache halbwegs angemessene Rezension hinterm Ofen hervorgelockt. Denn »Humor diskreditiert« (Tucholsky): seine Erfinder wie offenbar die Rezensenten.

O Fluch dem deutschen Feuilleton! Fluch und Pfui über die Windigen, so in den Kulturgazetten und -sendungen den Tag da samt dem Heil zu verpennen! Dreimal verflucht aber alle, die das Werk morgen, einen Tag nach dieser meiner Appellation, noch immer nicht kennen sollten!

☆

»... zur Erhaltung des schönsten Staates, den wir jemals hatten.«

Wenn die Heranbildung und Zwangsformierung unverdrossen kreuzfideler, positiv gesinnter, kritikloser, auf teufelkommraus pudelwohl sich fühlender Menschen zu eben dieser autosuggestiven Schimäre von sich selber die aktuelle Form von »Faschismus« ist und dieser selber identisch mit dem bis vor kurzem so genannten »kapitalistischen Verblendungszusammenhang« – dann sind das oben zitierte ›Bild‹ und ›Bild am Sonntag‹ faschistische Blätter der äußersten brave-new-world-frohen Avantgarde. Andersrum: Nicht ist der prä- und parafaschistische Mensch, wie noch Theweleit, Adorno u. a. spekulierten, länger der eingetrübt verbitterte, in Stereotypen reagierende und in Abwehr um sich schlagende, in Angst und Aufklärungsfeindlichkeit dahindumpfende Kleinbürger – sondern, so Springers noch post mortem machtvollspringlebendige Botschaft: Jetzt ist Polen offen, Carpe diem, jeder Scheiß wird von »allen guten Menschen« (›Bild‹) mitgemacht, zur Not sogar der Fortschritt – –

Nein. Trifft's auch nicht. Also weiter ›Bild‹ lesen. Am Ende ist ja vielleicht gerade dies selbst uns Schwerdenker Zwingende das Neo-Faschistische und – (Versuch aufgegeben)

☆

Alternative nächtliche ›Spiegel‹-Lektüre: Am schönsten war's um 1980 rum. Da wurde die eine Woche Brandt gegen Schmidt ins Rennen geschickt (Sexualneid); die andere Schmidt gegen Wehner (Kompetenzneid); die dritte Wehner gegen Brandt (Sexual- und genereller Lustneid). Dann wieder das gleiche von vorne: Schmidt gegen Brandt (Nobelpreisneid); Brandt gegen Wehner (Prestigeneid), Wehner gegen Schmidt (Geldneid). Zwischenrein und im Notfall immer wieder mal Kohl gegen Strauß, Strauß gegen Kohl usw.

Märchen für Erwachsene also, unschwer zu erkennen, am bequemsten und softesten zu genießen in Häppchen von ca. einer Druckseite samt zwei Bildchen. Trost- und Erbauungs- und Erleichterungs- und Einschlafprosa nach langer Tagesfron unserer Geschwindexistenzen in ewigneuer Vergeblichkeit — oder aber zum Abschlaffen nach anstrengender, belangvoller Lektüre.

Einzig der ›Welt im Spiegel‹-Band bewirkt ähnlich gute, sanfte, schlafförderliche Gefühle — erklärter Nonsens also wie die ›Spiegel‹-Schmonzetten auch —, und doch stiftet gerade dieser vermeintliche gemeinsame Nenner Verwirrung: Denn ›WimS‹ ist unsterblich — der derbe ›Spiegel‹-Unfug aber verdiente ja längst den Orkusgang, während die Feder ihn noch schimpflich schreibt. Ist, wie in der obersten Kunst, zum Tagesausklang alles mit sich selbst identisch eins? Unerheblich die Differenz von Rohstoff und ... äh ... : Sublimierung?

Der reife Bernstein wird es wissen.

☆

Ein Leser dieser Kolumne heischt von mir, ich möchte auf jenes ominöse Vakuum hinweisen dergestalt, daß es im Deutschen zwar ein Komplementärpärchen »hungrig – satt« habe, indessen »durstig« allein stehe.

Das liegt, da bin ich sicher, sozio- und linguontogenetisch daran, daß, worauf der Volkswitz ebenso wie Gottfried Benn wiederholt insistiert hat, der Mensch, jedenfalls der metaphysisch orientierte d. h. meta-animalische Mensch, beim Trinken letztlich nie so recht — satt wird.

Die Lösung des Sprachproblems hat allerdings im Rahmen der obengenannten ›Welt im Spiegel‹ schon triftig ein Herr Schmöll geliefert, der das Vakuum durch das Wort »schmöll« zufriedenstellend zu füllen hofft.

Und dabei, Prost, Herr Schmöll, soll's auch bleiben.

☆

Friedrich Nietzsches nimmerstill pathetische Ablehnung des Biers — als des Symbols von Biedersinn und Philisterei — sei ihm immer verdächtig gewesen, teilt der Nietzscheaner Benn am 7.8.38 mitten in einer Hitzeperiode mit, um glücklich aufseufzend fortzufahren: »Abends trinke ich 1—2 Pilsener, köstlich, eiskalt, — die Götter müssen aus Salz und Durst bestehn, die so Unvergleichliches gaben!«

Eigentlich wollte ich noch ein wenig über den Zusammenhang reflektieren. Aber zum natürlichen gesellt sich der Durst, der beim Abschreiben eines solch prachtvoll konzisen Satzes vorstellig wird. Hm. Mitternacht. Tiefer als der Tag gedacht. Hat's noch Pilsener im Kühlschrank? Schätze, 2—3. Hm. Tja. Doch. Aber Benn hatte nicht ganz recht: Das Göttliche ersteht divinischer noch auf dem bedächtiglichen Weg von Schreibmaschine zu Kühlfach. Auf geht's!

☆

Heißt es »eine gut durchvögelte Frau« oder »eine durchgevögelte Frau«? Nun, es ist hier so ähnlich wie mit dem lateinischen Unterschied zwischen Imperfekt und Perfekt: Im Fall des »durchgevögelt« ist die Frau soeben (tempi passati) voll durchgezogen worden — im Fall des »durchvögelt« bezeichnet eben dieses Durchvögelte einen Zustand, eine innere Form, eine gewisse Austrainiertheit (nicht: Ausgetrainiertheit) sozusagen, ja ...

ja . . . bzw. umgekehrt . . . tja . . . wie? Was das Ganze hier soll? Ja nun, Sie haben recht, nicht viel, gewiß, aber doch etwas: nämlich mit der pädagogischen Technik der sexuellen Interesseerweckung wollte ich hier doch mal ein nützliches Schlaglicht auf die Untiefen der Grammatik geworfen haben . . . nein, eigentlich schon eher umgekehrt: Mit Hilfe Ihres grammatikalischen Interesses (schön dumm) wollte ich Sie schnurgrad wieder mal an den Sex erinnern, ehe dieser vollends in Vergessenheit gerät und . . . und naja . . . kurz und lüstern nach Minne, wie ich mählich werde: das war's auch schon.

☆

Die Berliner Zeitschrift ›Tip‹ indessen kündigt an: »Der Schriftsteller Eckhard Henscheid (Foto) liest heute abend zusammen mit seinem Kollegen F.W. Bernstein aus ihren Werken.«

So. Sinn ist klar, aber so geht's natürlich nicht. Allerdings, »E.H. . . . mit Bernstein aus seinen Werken« funktioniert auch nicht, denn Bernstein liest ja aus eigenen. »Aus mehreren Werken«? Hm. Klingt nicht gut und packt's nicht ganz. »Aus jeder den seinen Werken« kommt schon näher ran, ist aber melodisch zu holprig. »Aus je eigenen Werken, indessen selbander«? Zu dialektisch. »Aus seinem Werk, insfreilich der erwähnte Bernstein aus den seinigen eignen herausliest«? Zu esoterisch, um Gotteswillen. »Aus unseren Werken, die wo wir zwei . . .«? Da stört nun wieder das Foto – von exklusiv mir! »Aus Werken, wie's kommt und wie uns der Sinn steht«? Genau, das ist es; und so geschah's nämlich, und insofern hatte letztlich auch ›Tip‹ recht: Bernstein las u. a. auch aus meinen, ich aus seinen Werken – bzw. mit Gustav Novalis zu reden: »Das Leben ist eine Krankheit des Geistes.«

Noch einmal: Was ist Journalismus heute? Von »Karl Marx und seinem Abrakadabra« zu reden.

Was ist Christlichkeit heute? Genau dasselbe.

Und beides besorgte ergo mit einem gewaltigen Streich und ganz im Sinne seiner Leser der Chefredakteur des katholisch-protestantisch-ökumenischen ›Rheinischen Merkur‹, Thomas Kielinger, am 4.7.86. Brav.

☆

»Neue Marilyns« erstehen in Amerika seit zwanzig Jahren jährlich; »neue Romys« in Deutschland zur Zeit im dreijährigen Rhythmus. Die vorerst letzte nach G. Landgrebe schreibt sich Dietlinde Turban, und der Menschheit ganzer abgefeimter Jammer faßt einen klopstockisch erschüttert an die Gurgel. Ach, es gibt eben heute nur noch »Parodien, des Scharfsinns letzte Zuflucht« (Nabokov) – ach, von wegen Scharfsinn; schon Romy I. war doch Schwachsinn.

☆

Eine August-Wanderung von Eglisau um das Rheinknie nach Rüdlingen. Über den Aiwa-Kopfhörer Schumann-Eichendorffs Liederkreis op. 39: Obschon der Mischwald, die Rheinaue und die düsteren Waldsteige prächtig zu Schumann wie Eichendorff sich fügen, bringt die Synästhesie rein gar nix. Schade. Nein, stop: Gottseidank. Ist ja nur ein Test wider besseres Wissen.

Am andern Tag mit Mahlers Neunter im Ohr dem Rheinfall bei Schaffhausen zu. Zimtene Pflanzendüfte zu den rhythmischen Herzstörungen. Nein, auch dies ein Irrtum.

☆

Im Zuge des Frankfurter Universitätslebens finde, höre ich, im Privathaus des Professors auf dringlichen Wunsch über die Sommer-Semesterferien hinweg ein Günderode-Seminar statt, jawohl, niemand anderes als: Caroline von Günderode.

Heute, ein paar Tage später, erfreue ich mich an der Fernseh-Wiederholung eines Films der M. v. Trotta, zu dessen Start H. Schygulla in ein irgendwie mediterranes Landhaus gerät, um nach einem äußerst bukolischen Festessen am andern Morgen an einem Günderode-Seminar teilzuhaben – der Film ist aber schon Stücker fünf Jahre alt.

Wo, Leser, liegt der Denkfehler?

☆

»Ohne Dialektik denken wir auf Anhieb dümmer; aber es muß sein: ohne sie!« Meine hier unlängst eingeschleuste Anfrage, was der noch immer unverwest blitzgescheite Satz des Botho Strauß wohl genau zu bedeuten habe, hat etliche überaus gelahrte Leserauskünfte und eine sehr kurze des Münchner Rechtsanwalts Benno Heussen gezeitigt: »Je einfacher denken, iss oft eine jute Jabe Jottes« (Adenauer).

Tja. Ja freilich. Jenau das isses, was er wähnte, der gedankenvolle Mann.

☆

Auffietschern: Führte einst Martin Walser das schon länger läufige »featuren« (fietschern) mit seinem Roman ›Das Schwanenhaus‹ (1980) in die Epik ein, so hat man es heute spezieller mit der verschärften Form des »Auffeaturens« zu tun, meint etwa: aus einer Sache, z. B. durch eine Headline, herausquetschen, was in ihr nicht drinsteckt. Auf dem Spitzenjournalisten-Sektor dürfte den größten Auffietscherer unserer Tage der fast unsterbliche ›Spiegel‹-Musikredakteur K. Umbach stellen, wie er seit mindestens zehn Jahren mindestens einmal monatlich noch jeden hergelaufenen Uralt-Stiefel an Karajan-Schmäh und Mozart-Revitalisierung und möglichst multimedialer Bach-Verbratung als Relevanz auf- und zusammen- und hochfietschert, daß sich die Notenfetzen fliegend biegen, und wir müssen's weglesen –

– gebräuchlich sind Gesinnung und Technik natürlich auch und oft genial bei der ›Bild‹-Zeitung; aufgeholt aber hat nach meinen Beobachtungen zuletzt stark die Heimat- und Lokalpresse, deren Redakteure es ja lebenslang nie verwinden, nicht bei ›Bild‹ groß rausgekommen zu sein. Groß rauskommen tun sie aber dann zuweilen doch noch. Infernalisch, wie etwa anläßlich von Peter Hofmanns Hochzeit ein Unbegreiflicher namens Ralph Storch, den ich zusammen mit seinem Artikel »Blonder Engel und süßer Spatz« schon anderweitig ausführlich gewürdigt habe – Gottes Nachsicht heischend, ja irgendwo sein Lob singend; indessen mir von jenen aufgefietscherten Schlagzeilen neulich schon wieder eine besonders seraphische ins Auge donnerte: »Rock-Weltklasse bei der Kirchweih in Sunzendorf« – ach, ach, wer da sagen könnte, er sei dabeigewesen!

☆

»Hermann Peter Piwitt wird verflucht, und jedes seiner dummen schweinischen Worte wird noch mehr Dummheit über seine schweinische dumme fette Existenz bringen, so wahr der Herrgott, der die Piwittsche Plage geschickt hat, mir helfe in ewigkeitamen.«

Wer redet? Der vom ›Spiegel‹ so genannte junge »Schreibberserker« Rainald Goetz. Was hat ihm Piwitt zuleid getan? »Der blöde Nichtsnutz, der verschlampte aufgeweichte Widerling« (Goetz) hatte einst in ›konkret‹

von Frauen geschrieben, »die besser nicht den Mund aufmachten, außer bei Essen und Fellatio«.

Nun könnte ich, weil ich den Autor Piwitt mag und als einen unserer besten Prosastilisten und, so weit ich sehe, aufrechtesten Sozialisten verehre, hier auch meinen Senf dreingeben und in diesem hitzigen Stil weitermachen und gleichfalls die Sau durchs aufgescheuchte Feuilleton-Dorf jagen und z. B. hier auf- und kreuz und quer rumbrüllen, daß »der spätpubertierend krafthuberische Kackarsch Goetz, wenn er nochmals einen attackiert, der ihn als Denker und Schreiber um Klafter überragt, von mir persönlich und meinem polemischen Holzhammer aber auch derart die widerlich schönlinghafte kardinaldümmliche Fresse poliert kriegt, daß er kein Standbein mehr in die von ihm so gern durchschwuchtelte Leopoldstraße mehr setzt und seine eigenen liederlichen Hirnfürze im Quadratarsch singen hört, der großmauldoofe Dreckspecht« –

– allein, wie mir jeder Leser zugeben wird: Das hat wenig Taug. Worum ging's aber eigentlich? Vermutlich hatte Piwitt in seiner Polemik sich nur das Recht herausgenommen, das auch Goetz für sich reklamiert: einmal einseitig, ungerecht, frivol, gemein gegen Frauen – bzw. gegen eine bestimmte Frau, die's verdient hat – zu sein; und aus solcher erfreulich unausgewogener rhetorischer Hyperbel-Frechheit besteht zu einem Drittel ja die Literatur, kämpferische zumal; was aber offensichtlich nicht nur ein verhätschelter Jungstar und Jungstarrkopf wie Goetz nicht mehr schnallen kann, sobald's ein anderer macht. Wenn aber der ›Spiegel‹-Mitarbeiter Hartmut Schulze – und er wird schon wissen, warum – nun seinerseits so lobt: »So hat Thomas Bernhard sich nie getraut« –: so verdoppelt er genau damit ein, ja *das* Laienmißverständnis von Literatur, Polemik, Satire. Es geht in der Regel nicht ums »trauen«, sondern es geht (und ab sofort rede ich vor allem in unverfroren eigener Sache) a) um unterschiedliche Schreibtemperamente und -lüste und -stimmungen; es geht b) um die Macht, dergestalt, daß das jemand und so und aus welchen Gründen immer zu drucken willens ist; und es geht c) um das integrale Mißverständnis der meisten Lese- und Schreiblaien, das darin besteht, zu wähnen, Autoren schrieben primär aus keuschen Gesinnungen und platten Gefühlen heraus. Sie tun das nur sehr selten – und vielmehr aus Vergnügen an bestimmten Posen, Gesten, Formen. Das als Motto diesem Buch vorangestellte Jean-Paul-Wort sei hier dankbar wiederholt: »Satire wohnt in meiner Feder, nicht auf meiner Zunge, nie in meinem Herzen.«

Und schon gar nicht wohnt Frauenfeindschaft, da wette ich, in dem des H.P. Piwitt. Die jüngste Autorengeneration, »diese jungen Schnösel« (Benn an Oelze, 3.2.51) rund um den sog. Kult-Autor Goetz, sollte sie wirklich so ungestüm schlecht-naiv daherdenken, wie's scheint? Oder hat der »Berserker« auch mich hereingelegt? Macht nichts, ist immerhin ein unverächtlicher kleiner Besinnungsaufsatz draus geworden. Was ich aber der betreffenden Berserker-Generation in aller oberkörperfreien Gesinnungszeigerei wirklich übelnehme: Wie jammervoll hart sie sich sprachlich selbst beim Mosern tut, wie sterbensmatt (Schulze hat keine Ahnung) der thomas-bernhardische Abglanz dieser aber eigentlich eher aus der Sphäre Baader-Meinhof herüberschleudernden Feuilleton-Tirade! Da waren der junge Bernhard und ich noch andere Burschen und Holzfäller und Malefizbuam!

☆

Wenn es, Frau Hanna-R. Laurien, wahr ist, daß Sie gesagt haben, was Sie gesagt haben sollen: »Wer Kinder politisch mißbraucht, macht sich des Vorwurfes des Faschismus für schuldig« – dann gingen also auf einen inhaltlichen Deppen zwei deutschsprachliche auf Ihr Gewissen; gemeint aber haben Sie sicherlich, mit Luise Rinnsal zu reden, etwa dies: Wer das Deutsche derart mißbraucht, der macht sich angesichts in Beziehung zu den zugehörig zugehörigen Kinders des Vorwurfes des Blödismus für als einen schuldigen oder vielmehr schuldhaften verdächtig; bzw. kaum zurückweisbar; irgendwie – ei Possen, nein, das hilft auch nicht, ach, es wird einem manchmal bei all den äonendummen Schießbudenfiguren ganz windschiefisch und seltsamlich im wie vergällten Herzen, wie mümmelnd dämmrig wonnekraus und doch so winselnd wehmütig wie – – –

☆

»Nogger dir einen«, gebietet die Eisschleckgruppe Langnese. Ich nogger mir einen, brettere nach Hause, zwackel mir ein Brot ab, schrubbel mir ein Zigarettl rein, rubbel mir schnell einen ab und moppel mich vorwärts an den Schreibtisch, mir eine kleine Nach-Betrachtung abzuquickeln. Diese:

☆

Über ein merkwürdig sympathetisch-synoptisches bzw. syntopografisches Erlebnis berichtete ich ziemlich wahrheitsgetreu in der vierten ›Sudelblätter‹-Folge: Schmidt – Cooper – Schubert – Goethe treffen sich in Buch, Grammophon und Kopf irgendwie zwischen Rhonetal und Lauterbrunnen. Aus aufmerksamen Leserkreisen erreicht mich jetzt die Nachricht von einem Brief des todkranken Franz Schubert an Schober, in welchem er mitteilt, was er von Cooper kenne – und offenbar will er Neues.

Nachdem andererseits Schmidt auch eingehend über Goethe schrieb, Schubert aber, sich vor nix mehr grausend, zweifellos auch Schmidt vertont hätte, kommt hier wahrhaftig, mit der Ariadne auf Naxos zu sprechen, alles zu allem. Nur nicht: Richard Strauss zu Cooper. Oder sitzt da irgendwo ein unersättlicher Leser rum, der auch dieses noch belegen kann, verflucht?

☆

Sobald man die jetzt in den Journalen aktuellsten Bademoden-Schnittkreationen für Damen beiläufig in Augenschein nimmt, seidig-schimmernde Kunststoff-Einteiler z. B. mit merkwürdig um Bauch und Rücken mäandernden, durch Luftlöcher neue Nacktheiten freigebenden und per Schlangenlinien Aerodynamik suggerierenden Stoffrudimenten: Dann erhärtet abermals sich der Verdacht, daß die traditionellen Attraktionen der weiblichen Anatomie im Zuge der allgemeinen Thermodynamik des allseits Expandierenden und Expansionssüchtigen nicht länger mehr hinreichen. Und in der Tat, was so lange Zeit als Gottes bisher satteste Leistung gehandelt wurde, die 150 Zentimeter zwischen Hals und Sohle, sie bieten mit ihren drei Höhepunkten (Busen, Arsch und Venuswäldchen) nebst etlichen unverächtlichen Sekundärtugenden (Schenkel, Bäuchlein, Rücken) einfach zu wenig, als daß nicht spätestens zur jetzt schon sich abzeichnenden Jahrtausendwende alles, den Bach hinabrauschend, in Ennui und Mißmut zu versinken droht. Wie wär's probeweise mit einem komplementären haarigen Dreieck zwischen den Schulterblättern? Einem nicht ungeilen Flaschenzug irgendwo im Schenkelriff? Einem ergötzlichen »Siselschlump« (›Welt im Spiegel‹, 1979, S. 81) links am Schlüsselbein?

Wir Dichter, Denker, Seher vermögen nur zu ahnen, warnen, appellieren. Gefordert sind nun ab sofort die Genchirurgen.

☆

»Die Zukunft wird wunderschön, wenn meine amerikanischen Kollegen recht behalten. Die sagen nämlich fast durch die Bank, daß Boris mindestens fünf Jahre die Nr. 1 bleibt. Und Steffi Graf auch!«

Die Zukunft wird sehr gräßlich. Soll man, aus zugegeben minderen Gründen, Tucholsky nach Schweden folgen? Ach, da hat's ja auch nix als Borg und Wilander – schrecklich, daß ich schon die Namen kann.

☆

»Das Leben lebt nicht mehr«, argwöhnte Adorno schon vor zwanzig Jahren. Sein Verdacht erhielt 1984 handfeste Nahrung aus Kreisen der Evolutionsbiologie: »Spontane Neubildungen der organischen Mikromoleküle werden im Handumdrehen von den Milliarden der heute in jedem kleinsten Winkel dieser Erde existierenden Mikroorganismen verzehrt, sie haben keine Chance: Das Leben ist der schlimmste Feind seiner eigenen erneuten Spontanentstehung« (Heinrich K. Erben, ›Intelligenzen im Kosmos‹).

Das nimmt freilich den Kreativitäts- und Spontanitätsaposteln viele Segel aus dem Wind ihres Hurra-Vitalismus. Und wer mir jetzt noch leidlich einsichtig machen könnte, wie der Biologenbefund mit der von Sozialwissenschaftlern berichteten allseitigen Explosion von Leben in Systeme, Sub- und Subsubsysteme zusammengeht, ohne vollends zu karambolieren, der hätte nicht nur interdisziplinär, sondern vor allem für meinen marginalen Privatdozentenschädel einiges geleistet.

☆

Dem alten Adorno, erzählt man sich, gefiel zuletzt wenig anderes mehr als auf dem Klavier Schumann zu spielen. Und mir? Geht's seit zehn Minuten genauso. Hm. Zwei Meter Luftlinie entfernt von der Schreibmaschine steht ein wunderbar rabenschwarzes Klavier. Hmhm. ›Papillons‹? ›Faschingsschwank‹? Ha! ›Phantasiestücke‹ op. 12!! Einen Satz noch, dann ist die Seite voll, dann, schmachtenden Blickes, geh ich dran:

Diesen hier.

»Wie so gelinde die Fluth bewegt, wie sie so ruhig den Nachen trägt ... fern ist das Leben ... «

☆

1. September. Während der SPD-Parteitag noch immer bräsig, brav und bieder mit der Solidarität, der Gleichberechtigung, der Angstfreiheit usw. gewisse Inhalte placiert oder zumindest wie in großer Bedrängnis hinter ihnen her ist; derweil geht es in der Werbung und in beträchtlichen Teilen des Films und des Schrifttums um erklärtermaßen nichts mehr. Der Film marschiert dabei als Avantgarde am avanciertesten voran: In Werken wie Schwarzeneggers ›City-Hai‹ oder Celentanos ›Don Tango‹ wird auch nicht mehr der Schein eines Anscheins von pharisäischer Mühe auf sich genommen, Sinn zu stiften, zumindest eine ohnehin verdorbene, verwirkte

Form so weit zu füllen, daß es nicht gar zu deppert auffällt. Nein, diese Filme wollen unbekümmert und gänzlich nur noch: sein.

So wächst die Not – der Botschaftsferne wie auch der zunehmend rabiaten Unfähigkeit und Fadenscheinigkeit im Handwerklich-Formalen – sich abermals zur Tugend und zum Fortschritt aus; zum werweiß rettenden. Schwarzenegger wie Celentano: Jeder Zoll ein Depp – Schluß endlich mit den Schlaumeiern!

☆

Von der »Utopie Hoffnung« unkte unlängst in einer wahrhaft wahnhaften »Ungehaltenen Rede vor dem deutschen Bundestag« meine Lieblingstörin aus Rocca di Roma. Nun wissen allerdings die meisten grünen Bundespräsidentschaftskandidatinnen von Bloch nichts, aber doch immerhin so gerade noch zwei seiner Titel: »Geist der Utopie« und »Das Prinzip Hoffnung«. Luise Rinnsal kennt nicht mal die; hat aber trotzdem irgendwas von ferne läuten hören, folgte dem Fehlläuten der Nachtglocke und gebar im Stall der Löwengrube von Bethlehem eine »Utopie Hoffnung«, die wahlweise Tautologie oder barer Unfug, Nonsens ist.

Wie die ganze Frau, natürlich. Irgendwas schwafelt bresthaft durch den Kopf – und schon steht's grell auf dem Papier.

Und nährt als weiteres Symptom weit über die titanidische Geisteskatastrophe Rinnsal hinaus den Verdacht: Wir ham sie nicht mehr alle allesamt. Über »Halbbildung« klagte, sie kultursoziologisch sezierend, vor dreißig Jahren Adorno. Von ihr kann in unserer auch von Raddatz frappant klar auf den Begriff gebrachten Häppchen- und Schaumschlägerkultur leider nicht länger die Rede sein; die allseitige Scharlatanerie läßt da, wo ehedem noch Bildung, Kenntnis, Zitatfestigkeit Staunen erregten, nur noch jene liederliche »Neue Unübersichtlichkeit« hörbar werden, von welcher freilich auch nur jeder fünfte, der sie zitiert, den Autor Habermas dingfest zu machen vermag, jeder zehnte, der mitquatscht, von einem Aufsatztitel weiß und jeder hundertste den Aufsatz gelesen hat; ich übrigens auch nicht.

Ein jeder sehe, wo er bleibe, ein jeder, der da flott vom »Untergang des Abendlands« und von der »Umwertung aller Werte« brabbelt, ohne sich der zugehörigen Texte auch nur fetzchenweise mehr zu entsinnen, fasse stramm sich an der Elsternase. Und verweise ggf. auf – Trost im Unglück – Goethe, der auch hörbar hochstapelte, als er sich im Plausche bei Hegels Terminus »Dialektik« bediente, ohne ihn doch zu besitzen.

Hoffnung, daß der Zerrüttung doch noch beizukommen sein möchte, redet ausgerechnet aus jenem, der letzterer mit dem Hinweis auf die »Hektigkeit« des Lebens als die Signatur der Epoche an sich noch die beste Entschuldigung andiente: H. Kohl. Die Heimatzeitung namens ihres Redaktionsmitglieds Franz Witt am 30.8.86: »Kohls Sommerreise: Mit dem Prinzip Hoffnung in die Zukunft.«

Ach, wer da mitreisen könnte! Mit der – im Artikel erklärten – Botschaft nämlich, daß Wackersdorf jetzt bald gebauet werde. Und genau dies hat Bloch mit seinem von Kohl und Witt sehr korrekt zitierten Slogan letztlich ja gemeint.

☆

Jetzt aber verrate ich Euch ein Geheimnis: Fahren die Grünen mehr auf der Argumentationsschiene, so die Sozialdemokraten noch lieber auf der Bildungsschiene.

Auf beiden aber kann man Parteikarriere machen. Und schiniert und forcht sich nit.

☆

Köln, Wiedereröffnung der Philharmonie. Der OB und Mauricio Kagel betonen in betont relaxten Reden gegenüber den versammelten »Exzellenzen«, daß dies ein Signal, nämlich die Kulturtat eines Kulturvolks sei. Dann aber schaffte sich nach jedem Satz von Schumanns Rheinischer Sinfonie verblendet dröhnender, wenn auch irgendwie unsicherer, ja kläglicher Beifall Laut. Obwohl sich, daß dies nicht angehe, doch vermeintlich bis Fürstenfeldbruck herumgesprochen hat. Ach, es ist zu schön, wie das Pack noch unsere überzogensten Vorurteile übers Pack ...

☆

Sulzbach-Rosenberg, Gaststätte Sperber, 11.45 Uhr, Sonntag. Zwei gutgenährte Sulzbacherinnen nehmen zum Mittagessen Platz. Bis die Kellnerin kommt, dreht das Gespräch sich darum, ob die etwas dickere der beiden Frauen einen Schweinebraten oder ein sog. Schäuferl bestellen will. Nach vielem Hin und Wider entscheidet sie sich für ein Schäuferl. Das sie bald drauf kraftvoll wegputzt. Eine Stunde später, beim Verlassen des Lokals, bilanziert sie fast erbittert:

»Oins woiß i jetz scho: Daß mi's heit noumittog reit, daß i koin Schweinsbroon 'gessen ho!«

☆

Frankfurt-Heddernheim. Woher es wohl rühren mag, daß in nahezu allen Freibädern des Landes die jeweils vier dicksten männlichen Badbesucher, durchaus kafkaoid amorphe Figuren, ja geschlechtsverwandelte Bruneldas, den ganzen Sommer über gleich neben der Eingangskasse an einem Tisch des Badcafés allzeit biertrinkend kartenspielen? Nämlich von Mai bis September, vom späten Vormittag bis in die frühen Abendstunden – beknallt von der Sonne, aber offenbar immer noch nicht ausreichend belemmert vom lauwarmen bis warmen Bier, um nicht trotzdem noch das Kartenspiel bestreiten zu können – ja, beklemmenderweise wird auch zwischendurch keiner wahnsinnig: Denn im nächsten Jahr sitzen die gleichen vier ja wieder da.

Um genau zu sein: Es sind in der Regel drei Dicke und ein eher Neutraler, zuweilen zählt auch eine etwas oder reichlich ausgemergelte Blondine, Illustrierte lesend, zu der Startruppe; welche einem einerseits die eigenen Badefreuden (eiskaltes Wasser, Kaffee-Picknick, Romane) in noch empfindsamerem Licht sehen hilft, andererseits aber doch auch irgendwie schal erscheinen läßt im Vergleich zu solch eher speckiger Aufgeblasenheit, die für alle Zeiten weiß, was sie will, und weder von der strahlsengenden Sonne noch von den zischend sich – Zack! – öffnenden Bierflaschen– –

☆

»Wer die Puppen tanzen läßt«, seufzt bewunderungsvoll sich die Lippen schleckend K.R. Röhl in dem von ihm geborenen farbigen Fleischblatt ›Newyork‹, das sei der Diktator und Waffenhändler und Weiberhengst Adnan Khashoggi. Denn: »Drei Dinge braucht der Mann: Waffen, Geld und schöne Frauen.«

Röhl sollte sich trotzdem nicht übermäßig grämen. Hat er doch im Prinzip jetzt alles auch: Die Waffe eines Journals, in dem er nun wirklich und endlich voll den Schweinehund rauslassen darf; dafür gibt's sogar noch etwas Geld; und Puppen tanzen läßt er aus Freude darüber wiederum pro Heft mindestens fünf Stück. Nach Jahrzehnten Fron am säuerlich sich's sauer werden lassenden ›konkret‹-Journalismus endlich die verdiente Erfüllung eines frenetisch sozialistischen Lebenstraums, ahoi.

☆

»Ein ganz besonderes Merkzeichen«, klagt August Bebel 1902 anläßlich der 34. Auflage seines Buchs ›Die Frau und der Sozialismus‹, »ist die gewaltig angeschwollene Literatur über die Frauenfrage, die genau zu verfolgen die Kräfte eines einzelnen übersteigt.«

1986 ist die Lage wieder übersichtlicher geworden. In ›Emma‹ und Springers ›Bild der Frau‹ steht zusammengenommen so ungefähr alle planvolle Konfusion drin, die das Herz begehrt und die langt zum entropiefördernden Mitquatschen über jenen frauenspezifischen »Widerspruch zwischen dem Menschen als Geschlechts- und als Gesellschaftswesen« (Bebel), um den es eben spiralig trotzdem weiter geht.

☆

»Tische sind abzuräumen«, läßt mich ein übelmeinender Pensions-Mitgast schriftlich Einsicht in seine gerammelten Ressentiments nehmen, »dies gilt auch für Intelektuele«.

Schade, aber es gibt eben fast nichts Genuines unter der Sonne: 100 Mann der »tschechischen Inteligenz« befahl Himmler einst per Telegramm als Rache für Heydrich zu erschießen. Zuweilen fügt es sich, daß der Weltgeist in seiner ganzen brütenden und eingesäumten Dumpfheit tatsächlich etwas Symbolisches abstrahlt, ja fast etwas Inteligentes.

☆

Es gibt heute u. a. Parkplätze, Parkhäuser, Parkgaragen, Parkpaletten, Parkprofessoren, Parkstudenten sowie Parkwähler (Martin Bangemann).

Dagegen heißen die alten Parkanlagen jetzt Grünflächen, Naherholungsgebiete und Straßenbegleitgrün. Aufgehört hat sich das einfache Parken. Es heißt jetzt Parkparken und meint das vorläufige Parken mitten auf der Straße; bis unterhalb der Straße ein reguläres Parken möglich wird.

☆

Es ist ein Kreuz, muß aber theosophisch wohl so sein: Immer wenn du meinst, das Gröbste und Dickste und Dampfendste an deutsch-dunklem und zeitgeistlich durchaus konvenierendem Triefsinn (Dr. Alt, Rinser, Sölle, B. Strauß) vor allem aus den Sümpfen der von Karl Heinz Bohrer so genannten Gesinnungsszene sei mit den halbwegs vereinten Kräften, von ›konkret‹ über die ›taz‹ bis zu Bohrers ›Merkur‹, hinreichend lächerlich gemacht und vorderhand abgetan: Schon kommt wieder einer oder, häufiger, eine daher und verzapft noch depravierendere und freilich auch erhabenere Dumpfnickeleien. Im allerjüngsten Fall die Jury des Bergen-Enkheimer Stadtschreiberpostens, indem sie dem Jungdichter G. Köpf zaglos zubilligt, daß er »wild, wütend und zärtlich für die Stummen« spreche und so einer »sprachlosen Gegend Sprache und Gegenwart schenke«.

Weiß der zärtlichwütende Geier, da hat die Jury sogar noch recht: Es ist dies wirklich eine sprachlose Gegend, die da das Maul nichtsdestoweniger zum Speien weitweit aufreißt.

Tja, es gibt weiterhin viel zu tun, packen wir's an der schleimigen Gurgel, 's ist leider Krieg.

☆

Ja, schamst jetzt Du Dich, Horst-Eberhard Richter, gar nicht mehr? Daß Du Dich 41 Jahre nach Kriegsende noch immer übern Hitler schamst? Oder genauer – jedenfalls schreibst Du das in Deinem neuen Buch ›Die Chance des Gewissens – Erinnerungen und Assoziationen‹ (320 Seiten, 36 Mark) – daß Du Dich darüber schamst, daß Du Dich seinerzeit nicht mehr geschamt hast, nämlich dem Hitler nicht mutiger entgegengetreten bist, »um so mehr, weil ich ja durch den Vorzug meiner philosophisch psychologischen Bildung mehr als zigtausend andere verpflichtet gewesen wäre«.

Aber geh, Horst-Eberhard Richter, so einen narrischen Schmarren haben nicht nur wir noch nie gehört – den glaubst Du ja selber nicht.

Und für den solltest Dich wirklich schamen, du Tschapperl.

»Ab jetzt«, hastet sich der Hanser Verlag auf achtmal acht Seiten ›Börsenblatt‹-Anzeigen für sein Herbstprogramm, »wird Tag und Nacht gelesen!«

Das ist eine Drohung, ja eine Kriegserklärung. Ab heute aber wird gekontert. Rund um die Uhr werde ich meine sämtlichen Abwehrposten rund um den Kopf aufstellen: Daß mir, der ich bisher mit diesem Verlag ziemlich gnädig war, jetzt aber erst recht *keins* seiner Bücher mehr ins Stammhirn dringt; nein, auch nicht mehr Kampers Kanonaden und Kasperliadenkaskaden.

Fünf Jahre Karenz; dann bin ich zu vergessen willens.

☆

»In diesen Szenen«, schreibt der Nymphenburger Verlag auf den Klappentext eines Buchs meines Freundes Herbert Rosendorfer, »tritt der besondere Humor des Autors ganz unverblümt zum Ausdruck.«

»Keinen Gedanken haben und ihn ausdrücken können«, antizipierte Karl Kraus, »das macht den Journalisten.« »Keinen Gedanken an einen Gedanken zu haben«, darf man angesichts dieses absonderlich wunderbaren Falls von Interferenz füglich erweitern, »und nicht einmal die Zeit, dessen unverblümte Ausdruckslosigkeit nochmals zu überfliegen, das macht den besonders humoristischen Klappentexter.«

☆

»Schiller als Lesespaß«, verheißt das Titelblatt des auch sonst vollinhaltlich vulgärhedonistisch gesinnten ›Buch-Journals‹ des Börsenvereins des deutschen Buchhandels anläßlich eines vorgeblich satirisch operierenden und extradummen Tomus-Verlags, welcher Schillers »beste Gedichte« zu einem (»Schiller und Limmroth machen's möglich«) Reader platterdings pur Neckermannschen Geistes verwurschtet hat. Wahrlichwahrlich, manchmal sehnt der Mensch die althumanistischen Professor Unrats sich zurück, auf daß diese immerhin auf ihre barbarische Peitschenweise einen dürren Rest von jenem retten möchten, der nun mal wirklich als allerletzter ein »Lesespaß« sein möchte: Schiller.

☆

»Denkanstöße«: Vor genau 16 Jahren hörte ich die dummdeutsche Allzweck-Schwafelvokabel zum tosend ersten Male. Vor fünf Jahren fertigte der große F.W. Bernstein sie mit einem allessagenden Gedicht endgültig ab: »Ach hätt ich doch ein Denkanstoß, Denkanstoß, Denkanstoß / Wer gibt mir bloß ein Denkanstoß / Denk – an – stoß! (...) Jetzt hab ich meinen Denkanstoß / ich glaub, jetzt geht das Denken los / Was mach ich bloß, was mach ich bloß? Wie werd ich die Gedanken los? Danken — los?«

Nutzt alles nichts. Jetzt akquiriert ein weiteres Mal der Piper Verlag den alten Hut mittels eines Lesebuchs mit dem unverwelkt brenzligen Titel: »Denkanstöße '86«. Das ist der circulus fatalicus: Aufklärung spricht sich gerade wegen der rasend-allseitigen Medialaufklärung zu spät oder gar nicht mehr rum. Das ist das bedrückendste soziokulturell-pathologische Dilemma der Stunde. Für das nur noch ein Name fehlt. Ich schlage vor: das Invarianz-Interferenz-Syndrom der prohibiert-retardierten Aufklärung sprich Gegenaufklärung; oder, noch einfacher, das Henscheidsche Gesetz.

☆

Kreuzdummer Rowohlt Verlag, ist schon Deine aktuelle Buchreihe »Der bewegte Mann« das Ausgeschamteste vom Schamlosen; so hast du, erzdummer Rowohlt Verlag, neulich gleich noch einen draufgesetzt — einen wahrhaft originären Schlag:

Hatte der Suhrkamp-Insel-Verlag in der Vergangenheit zweimal Schwierigkeiten, eigene Buchtitel korrekt in seinen Katalog zu schreiben — z. B. »Leben heißt streben« statt »Leben heißt sterben«, was man in der Not immerhin fast als Druckfehler ungeahndet lassen könnte —; so gelang Dir, brettdummer Rowohlt Verlag, am 3.9.86 eine neue belletristische Bescheuertheitsepiphanie dergestalt: Daß Du den Buchhändlern via Lieferschein die großartige Botschaft zuplärrtest: »Achtung — der Film ›Die Reise‹ nach dem Roman von Guntram Vesper — Prädikat ›besonders wertvoll‹ — ist ab 25.9. bundesweit im Kino. Rororo 5097« —

– nur ist das Pech dabei, daß Dein betreffender Spitzenautor nicht Guntram, sondern Bernward Vesper heißt, was Du, bettwurstdummer Rowohlt Verlag, sofern Du überhaupt noch vor lauter Lärm was mitkriegst, eigentlich über zumindest Deine Honorarabrechnungen wissen müßtest; denn indessen Guntram Vesper nur ein lyrischer Beau aus Göttingen ist, war der Bernward mal der Macker von Gudrun (oder hieß sie Gabi?) Ensselin o. s. ä. und als solcher eine brandheiße Nummer – aber scheißrein, furzdummer Rowohlt Verlag, außer mir und dreieinhalb mitlesenden Buchhändlern hat's eh keiner gemerkt, also: Weiter so mit Tuttifrutti und Karamba!

☆

»Karl Kraus – Sein Werk im Suhrkamp Verlag« – doch, hehehe, auch dies Novum überzeugt, Gegensätze ziehen sich machtvoll an, früher oder später mußten auch diese beiden ein Traumpaar werden. Wo schon einzig Unseld Adornos Botschaft richtig verstanden hat: »Es gibt kein richtiges Leben im falschen, und deshalb greifen wir nochmals scharf den Kies ab und machen getrost ein Fäßchen auf« –, dort wird auch jener so pudelwohl sich fühlen, daß ihm, lebte er noch, auch dazu wenig mehr einfallen möchte als wieder eine 300-Seiten-Satire. Aber die muß wirklich nicht sein.

☆

Unselds Sohn Joachim hinwiederum ediert im gleichen Atemzug bei Hoffmann und Campe im Faksimile Franz Kafkas ›Brief an den Vater‹. Nimmt man noch hinzu, daß Joachim Heinrich Campe einst eine Jugendausgabe jenes ›Robinson Crusoe‹ schrieb, dessen Vater Kaufmann war, wie der Kafkas, wie der Joachims: Dann wird das Gefummle symbolisch-semiotisch-psychoanatomisch absolut unentknäuelbar und eben darum als Phantasiestück in der Manier Hoffmanns, um nicht zu sagen Haffmans', absolut stringent.

☆

Was haben wir noch da aus der Welt des Geistes?

Nachdem es dem als pfiffig eingeschätzten Verleger Daniel Keel (»Diogenes Bücher sind weniger langweilig«) gelungen war, mit P. Süskinds ›Das Parfüm‹ und einem dösend halbnackerten Watteau auf dem Titelblatt einen Steady-Bestseller zu landen, und niemand weiß, warum denn das – eben darum macht Keel im Fall Highsmith mit dem kriminell falschen Titel ›Elsie's Lebenslust‹ und einem halbnackerten Renoir auf dem Cover einfach weiter.

Weiß man's, ob's nicht am Ende tatsächlich der halbnackerte Renoir oder Watteau ist, der da die Dummen hinterm Ofen vorlockt?

Nein, auch diese Art von demigenialer Gaunerei wollen wir keineswegs tadeln; sondern als abermalige (weil's wurscht ist:) Postmoderne dröhnend dösig loben.

PS: Und schon – zwei Wochen nach meiner obigen Notiz – ist's wieder passiert, und Keel hat die große liegende Odaliske von Ingres rückenakttreulich auf Balzacs sonst schwer mehr absetzbaren Altschinken ›Das Mädchen mit den Goldaugen‹ gedonnert. Stehen noch aus – wer? Jawohl, Renoirs sich abtrocknende Badende, Degas' Bad, Bonnards Kaminakt, Corots Marietta sowie – der Schlußakkord! – Velazquez' Venus mit dem bildschönen Arsch, auf den früher oder später noch jede zentralschweizerische Pfiffigkeit kommen muß.

Ob schon etliches heute – 6.10.86 – in Vorbereitung ist? Topp, die Wette gilt!

☆

»Peter Handkes neues episches großes Werk«, annonciert der Suhrkamp Verlag zum Herbst 1986. Es mag übertrieben, ja hypertroph sein: Aber nach diesen ersten sechs Worten des einschlägigen Prospekts mag ich die ›Wiederholung‹ schon erst recht nicht lesen tun.

☆

Obwohl, interessant, fast Sympathien weckend ist es ja schon, was dem mit dem Werbetrommeln befaßten Suhrkamp-Hanswurst da bei seinem dreifachen Wirbel durch den Schädel brummte. »Neues episches Werk« tönt ja wirklich arg kläglich, nichtig — und die tönendere »neue Epopöe« kannte er entweder nicht, oder aber Scham hieß ihn womöglich doch von dieser gammeligen Lüge Abstand nehmen. »Neues episches Großwerk«? »Episches Großnovum«? »Großepisches Œuvre als Chef d'œuvre«?

Subaquasubaqua. Das Chamäleonideste der Gaunerei bleibt freilich, daß die naheliegende Umgruppierung letzten Endes auch nichts hilft und keinen Deut besser ist: »Neues großes episches Werk« und »großes neues episches Werk« sind ja fast noch blöder.

Und ebendieses irgendwie witternd, ließ unser Mann von seinen insinuierten Anfechtungen und deshalb den Scheißdreck, wie er war. Und tat gut daran: Verfügt Handke wirklich über die sprachliche Schmerzempfindlichkeit, die er sich seit jeher einredet, dann widerfährt ihm sofort neuer Schreibimpuls.

☆

Tja, an sich hätt' ich's mich ja nicht sagen trauen. Aber nachdem mich die Kulturzeitschrift ›Merkur‹ vor Jahren mal als »Adornos Erben« würdigte und neulich (ausgerechnet, die muß es wissen) die deutsche ›Männer-Vogue‹

als den »führenden deutschen Linksintellektuellen«, bin ich faschistisch-ideologisch ja wohl einigermaßen aus dem Schneider und trau mich's doch: Nämlich angesichts der widerwärtig abstauberischen, deppenfängerischen Buchprodukte eines deutschen Jungverlags, der mit einer Fliege wirbt und mit lausigen Spontisprüchen aus dem aberelend hinterletzten Loch pfeift, dem klammheimlichen Wunsch wenn schon nicht nach einer Bücherverbrennung, so doch nach einer Bücherselbstverbrennung kraft Autoexplosion der vulgärsten Obergemeinheit hiermit schriftlichen Ausdruck zu verleihen.

☆

Doch schon summt's unverglühlich weiter:

»Nach § 16 UWG nehmen wir Titelschutz in Anspruch für:

Boris der Schreckliche
Boris der Held
Blonder Boris, gutes Kind
Boris bleibt sauber
Boris Bartlos
Boris und der ...
Boris und die ...
Boris und das ...
Boris Superstar

Eichborn Verlag
Sachsenhäuser Landwehrweg 293
6000 Frankfurt 70.«

☆

So. Und als allerletzter wurde jetzt auch noch Bogey himself vom ›Chronik-Kalender 1987‹, herausgegeben von Bodo Harenberg im Rahmen der Harenberg Kommunikation Verlags- und Mediengesellschaft mbH & Co.

KG, »verletzlich« gesprochen. Das muß aber nun wirklich der letzte sein. Sonst passiert ein Mord.

☆

Einer gibt's immerhin zu: Der Dumjahn Verlag, Immenhof 12, 6500 Mainz 1.

Also, zuerst wird heute angedacht, dann weitergedacht. Simultan wird andiskutiert, sodann weiterdiskutiert, bis es ausdiskutiert ist. Dann wird wieder was Neues angegangen, indem es angelesen und vielleicht sogar quergelesen wird. Es folgt das Fortschreiben samt dem Festschreiben. Endlich wird es festgemacht. Am End' wird einer draufgemacht.

☆

Zu meiner Glosse über das Buch ›Sterbende brauchen Solidarität‹ meldeten sich am 16.6. die Betroffenen, die Autoren Prof. Dr. Harald Wagner und Torsten Kruse, mit einem Leserbrief, den sie zu veröffentlichen baten:

Leserzuschrift

»In seinen ›Sudelblättern‹ vom 11. Juli 1986 kommt Eckhard Henscheid auch auf das von uns herausgegebene und mitverfaßte Buch ›Sterbende brauchen Solidarität‹ (C.H. Beck 1986) zu sprechen. Wir werden mit dieser ›Buchtitelbehauptung‹ (eine solche ist es in der Tat!) in die Nähe politischer Partnerschaftsideologie gerückt, gegen die Henscheid mit Vehemenz angeht. Die Koppelung, die er hier vornimmt, zeigt allerdings an, daß er weder die (philosophische, theologische, soziologische) Begriffsgeschichte von ›Solidarität‹ kennt noch unser

Buch. Sonst wüßte er nämlich, daß jenes ›Einstehen-für‹ keineswegs dieselbe Situation auf beiden Seiten zur Voraussetzung hat. Von Nicolai Hartmann könnte er hören, daß das gemeinte Einstehen, Zusammenstehen und Mitverantwortlichsein die Grenzen des persönlichen Kennens überschreiten kann und eine Verantwortung meint, die zur sittlichen Grundausstattung des Menschen gehören muß. Es ist barer Zynismus (und insofern straft sich Verf. mit seinen eigenen Worten), wenn behauptet wird, auf Solidarität könnten Sterbende ›mit Sicherheit verzichten‹. Diese Argumentation setzt simplifizierend beim bereits eingetretenen Tod ein und nimmt den Sterbenden aus menschlicher Gemeinschaft aus.

Dies ist umso bedenklicher, wenn man den Umgang unserer Leistungsgesellschaft mit den Schwächeseiten des Lebens und mit dem Tod betrachtet. Wer derart oberflächlich und kurzschlüssig mit diesen Fragen umgeht und Bedürfnisse von Sterbenden nicht nur mit ›Liebe, Zuwendung, Trauer, Lügen, Trost‹, sondern sogar mit einem ›großen Pils‹ (!) zusammenbringt, leistet sicher keinen ernstzunehmenden Beitrag und schlägt damit mindestens den persönlich Betroffenen ins Gesicht. Auch das Genus von ›Sudelblättern‹ rechtfertigt das nicht.«

Der Redakteur Günther Mack antwortete am 23.6., er habe den Leserbrief zum evtl. Abdruck an die Briefredaktion weitergeleitet:

»Zur Sache selbst: Es gelingt mir auch nach mehrmaliger Lektüre nicht, Ihre Ausführungen überzeugender als Henscheids Einlassungen zu finden. Vielleicht liegt es daran, daß mir als Ex-Theologen mancher Wortaufwand in meiner ehemaligen Disziplin aus einiger Distanz so leer vorkommt – und ich diesen Eindruck in Henscheids

Aperçu präzis gebrandmarkt finde. Sein Einspruch scheint mir mit mehr seelsorgerischer Lebensnähe ausgestattet zu sein, als daß er mit dem akademischen Nicolai-Hartmann-Zitat ins Unrecht zu setzen wäre.«

Am 7.8. fassen die beiden Autoren nach, den Abdruck ihres Leserbriefs diesmal schon mehr fordernd als erbittend. Am 15.8. tut ihnen die ›Zeit‹ den »dringenden« Gefallen. Weil mich die beiden Autoren schlicht unkorrekt zitieren, antworte ich wiederum mit einem am 5.9. in der ›Zeit‹ veröffentlichten Leserbrief:

»Großes Pils«

»Das Autorenteam Kruse/Prof. Wagner kann, seinem Leserbrief in der ›Zeit‹ vom 15.8. nach zu schließen, nicht mal richtig lesen. Ich hatte in den ›Sudelblättern‹ beider Buch ›Sterbende brauchen Solidarität‹ keineswegs der ›Partnerschaftsideologie‹ geziehen; sondern von Partnerschaftsideologie hie, Solidaritätsgefasel dort gesprochen – und Wagner/Kruses Buch präzis dem letzteren zugeschlagen.

Daß es nun meinerseits ›zynisch‹ sei, Sterbenden nicht nur Trost, Zuwendung usw. zu gönnen, sondern (und das habe ich ebenso symbolisch wie wortwörtlich gemeint) u. U. auch ein ›großes Pils‹: Diese Erzheuchelei halte nun wiederum ich für zynisch und insofern auch lustig. Vom sterbenden Kafka z. B. weiß man, daß er sich, Nicolai Hartmann hin und sittliche Grundausstattung her, so sehr nach Bier sehnte, daß er sich eins – vortrinken ließ.«

Bliebe also, nachdem auch Sloterdijk den Begriff des Zynischen einerseits im Sinne seiner Geschichte ambivalent, andererseits recht eigenmächtig verwendet, schließlich und endlich und vielleicht seitens des Bundespräsidenten – doch, Weizsäcker scheint der rechte Mann dazu – zu klären: Was »zynisch« eigentlich meine; jenes Wort, das offenbar jeder so versteht, wie es ihm grad paßt. Mein Arbeitsvorschlag: Wissend um das Gute das Böse dennoch intendieren. Zynisch, um es nochmals so idiotensicher wie möglich zu sagen, ist also z. B. nie der Kritiker, der Satiriker, der Entlarver – er benützt »das Zynische« ja nur als Mittel zum edlen Ziel. Dagegen z. B. der ›Bild‹-Zeitung ist das Zynische sich selber selig – alles soll so schlecht bleiben, wie es immer war, ›Bild‹ lebt davon und sagt »Hurra!« dazu.

Ausgelassen haben die beiden Solidaritätsapostel in ihrer Epistel immerhin jenes »Fangwort« (Hans Platschek), das sich in den letzten Jahren als Allzweck-Verdikt hochgedient und bewährt hat, fast mehr noch als »das Zynische«, und das den ›Sudelblätter‹-Kolumnisten sonst häufig traf: »menschenverachtend«. Beliebt bei ›Zeit‹- wie bei insbesondere FR- und ›taz‹-Lesern, steht es als Moralausweis und Einschüchterungsversuch unter verwandten Brüdern dann am hurtigsten zu Diensten, wenn auch noch der bläßlichste Gedanke fehlt.

Na gut, weil wir eh schon dabei sind: Behalten wir auch dies akuteste der Gesinnungs-Schibboleths im unverzagten Auge.

☆

Ostern 1949 befürchtet Benn im Brief an Oelze, er rede zuviel von sich und mache sich zu wichtig: »Aus weit Größerem wird schließlich nur eine Briefmarke gemacht.« Erst 1986, spät, aber doch, entscheidet die deutsche Post den Fall. Und macht auch aus Benn eine.

☆

»Mit den Kompositionen ›Die Hochzeit des Figaro‹ und ›Don Giovanni‹ setzt Mozart weitere Akzente«, teilt mir die TV-Vorschau meiner Tageszeitung mit. Nun sind zwar beide Opern die Gipfelwerke immerhin eines Jahrtausendgenies. Ungerührt aber hat derweil das Wortgeschmeiß namens Akzente, Aspekte, Titel, Impulse, Thesen sein Äonisches, kurz: »Es ist doch ein herrlich Ding um den Menschengeist, und Gott hat nichts Schöneres geschaffen« (Fanny Mendelssohn).

☆

Ich aber sage Euch: Der Übel noch viel größeres ist nach wie vor der ad infinitum infantile Gerätefetischismus. Nicht so sehr, weil er, wie G. Anders nicht müde ward zu insistieren, Sein durch Schein ersetzt und in der Folge immer wieder zu wochenendlichen CB-Funker-Treffs in Weizenfeld in der Oberpfalz ausartet, nämlich in Gestalt von Zeltstädten auf geschorener Wiese (6.9.86); sondern vor allem deshalb, weil er (7.9.86) noch den fast unschuldigen Jahrestreff der katholischen Kolpingsbrüder am nahen und liebwerten Kirchlein Maria Schnee sofort nach dem Freiluftgottesdienst mit freihändig gesungener Deutscher Messe in ein öffentliches Akkordeonspiel übergehen heißt – was aber noch ganz lauschig und gesellig wäre, beföhle nicht ein tiefböser Dämon dem Musiker, aus einem extra deshalb angeschafften Großkombi heraus ein ganzes abscheuliches Arsenal von unsinnigen Verstärkergeräten und Boxen zu zerren und vor ca. 50 Menschen in Betrieb zu setzen – eine Explosion von so wahntreibender Torheitsinfamie, daß selbst die vorne beschriebenen Trainingsanzüge (mit weißen Seitenborten) Mühe haben, Paroli zu bieten dieser hemmungslosen Hirnverwüstung. Sia eternamente maledetto!

☆

Der ›Spiegel‹-E-Musik-Mann Klaus Umbach prangt ergänzend weiterhin als der entschlossenste Esel seiner mit solchen reichbestückten Branche. »Nein, dieser Liedersänger im Vormärz war kein Musensohn in der Gartenlaube«, kräht Umbach, in einem Halbsatz vier Klischees bzw. Halbbildungs-Reizwörter einholend, die außer ihm auch niemand behauptet hat, und auch er tat's ja nur, um sie im zweiten Halbsatz zu Fritz Lehners dreiteiligem TV-Film über Schubert wieder dementieren zu können: »Lehner hat das arme Schwein endgültig aus dem Poesiealbum der Musikgeschichte befreit.«

In das ihn wiederum auch nur K. Umbach reingepackt hatte. »Befreit« hatte ihn ein halbes Jahrzehnt früher schon Hans J. Fröhlich. Und wieder zwanzig Jahre vor diesem Marcel Schneider. Und zehn Jahre vor Schneider Annette Kolb. Und letzten Endes Jahrzehnte vorher schon Otto Erich Deutsch, der Schubert-Kreis, ja Schubert selber.

Dies suggerierte Poesiealbum – es traute sich nicht nur kein Platten-Cover-Schreiber mehr es zu verbrechen: Es gab es recht eigentlich gar nie, denn die Dreimäderlhaus-Dramatiker und ihre gaunerischen Filmpendants erfanden es ja wiederum nur schmählich für schlicht merkantilisch spekulative Zwecke. Und fast unschuldig im Vergleich zu einem ›Spiegel‹-Schmierfink.

Freilich, zu was sonst wäre ein Umbach gut, zerschmetterte er nicht etwa alle drei Jahre noch einmal das Un-Bild, das er nicht nur schon drei Jahre vorher eigenhändig zerschmettert hatte; sondern das er – so das Schema seines Tricks, so die starr wiederkehrende schale Zote – jeweils auch sofort wieder errichtet, um vor den Augen und Ohren einer komplett gedächtnislosen Leserschaft kurz drauf, ut aliquid fiat, ein weiteres Mal darauf einzuhauen. Und so fortan, und zwischen den Schubert-

Jahren passiert exakt das Nämliche Bach, Mozart, Beethoven, Wagner, Verdi. Augsteins Agilster – sicher auch sein Kundenkundigster.

☆

F.M. Dostojewski über den Zweiten Hauptsatz der Thermodynamik sowie die Entropie der Moleküle im 19. Jahrhundert: »In jeder Übergangszeit erhebt sich dieses Gesindel, das in jeder Gesellschaft vorhanden ist und nicht nur kein Ziel, sondern nicht einmal die Spur von einem Gedanken hat und nur seine eigene innere Unruhe und Ungeduld mit aller Kraft zum Ausdruck bringt (...) Die Absicht war klar: es sollte so bald wie möglich alles in Unordnung gebracht werden« (›Die Dämonen‹).

Kurz: Entropie und Romangestalt und Umbach mit dazu sind eins.

☆

Der schönste, redendste und anheimelndste Dichtername, der mir seit langem untergekommen ist, lautet auf Keto von Waberer; verlegt derzeit bei Kiepenheuer und Witsch. Was aber redet, sagt er? Haben wir es mit einem raffinierten Pseudonym, nämlich mit einer Hommage, einer Anlehnung an den verehrten Heimito von Doderer zu tun? Will der Name vielmehr das Eingedenken altnordischer Mythe sowie das des Richard Wagner und seiner rheingoldlich »wabernden Lohe« wachrufen? Oder redet hier epiphanisch der Weltgeist selber, indem er abermals nomen omen sein läßt, insofern der Waberer ja ebenso den Laberer assoziiert wie das bayr. »waweln« = sinnlos und nichtsnutzig dahersalbadern?

Ich kenne Keto von Waberers bisheriges Prosawerk nicht und möchte es aus einer unwiderleglichen Allergie heraus durchaus auch nicht kennenlernen – möchte dem

Dichter aber andererseits auch nicht unrecht tun. Wenn ich dann allerdings über den Verlag erfahre, Leitthema K. v. Waberers (ich halt's bald nicht mehr aus) sei »das Gefühl auf der Suche nach Identität«, welche »unter der glatten Oberfläche verborgene Deformationen aufdeckt« – dann, ja dann weiß ich via solch schwerverschattetes Brummgeraune doch, was ich weiß: Daß K. v. Waberer (aufhören!) wahrhaft der ist, den ich von der ersten Sekunde an hinter ihm gewähnt schon habe.

Daß ich aber auch immer *derart* gramvoll recht haben muß!

Keto von Waberer . . .

☆

Ach, aber ach: Schon zwei Tage später stellt sich K. v. W. als Frau heraus. Nichts klappt mehr. Nicht mal meine Rechthaberei. Bzw.: Als Frau ist mir K. v. W. im übrigen zu brenzlig, nein, da halt ich mich lieber raus.

ABER NEIN, sie läßt nicht nach und nicht aus, sondern es muß raus aus der Gurgel – es hat, das Ungeläuterte, schon etwas Bezwingendes, im Wortsinne Betörendes. Rinnsals Luise: »Ich habe etwas gefunden. Was denn? Den Stein der Weisen: Mich – Selbst. – « – –

– indessen, der noch wundersamere Fakt bleibt nach wie vor der, daß ihr S. Fischer Verlag (Rinnsal schon 1979: »Der Verlag von Thomas Mann, Hesse, Hauptmann!«) scheint's wirklich und nachgerade trutzig alles darein setzt, in seinen Verlagsbroschüren unter dem vielen Stuß der Läffin, sie auf die Schaufel laufen lassend, partout den jeweils stiersten zitierend besonders groß rauszubringen. Sadismus? Masochismus? Expropriation der Expropriatörin? Nach dem Modell von Wagners Mime, den L. R. in ›Den Wolf umarmen‹ freilich prompt mit Fafner verwechselte?

Dunkel ist das Leben – es ist alles nie nicht zu enträtseln. Noch weniger allerdings der Grund, warum sie »Selbst« hier groß schreibt ...

☆

So indessen redet die allerneueste nationale Prosa: »Passanten ohne Geschichte: Außenaufnahmen des Inneren, unversöhnliche Bilder, immer wieder gebrochene und zerberstende Beziehungen. Verzweifelung darüber, daß Nähe sich nicht herstellen läßt, Liebe nicht möglich zu sein scheint. Körper werden durchpflügt und geeggt, gemartert und gequält, aufgegeilt und fallengelassen« (Günter Franz, ›Muskelspiele – Versuche, den Körper zur Sprache zu bringen‹).

Nur damit nichts verloren geht.

☆

»Die Kritik, das ist lebenslang Zuchthaus« (L. Aragon); und Ausbruch aus ihm zugleich – also auf geht's beim Schichtl:

☆

Parallelen treffen sich erst im Unendlichen; scheinbare Extreme schon im Endlichen, profan-mystisch und fast jederzeit: Die ›Bild‹-Überschrift »Walli bei Gorbi« (9.9.86) könnte auch ›taz‹-Leser angeheimelt haben.

☆

»Stuttgart Hbf 17.28 Böblingen 17.49 Horb 18.15 Rottweil 18.47 Tuttlingen 19.06 Singen (Hohentwiel) 19.33

Schaffhausen 19.57 Zürich HB 20.44 Arth Goldau 21.45 Bellinzona 23.31 Lugano 23.59 Chiasso 0.24 Como S. G. 0.48 Milano Lambrate 1.35 Modena 3.30 Bologna Centrale 3.57 Firenze SMN 5.23 Roma Termini 8.40 Napoli Centrale 11.55«

Das nenne ich Accelerando!

☆

Hiermit vermute ich überaus, daß ich bis zum heutigen Tag (3.9.86) nicht weiß, was Hardware noch was Software ist – und ich vermute ferner, ich will es zu meinem Seelenheil auch nie nicht wissen noch begreifen; niemals; nein.

☆

Unfreiwillig hat Heidegger (›Holzwege‹, S. 44) recht: »Ein Hervorbringen ist auch die Anfertigung von Zeug.«

Siehe Schult, siehe Heller, siehe Berghaus, siehe Strucks noch immer unverwüstliche Karin, siehe Heideggers faulig ramschigen Tautologientiefsinn selber. Nur: »Zeugs« wäre noch eine Idee genauer.

☆

dpa am 15.9.86: »Bayreuth/Frauenau. Mit heftigen Attakken gegen die Bundesregierung und die CSU haben die bayerischen Sozialdemokraten am Wochenende die heiße Phase des Landtagswahlkampfs eingeleitet.«

Also, das glaubt niemand. Weder der Leser; noch der Journalist, der's niedergesemmelt hat; noch gar die bayerische SPD in unbewegter lauer Luft.

Aber geschrieben steht es trotzdem. Grenzt das nicht ans Wunderbare?

☆

Wie bekannt, gab Freud jene seiner Versuche, die in die Beischlafrichtung gingen, mit 40 wieder auf – ich aber wollte eigentlich von etwas anderem sprechen. Meine Ideal-Landschaft zum Lebenmögen: Schinkels Lithographie von 1810 ›Dom hinter Bäumen‹, kraft des gigantisch gotischen Baus eine unio utopica von Metropole und Dorflauschigkeit. Nur: Unter der schattigen Linde sollt's halt noch eine U-Bahn-Station geben, ja, das wär's dann. Ach, wär' das was.

☆

Jawohl, spät, aber doch ist es noch passiert. Ausgerechnet dem »Erben Adornos«, also ausgerechnet mir, wird jetzt ausgerechnet »Antisemitismus« nachgewiesen – nämlich von keinem Geringeren als von Lutz Tantow in der ›Saarbrücker Zeitung‹ – und zwar deshalb, weil ich bei meiner Reich-Ranicki-Persiflage ›Herrmann Burrger‹ aus dem Jahr 1984, zu der ich bei Lesungen auch jeweils mit bescheidenen Mitteln des Parodierten Stimme und Vortragsduktus ein wenig nachahme, »Biecher« statt »Bücher« sage. Dies aber sei »ein jüdischer Idiolekt« (was es nicht alles gibt) – und das Ganze »antisemitisch, und man erschreckt über sein Lachen«.

»Erschreckt«? »Sein«? Wessen denn nun? Idiolekte graswachsen hören, aber falsche Grammatik und falsche Bezüge nicht?

Dochdoch, eines Tages, sobald sie partout kein verdächtig menschenverachtendes Haar in ihrer Betroffenheitsbrühe mehr finden, werden sie gewiß noch vollends durchdrehen und unschuldig jüdelnd-böhmackelnde Rezitatoren in ihren Konfusions-KZs schnurstracks erwürgen.

☆

Nein, ungeachtet eines durchgehend und erfreulich tiefstehenden Reporter-Standards bei der zurückliegenden Fußball-WM, der keinem ARD- und ZDF-Mann die Abfolge von drei halbwegs korrekten Sätzen glücken ließ und der Statements der Art des Fritz von Thurn und Taxisschen »Explosiv, wie er da in den Strafraum eindringt« genug gebar: Der Absenz-Rekord, die Immortelle aus dem Jahr 1984, austrompetet in der Verlängerung des dramatischen Pokal-Match Schalke—Bayern (6:6) durch Eberhard Figgemeier: »Was dieses phantastische Spiel an Werbung für den Fußball gebracht hat, ist nicht wieder gutzumachen« – dieses strahlige Ewigkeitslichtlein wurde auch 1986 nicht überfunzelt.

Frappant, daß allein das sinnverkehrte »ist nicht mit Geld zu bezahlen«, das Figgemeier eigentlich im Auge und fast schon im Mund hatte, ehe ihm dieser blindwütig plärrend den Dienst versagte, nicht nur gehaltlich Paroli bieten könnte – sondern: letztlich genau aufs gleiche rausläuft. Tja, bei den höchsten Kunstwerken, Goethes ›Faust‹, Beethovens Diabelli-Variationen, Figgemeiers Hirnschwurbeln, ist eben alles genauso gut und wahr wie's Gegenteil.

Schade nur, daß Figgemeier bis heute nicht ahnt, *wie* gut er damals war. Denn mich liest er nicht.

☆

»Wie wär' die Welt am Sonntag leer, / Wenn nicht die ›Welt am Sonntag‹ wär'.«

Der Erfinder dieses Zweizeilers, ich appelliere an Gott, soll noch um 1 Äon länger in der Hölle schmoren, als er eh schon muß.

Was ein schöner Sonntag! Weder ›Bild am Sonntag‹ noch ›Welt am Sonntag‹ auch nur von weitem gesehen! Heureka!

☆

In der Straßenbahn:

»Na, Kleiner, du fährst wohl in die Stadt? Zum Stachus? Ach, dann gehst du sicher in' ›Kaufhof‹! Ah, da wird dir sicher deine Mutti was Schönes kaufen! Weil du brav warst, ja. Hm, vielleicht einen Fußball! Oder noch was Schöneres: ein Fahrrad, gell? Ja freilich, ein Fahrrad mit vier Gängen! Stimmt's?«

»An Oasch.«

☆

In der ›Welt‹ geruht P. Handke mitzuteilen, er distanziere sich von den »Götzen einer minderwertigen Aufklärung von Brecht bis Adorno«. Wie pfeilrecht er hat, beweist aber erst der ganze Satz:

»Ein riesiger humaner Bereich ist durch die Götzen einer minderwertigen Aufklärung von Brecht bis Adorno in Verruf geraten.«

Also, der Kärntner Pariser in Salzburg hat wirklich noch weniger Ahnung, wovon er eigentlich tremoliert, als selbst seine minderwertigsten Feinde ihm zuvermuten möchten. Trotzdem: Was ihm mit dem auch dichterisch exzellierenden »riesigen humanen Bereich« wohl letztlich schwant? Die Humanmedizin? Ein riesiger Komposthaufen? Er sich selber?

Das stimmt aber nicht. Unser Mann ist nämlich im Schwange seiner jahrzehntelangen Einfältigkeiten nicht in Verruf geraten; sondern, wenn schon: man hat Verrat an ihm geübt.

☆

»Früher«, so der GGK-Werbemann Hartmut Grün im Fachorgan ›Werben & Verkaufen‹, »hatte Werbung noch etwas mit Überredung zu tun, inzwischen sind aber schon alle überredet, also braucht man nur noch die Hose aufzumachen.«

Da werden die neueren französischen Schwerdenker rund um Baudrillard sich hart tun, noch eins draufzusetzen, wenn die Praktiker schon so rücksichtslos alles ausplaudern.

Aber möglicherweise stimmt weder, was die Praktiker, noch, was die Theoretiker an dreischneidigen Sprüchen klopfen. Sondern gekauft wird aus ganz anderen Gründen, ganzganz anderen Gründen, ganzganzanderen ...

☆

Daß das Abonnieren des ›Manager Magazin‹ einen zum Manager qualifiziere; daß, wer VW-Polo fährt, die dollsten Weiber abkriege; daß das Konsumieren von Schweppes Tonic-Water einen fröhlich stimme, Weizenbier aber umgekehrt ein neuerdings besonders erfrischendes und bekömmliches Getränk für unsere Autofahrer sei –

– der Verlust der Scham führt, laut Freud, in den Schwachsinn, und umgekehrt funktioniert's wahrscheinlich gradeso; und also konnte es nicht ausbleiben, daß sich die Reklame auch noch das Grellste an Lügen so eiskalt wie brühwarm zu verzapfen traut; und sicherlich werden die Zustände bald noch ungenierter, als man's heute schon nicht mehr glauben möchte. Einzig Kafkas Vision aus dem Jahr 1913, den Plakatwerbetext des Naturtheaters von Oklahoma, diesen Niederriß jeder allerletzten Scham im Kainszeichen äußerster Verlogenmal Verwegenheit, der nach einem wahren Blasorchester haltlosester Versprechungen mit den Fanfarenworten schließt: »Verflucht sei, wer uns nicht glaubt!« –

– diese vollends reife Erhabenheit von freimütiger Niedertracht und Verruchtheit, die besitzt Reklame, 73 Jahre später, noch immer nicht. Traut sie sich nicht? Fehlt ihr noch ein letztes Quentchen Chuzpe, kafkaische Genialität? Man muß es bang bedauern. Und darf im vorerst Trüben weiterhoffen: Erst wenn, frei nach Kleists Aufsatz übers Marionettentheater, die Schamlosigkeit durch ein reflexionsfreies Unendliches gegangen ist, erst dann –

– aber Ihren Hegel – Kleist – Kafka kennen Sie ja selber.

☆

Meine imposanteste Fehlleistung des letzten halben Jahrs – eine quasi zwiefache: Ich öffne ein Päckchen Zigaretten und werfe, nach blindem Reinlichkeitsritual, den oberen Teil des Stanniol-Einwickelpapiers in den Papierkorb am Schreibtisch. Gleichdrauf finde ich die volle Schachtel nicht mehr. Bewandert in Interferenz-Fehlleistungen kommt mir sofort der Verdacht, ich könnte sie zusammen mit dem – an welchen Vorgang ich mich genau erinnere – Stanniolpapier in den Papierkorb geworfen haben. Gar ubw-gesundheitsfixiert? Allein, im Papierkorb ist die Schachtel auch nicht.

Eine halbe Stunde später finde ich, einer schleierhaften Ahnung nachspürend, die volle Schachtel im Abfalleimer in der drei Räume entfernten – Küche. Meine Deutungsrichtung: Leere Schachteln pflege ich abwechselnd (und abermals zwanghaft rasch) sowohl im Schreibtisch-Papierkorb als auch im Küchenabfalleimer zu versenken. Ich hatte also die letzte leere, längst im Papierkorb versenkte Schachtel mit der neuen vollen durcheinandergebracht – womit aus der Doppel- sogar eine Tripelfehlleistung wird.

Die Frage bleibt freilich, warum ich vom Schreibzimmer in die Küche ging, nachdem, siehe oben, ich leere Schachteln ja hie wie dort paritätisch versenke. Leerte ich simultan Kippen aus dem Aschenbecher? Das nämlich erfolgt exklusiv in den Küchenabfalleimer. Und ich wollte dies Kippen-Wegtun mit dem Entfernen der leeren Schachtel wie üblich rationalisierend synchronisieren, was zur Folge – –

O Jesus.

☆

Meine bisher nichtigste legasthenische Glanzleistung 1986 aber las sich: »fotogen« statt korrekt »fortgehen«.

☆

Unsereins entdeckt, ersieht, erhört nach 35 nicht mehr gar zu viel. Die Tröstungen der Kunst – das allermeiste längst gegessen. Die Dummköpfe aber, die zwischen 15 und 45 nur Geld im Kopf hatten, die werden noch für ihre Banausie belohnt: Erst mit 50, 60, 70 stoßen sie auf Mozart, Mendelssohn und Mahler. Und haben ihre helle Freude. Respektive finstre. Das ist ungerecht. Ach was, stimmt doch hinten und vorne nicht.

☆

Kohl lobt nicht nur den toten, er klammerte in seiner Oppositionsführerzeit sich auch allschon an den lebenden Böll, ja glückwunschfroh einmal sogar an Arno Schmidt. Der Münchner OB Kiesl, ein CSU-Gesicht von unverfroren niederbayerischer Broatfotzetheit, reklamiert, derweil sein Parteibruder Zimmermann Ludwig Thoma usurpiert, Karl Valentin für sich und sein Amt und zitiert zu diesem Zweck sogar Polgars bekannten Satz, der sich auch gar zu sehr herumgesprochen hat. Österreichs Spitzenpolitiker-Quartett preist, wovon hier schon einmal die Rede war, fast subaltern umarmend den malenden Vaterlandszersetzer Deix –

– ich aber werde den Teufel tun und hier schulbuchmäßig hochbedenklich weiter über Rebellion und Domestizierung referieren. Sondern lieber auf ein zu rühmendes Gegenbeispiel hinweisen: Waldheim blieb noch sauber. Bleibt m. W. sauber. Läßt nichts durcheinanderkommen. Ehre seinem Namen.

☆

Hingegen wiederum für eine »betroffenheitsorientierte Rechtspolitik« (FR vom 20.6.86) macht sich der Informatiker Wilhelm Steinmüller stark.

Dös wenn's lesn, die Juristen, »da werdns spitzn« (Gerhard Polt).

☆

Aus dem ›Spiegel‹ kann man »sich schlau machen«; dagegen, so Rudolf Augstein, aus Peter Kochs Adenauer-Biografie »sich gut belernen«. Peter Koch wiederum ist der, der einst für den ›stern‹ die Geschichte des Nationalsozialismus umgeschrieben hat, und das war ein starkes Lehrstück. Samt viel Lernprozeß. Für Koch.

☆

Zwar scheinen momentan der »Mut zur Angst« wie auch die »Angst vor der Angst« etwas eingedämmt, jene beiden, die ca. 1982 vor allem auf Evangelischen Kirchentagen märten und den damaligen Kanzler Schmidt um ein Haar zum Nachdenken animiert hätten; gehalten aber, liest man, hat sich unabhängig davon neben den »Berührungsängsten« die etwas objekthaltigere Vertreterin »Blamierangst«, die heute allerdings bevorzugt als »Schwellenangst« auftritt – beide aber haben in den Sängern H.D. Hüsch und W. Biermann gottseidank auch schon ihre Ärzte gefunden: »Ich kenne kein Klug und Dumm« (Hüsch); »Ich teile die Menschheit nicht in Kluge und Dumme, sondern in aufrichtige und tapfere Menschen und in Schweinehunde« (Biermann).

Mein innerer Schweinehund flüstert mir dagegen vergleichsweise Rankünöses ein – und wehe, wenn ein gerade derart sanierter Schwellenängstler die Schwelle meiner Blätter unbefugt überschreitet – den hab ich aber schnell wieder am Boden seines Zähneklapperns!

☆

In Ansehung der Werke der Natur, des gestirnten Himmels über und des Dostojewskischen Gesetzes in mir, daß Leid die einzige Ursache des Bewußtseins ist, auch wenn, nach der Einsicht Benns (an Oelze, 16.9.35), Geschichte und Natur mit dem Geist eh nie zusammengehen – in Anbetracht all dessen stehe ich nicht an, unbeschadet der Wahrheit von Luthers Zwei-Reiche-Lehre mitzuteilen, daß mir Marcuses Große Verweigerung ebenso wurscht ist wie Stifters Sanftes Gesetz natürlich sowieso, du ahnst es nicht, Kamerad Schnürschuh.

☆

Lang ist die Zeit, schließlich aber wird es offenbar und spricht sich rum: Der größte Flop des Jahrhunderts ist der Bikini. Und hat deshalb zu verschwinden. Es lebe der die Antike mit der Romantik zur Klassik zwingende Einteiler!

Obwohl, an manchen Leibern hatte auch der Bikini

seinen leisen Sinn und . . . wohlig und . . . ach was, einmal muß Schluß sein!

☆

O Herr, der Sommer war wirklich sehr sehr groß. Zuletzt erbrachte er noch die Kurzmeldung, daß der Papst, geht man nach einem neuen Buch des »Vatikanspezialisten« Jean Chelini, in zehn Jahren mit dem Erreichen des 75. Lebensjahrs definitiv vom Amt zurücktreten werde.

So still ist's auf der Welt (Eichendorff)? Nein, nein, im Sommer 1986 war echt was los.

Herbst

Karl Marx: »Die Kritik der Religion ist der Anfang aller Kritik.« Das soll ein Wort sein. Nicht allein wider die Anfechtungen, wider den Kerl aus Polen wieder und wieder kritisch einzuschreiten, sondern auch und hinwiederum wider den Marxismus selber und – – (Aus meinen aufgegebenen, nämlich unerträglich brillanten Leitartikeln)

☆

Den Stachel wider seinen eigenen Verein freilich löckt noch immer am behaglichsten sein Ex-Boß selber, Papst Alexander VI.: »Jede Religion ist gut, die beste aber – die dümmste.« Und: »Rom kann nur herrschen, wenn die Welt dumm ist« – doch manchmal soll/muß man Sätze schon deshalb zitieren, damit sie etwas populärer werden.

☆

»Glaubt ihr denn, daß der liebe Gott katholisch ist?« (Lichtenberg L 112).

Nach der alten Bauernregel, daß das Sein auf das Bewußtsein abfärbe, letzten Endes also schon.

☆

Und wenn ich mit Menschen- und mit Engelszungen redete: Gerade der »nachmoderne« (Küng) Theologe Küng kapierte gewißlich als allerletzter, wie sehr seine beiden prallen Munds formierten Buchtitel-Fragen »Existiert Gott?« und »Ewiges Leben?« zwei himmelfahrtsmäßig kardinalsteindumme sind; noch föchte es ihn an.

Drum sag ich's lieber gleich sackgrob, jenen gleißend Gleisnerischen aus Tübingen abermals zur Ordnung zu rufen und zur Umkehr zu mahnen, ehe es zu spät, ehe ihn der Ganzandere am Schlawittchen greift, ihn in SEIN ewiges Leben zu zerren voll von großer Pein, vielleicht, vielleicht schon eh das Eisen los wird, das ich spiegelnd sich im Neckar blitzen sehe ...

☆

Sie können's einfach nicht lassen – es ist wie eine paramythische Sucht: Seit Jahren taucht keine Anzeige für Franz Alts ›Liebe ist möglich‹-Buch auf, ohne daß der Piper Verlag nicht an ihr Ende hinschriebe: »Auflage jetzt über 800 000!« Man bemüht sich seitens des Hauses zuerst ja durchaus, ahnend, wie kompromittierend, unglaubwürdig und ordinär diese Zahl gerade in diesem agapischen Kontext wirken muß. »Erst wenn wir liebesfähig sind«, schreiben sie, sich richtig Mühe gebend, aus dem Alt-Buch ab, »werden wir friedensfähig.« Für Sekunden, werweiß Minuten glauben sie sogar richtiggehend daran, mit diesem Buch was Extramäßiges geschafft zu haben, aber dann im letzten Moment kommt's ihnen doch wieder: »Auflage jetzt über 950 000!«

Es ist wie bei Lohengrins Elsa, die den Mund nicht und nicht halten kann, nein, genauer: wie beim Zwerg Mime, der Siegfried schön tun möchte und dessen essentielle Tücke doch immer wieder die verräterische Wahrheit ausspuckt; welcher von Wagner schön beobachteten Variante des Lapsus linguae Freud leider seine Aufmerksamkeit fast gar nicht schenkte, so häufig sie in der alltäglichen Psychopathologie grassiert. Und bei Verlagen, bei Piper zumal, extra mächtig: Das grafische Design der Annonce zielt ins Edle, die Textbrocken von wegen »Aufrüstung« und »Abtreibung« und »Ungeborenen«

und »Gewaltlosigkeit« und »Revolution des Bewußtseins« rühren selbst den Mann von der PR-Abteilung so zu Tränen, daß er's fast glauben möchte, was er da Hochmögendes faselt – aber dann im letzten Moment erliegt er doch wieder einer anderen, stärkeren Faszination: »Auflage jetzt über 1,1 Millionen!«

Das Ausrufezeichen aber ist wie das i-Tüpfelchen trans-altinischen unverbrüchlichen G'schwörltums; und so soll's ja eben sein.

☆

Brav, evangelisches ›Deutsches Allgemeines Sonntagsblatt‹, eine Klasse-Anzeige hast Du da neulich plaziert: »Eindeutig. Kritisch. Engagiert.« So preist Du Dich selber im letzten VW-Reklame-Aufguß und fährst fort: »Der christliche Blickwinkel steht dabei häufig im Mittelpunkt. Er rundet Ihr persönliches Meinungsbild über Themen aus Politik und Wirtschaft, aus Kultur, Gesellschaft und« – na endlich, raus damit – »Kirche ab. Woche für Woche.«

So ist es; das kann man wohl laut sagen. Ein Blickwinkel, der im Mittelpunkt steht und dabei auch noch abrundet, nämlich ein (vermutlich rechteckiges) Bild –: Doch, Sonntagsblatt, das dünkt uns, nehmen wir alles in jedem, wahrlich die hornochsigste, gottfernste und nämlich metaphernkorrupteste Spruchwerbung gleich Sprachwerdung des Jahres, wo nicht des Dezenniums. So geht's, wenn sich abermals Weihrauchfromme mit Werbefritzen gemein machen oder deren Job gleich selbst versuchen. Dann kann man mit Dir, o Sonntagsblatt, nur nochmals zusammenraffen: »Kritisch, christlich, kreativ!« – hahahahaha.

☆

Liebe bestimmt der Systemwissenschaftler Luhmann als »eine laufende Mitanreicherung des Informationsgehalts aller Kommunikationen durch den ›für ihn‹-Aspekt« (›Liebe als Passion‹). Und weil das so ist, genau deshalb wird zwar die christliche Liebe abermals Unsinn, denn das würde *zu* kompliziert. Allein der Schlager hat recht, indem er konsequent In- und Output dieses »Kommunikationsmediums Liebe« (Luhmann) sabotiert. Indem er gar nicht hinhört. Sondern jenseits von Kierkegaard und Systemwissenschaft aufs Ganze geht: »Ob blond, ob braun, ich liebe alle Frau'n.«

Und dafür von der Wissenschaft i. A. Luhmann auch gleich belohnt wird: »Liebe kann (...) Kommunikation unter weitgehendem Verzicht auf Kommunikation intensivieren.«

☆

So man eines Manns namens Peter Lauster auf Fotos oder im Fernsehen ansichtig wird, hält man ihn für einen Herrenkosmetik-Bezirksvertreter und für den neben Stoiber möglicherweise liebesunfähigsten aller Menschen. Kein Wunder, nachdem er schon Stücker 15 Bücher »Über die Liebe« auf dem Gewissen hat – Mensch, Peter, mich Lauster Affe, da ist ja schon das 16.!

☆

In der Regel sind Frauen zu nichts nutze. (Aus meinen Archivbeständen ›Sinn und Doppelsinn‹, o. J.)

☆

Politische Drohgebärden: Neben der obligaten und obsessionellen und ohnehinnigen systematischen Verwüstung und Zerstückelung von Restnatur durch die landläufig hanebüchenen und unwiderstehlichen Baumaßnahmen, Flurbereinigungen und sonstigen Entsorgungen beobachten wir, sofern wir überhaupt zum Hinschauen noch die Kraft und Lust haben, seit einiger Zeit ein Novum: Erdbewegungen, Planierraupenaktionen usw., welche weitere und noch abstrusere, ja schon nicht mehr mit menschlichen Ermessensapparaten rezipier- und erduldbare Eingriffe befürchten lassen, welche aber nach Monaten der Angst, der Sorge und des Scheißreingefühls etc. sich gleichsam wie von nichts in nichts auflösen; etwa: Über einen vorstädtischen Hügel rollt einen Sommer lang ein Erdaufwühlgefährt, wühlt alle Erde auf und durch und läßt die Neuerrichtung einer Schnellstraße befürchten eben da, wo die letzten drei errichteten Langsamstraßen sich schon als vollkommen absurd erzeigten. Indessen: Nach Monaten ist plötzlich alles wieder flach und eingeebnet – als ob nichts geschehen wäre.

Wurden mitten im Feld Kabelfernsehkabel gelegt? Hügel für den Krieg begradigt? Beweisstücke vergraben?

Oder hat man vielmehr ab sofort mit selektiven politischen bzw. behördlichen Warnschuß-, Droh-, Einschüchterungsmaßnahmen zu rechnen, die gleichsam, ohne es dann zu realisieren, denn es wäre doch zu sinnfern, Ärgstes mit dem Zaunpfahl winken: Leute, Leute, wenn wir nur wollten! Wir könnten ja noch viel boshafter, noch viel böser und gemeiner mit Euch umgehn!

☆

Der eventuell oberste, sich selbst noch transzendierende Dunkelsinn aber west eventuell darin, daß der »Zombie« (Bohrer), das »Nichts« (Thomas Schmid), der »fiese Möp« (Gremliza) in persona – Genscher also nicht nur ein vorbildlicher Außenminister zu sein scheint; sondern, täuscht nicht alles, in Air und Auftritt, seit ca. 1983 sogar zum Charakter gereift ist, zum guten Menschen, zum

Humanum, vor allem aber zum Augentrost – bzw. worauf ich hinauswill, ist vielmehr dies:

Sozusagen auf dem Höhepunkt seiner Seelenkrise in Kalifornien dreht M. Walsers Roman-Studienrat Halm den Fernseher auf. Und wird belohnt: »Am wohlsten wurde ihm, wenn der Präsident auf dem Schirm erschien. Carol hatte recht, es konnte nichts Anheimelnderes geben als dieses hübsch geschminkte, ewig lachende Präsidentengespenst.«

Ganz ähnlich erging es mir einst beim Fernsehpfarrer Sommerauer – jetzt glückt Augenschmaus auch zuweilen schon via Kohls TV-Präsenz – zielsicherer aber noch bei Genscher. Zutrauen, Zutraulichkeit stellt sich ein, Lebensleid steht still angesichts des Außenministers blicklos verständiger, ja tiefsinniger Augen, seiner mythischen Stirnfalten, sogar noch seiner Riesenlauscher. Bohrer, Schmid, Gremliza haben unrecht – triftiger ist auch im Fall Genscher das Gefühl, das Walsers Halm noch mehr als am Präsidenten dann an Reagans Gemahlin bezaubert, die ihn nämlich »noch anheimelnder« anmahnt als jener. Es »ist das So-ist-es schlechthin. Wie wohltuend ist es, daß alles so ist, wie es ist« – und eben diese Botschaft schimmert spätestens heute als Aura auch des deutschen Außenministers. Vergleicht man Fotos des jungen mit solchen des heutigen Genscher, wie er 1986 sogar noch in Bayreuth tadellos für Franz Liszts 100. Todestag geradesteht: Dann tritt uns machtvoll die Empfindung ans Schienbein, daß eben jener, der zwar nach wie vor am allerungeeignetsten für etwelche Erkenntnis- oder Reifeprozesse scheint, nichtsdestoweniger wie durch die gußeiserne Härte des lemurisch betriebsnudeligen Lebens hindurch nicht allein die Anmutung, sondern wahrhaftig das Wesen von Würde, ja annähernd universeller Humanität und Menschenfreundlichkeit abstrahlt:

Als ob's schon immer so gewesen wäre, ja gar nicht anders sein auch könnte.

Sachen gibt's.

Meinen Sie Zürich zum Beispiel / sei eine tiefere Stadt, / wo man Wunder und Weihen / immer als Inhalt hat – so frug einst reichlich rhetorisch Benn. Wunder und Weihen natürlich nicht, aber in Zürich bereits üblich ist seit 1986 die Beschallung von unterirdischen Bahnstationen mit moderat rhythmisierten unendlichen Melodien, die sich, wie schon seit längerem solche in Shops und Supermärkten, scheint's stundenlang innerhalb eines Quint-Intervalls ausbreiten; in der offenbaren Absicht, dem Bahnsteig-Wartenden wenn schon nicht die plausible Angst vor der Grube zu nehmen, so ihm doch schlicht die Zeit sanft zu vertreiben.

So weit, so menschenfreundlich, nur reibt sich das natürlich irgendwie irgendwo mit den tendenziell ohnehin überall mithingeschleppten Earphones und Walkmen. Durchaus im Sinne des frühen Günther Anders reckt sich die Frage empor, ob da nicht früher oder später ein Kreislaufkollaps die Folge ist, wenn schon kein Hirnschlag – und eher im Sinne Kritischer Theorie wird abermals die fernere Frage vorstellig, ob hier das Prinzip Dösen, zu dem Musik eh zu ca. 94 Prozent verkommen ist, sich nicht unfreiwillig selber liquidiert und den kapitalistischen Konfusionsmaximierungsinteressen darwiderläuft: Indem aus den Reibungsflächen, Dissonanzen zweier Musiken die Qualität des Antithetischen, gar »Rebellischen« (L. Rinser) heraustreten möchte, welche endlich auch, jetzt wieder rein musikalisch gesprochen, mit jenem strukturellen = sinnvollen Hören konvergiert, welches der alte Adorno nie müde ward zu heischen. Oder aber ob sich hier nicht doch eher ein ohnehinniges Inferno einfach knallfall potenziert, zumindest dann, wenn aus den großen blinkenden Radio-Kassetten-Geräten herumstreunender Neger das Gedudel ins Tripel- und Quadrupelfugale expandiert —?

Wenig immerhin frommt eine goethisch-mignonische Flucht in den Süden; jedenfalls nicht nach Portugal und Spanien. Dort werden, hört man, auch Eisenbahn-Stationen längst bedudelt. Italien wird, hoff ich, spätestens 1990 nachziehen.

☆

Ballett in der gotischen Kathedrale, die Matthäuspassion in der Fabrikhalle, Oper auf dem Fußballplatz, mittelalterliches Mysterienspiel in der Oper usw. — na, wir leben halt in einer stark innovationsfreudig-synästhetischen Zeit, und in Nürnberg ganz besonders rege wird die Wildsau seit Jahr und Tag durch die alte Bewegungsstadt getrieben.

Zu Beginn der ›Sudelblätter‹ war einmal die Rede davon, daß Boris und eine anonyme Nackerte schon gemeinsam antanzen müssen, den gähnend hinterm Ofen lungernden Hund für ein Illustrierten-Cover zu »motivieren« (P. Breitner). In der neuen Autozeitschrift ›Männerträume — Mädchen und Autos‹ wurde die Synthese dessen, was ›Lui‹ und ›Playboy‹ schon längst auf dem Trichter haben, institutionalisiert: Das ganze Heft hindurch liegen, wälzeln, krümmen, nudeln sich nackerte Frauen auf niegelnagelneuem Autochrom.

Ja, und? Hm. Der Fall liegt so schlicht, daß es beim besten Willen nichts zu deuten gibt.

Schade.

☆

Verrat schnarrt Hohn. Am Himmel gilben bläßliche Exzesse. Mag sein, fällt alles bald zu Scherben. Schöpfung ohne Glaube, nur noch Chiffre, dunkle Schläfe, lichter Schlaf. Kulturhuren klemmen groszisch Zigaretten in die Schnauzen, stolz schwankt gleichwohl Trauer zwischen rost'gen Stäben. Blüt' und Mittagsspuk der finstren Zeiten – Mensch, werde wesentlich! Grüß Gott, Herr Wörner, ach, wie prall der Sack links von den Eiern, nein, zur Mitten, war nur Probealarm für'n Ernstfall und (Aus meinen als unhaltbar aufgegebenen expressionistischen Arbeiten)

☆

Merkwürdig, seit Jahren rangiert der Schmöker des britischen Journalisten David A. Yallop ›In Gottes Namen?‹ als Bestseller, ein Buch, in welchem immerhin die Ermordung des letzten Papstes durch die römische Kurie wenn nicht bewiesen, so doch ziemlich wahrscheinlich gemacht wird. Über den Verlag und div. Lizenzausgaben erreichte das Werk eine riesige Öffentlichkeit – hat es deswegen irgendeinen Rumor, gar einen Skandal innerhalb der angesprochenen Cattolica hervorzurufen vermocht, immerhin in Form von Verwünschungen, Dementis, Kirchenbann?

Nichts davon, nicht das geringste. Pia fraus als indolentes Negativ – in der Form schrillen Verschweigens? Mit Gewißheit nicht mal das. Man bräuchte nur empirisch vorzugehen und 1000 Pfarrer nach dem Buch zu fragen, dessen Verfasser bzw. Verleger noch in der Hundhammer-Zeit der Inquisition anheimgefallen wäre: Von 1000 wüßten 995 nicht mal zu sagen, wovon die Rede ist – und dies, um es nochmals zu betonen, bei einem Best- und Steady-Seller! Zusammenbruch der Informations-Vernetzung? Das auch. Mehr noch aber dürfte das Vergammelte, Verkrustete, Vermauerte der Katholizität dieser abermals zum rechten Segen gereichen. An so viel stillvergnügter bornierter Ignoranz prallt einfach alles ab.

☆

›Spiegel‹-Redakteur Umbach! Ihr neuerliches Titel-Love-Furz-Amadeus-Remake-Fortschritts-Story-Gehack-stücke rund um Mozart war noch höllischer, teuflischer, satanischer, luziferischer, infernalischer und inferiorischer als das vorhergehende. Solche Untaten werden nicht mehr auf Erden gebüßt. Möge Gott Ihnen dereinst darob links und rechts je sieben gewaltig schmerzhafte Allmächtige runterhauen!

Ich glaube nämlich – deshalb – neuerdings an ihn.

☆

September, Frankfurter Oper, viermal ›La Gioconda‹. Es ist aber auch beim vierten Mal nicht recht zu ermitteln, was heftiger anheimelt: Ponchiellis genuin bravouröse Musik; oder die Herzflattern machende Seimigkeit, mit der die beiden südlichen Veteranen, der 62jährige Carlo Bergonzi und der 58jährige Matteo Manuguerra, aufrechten Blicks und, due ragazzi bravi, mit Tönen wie Öl und Weihnachten der depperten Jugend als ein annähernd maliziöses Vermächtnis das Nachsehen geben. Ich wüßte nicht, was ich seit 1941 Schöneres je gehört – und gesehen! – hätte. »O giubilo, o infamia!«

☆

Ob wohl Harold Robbins (›Die Unersättlichen‹, ›Die Profis‹, ›Die Bosse‹, ›Die Playboys‹, ›Die Aufsteiger‹)

schon derart die Rechte auf diesen Buchtitel-Typus besitzt, daß er mein ins Auge gefaßtes Roman-Alterswerk »Die Unverblühten« torpedieren kann?

Ich werde kämpfen.

☆

Im Rahmen einer 20zeiligen dpa-Agenturmeldung (›Frankfurter Rundschau‹, 27.9.86) teilt G. Grass aus Indien herauf mit, daß er a) einen »neuen Faschismus«, b) die trans-biblische Apokalypse und c) aufgrund seiner neuen Live-Erfahrungen mit der Überbevölkerung in Kalkutta einen neuen Roman aus seiner Feder heraufdämmern sehe.

Die tatsächlich ragende Idiotie gründet hier weniger in der allbekannten Megalomanie jenes fortschreitend inferiorer daherredenden und -agierenden Spitzenautors, der einst mit schwer erträglichem, auf Allegorien erpichtem Studienratshumor uns auf den Geist ging; weniger in seiner aber auch schon derart grotesken Selbstüberschätzung, daß man nicht länger bloße Reklamesucht, sondern nur noch schwerst Pathisches der charismatisch chiliastischsten Art ahnen mag; nein, der eigentliche und doppelte und hirnzerbröselnde Obszönitätspunkt ist in der Eiligkeit zu Hause, mit der einer, kaum hat er beleidigt und auf Zeit gottseidank das Land verlassen, das ihn jahrzehntelang, im schweren Wahn befangen, hochleben ließ, schon wieder in es hineinröhren, nein -grunzen muß; und dies per Agenturmeldung, zu welcher freilich »Kultur« ohnehin immer mehr verendet. Das Allerpeinvollste aber mag drittens dieses sein, daß irgendwer – Grass? Die Agentur? – sich einredet, die »Meldung« sei von irgendwelchem winzigsten Belang. Sie ist es nicht. Die in der Konsequenz gleichfalls denkbare Agenturmeldung, der reife F.W. Bernstein (der kürzlich in der ›Titanic‹ über einen ähnlich obszönen Agenturvorgang berichtete) habe gestern fünfmal die Berliner Südendstraße überquert, ist nicht nur philosophisch, sondern sogar journalistisch erheblicher.

Denn wieso fünfmal? Geht das – überhaupt?

☆

Die zierlichen kleinen US-Army-Soldatinnen aber, wie sie, 's G'sichterl wie Milch und Blut oder aber schimmernd schokoladen, Blondhaar oder Kräusellocken unterm Käppi verpackt, im Bereich des Frankfurter IG-Farben-Gebäudes und der Eschersheimer/Adickes-Kreuzung in ihren olivfarbenen Dschungel-Tarnungsuniformen herumstrunzen, schauen allesamt aus, als ob sie grad aus der akutest fashionabelsten Yuppie-Boutique gepurzelt kämen.

Es sind aber echte.

Und eben das ist das Flirrende, Sinnverwirrende, ja zumindest virtuell Betörende an ihnen; frage keiner mich, warum.

☆

Kittner, Hüsch, Scheibner usw.! Hat eigentlich jemand von Euch den saudummen Gleichklang Cattenom/Carzinom (Krebsgeschwulst) schon ebenso drohend wie aufklärend abgefackelt? Was?? Die Junge Union Lüneburg-Südost ist Euch da diesmal zuvorgekommen? Da schaut mal an.

Wie lehrte doch einst Wallraffs Günther: Wir brauchen zwei, drei, hundert Wallraffe resp. Kittners und Hüsche. Hoffentlich langt's dann aber für Euch noch zu einem sorgenfreien Lebensabend.

☆

»Cinque minuti, conosco il metier«, schätzt der Tenor und Dichter-Journalist Rodolfo im 1. Akt von Puccinis ›Bohème‹, brauche er für seinen Leitartikel (articolo di fondo). Ich aber überlege schon seit 40 Sekunden, des Moserns müde, eine Schlußpointe für diesen meinen articolo piccolo hier. Ah, un attimo: Dies ist sie.

Buchmesse 1986: In Frankfurter U-Bahn-Schächten klebt, leider zu klebrig, um übersehen zu werden, inmitten des üblichen buntscheckigen Kulturannoncierungs-Drecks ein ca. 1 mal 1,5 Meter großes blaues Plakat, verantwortet vom S. Fischer Verlag, auf dem das Gedicht ›Unter sterbenden Bäumen‹ von Reiner Kunze zu lesen steht: »Wir haben die erde gekränkt, sie nimmt ihre wunder zurück. Wir, der wunder eines.«

Dochdoch, es ist schon so, das Leben von unsereinem und Konsorten besteht heute zu 33 Prozent darin, den sich täglich offenbarenden und überbordenden Unrat und Unflat der Hirne zu sammeln, um ihn für ewig zu bewahren.

☆

»Ich möchte mit meinen Geschichten ein Totalfeuerwerk der Phantasie anbieten. Ich schreibe an gegen die Phantasielosigkeit« (Herrmann Burrrger, 1985).

»O mei o mei« (Alfred Leobold, 1974).

☆

Von der »Höflichkeit gegenüber dem Leser« redet U. Johnsons ›Jahrestage‹-Roman auf S. 1698. Doch, eine gewisse aufsässige Humoristik ist dem herzlich verhauten, um fast 1892 grauslich nölige Seiten zu langen Buch nicht abzusprechen.

☆

Man darf nicht nur – Piwitt hat's gelegentlich erlaubt – seine literarischen Freunde loben: Man muß. Und in einigen Fällen muß man sie einfach zitieren, damit ihr Glanz samt seiner Botschaft heller strahle. Zum Beispiel die Phantasie über die gaunerische dpa-Umfrage ›Was schreiben Sie gerade?‹ (Spätsommer 1986) des reifen F.W. Bernstein (Kursivtexte sind Original-Zitate); Bernstein schreibt:

Es gibt Dichter, bei denen erübrigt sich die Frage, und man kann ihnen auf den Kopf zusagen, was bei ihnen Sache ist.

»Ach, guten Tag, Herr Reiner Kunze. Sagen Sie – stimmt das, daß bei Ihrem nächsten Buch *die menschliche Existenz im Blickpunkt steht,* ja?«

»Ja . . .«

»Sagen Sie bloß! Und sie steht pfeilgrad *zwischen Sinnverlust und Sinnbehauptung,* ja?«

»*Im Blickpunkt . . . zwischen Sinnverlust und Sinnbehauptung* . . . ja!«

»Und, Herr Kunze: *Zwischen Resignation und Camus'schem Dennoch in der Welt von heute,* nicht wahr?«

»Jawohl!«

»Und Ihr Buch wird heißen ›Eines Schweden einziges Leben‹?«

»›*Eines jeden einziges Leben*‹; jeden! Nicht Schweden!«

»Herr Kunze, Herr Kunze!«

Zitatende. Sia maledetto, Kunze! Sii benedetto, Bernstein!

☆

Indessen, kaum hat man sich an Bernstein vorübergehend schadlos gehalten, schon fassen Kunze und sein Fischer Verlag nach und trommeln in der Verlagsbroschüre noch dämonischere Dumpfitäten zum Gedichtband aus:

»Das gedicht ist fassung, die der autor gewinnt. Ehe ein gedicht entsteht, ist es in irgendeiner beziehung außer fassung, etwas an ihm ist fassungslos. Der bildeinfall, die verknüpfung zweier wirklichkeiten, die er bis dahin nie miteinander verknüpft gesehen hat, deutet ihm an, daß in ihm etwas faßbar geworden ist, und er beginnt es zu fassen. Das gedicht, wenn er glück hat, ist dann das gefaßte, das ihn gefaßter macht. Das gedicht kann aber auch fassung sein, die der leser gewinnt – wenn es ihn erfaßt, wenn es ans fassungslose rührt in ihm.«

Heideggers Tineff mit sage und speie 30 Jahren Verspätung in einem östlichen Summshirn glücklich auf den Strich gekommen: Wie viele verbissene Wochen er wohl an diesem ruchlos erhabenen Mindersinn herumgefeilt und -gekratzt hat?

Des reifen F.W. Bernstein mündlicher Kommentar auch dazu – »Hat der Leser das dann alles erfaßt, kann er ein Faß Bier aufmachen« – versöhnt mit dem Dreck fast schon zur Gänze; doch, das geht heute schnell.

☆

»Wo Es war, soll Ich werden«, befahl Freud. Wo Ich war, dominiert seit einiger Zeit das Selbst. Oder: Sachen gibt's, die muß man schon fast wieder gelesen haben:

»Nach dem großen Erfolg der ›Kritik der zynischen Vernunft‹ legt Peter Sloterdijk nun einen historischen Roman vor. Er schildert die Expedition in eine unvergangene Vergangenheit und erzählt dabei die vergessene Ursprungsgeschichte dessen, was heute ›Selbsterfahrung‹

genannt wird« (Suhrkamp-Reklametext zu P. Sloterdijk, ›Der Zauberbaum‹).

Also, von der antinomischen Unvergänglichkeit der unvergangenen Vergangenheit mal annähernd zu schweigen, und wer immer das ist, der dafür sorgt, daß das Ganze heute »Selbsterfahrung« genannt wird (Unseld persönlich?) —: So oder so auf keinen Fall verwechseln dürfen wir diese Selbsterfahrung a) mit der »Selbstverständigung«, die ihrerseits aber überhaupt nicht identisch mit dem »Selbstverständnis« ist; b) mit der jetzt auch häufiger genannten »Selbstversicherung«, die quasi die Jacke der Hose c) der »Selbstvergewisserung« ist; d) mit der »Selbstverwirklichung«, wie sie vor allem auf Sommerakademien und Lernfesten inklusive Töpfern passiert und als ehemaliges Bio-Öko-Projekt immer zügiger in dem Eigenheim im Grünen ausläuft; e) mit der »Selbstversorgerstation«, als die sich das an die Autobahnraststätte Steigerwald angrenzende Imbißbüdchen vorstellt; sowie f) mit der »Selbsthilfe«, die gleichfalls dem volkshochschulisch eingeweichten selbstheilungskräftigen Öko-Psycho-Schmus angehören dürfte — so wie überhaupt und insgesamt das eigentliche Wichsen jetzt mehr ins selbander Sprachliche, ja Lautmalerische abgeselbstelt ist.

Also: Sachen gibt's, die muß man schon wieder, fast eh man sie kennt, schleunigst schnell vergessen.

☆

Alles kann man nicht selber machen. Schön, daß also Karl Heinz Bohrer im Fall E. Fried beispringt und, vorsichtig, aber doch, den Fall erwähnt »jenes hochgerühmten Lyrikers, dessen Sprache anläßlich eines Londoner Auftritts von einem unbestechlichen Kenner der westdeutschen Literaturszene als ›verheult‹, als ›mit Essig versetzter Grießbrei‹ charakterisiert wird« (›Merkur‹, Oktober 1986), und das dürfte noch gelinde formuliert sein, Erich.

☆

Weil der Chef der Deutschen Bank Christians heißt, muß der Chef des Börsenvereins des Deutschen Buchhandels logisch Christiansen heißen. Und genau deshalb sieht auch der Verleger Fleissner haargenau so aus wie sein Autor Kishon.

☆

Wenn man die gesammelte und gerammelte Niedertracht und Ohnmacht des immer noch so genannten geistigen Lebens und Literaturlebens, von den abgeschmackt blasierten und eingebildeten Autoren über die zu 98 Prozent kulturfeindlichen Buchhändler bis zum komplett törichten Publikum, diese ganze abgestanden versackte Bande und Bagage, welche der Blitz streifen möge, immer wieder mal und ruhigen Sinns oder aber aufgewühlten Blutes Revue passieren läßt, dann: wundert man sich immer überraschter, daß man nicht längst ausgeschert und schleunigst zur städtischen Müllabfuhr gewechselt ist. Ja, wenn nur das frühe Aufstehen nicht wäre.

☆

»Mein Vater, Joseph, liebte mich« (Ruis Linser, ›Den Wolf umarmen‹).

Der genialste Satz ihrer Karriere; doch, trotz harter Konkurrenz im eigenen Lager, der genialste. Über so viel geballte, niet- und nagelzähe geckengeile Gackergrunzerei ließe sich ein Essay verzapfen, der gleichwohl jener auch kaum beikäme. Das Genialissimum des Satzes aber sind die beiden Kommas:

»Mein Vater, Joseph, liebte mich.«

Das Schönste: Sie weiß nicht mal, wie genial sie ist. Wir aber lassen uns den bestrickenden Satz ein drittes Mal auf der Zunge zerbröseln:

»Mein Vater, Joseph, liebte mich.«

»DA ICH DEN GANZEN TAG fast nichts tue, als in mich selbst hineinzugucken« (Wieland an Jacobi, 9.4.1775), bin ich auf Folgendes gestoßen: Es mag, es könnte ja Genscher auf die Dauer unerwünscht, ja unerträglich gewesen sein, dauernd so einen Kleinen vor/neben sich zu haben, einen, der sich gleichwohl als der Größte wähnte und drum dem Großen dessen Größe sehr vergte. Es mag, es könnte, es müßte Genschern in der Folge sehr gepaßt haben, einen Größeren und eindeutig Dümmeren vor/neben sich zu haben, den beschwerlichen Zustand zu beenden.

Und jetzt, vier Jahre später? Wie auch immer, darüber, gerade darüber zu meinem Pläsir einen Essay, besser: einen schmucken Roman zu schreiben, könnte sehr verdienstvoll sein. Sehr, sehr verdienstvoll sein . . .

☆

Im ›Spiegel‹ gibt es eine doppelseitige Farbanzeige der Hoesch AG, welche zwei schlankkräftige weißgraue Röhren vor fast wolkenlosem blauem Himmel vorstellt. Ich allein sehe prima vista zwei abgeknickte und sich leicht kreuzende weißbestrumpfte Frauenbeine.

Ist das in Wahrheit auch die laszivisch unterschwellige Botschaft? Oder bin ich, unbewußt mitdenkend, apriorisch Opfer der Lehren Wilson Bryan Keys geworden?

Oder drittens nur der dumpfe alte Faust, Helenen in jeder Röhre spähend?

Das dritte, als gutem Deutschen, wäre mir dann wohl das liebste, – das Gescheiteste aber wird sein, ich krähe mit Franz Kafka: Nie wieder »Pop-Psychologie« (Dieter E. Zimmer)!

☆

Im Donnern einer Polemik wider die neue Freundschaft Martin Walsers mit der ›Welt‹ streift der ›konkret‹-Autor Michael Kunitzsch auch die Frage, wer eigentlich, nun er längst tot, im medialen Trott der Zeit die Funktion Bölls als des »Repräsentanten der Vermenschlichung« für die eben seiner bedürftige Nation übernehmen könnte: Grass? Lenz? Kirsch? Enzensberger? Walser? – Keiner paßt so richtig in die Rolle.

Mehr als diese Planstellenfrage juckt mich eine etwa analoge: Wer, wenn die Charakterdarsteller der 60er und 70er Jahre alt und siech und vollends sklerotisch, ihnen aus dem Reservoire der Gegenwärtigen folgen könnte, sei's als zoon politicon, sei's als schierer Wichtigmacher. Grass, Lenz, Jens, Härtling, Engelmann – und dann? Nein, Buch und Schneider passen nicht. Sie möchten wohl, verfügen aber schwerlich über den Pop-Drive der altvorderen Dumpfmeister, noch eigneten sich ihre Stimmen zum Vorbeter, gar zum Gewissen der Nation. Nicht mal für Zwerenz und Ruis Linser stehen Thronerben einsatzbereit.

Tomayer? Ach was. Ulla Hahn? Aber wo.

Kommen, gegen allen Anschein, luftigere Zeiten auf uns zu?

Aber woher denn.

☆

16.10.86: Kohl hat, im Fernsehen, erstmals das Wort »Phänotyp« drauf. Das hat er von mir (›Helmut Kohl, Biographie einer Jugend‹) gelernt! Ha!

☆

Wenn es sonst schon keiner ausspricht, muß ich's frischweg selber tun, auf daß, der Nachwelt zuliebe, nichts vergessen wird: Zwar erging es der Kohl-Biographie von 1985, was Auflage und Würdigungen anlangt, insgesamt nicht übel; es wurde immerhin etwas mehr kapiert, als ich am Schreibtisch befürchten mußte; z. B. dies, daß weite Teile des Buchs von der Mimesis der Kohlschen Blähblasensprache zehren. Offenbar gar nicht geschnallt wurde, und das betrübt mich schon ein bißchen, die – jede Wette – vollkommen und radikal neuartige innere Form des Werks, eine in zweitausend Jahren Literaturgeschichte unerhörte: Etwa die der übers Vehikel Kohl veranstaltete und als Herrscher=Deppen-Lob verkleidete der Autobiographie, des Torsos einer verbrämten autobiographischen Zwischenbilanz eines so gemimt wie tatsächlich etwas angekränkelten Autors der Sonderklasse.

Obschon alles expressis verbis im Buch steht: Alles muß man selber erklären.

Wobei das mit der Betrübnis und der Autobiographie natürlich pro forma leicht geschwindelt ist, hihi.

☆

Zur Kritik der Psychoanalyse durch die Evolution nebst Regressionstheorie: »Wo Es war, soll Ich werden« (Freud); »Wo Ichthyosaurus war, soll Esel werden« (ich).

Naja. Hem. Regressiv schon; aber – kritisch? Hoho.

☆

Rüdiger Hipp in der ›Stuttgarter Zeitung‹ über einen Auftritt der Sängerin Bettina Wegner:

»Waffen, Totalverweigerer, die Pershings, Indoktrination durch den Staat (Ost und West). Und obwohl die Liedermacherin wünscht, daß sie ›das Lied nicht mehr zu singen brauchte‹, singt sie: Die Namen aller Konzentrationshauptlager (›Die Nebenlager hab ick weggelassen‹) zur Gitarre. Das zu hören, ist Adorno erspart geblieben.«

Eigentlich schade. Denn gern hätte ich gewußt, wie er auf all den sich seit 1969 ja nochmals rasend vermehrenden Unflat begriffsapparatlich eingestiegen wäre. »Die Schleimflut der immer hemmungsloser sich entfaltenden Kulturindustrie, deren substantielle Idiotie im Satansbündnis mit ohnehinniger Barbarei heutzutage nicht sich entblödet, als letzten Abhub von schmählich engagiert blökender Kunst zu schrammelnder Gitarrenbegleitung Konzentrationslager bündig singend zu addieren, um deren objektives Grauen, an ihm eifernd sich festsaugend gleich Blutegeln, derart ein ohnmächtig letztes Mal zu fetischieren und doppelt zu verhöhnen, darf nach Hegels wie Nietzsches Diktum von der obersten Geist- und Schamferne mit Fug . . .«

So? Oder so ähnlich.

☆

Gar nicht leise rieselt der Kalk. Selbstverständlich eignet jedem Feuilletonisten, wenn er auf die 60 zugeht, inständiger noch als jedem Romanautor fast nur noch Albernes, Tragikomisches; es kann schlecht anders sein. Gleichwohl hat J. Kaisers SZ-Rezension des neuen Handke-Buchs ›Die Wiederholung‹ am 1.10.86 etwas übers Berufsopfertypische und naturhaft Vergreisende hinaus fast symbolhaft Verwesendes, Erschreckendes. Kein einigermaßen geradeaus schreitender, geschweige denn fließender, kein rhythmisch halbwegs anmutig konturierter Satz auf einer ganzen Zeitungsseite. Dafür immer wieder Einbrüche wie »Handkes sprachschöpferisches und orginelles Wahrnehmungsniveau«(!!), das auch noch »vom Durchschnittlichen schöpferisch abstoße« – auf diesem originellen Niveau aber gelangt Kaiser schon im ersten Absatz (eine Art innerer Form kann ein alter Feuilletonist natürlich nicht mehr errichten, geschweige denn zusammenhalten) zu seinem Fazit: Handkes vergleichsloses Vermögen sei es, »Daseins-Funken poetisch in Sternbilder zu verwandeln, wie sie vor ihm noch niemand so zusammenfügte«.

Man merkt: Eigentlich wollte er diese zwar nicht originelle, aber auch nicht ganz niveaulose Metapher bei seiner nächsten Exegese von Beethovens op. 109 oder 111 (ist doch wurscht) an den Mann bringen – jetzt aber rutschte ihm Handke mittenmang dazwischen; auch gut. Es kriegen, wenn sie stark altern, die Kaisers, apropos auch Handkes, allesamt etwas sehrsehr Hirnzerbröselndes – aber übers auch Rührende hinaus klopft da ein vehement Tückisches spechtartig an die Pforte: Ist der Geist selber am Arsch? Melden der Welt, Wagners Verdacht einlösend, Weise definitiv nichts mehr? Und hängen doch, wie auf apokalyptischen Horrorbildern die Höllenfahrer sich an die rettenden Felsen des Himmels klammern, noch immer ihrem faden Traum vom Geiste nach?

Ziemlich lautstark rieselt dabei der Kalk. Noch hagelvoller bei einem fast gleichzeitig veröffentlichten Kaiserschen Beitrag zum Wesen des deutschen Humors – jawohl, des Humors, von dem der süddeutsche Professor so nasenscheinlich wie nachweislich noch weniger versteht als von Handke – und ebendarum gerade drängt's den Beethoven-Zombie natürlich besonders, über akkurat jenen nicht nur bilanzierend zu schreiben; nein, sondern progredierender Alterswahn verführt ihn auch noch dazu, damit vom Feuilleton auf die S. 4 der ›Süddeutschen‹ auszuwandern, dorthin, wo üblicherweise die Leitartikel stehen, dort seine Erkenntnisse manifest-, ja gesetzestafelehern vorzutragen. Manifest wird, jetzt auch unser Hirn aufweichend, dann allerdings nur, daß Kaisern zum deutschen Humor immerhin der »genialische« Art Buchwald, Loriot und die »legendäre Berliner Schnauze« ein und in die Diktiergerätschaft fallen.

Letztere Schnauze, wohlgemerkt, dünkt Kaisern bei seinem ignorant blasierten, quasi feudalen Geunke, beim Suchen in der behaupteten Wüstenei noch immer ein ihn tröstendes Inkarnat von »Mutterwitz und Heiterkeit«. Ja mei. Dann find' halt ich auch noch den »Kaiser-Schmarren« köstlich, den ein Kaiser-Kollege, so jeanpaul- wie arnoschmidtgeschult, in der ›Frankfurter Rundschau‹ so ironisch wie regelmäßig auf den Glossentisch stellt. Denn über den eigentlichen humoristischen, ja direkt komischen Vorgang, daß das Humorbilanzieren immer wieder akkurat unsere Ahnungslosesten anlockt – über den mag ich mich heute ausnahmsweise nicht recht amüsieren. Oder doch? Nein, heute nicht.

☆

Oktoberernte '86: Ein Landmann auf dem Traktor läßt sich und seine Pflugschar von Schlagermusik beduseln. Ein paar Kilometer weiter sägen zwei Waldarbeiter zum Radio-Popkonzert einen Stamm entzwei. Was Wunder, daß die Fahrkartenschalter im Nürnberger Hauptbahnhofs-»Reisezentrum« immer verlassener erscheinen: Hinter einer verschiebbaren Wand etwas im Hintergrund walzt wonnig Dixieland.

Aus Wien schreibt mir namens der Österreichischen Nationalbibliothek, Wien I, Heldenplatz, Corps de logis (Ringtrakt) der Neuen Hofburg, der Wirkl. Hofrat Dr. Walter G. Wieser, Direktor des Bildarchivs und der Porträtsammlung:

»Euer Hochwohlgeboren! Die Porträtsammlung der Österreichischen Nationalbibliothek ist bemüht, gegenüber reinen Graphiksammlungen einen Vorteil darin wahrzunehmen, daß sie den Dokumentarcharakter ihrer ikonographischen Bestände betont und so in der Lage ist, neben Stichen – jenseits der natürlichen Grenzen eines Kupferstichkabinettes – auch Photos zu berücksichtigen. Indes steht der Möglichkeit, auf diese Weise den Anschluß an die Zeit zu wahren, die Schwierigkeit entgegen, mangels eines entsprechenden Marktes Lichtbilder zeitgenössischer Persönlichkeiten zu beschaffen. Die Porträtsammlung sieht als einzig gangbaren Weg, die in ihren 750 000 Porträts vertretene Universalität menschlicher Leistung auf allen Gebieten zu allen Zeiten und in allen Zonen weiterzupflegen, den der direkten Bitte an jene Persönlichkeiten, deren internationaler Rang die Widmung ihres Bildes an die Sammlung wünschenswert macht. Daher wendet sich die Sammlung mit dieser Bitte heute auch an Sie. Mit Ausnahme eines Rasterdrucks (Autotypie) wäre für die ho. Zwecke Ihr Bild in jeder Technik, vorzugsweise eine unkaschierte Photographie (im Format 13 mal 18, aber auch darüber oder darunter) willkommen. Daneben besonders geschätzt würde noch die eigenhändig geschriebene Bekanntgabe der wesentlichsten biographischen Daten und womöglich auch des Photographen samt Aufnahmejahr: tunlichst entweder auf der Rückseite des Bildes oder auf einem separaten Blatt, das der Autographensammlung des Hauses zugeleitet werden könnte. Die Porträtsammlung dankt für die geneigte Berücksichtigung ihres Ersuchens im voraus auf das verbindlichste. Der Direktor.«

Gepriesen sei der Wirkl. Hofrat Wieser! Gerühmet seine melodisch-melancholisierenden Manierlichkeiten noch in längst postdodereresken Zeiten! Gebenedeiet sei er dafür, daß er, selbst auf die nicht auszuschließende Gefahr hin, den Anschluß an die darunter oder darüber gehende Zeit innerhalb ihrer natürlichen Grenzen zu verlieren, noch immer tunlichst jenen gangbar fixsternschönen Wortgebilden und -geflechten sich geneigt zeigt, die, ach, ja auch in Wien schon längst die Schlammfluten der Donau hinabgerauscht sind; und zwarlich schätzenswert geneigt sich offenbarend zeigt in akkurat wünschenswertem und unbestechlich pfleglichem Umfange vor dem Flor der Universalität betrüblich menschlicher Vergeblichkeit an sich in allen Zonen.

Ich jedenfalls habe meinen Vorteil eilends darin wahrgenommen, Wiesern mein Foto haltstop: Photo, meine zugangbare Vita und auch gleich noch meine bestrickte, inflammierte Seele hochselig hin nach Wien, zum Heldenplatz, zu schicken.

☆

Weil wir grad dabei sind: Nicht allein der deutsche Konjunktiv wäre ein zu rettender; noch bekümmerter erleidet man, liest man zumal weniger poetische denn amtlich-bürokratische Texte früherer Zeiten, den Verlust der Verben und Verbformen seit vermutlich 150 Jahren und meist zugunsten eher minderwertiger Sprachcharaktere. Haben sich Substantiva und Adjektiva leidlich konserviert, so mangelt bei den Verbformen heute nahezu aller redundanter Reichtum der Vergangenheit: »Bei Beilngries rüstet sich die Altmühl zu ihrem letzten schwierigsten Juradurchbruch« (Alexander Freiherr von Reitzenstein, ›Franken‹, um 1900).

Wohl hat, wie jede ›Fackel‹ nachweist, die Sprachkorruption schon um die Jahrhundertwende all ihre Winkelzüge ausgeklügelt, wohl eignet der Hoch- wie der Alltagssprache nichts Genuines mehr, und alles ist tendenziell bereits vom Journalismus geschluckt und weggeputzt – allein – eben dies letzte stimmt so nicht, dürfte Klischee sein – und ich transspediere hier also ex officio alle exakteren Studien hier mal an das Zeitungswissenschaftliche Seminar; sagen wir von Göttingen.

☆

Beim Spracherwerb, belehrt mich Dieter E. Zimmer im Gefolge Noam Chomskys, komme mehr Output an Sprache aus der gehirnlichen »Black Box« des Kindes heraus, als Input eigentlich drin sein dürfte. Nach einer englischen Statistik (Vgl. E.H., ›Über die große Uninteressiertheit unserer Katzen am Fernsehen‹) gehen mehr Leute in eine Wirtschaft rein als wieder rauskommen, von hundert bleiben ca. zwei verschollen drin. Wie das? Nun, sehr wahrscheinlich deshalb, weil im Wirtshaus der Spracherwerb zunimmt. In der Folge dessen zeugen ca. zwei vom Hundert ein Kind, in dessen Black Box der ganze pränatale Quatsch – – ach lieber Gott, so reiß mich doch endlich aus dem Thal der Finsternuß zu Dir!

☆

Bölls Tod hat auch eine Baskenmützenträger-Planstelle vakant gemacht: Wer macht den dritten neben Grass und Eppler?

Noch unübersichtlicher die Hut-Lage nach dem Ableben Fassbinders und Beuysens: Ob Udo Lindenberg mit Hermann Burger und Uve Schmidt so recht zufrieden ist?

☆

Irgendwann einmal, paradox, aber wahr, mußte die deutsche Metapher »Schnalle« geboren werden, um ganz präzise das zu bezeichnen, was sich aberauchschonabsolut ausnahmslos an Blondhaaren und Wedelärschen in ›Dallas‹ herumtreibt. Die Amis haben kein Wort dafür, deshalb wahrscheinlich können sie sich auch davor nicht ekeln.

Und natürlich umgekehrt. Genau deshalb etablierten sie den Typ als Leitbild. Denn merke wohl: »Staaten sind Gedanken Gottes« (Leopold von Ranke).

☆

Andererseits könnte mit ›Dallas‹ die Weltgeschichte wohl an ihr wünschenswertes Ziel gekommen sein. Jenseits jeglicher Evolution und Entropie zeichnen sich nur noch zwei Erscheinungsformationen ab: Schnallen und Schnallentreiber.

☆

Satire, Prophetie und seichtere Bedeutung: In einer Anzeige der Alten Leipziger Versicherung im ›Spiegel‹ (13.10.86) heißen im Zuge mehrerer beim Skianschnallen fotografierter Kleinfamilien ein Vater Rüdiger und ein Sohn Sven. Wie drei Jahre vorher von Gerhard Polt geweissagt.

☆

»Sie nennt ihn ›Goldie‹«, berichtet ›Bild‹ über den 60jährigen Fürsten Johannes von Thurn und Taxis und seine Ehefrau Gloria, »aber das hat nichts mit seinen Milliarden zu tun.«

Sondern, würde ein Satiriker beim nächstblöden Gedanken hier fortfahren, der Fürst hat ein goldenes Herz.

Und genau so fährt ergo auch ›Bild‹ fort: »Für Gloria hat Johannes Fürst von Thurn und Taxis ein goldenes Herz.«

Zuvorgekommen!

☆

Sowie man Filme wie ›La Strada‹, ›Fahrraddiebe‹ und ›La notte‹ nach dreißig Jahren wiedersieht, man möchte's nicht glauben, wie unglaublich unbedarft, wie namenlos, wie grenzenlos schlecht das alles ist. Trost für Fellini und Consortes: Das Fernsehen sagt den Quatsch unbekümmert noch immer als »Meisterwerk« an, und daß derart ausgerechnet es, das inbegriffliche Leere, bedenkenlos der Vanitas mundi trotzt, hat schon wieder nahezu was Christliches.

☆

An Hessens Gymnasien gibt es jetzt keine »Strafen« für Schüler mehr; sondern: »Ordnungsmaßnahmen«. Aha.

☆

Sage keiner, Kafka habe diese Erledigung des Marxismus, der Psychoanalyse, der Kirchenreformer und der Grünen schon in geistiger Trübnis formuliert: »Das Schlechte soll schlecht bleiben, sonst wird es noch schlechter« (letzte Gesprächsblätter).

Sondern vielmehr schon fast im Angesicht der vollen Wahrheit; die da lautet: Wruckel.

☆

Ethologen wie Andrew und Tinbergen reden dann von »Kompromißbewegungen«, wenn sich simultane Ausdrucksimpulse oder Verhaltenssysteme verschränken. Mir gelang eine solche ganz unverkennbar soeben: Eigentlich sprach alles dafür, ins Kino zu gehen; sodann schien mir angezeigter, Kohl ein wenig im Fernsehen zu beobachten; schließlich kam der Wille dazwischen, mich ein wenig genauer in Tinbergens Text hineinzulesen; was endlich alles drei zusammen zu der Synthese gelangte, daß ich nun hier sitze und viertens meine »Kompromißbewegung« festhalte.

☆

Denksport – Ein Dialog: »Moomaa!« – »Napatamatuu!« – »Jamatenapataraa?« – »Owafraleapatamatscho!«

☆

Erzählerwettbewerb: Vor meinem Nachbarhaus in der Altstadt, beherbergend u. a. eine stillgelegte Bäckerei, stehen im Halbestundenabstand hintereinander ein Krankenwagen, ein Polizeiauto, die Feuerwehr und der Leichenwagen.

Wer bastelt eine Kurzgeschichte draus? Anregungshonorar geschenkt – aber Belegexemplar an mich.

Sein Akquisiteur Reiner Kunze kann's 1986; Martin Heidegger schon 1950:

»Die Kunst läßt die Wahrheit entspringen. Die Kunst erspringt als stiftende Bewahrung die Wahrheit des Seienden im Werk. Etwas erspringen, im stiftenden Sprung aus der Wesensherkunft ins Sein bringen, das meint das Wort Ursprung« (›Holzwege‹, S. 64) –

– nämlich Eisprung als Urknall orphisch. Heutige junge Menschen, immerhin, haben's gut. Wir mußten den hochverschwurbelten Unfug im Zuge von Hölderlin-Seminaren noch wirklich pauken, fressen und – gar glauben!

☆

»Die echten Schriftsteller«, glaubt Ludwig Feuerbach, »sind die Gewissensbisse der Menschheit.«

Ich aber schwöre Euch bei meiner 18jährigen Erfahrung in der Branche: 1. Ob es noch »echte Schriftsteller« gibt, wird mir von Woche zu Woche schleiereuliger. 2. Gut 91 Prozent aller mir bekannten Schriftsteller sind gewissenlose Gauner, ruchlose Dummköpfe und bestenfalls ruinös rücksichtslos begnadete Narzißtennarren.

So.

☆

»Der Künstler ist der Ursprung des Werkes. Das Werk ist der Ursprung des Künstlers ... Dingheit des Dinges ... Zeugsein des Zeuges ... kommt das Zeug in seinem echten Zeugsein weiter her ... das Werkhafte des Werkes ... das Sein des Seienden ... das Geheure ist im Grunde nicht geheuer; es ist un-geheuer ... im Werk sei die Wahrheit am Werke ... im Kunstwerk hat sich die Wahrheit des Seienden ins Werk gesetzt« (Heidegger, ›Holzwege‹) –

– kurz: Die Welt als Wille zum Bluff und zur Vorstellung der abgetakeltsten aller raunend tosenden Tautologien; Jargon weniger der, wie Adorno meinte, elitären Eigentlichkeit; als der bis zur Übervulgarität geheuren Heurigkeit.

☆

»Ich habe abgeschrieben«, berichtet Benn fast schamlos stolz Oelze (15.8.48), nachdem er von Radio Stuttgart »eine sehr liebenswürdige Einladung, dort Lyrik vorzulesen«, abbekommen hatte.

Es sind die annähernd einzigen und wahren Genugtuungen, fast Triumphgefühle, die den Autoren verbleiben: Wenigstens der privaten Eitelkeit zu schmeicheln, indem sie sich gestatten, jenes – hört sich noch dazu gut an: – »Feuilletonisten-Geschmeiß« (an Oelze, 13.5.48), das man heute zum substantiellen Medien-Geschmeiß erweitern muß, abblitzen zu lassen. Der Triumph aber der triumphalen Trümpfe – Benn kriegte ihn nicht mehr mit: dem Fernsehen sich zu verweigern, sich nicht einzureihen in die tausend Lebensfratzen der ohnehinnigen Äonenschaften aller Schießbudenfiguren dieser Welt.

Nur dem Londoner ›Who is who‹ braucht man sich nicht zu verweigern – Benn hat's vorgemacht; im gleichen Brief an Oelze berichtet er darüber: bärenstolz.

Und aufs Fernsehen wäre er, flüstert mir mein böser Geist, aufgesprungen wie ein Junger.

☆

Nachdem ich's mir sonst ums Verrecken nicht merken kann, was Aphasie heißt, schreib ich's hier einfach dreimal hin:

Aphasie
Aphasie
Aphasie.

Sehr schönes Wort. Wenn ich nur wieder wüßte, was es ...

☆

In die eher harmvoll-harmlosen 60er Jahre fällt heute ›Bild‹ zurück: »Mann erschoß sich vor Finanzamt!« Wie aber muß es in Wahrheit nach altbewährt personalisierender ›Bild‹-Wahlkampfstrategie heißen? Richtig: »Rau-Anhänger erschoß sich vor Finanzamt!«

☆

Daß es möglich sei, daß etwas noch törichter, gemeiner, hemmungsverlustiger, obszönitätsdampfender sein könne als H. Neuenfelsens von mir einigermaßen berühmt gemachter Essay ›Giuseppe e Sylvia‹, und zwar um überschlägige 85 Prozent gemeiner und geistdefizitärer; nämlich Syberbergs sechsstündiger ZDF-Film ›Die Nacht‹: Das hätte ich nun doch nicht gedacht. Ehrlich gesagt: Es übersteigt auch mein mit allen Trotteleien schon gewaschenes Perzeptionsvermögen. Nichtsdestotrotz – und der Gedanke macht selbst mich hart Durchtrainierten schwindelig: Es ist steinwahr.

☆

Und auch dies: Daß sich ein Schauspieler via Werbefunk, Schulfunk, Heimatfilm, Klamotte usw. über Wasser hält, mag angesichts der Verhältnisse angehen. Edith Clever aber, die dem Syberberg-Synkretinismus verkniffenerleuchteten Antlitzes volle sechs Stunden lang ihre Tränenstimme lieh, treffe hiermit triefend ewige Verdammnis.

☆

Statt die üblichen »herrlichen Frauen«, angesichts deren hinschmachtend vollkommener Schnalligkeit, besingt die Operette, ihre eigenen Zelte hinter sich abbrechend, zu ihrer beginnenden Verfallszeit die zumindest halbe Wahrheit: »Ja, das Studium der Weiber ist schwer«, läßt Lehár in der ›Lustigen Witwe‹ bekanntgeben – und dann läßt er das Hausschwein als Wildsau vollends raus und peitscht beide mit jenen Worten durch Karl Krausens Wien, die angeblich alle sowieso dauernd denken: »Weiberweiberweiberweiberweiberweiber!«

Was immer man von unseren landläufig kompromißlos-hinterfragenden und die Werke aufbrechenden Regisseuren halten mag – hier sollte einer mal mit dem Palimpsest-Text »Fickenfickenfickenficken« vorprellen; damit auch das erledigt sei.

☆

Was aber die ferneren zwangscharakteristischen Freuden angeht: »Herrlich schmecken junger Wein und Nüsse« (Trakl, ›Zu Abend mein Herz‹). Bzw.: »Aber jetzt isch ja die Zeit, wo man sich an Kachelofen hinsetzen tuet und e Weindele trinkt und e Edelkastanie hat« (Polt/Müller, ›Touristikinformation‹).

Mit anderen Worten: »Die Nation ist wacker und gerade vor sich hin« (Goethe, ›Italienische Reise‹) bzw.: Tirol bleibt Tirol auch noch in Salzburg.

☆

›Die bleierne Zeit‹, wiedergesehen im Fernsehen: Es führt kein guter Sehwille daran vorbei, daß alle Filme dieser ambitioniert-pathetischen Artung, ob nun etwas besser oder noch viel schlechter ausgeführt, nicht erst heute in der Distanz, sondern schon mit ihrem Auftreten daneben, lächerlich, ganz unerträglich sind.

Vom Titel angefangen: Es ist alles kompletter Kitsch.

Kitsch ist die patzige Wiedererkennbarkeit, zumindest Ähnlichkeit mit den bekannten BM-Abläufen, Kitsch noch jenseits der nur vergessenswerten Aufgesetztheiten und Akademismen der Regisseurin.

Kitsch ist das »Staraufgebot« zweier hochgelobter Schauspielerinnen, die dann auch prompt die nämlichen weh aufgesetzten Gesichter schneiden, die schon bei den Originalen ebenso wenig stimmten wie ihre Revolution; welche sich am Ende doch nur in der abenteuerlichen Welt der Peter Stuyvesant erschöpfte oder wahlweise eben in solchen faselnden Betroffenheitsfassaden, die der Film nun stramm reproduziert. Kitsch ist das Bauernfängerische als die zentrale Botschaft des ganzen Kunstauflaufs.

Hermann Brochs aktualisierter und akutisierter Begriff von Kitsch machte diesen an einer »Kunst ohne Wertsystem« aus, also etwa an der l'art-pour-l'art-Gebärde; aber auch an einer »Tendenzkunst«, deren hochgehaltene Wertsysteme, von der Liebe bis zum utopischen Sozialismus, als freilich verkommene, nur noch »Objekte« dieser Kunst sind. Die historische Welt z. B. der historischen Romane, wähnte Broch, gehöre bereits dieser »Machtsphäre des Kitsches« an, in welcher er das Prinzip des Immergleichen und deshalb radikal Bösen, Verworfenen witterte. Und eben dies filmisch noch einmal mit sich selbst Identische des schon historischen BM-Kitsches scheint den Trotta-Film gleich noch einmal als Rache am eigenen Kunstanspruch einzuholen. Andersrum: Es funktionierte halbwegs kitschfrei vermutlich nur, wenn Gudrun-Marianne dick wie ein Bierfaßl daherwalzte, ihre brav gebliebene Schwester eine alte Schreckschraube wäre und die Gefängnisbeamtin aussähe wie Miss Germany.

☆

Auflösung von Seite 171: »Mann, mähe!« – »Nein, Pater, mähe du!« – »Ja, mäht denn ein Pater auch?« – »Aber freilich, ein Pater mäht schon!«

☆

Lang ist die Zeit, ab und an ereignet sich aber immer noch das Wahre. Vor allem an Sonntagen. Manchmal schon um 10, häufiger ab 16 Uhr. Da dröhnt es in der vorher so friedsam schläfrig verlassenen Straße plötzlich, ja wie in fliegender Hast machtvoll auf. In irgendeiner vorher gar nicht auffällig gewordenen Parterre- oder 3. Stock-Wohnung hat ein Student, ein Stellungsloser oder werweiß eine betrübte oder gekränkte Witwe die Übersicht eingebüßt und zur Notwehr gegriffen: Rock around the clock in höchster, bedrohlichster Dynamik. Unsäglichste Weisen, ordinärste Rhythmen, substanzfreiestes Gewürge ad libitum eo ipso.

Das währt u. U. bis 24 Uhr. Dann, wie durch eine lautlos flinke Überwältigung des Verursachers oder durch einen neuen Blackout, tritt wieder Ruhe ein. Als wäre nichts gewesen. War ja auch wohl nichts.

Noch eine Deutung Kohls und des Wendegeists: »Wenn alle Leute nur dann redeten, wenn sie etwas zu sagen hätten, würden die Menschen sehr bald den Gebrauch der Sprache verlernen« (W. Somerset Maugham, ›Der bunte Schleier‹).

☆

Daß der Kapitalismus sich sozusagen selber am wenigsten kapiert und auch kein Interesse an seiner eigenen theoretischen Durchleuchtung hat; daß die herrschende Klasse sich vielmehr instinktiv und nämlich aus somnambulisch weiser Trägheit gegen jedwede Veränderung des Status quo stemmt, ist oft bemerkt worden; von Marx wie Wagner: Wo der Hase Klassenkampf noch rennt =

reflektiert, hockt der Igel als Lindwurm namens Fafner reflexionsfern in seiner Neidhöhle und brummt und döst. Nicht scheint ihn Langeweile zu bedrohen noch andererseits Begehr ihn anzustacheln, die div. Siegfriede namens Sozialismus, Anarchismus usw. zum noch gedeihlicheren Schlaf erst einmal und endgültig zur Strecke zu bringen. »Geld macht dumm und immer dümmer« (Eckhard Henscheid 1980 in der Überschrift einer Rezension eines Romans von Martin Walser)? Das auch, jedoch gleichzeitig waltet hier ohne Zweifel ein Instinkt von großer Klugheit, Trotz bietend aufs Ganze sogar der Hoffnung auf die späte und einstige List des Weltgeists, welche, laut Hegel, die Verhältnisse wider die Verhältnisse ändert. Die indessen nicht so sind. Denn die Armen sind ja, was die Reichen wenn schon nicht wissen, so doch wittern, strukturell genauso instinktiv-konservativ wie sie; was überschüssige Energien im Sinne des Veränderns a priori absorbiert und Verelendung im Sinne der alten einschlägigen Theorie ebenso akkumuliert wie Reichtum, enthüllend einen wohl meta-historischen Grundzug alles Gesellschaftlichen abermals zum Konservativen hin. Was Wunder also, wenn der Kapitalismus, vom Grafen Lambsdorff mal abgesehen, inhaltliche Auseinandersetzung tunlichst scheut und sich lieber mit Segeln und Tennis be- und vergnügt; zumal die aktuellen Siegfriede zwar noch immer blond und deutsch sind, aber auf Namen wie Boris Becker hören und den Klassenstaat als notorische Steuerflüchtlinge zwar scheinhaft leninistisch-revolutionär aussaugen und zum Verschwinden bringen, indessen dies eben abermals als atomistisch parzellierte und privilegierte Einzelne mit ihrem Eigentum (Hier abgebrochen; als Theorie offensichtlich nicht zu halten)

☆

Aus Anlaß der Bildung der Union der Sozialistischen Sowjetrepubliken verkündet W.I. Lenin, es sei fürderhin kein Platz mehr »für die geringste Unterdrückung des Menschen durch den Menschen«; und ein paar Zeilen später: ab sofort gehe es also um die »schonungslose Unterdrückung des Widerstands der Ausbeuter«.

Das konnte ja nicht gutgehen. Und geht aus genau diesem Grund bis heute nicht.

☆

»Weil ja nichts so blöd ist, als daß es nicht noch blöder ginge« (›konkret‹), hat hintereinanderweg Hermann Glaser »den Grundsatz humaner Enkulturation« statuiert; die ›Heilbronner Stimme‹ den »Shopping-Ruf« Heilbronns ausgemacht; haben Petra Schwall-Spitt und Dr. med. dent Egon Spitt laut Anzeige in der Heimatpresse »Ich Svenja Patricia« in die Welt gesetzt, die sich darüber auch noch »riesig freut« und darüber, »den dritten Advent mit Euch zu feiern«; hat der Lamuv-Verlag des einschlägigen Böll-Sohns mit »Heinrich Böll – Die Fähigkeit zu trauern« einen Buchtitel ausgebrütet, an dem wie schon gleichnishaft aber auch gar nichts mehr stimmt außer seine ebenso abgreiferische wie uninformierte Anspielungstorheit, die auch noch einen vergleichsweise uneitlen Toten mit ihrem Tran einer verblassenden Gesinnungsszene verunziert; und hat schließlich der ›Dallas‹-Bobby, nämlich der Schauspieler »Patrick Duffy« (oder umgekehrt), nachdem er der Serie im September durch Bobbys tödlichen Autounfall verlustig gegangen, aber im Oktober als unverzichtbar wiederbelebigt worden war, zwar nicht seinen fiktiven Vater Jock verloren, denn der verstorbene Mime wurde durch einen anderen ersetzt, indessen im November dann doch wirklich seine, Patricks, realen Eltern, die beide in einer

Gaststätte ermordet wurden, sempersaudumm, Prost und Deokratzmichamarsch.

☆

»Es hat etwas kleinliches, gegen Individuen zu polemisieren, wie der Handel en detail. Will er die Polemik nicht en gros treiben, so muß der Künstler wenigstens solche Individuen wählen, die klassisch sind und von ewig dauerndem Wert. Ist das auch nicht möglich, etwa im traurigen Fall der Notwehr: so müssen die Individuen, kraft der polemischen Funktion, so viel als möglich zu Repräsentanten der objektiven Narrheit idealisiert werden: denn auch diese sind, wie alles Objektive, unendlich interessant, wie der höhern Polemik würdige Gegenstände sein müssen.«

Wen er wohl da wieder vorausgesehen hat, der alte Friedrich Schlegel (›Schriften zur Literatur‹)?

☆

Ob der Geist, sich an sich zu entfalten und im Werden seiner zu sich selbst, aber tatsächlich allzeit das Üble und Depperte und Verkasperte brauche, an diesem sich zu reiben, ansonsten er baß verkümmerte, ja gar nicht wäre, darauf findet sich auch bei Hegel und Adorno und dem trefflichen Kamper wenig Überzeugendes an Antwort und — also geht's schon weiter: Schlimm ist das »Synchronschwimmen«; schlimmer das sogenannte »Paar-Posing«; am schlimmsten aber höchstwahrscheinlich doch: E. Noelle-Neumann, Allensbach.

☆

Selbstkritik und Mäklerhilfe: »Des Kauens und Vonsichgebens/Urewige Wiederkehr/Als höchsten Ertrag des Lebens/Ertrag ich nicht länger mehr« (Frank Wedekind).

Doch. Dies Buch lang noch.

☆

Dieses gleichwohl ist der Fluch unserer Zeit: Es passiert zu wenig auf der Welt. Jedenfalls an mythisch, vulgo sexuell Interessierendem, Zwingendem. So daß sich die ›Neue Revue‹ am 14.11.86 in der Not gezwungen sieht, dem Leser auf dem Titelblatt die Promesse-du-bonheur-Zeile »Sextolle Nonnen – verbotene Liebesspiele im Kloster« anzugaukeln – man ahnt schon, daß dies Kloster höchstens im wilden Kurdistan als ein allerhöchstens trappistisches fern von Woityla besteht – aber im Heft kommt's, wenn auch nicht ganz unpfiffig, gleich noch blasser: Das Ding besteht nur als »Riesenwirbel«, nämlich als »heißester Film des Jahres« und also neuerlich nur als Wunschtraum von Sünde und schwerster Schweinerei – und nicht einmal das haut dann ganz hin, denn statt dem vorgesehenen Hauptkitzel Ornella Muti kommt nur deren namen- und mythenloses Double zum schwach säuischen Einsatz –

– ach, warum ist's so leer denn auf der Welt, warum bei einem Weltbruttosozialprodukt von 380 Milliarden Dollar einfach nicht drin, damit ein paar wirklich mordsschweinöse Klöster aufzumachen und die Refektorien nach Deschners leider auch nur gedruckten mittelalterlichen Wichsvorlagen komplett spermahagelvoll laufen zu lassen – auf daß immerhin die ›Neue Revue‹ wieder mehr Lust am Leben habe? Und ich dazu??

☆

Das Mysterium schlechthin ist andererseits die allgemeine »Akzeptanz« (Chr. Schwarz-Schilling u. a.). Warum hauen die Menschen nicht ständig ihr Rathaus, ihr Sozialamt kurz und klein? Warum rücken sie nicht täglich, angesichts des ihnen gebotenen Drecks, dem Lokalredakteur auf den Pelz? Gegens Fernsehen sind sie nur, wenn sie zufällig mal bessere Sendungen ertragen müssen. Warum sind sie – getürkte und nichtgetürkte Leserpost belegt es – mit dem Ding an sich mehr als zufrieden?

Antworten, die in Richtung Geschmacksverderbnis oder »Ungeschultheit« sich verlaufen, reichen zur Erklärung nicht mehr hin – und nicht verschlägt auch der Hinweis, es werde ja doch gegen Atom- wie Chemiezumutungen sattsam und wünschenswert häufig Protest vorgetragen; denn der belegt nur der Menschen freilich eher untergeordnete und akzidentielle Anfälligkeit für Rituale; in diesem Fall des Widerstands. Aufs Ganze aber mahnt es so, es sei der Mensch, zumindest der westlich-westeuropäische, zwecks schieren Überlebens, ja aus einem geradezu transzendentalen Ruhebedürfnis heraus, gleichsam apodiktisch zur Affirmation, eben zur Akzeptanz geneigt; auf daß sein Bier ihm ggf. nicht noch viel saurer werde samt dem immer noch erstaunlich freigebig aufgebrachten Schweiß. Wohl tröstete der späte Adorno in seinen letzten Vorlesungen wiederholt sich mit der Beobachtung, die realen Menschen seien offenbar doch nicht so übel, wie die Ranküne der Bewußtseinsindustrie und in der Folge die Kritische Theorie sie gern haben bzw. gehabt haben möchten; der Widerstandsressourcen seien doch mehr als verhofft. Richtig bleibt aber auch der komplementäre Befund des späten Arnold Hau: Es sei der Mensch nun mal und ein für allemal manipulierbar. Und also im letzten resistenzschwach, ergo akzeptanzbegeistert.

»Es lebt im Volk ein Kummer, der keine Worte hat und vielgeduldig ist« (Dostojewski, ›Die Brüder Karamasoff‹, 1875). Und dies recht unabhängig von Entwicklungsstatus, Revolutionspotential und Staatsreligion.

Laut schreiend kümmern sie sich wohl um ihre privaten Garagenausfahrten; vielgeduldig aber, um bei den populären Defekten zu bleiben, halten sie die inzwischen Stücker 15 Kanäle, so ihnen mittel- oder unmittelbar das Leben verstellen, für den besten Teil der besten aller Welten.

Vom Ami ganz zu schweigen. Der noch zufriedener ist.

Irgendwas muß irgendwann mit der Evolution, mit unserem genetischen Code furchtbar verkehrt gelaufen sein. Schwarz-Schilling sehr zur Freude.

HERR DR. DREGGER! Was ich Sie schon lang mal fragen wollte: 1. Wann werden Sie denn nun eigentlich, so wie ursprünglich geplant, mal Kanzlerkandidat? 2. Und wann Kanzler? 3. Warum haben Sie eigentlich immer so einen grasgrünen Trachtenrock mit Röschenmuster an? Neinnein, gar nicht wahr, nichts für ungut, war nur Spaß! Ehrlich! 's Oktoberlüfterl hat mi halt a bißl verzaubert. In alter Kameradschaft: Eckhard. *(1980)*

☆

Was, Erich Mende, lese ich da im ›Spiegel‹? Du hast 1963 Deinen ehemaligen FDP-Parteivize Wolfgang Döring ermordet? Das ist Dir jetzt, nach 22 Jahren, wieder eingefallen?

Aber das stimmt doch gar nicht, Erich Mende! Neinnein, Du hast ihn mitnichten ermordet, noch vermagst Du jetzt durch dieses Geständnis die Aufmerksamkeit auf Dich und Deine im September erschienenen Memoiren zu lenken.

Neinneinnein. Das war kein Mord, Erich Mende. Sondern Döring starb eines natürlichen Todes. Freund Hein hat ihn geholt, der Sensenmann, ja, hat ihn geholt, ganz harmlos und friedlich, so harmlos, entlastend und aber auch unerschütterlich, wie er, warte nur ein Weilchen, ein sehr kleines Weilchen, auch Dich heimholen wird, ja, jaah, heimholen ins Reich, in den großen Schlaf, jajajaaa, dochdoch, da hilft jetzt nichts, aberaber, wer wird denn da weinen, schuschuschu, eia popeia, jaja schlafen, schlaaafen, draußen saust der Wind, schlaf nur ein geschwind, finster ist die Nacht, doch treulich einer wacht:

Dein Eckhard.

(1985)

☆

An die Herren des Deutschen Philologenverbands! Gestatten Sie, aber in Ihrer Verbandszeitschrift ›Die höhere Schule‹ (8/81/253) findet sich neben anderen eindrücklichen der Satz: »Der Ausbau des Bildungswesens in quantitativer Hinsicht wurde voll geleistet.«

Meine Herren, der Satz hat etwas maßvoll Überrumpelndes und unmäßig Eindämmendes zugleich, also langsam und der Reihe nach: Da ist also a) ein Wesen, ein Bildungswesen zumal, und das Wesen wird b) ausgebaut. Geht das? Aber ja, da wird das Wesen eben größer, vor allem, wenn es c) quantitativ ausgebaut wird, d. h. präziser: in quantitativer, nein, nicht Rück-, sondern Hinsicht, also in mengenmäßiger, im Gegensatz zum inhaltlichen Ausbau des Wesens wohlgemerkt; d) aber wird dieser mengenmäßige Ausbau des Wesens nicht getan oder vollbracht oder sowas, sondern geleistet, und dies allerdings e) und wie Sie schreiben: voll; was jetzt insgesamt also so viel heißt wie: der volle quantitative Ausbau des Wesens in Leistungshinsicht ist die Bildung.

Gestatten Sie, meine Herren, abschließend noch die Feststellung, daß 1. dieser Satz in keiner ›Bäckerblume‹ steht und in keiner Technokraten- oder gar KZ-Gazette, sondern im offiziellen deutschen Philologenorgan; daß 2. das ganze Blatt gespickt ist mit, ach was, eigentlich nur aus solchen erstklassigen Sätzen besteht; daß 3. meines Wissens Autoren und Leser des Blatts es sind, die unsere Jugend zu Goethe, Fontane, Kafka hinzugeleiten haben – und daß schließlich und 4. und halten zu Gnaden der Scheißdreck ein zu unschuldiger Gegenstand ist, als daß sich unter seiner Zuhilfenahme das Wesen der von Ihnen und Ihrem Blatt geleisteten Bildung qualitativ voll auf die Metapher bringen ließe.

In dieser Hinsicht: Ihr E. H.

(1981)

☆

»Lieber Fisch. Es wird Dir guttun, daß die chemische Industrie die organische Belastung der Gewässer in den letzten 20 Jahren um mehr als 90% gesenkt hat.«

Eine Zeitungsanzeige, ca. 30 mal 50 Zentimeter, unterzeichnet »Die chemische Industrie«, erschienen noch vor den erstaunlichen Rhein-Verschmutzungen des Jahresendes. Gleichsam kafkaisch hebt die primär gag-routinierte Drecksgesinnung über die inkludierte Vision, mindestens sechs streßgebeutelte Top-Manager griffen gleichwohl zu Tinte und Feder, der nassen Kreatur die Reverenz zu erweisen, ab in ein so sanft wie licht im Abendrot des Horizonts sich malendes Erlösendes. Die courtoise Großschreibung des »Du« vor allem ist es, die uns den Chemikern vertrauen heißt.

☆

Niedertracht, Mißgunst, Neid, Schadenfreude schienen lange Zeit die zeitlos-invarianten elementaren Triebfedern der Menschen. Mit dem Aufkommen der Presse hat sich die Lage gleichwohl noch einmal verschwurbelt:

Komplette drei Druckseiten plus Aufmacherseite widmet die Berliner BZ der Tatsache, daß der Tenor Placido Domingo bei der ›Otello‹-Premiere 103 Vorhänge erzielt hat: Weltrekord. Kein Wort über den Dirigenten, keins über die anderen Sänger; auch der Name Verdi kommt nur einmal vor.

Nun wäre hier abermals unschwer über das sozialpsychologische Syndrom eines offenbar gesteigerten Anhänglichkeits- gleich Applausbedürfnisses in besonders gehaltlosen Zeiten zu spintisieren, über Identifikationswünsche, welche große Musik schnurstracks mit abgelutschten Glamournamen durcheinanderbringen und meinetwegen in der Inselisolation Berlins zu besonders machtvollen Idiotien ausschlagen –

– aber reden wir nicht länger um den lauwarmen Brei herum: Ich kann hier schreiben, was ich will, schöner und melodischer als Domingo, Bergonzi und Pavarotti zusammen: Die Berliner BZ nimmt mich meinerseits nach fünfzehn Berufsjahren noch immer nicht zur Kenntnis.

Und das tut weh. Sehr weh. Das ist der Punkt. Der Knackpunkt. Ja, der Dollpunkt.

☆

Mählich wird sie verängstigend, die Litfaßsäulen-Kreativität auf Schritt und Tritt: »Leasing ist die Lösung.« Nein, dieses kann man nicht durchgehen lassen, wohl aber jenes, da Wortspiel und Identität zur Kongruenz gezwungen würden: »Fitness ist Fitsein«.

☆

Auch nicht schlecht: »Guinness« statt »Genuines« gelesen. Bierwerber hergehört! 50 Mark rüber – und die Sache ist ausgestanden.

☆

»Wein ist besser als Wasser«, sagt G. Ephraim Lessing.

»In Unzucht zu leben ist süßer als ohne sie«, sagt der alte Karamasoff (4, 11).

»Je einfacher denken, iss oft eine jute Jabe Jottes«, sagt der Dr. Adenauer.

☆

Indessen bekanntlich links das Herz schlägt, macht uns die neuere Neurobiologie darauf aufmerksam, daß die rechte Hirnhemisphäre viel besser Humor versteht.

Da ist was dran. Siehe mich. Ecce homo.

☆

Gott Sebaoth selber wird es ja doch nicht begreifen, wenn man ihm klarmacht, daß ein Satz wie »Seid fruchtbar und mehret euch« besser unausgesprochen geblieben wäre; zumal ER ja drum wußte, daß einst zu SEINEM Ruhm eine polnische Quadratkartoffel antreten würde, SEINE Bauernregel garantiert falsch zu verstehen – wenn aber ER schon so ahnungslos ist, wie soll dann ausgerechnet eine POLNISCHE Quadratkartoffel in den Untiefen der selbstgestrickten Dialektik sich zurechtfinden: einerseits die rücksichtslose Vermehrung zu postulieren, weil man andererseits überhaupt nicht rammeln sollte – wie aber sollen's dritterseits die steindummen Gläubigen zwischen seinem und SEINEM Gebot sich einrichten – ach, Beckett hatte ja so recht: Daß endlich in Wahrheit nichts sich mehr rührte, das müßte fabelhaft sein!

☆

Was ist der Unterschied zwischen einem Besteller und einem Bestseller? Ja, Sie da hinten aus Itzehoe? Wie? Richtig: das ſ. Und warum? Genau. Der Besteller ſorgt ſtändig ſtündlich dafür, daß das Buch = der Eller dann auch beſtverkauft (to ſell!), ja zur ſ-Bahn unter lauter U = Unverkäuflich-Bahnen wird. Uſw. uſf.

Eine hübsche Melange aus Veintil-Sonate und Madeleine: Man fängt, sie wiederbetretend, in einer Wohnung Webers Klarinettenquintett zu pfeifen an, weil man das Stück vor einem halben Jahr häufig da gehört hat; weil es noch durchs Zimmer geistert.

☆

Der Verhaltensforscher Erich von Holst über gewisse Triebhandlungen: »Diese Handlungen werden offenbar um ihrer selbst willen, um ihres Ablaufs willen, angestrebt (. . .) Die Triebhandlung hat also eine emotionale Grundlage; und wenn ihre normale Auslösung fehlt, dann entlädt sie sich gleichsam ins Leere« (›Zur Verhaltensphysiologie bei Tieren und Menschen‹).

Das erklärte natürlich auch nicht übel die momentanen Kunst- und Kulturhandlungen. Keiner, nein: kaum einer hat, sucht, ahnt mehr irgendein irgend belangvolles »Thema« – aber alle wurschteln weiter unverdrossen vor sich hin. Die in diesem Betracht obszönste Ersatzhandlung des Jahres vollbrachte der Künstler Schult, als er dem Bundestagspräsidenten Jenninger irgendeine Kunstgaunerei fürs neue Parlament überreichte, die irgendwie symbolisch für deutsche Politik sein soll. Leere ist kaum mehr ein Wort für die Zielrichtung dieser Art von Entladung. Daß aber in der Leere empfangsbereit der Jenninger steht, das wiederum dürfte den Menschen eben doch vom Tiere sieghaft abheben.

☆

Ergänzend hierzu Norbert Bischof in seinem Buch über die biologischen Wurzeln des Urkonfliktes von Intimität und Autonomie, speziell über den von Psychoanalytikern so genannten »primären Narzißmus«: »Das Kind sendet pausenlos expressive Signale, kümmert sich aber herzlich wenig um das, was sich da auf seiten der Eltern an Stimmungen ausdrücken mag.«

Hier darf man natürlich eher an wen denken? Richtig, an Zadeks Peter und wahlweise Hans Neuenfels. Und beider Kritiker –

– aber nein, das Ganze stimmt ja gar nicht. Die regressiven Eltern hören den Infanten Hans und Peter ja begeistert zu.

☆

Bei südamerikanischen Stämmen, berichtet 1879 August Bebel und wertet es als Reminiszenz ans Matriarchat, lege sich an Stelle der Wöchnerin der Mann ins Bett, gebärde sich wie eine Kreißende und lasse sich von der Wöchnerin pflegen.

Das könnte doch eigentlich, in der nachklingenden Konsequenz der weiland »stillenden Väter«, eine schöne neue Modemelodie für die Kreise z. B. unserer grün-progressiven Softie-Sensibelchen abgeben. Und der ›stern‹ könnte auf einer 8seitigen Farbfoto-Strecke drüber in Geschrei ausbrechen. Muß er sich nur noch überlegen, ob pro oder contra – das ist hier, ach, arg schwer zu sagen.

☆

»Parallel zur Rückbildung der Gesellschaft«, spekulierte in den sechziger Jahren Adorno, laufe »eine des Denkens über sie.«

Der Regressionsvorgang hat sich mittlerweile sicher beschleunigt, man denke etwa daran, daß es noch um 1960 ff. durchaus substantielle und gleichsam ontologische Fernsehkritik gab; heute nur noch banale oder aber akademische, solche, die nicht mal ihre Gegenstände kennt.

Immer flacher, rasend flacher wird gleichermaßen die ewige und freilich ohnehin altbacken-abgestandene Diskussion um Reaktion und Fortschritt, um links und rechts auch. Um, man ahnt es, ein Beispiel ex domo zu liefern: Nach einer ahnbar Mißverständnisse hervorscheuchenden Polemik über die spezifisch frankfurterische Opern-Progressivitätsschmiere, genannt »Regietheater«, geschrieben für eine Anthologie, etwas kraus teilvorabgedruckt im lokalen ›Pflasterstrand‹, endlich korrekt gedruckt im ›Raben‹ Nr. 17, wurde ich 1986 durch zwei Gegen-Polemiken mit geradezu albtraumdummer Promptheit den Reaktionären (hier: Anhängern des konservativ-kulinarischen Operntheaters, den Besucherring-Dummis) zugeschlagen; ohne daß die beiden in ihren – nein, Argumente kann man das blindschwallende Gekeife nicht nennen – Darlegungen auch nur einen Schimmer von Ahnung zu erkennen gegeben hätten, daß hier etwas wie Dialektik (von Fortschritt und Tradition, von Fortschritt aber auch und rücksichtsloser Bauernfängerei) fluten könnte.

Was noch vor zehn Jahren beinahe Gemeinplatz war: Daß es, so Jandl, ein Illtum sei zu meinen, lechts und rinks könne man nicht velwechsern – fern jeder Pfiffigkeit, Kopfhelligkeit ahnen die Jungdummen schon bald gar nichts mehr, nicht das allerschlichteste Grundschema einer Kontroverse. So, das mußt' auch mal gesagt sein, doch.

☆

»Amöbenwörter« – krankheitserregende Wechseltierchen im sich zugleich erweiternden und schrumpfenden Wortbestand – nennt Uwe Pörksen jene derzeit ca. 30 bis 40 Allzweckschlümpfe von der »Beziehung« über die »Lösung« und das »Problem« bis zur »Struktur«, die, zumeist als Suffixverbindungen, das Leben unter dem Vorwand seiner Erhellung nur noch mehr verdüstern. Integral ist ihnen Austauschbarkeit und logische Reziprokibilität nach dem Modell »Die Strategie der Lösung liegt in der Produktion« – aber auch »Die Lösung der Produktionsfrage liegt in der Strategie« –, und richtungweisend in Gewalt und Perfektion ist auch hier und abermals Kohls Eingebung auf dem CDU-Parteitag von 1985, also die »Solidaritätsaufgabe der Tagesordnung der Zukunft«, die von der »Zukunftsaufgabe der Solidarität der Tagesordnung« bis zur »Tagesordnungsaufgabe der Solidität der Zukunft« ja schätzungsweise mindestens 30 Mutationen verheißt.

Nicht schlecht aber auch Paul Breitner über ein Veteranen-Fußballturnier in Südamerika: »Die Qualität konnte der Erwartungshaltung nicht standhalten« – ja, in gewisser Weise weist zeittypischer Hirnmüll dieser Art schon wieder selbst über Kohl hinaus weit in eine noch schönere Welt. Denn nicht nur prangt das Amöbenwort »Haltung« hier gänzlich nutzlos – durch seine Bildverschwägerung einer der Haltung nicht standhaltenden Dingsdumms in Breitners lockig krausem Schädel kriegt das Krankheitserregende über das Herzzerfleddernde hinaus schon wieder den irgendwo aushaltbaren Adel des irgendwie fast Qualitätshaltigen — — ach was, das ist doch unhaltbar.

☆

Während die Kontraktion von Macht und Schicksal immerhin noch einen Operntitel hergibt; derweil schafft Habermas' »Kausalität des Schicksals« als Bestimmung der Psychoanalyse ja wohl nur mehr zwei schwärzlich ineinander versenkte Begriffsimponierwolken. Erst ein Nonsens wie die »Freude des Schicksals« entfackelte daraus wieder so etwas wie einen goldgrundierten poetischen Regenbogen.

☆

Waswaswas? Wer? Was höre ich da mosern? Ein ganz schön gewappeltes Name-dropping sei dies in diesem Buch? Ja, schon. Aber: Es kommt eben darauf an, die richtigen Namen droppen zu lassen: Loy — Lutz, Höfer — Weilbächer, Eigenbrodt, Stinka — Kress, Lindner, Feigenspann, Sztani, Pfaff!

Ah, Don Alfredo! Ah, Carlo Bergonzi!

☆

Zu Deleuze/Guattaris ›Anti-Ödipus‹ dagegen, zu Paul Virilio und zu Claude Serre habe ich wenig zu sagen. Sehr wenig zu sagen.

☆

Die philosophisch einzig relevante Problemstellung ist heute die, weshalb, warum, weswegen in einer Zeit der ohnehinnigen und rücksichtslosen, wiewohl eben deshalb vielfach faszinierenden und — das sage ich aus eigener Erfahrung — durchaus produktiven, nämlich gleichsam kontraproduktiv neue Geistsubstanzen oder doch -enzyme aus der allgemeinen Geistesferne saugenden oder aber filternden (Fragment, an Irrelevanz gescheitert).

»SPD VERZWEIFELT«, brüllt ›Bild‹ 10 cm hoch am 11.11. begeistert. Hoch-Zeit für Nicolaus Cusanus. Helau!

Doch schon am anderen Tag tröstet ›Bild‹ in gleicher Höhe noch schillernder: »Rau: Riesenbaby! 10 Pfund!«

Unterschwellig Rau selber als Riesenbaby veralbern, ihn zusätzlich verhöhnen und tatsächlich *auch* aufrechten Herzens wieder emporrichten: Nein, dergleichen Coincidentia-Oppositorum-Artefakte macht den Burschen keiner nach.

☆

Es hilft gar nichts, wir müssen präzis am Balle bleiben:

Zeffirellis ›Otello‹, 1986: Freudenfeuer-Chor gestrichen und durch Fremdmusik ersetzt; Jagos Traumerzählung an der spannendsten Stelle gekürzt; Racheduett kurz vorm Stretta-Finale geschnitten (Eingesparte Musik: ca. 25 sec.); Weidelied der Desdemona brutal gestutzt, ja fast ganz gestrichen; kurz, es war ganz verheerend.

Allein, nicht der Verdis Musik erniedrigende Breitwand-Abenteuer-Filmschmonsus und Schwulst prangt als Fiesestes; nicht einmal die banausischen Striche und nicht die banalen und doppelten und damit doppelt störenden Rückblenden sind es; den Höhepunkt der ubiquitären Verramschungsperversion formierte vielmehr der Einfall, Desdemona, ehe sie im hingerissenen Duettgesang mit Otello nach Verdi/Boitos Willen erste und eben deshalb sogleich überragende Präsenz gewinnt, schon vorab bei einer Art Festgelage, annähernd wohlig schunkelnd mit dem Gatten und auch sonst flachsinnig genug schon mal ins regsam schaukelnd wonnige Bild zu rücken.

Losey im ›Don Giovanni‹-Film und dem deshalb gefeierten Bayreuther ›Holländer‹-Regisseur Harry Kupfer gelang ähnlicher Knallsinn; den man nicht nur einem Pennäler-Regisseur nicht durchgehen ließe; sondern der für sich schon ausreicht, einen Menschen getrost als vollkommen unkünstlerisch zu erkennen. In irgendwelcher Provinz kümmern Großtalente vor sich hin; die großen Budgets teilen die Idioten unter sich auf.

Nur konsequent, daß der Otello-Dreck vorab und ungeschaut auch noch das »besonders wertvoll« einfuhr.

☆

»Ich schämte mich zu erzählen«, erzählt Umberto Eco über die Vorgeschichte der Entstehung seines Romans ›Der Name der Rose‹. Bei Thomas Mann liest sich der bekannte Sachverhalt so: »Etwas erzählen? Aber ich weiß nichts. Gut, also werde ich etwas erzählen« –

– aber ehe ich nun endgültig auch noch in den noch bekannteren Diskurs über die Postmoderne und mithin in den Hades eintrete, will ich mich lieber der ersten Glosse dieser Kolumnen-Serie resp. dieses Buchs erinnern und – fast stille sein. Nur *eine* Frage klammen Herzens stellen: Wenn, und nun Ohren gespitzt, Leser, Eco reflektierte Postmoderne und Thomas Mann geahnte Postmoderne – wohin dann aber, nur zum Beispiel – ich? Denn wenn je, dann ich – und was, wenn nun ich Thomas Mann und Eco – –

(Fragment)

☆

Karl Kraus' Begehr, Anton Bruckner möchte zu Lebzeiten von der ›Neuen Freien Presse‹ besser betreut worden sein, atmet nicht nur selber etwas von deren Art – auf dergleichen Fehlgedanken, die Kraus sich später deshalb auch versagte, antwortete Bruckner schon weit vorab mit der Coda des 1. Satzes der Neunten Symphonie.

☆

Zu Mozart fällt mir heute entschieden weniger ein als 1970/78. Das kommt von diesem Dauerumgang, nichts auf der Welt bleibt ungebüßt.

☆

Auf daß später keiner sagen kann, es sei doch gar nicht so schlimm gewesen; auf daß der Furie des Verschwindens noch an ihrem eigenen Leib, dem des ohnehinnigen malstromrasenden Blackouts, Trotz geboten sei; auf daß auch noch dieses Brand- und Kainsmal der Menschheit sein Denkmal sich erhalte: deshalb seien im folgenden verschiedene Pressestimmen zur Verfilmung von Ecos ›Der Name der Rose‹ wiedergegeben:

›Welt am Sonntag‹: »Brillante Verfilmung ... Außerordentlich. Ein Filmereignis.«

›Abendzeitung‹: »Selten war eine Verwandlung von Literatur in Film so wohlgelungen wie hier.«

›Tip‹: »Herausragend ... Bravourstück ... eine Rarität.«

›Süddeutsche Zeitung‹: »Ein erstaunlich intimer Film, der ein betörend authentisches Bild des Mittelalters entwirft.«

›Playboy‹: »Eines der eindrucksvollsten Kinoabenteuer der letzten Jahre.«

Ich jedoch wahrsage Euch: Der Film war von der ersten bis zur letzten Minute wüster Dreck, und ich gäb' was drum, wenn ich nur wüßt', warum ich's, es selbstverständlich vorab wissend, trotzdem wissen wollte und reinging, bloß um mir meine Vorurteile vorzuführen, äh?

☆

»Il nome della rosa«, sagt der Autor Eco. »Das Mittelalter ist mein Star«, sagt der Filmproduzent Eichinger. Dies ist der ganze stilistische und weltanschauliche Unterschied.

Ich aber schrieb oben versehentlich »Auto Eco«; meinte aber selbstverständlich den »Alter Eichinger«. Dies freilich ist die wie geeichte Autorenautomatik meines auto-école-trainierten meines Egos. Namens Egon.

☆

»Macho-Kultfigur Arnold Schwarzenegger: Sehnsucht nach dem starken Mann.«

Seit einigen Jahren dröhnt jede ›stern‹-Titelbehauptung aber auch so rettungs-, ja realitätslos gelogen, ist derart Cliché von Presse-Behauptungsclichés: Daß vergleichsweise auf ›Bild‹-Überschriften wie »Aua!« und »Brrr!« noch mehr Verlaß ist; auf denen ja auch sichtbar ein Schleier von Anmut und Würde, ja wahrlich Wahrheit fächelt.

☆

Dieter Fischer Sportswear aus Postfach 491, 7470 Albstadt 1, schreibt mir, Gebühr bezahlt beim Postamt 7470 Albstadt 1, man habe in 7470 Albstadt 1 junge, sympathische Sport- und Freizeitmode für mich zurückgelegt, nämlich speziell für Jogging, Gymnastik, Turnen, Bodybuilding, Aerobic, Outdoor-, Indoor- und Home-Sport sowie einiges an Weekend- und Ferienmode.

Schön, daß noch immer einer an mich denkt, schön, daß mir einer schreibt; der zum Glück nicht einmal Gotthilf

Fischer heißt, sondern nur sein Sohn sein dürfte. Obwohl, ein Gefühl von Bangigkeit verbleibt. Der »Dieter« ist's vermutlich. Wenn schon Sohn, dann Traugott.

Zärtlichkeit und Schwerdummdeutsch. »Zweiundzwanzig Zentimeter Zärtlichkeit« besang Johannes Mario Simmel 1979 in einem Buchtitel. Er meinte den Schwanz eines Hundes. Was ja noch angeht. Erst danach, so etwa ab 1980, wurde es richtig schlimm.

Schwerdummvokabeln kommen und gehen, anders als das Kleinkroppzeug an rasch wechselndem Unrat, mit dem Wandel der Kurz-Ideologien nur circa alle zehn Jahre. Die Dumm- gleich Erlesenheits-Schlagetote »Sensibilität«, »Verletzlichkeit«, »Betroffenheit« z. B. treiben es als ragende Säulen von Neo-Gewäsch schon seit etwa 1975, jedenfalls auf breiter Imponierfront. Deutlich später, massivst erst seit zwei, drei Jahren, schob, sich mit jenen partiell überlappend, so zäh wie verhängnisvoll ein weiterer Brocken sich nach vorne – zuletzt derart penetrant, daß heute niemand mehr umhin kann, ihn zur Kenntnis, ja wohl oder übel ernst zu nehmen. Es handelt sich um die allseitige – Tusch! – »Zärtlichkeit«.

An sich kein übles, eher ein zartes Wort. Als z. B. Hans Magnus Enzensberger vor rund zehn Jahren, in einer insgesamt eher rebellisch-rabiaten Ära, es hin und wieder in seine Texte einsickern ließ, da strahlte es etwas ab, etwas fast wieder Neues, nur leider halb Vergessenes. Sicherlich, im nachhinein will's scheinen, als hätte es uns schon damals reichlich verfänglich, ja obskur vorkommen müssen, wenn z. B. in einer Buchrezension von H. Bölls ›Gruppenbild‹ von »Anarchie und Zärtlichkeit«

die Rede schalmeite – die des alttreudeutschen Feuilletonschwafeljargons also. Und als plötzlich sämtliche Filme Eric Rohmers mit Begleitsprüchen eingesäumt waren wie diesem: »Das Lebensgefühl der 80er Jahre: modern, kühl, zärtlich und verzweifelt« – da ging uns spät genug ein Licht auf und langsam der Hut der Erkenntnis hoch – aber da war der Ofen auch schon wieder aus, die Brühe am Dampfen und die Zärtlichkeit nämlich schon wieder vollends am Hund hinter dem genannten Ofen. Als Inflations- und Dummvokabel hat die »Zärtlichkeit« mit der »Sensibilität« und »Verletzlichkeit« mittlerweile mindestens gleichgezogen.

So unschuldig, ja achtbar sie an sich scheint. Die Zärtlichkeit sei die »dauerhafte Form der Liebe«, preist Georges Bataille in ›Der heilige Eros‹. Mag ja sein oder so mal gewesen sein: Ihrer Ideologisierung entging sie, zumindest in Deutschland, gleichwohl nicht – wobei Wort und Sache resp. beider Korruptionskarriere spätestens heute nicht mehr auseinanderzuhalten sind. Ob es eine mehr oder weniger christlich-altruistische Wortsuppe war, die da immer heftiger hochsiedete; oder eher ein allseitiger Reflex von David Hamiltons Pseudoästhetik von Sex mal Sanftheit; ob da ein drittes und viertes gärte und am langsam sich verdichtenden Übel mitrührte, genug: Ließen schon kurrent werdende Buchtitel wie Rinsers ›Den Wolf umarmen‹ oder Hütteneggers ›Die sanften Wölfe‹ Arges, nämlich schwererträglich Antithetisches und Anbiederndes erahnen; forderte plötzlich und in spürbarer Verwirrung der späte H. Böll eine ausgerechnet »sanfte Republik«, welchen Unfug bald etliche Grüne begeistert aufschnappten; drangen jetzt vermehrt auch populärwissenschaftlich-lebenshelferische Schmonzetten auf den jederzeit für jeden Bleichsinn offenstehenden Markt wie etwa Nathalie Brandens

›Liebe für ein ganzes Leben. Psychologie der Zärtlichkeit‹ (rororo, 1985) oder Manfred Mais ›Zärtlichkeit läßt Flügel wachsen – Für eine neue Lebensweise‹ (Kreuz-Verlag, 1985); schoben Verlage gaunerische Werbetexte nach der Art, in einem Buch von Beatrice Ferolli lägen »Zärtlichkeit und Zerstörung dicht beieinander« (›Buchjournal‹ 5/85) bzw. in einem Roman der Karin Struck gebe »Ida Helmold alle ihre Liebe und Zärtlichkeit dem Pferd Finale« – so war es mit dem festlichen Einzug der deutschen Musikgruppe ›Wind‹ in die Grand-Prix-Eurovisions-Endkämpfe in Göteborg am 4.5.1985 auch mit der Lebensprogrammatik definitiv soweit: »Sie glauben an die Zärtlichkeit« –

– so weit, daß man sie als neue Religion aber auch sofort wieder vergessen konnte; bzw. sie befehden mußte. Das tat z. B. Jörg Metes in seiner mannhaften Analyse dieser »fünf Botschafter der Zärtlichkeit« (Eigendefinition) in der ›Titanic‹ – und er gelangte hinsichtlich dieser akutesten aller momentanen Zeitgeist-Quatschigkeiten zu dem Befund: Nachdem heutzutage praktisch jeder zärtlich ist, ist Zärtlichkeit unanständig. Und ergo: Wenigstens die infizierten Intellektuellen sollten sich ab sofort wieder mehr zusammenreißen.

Nicht parierte der Bitte plausiblerweise der Konzertagent Fritz Rau, der noch im September 1985 in der ZDF-Straftat ›Showplatz Berlin‹ unerweicht gegenpostulierte: »Die Leute sollen zärtlicher aus den Konzerten rauskommen« – eine, na wer sagt's denn, echt-zärtliche sprachliche Fügung im Rahmen nichtzuvergessen einer Sendung, die das Inbild von neuer Zärtlichkeit, nämlich ungeniert ordinär, ja schon ganz und gar ausgeschamt war.

Denn klardoch: In einer Zeit der Realsatire auf Schritt und Arschtritt sind die abgewirtschaftetsten Blind- und

Leerformeln gerade gut und zynisch genug, die eh waltende Korruption zu fördern und anzufeuern – und je liebloser und gehaltloser diese Zeit, desto zärtlicherer Sprüche bedarf sie wohl. Was da scheinbar wieder einmal nach einem Zeitalter der Empfindsamkeit lechzt, ist in Wahrheit – und bestenfalls – nur scharf auf die letzten der einigen Adelsausweis versprechenden Vokabeln; in den mehreren Fällen nicht einmal das; sondern da quallt und raunzt, gewissermaßen mit einiger Ehrlichkeit, nur noch, sich die Augen und Ohren zuzwickend, das Weltenunheil selber.

Hier zur Abwechslung quakt es von Zärtlichkeit.

Wohlgemerkt, es sind nicht allein die Blinden und Grünen und ohnehinnigen Gauner, die derart Unheil zärtlich weiterschüren. Auch eine Theologieprofessorin etwa, nennen wir sie Dorothee Sölle, kann's: »Die Erde dreht sich zärtlich.« Und auch die Dichter, vorgeblich große Witterer, wo nicht Warner, haben scheint's noch nichts gemerkt. Sondern walken munter mit. Wolf Biermann in einem neuen Gedicht: »Wir lächeln uns an / und schweigen dann / mit zärtlicher Bitterkeit.« Ebenso komplett unironisch und ungerührt weiß Peter Härtling heute schon über seinen derzeit entstehenden Roman ›Waiblingers Augen‹: Es werde dies »eine Phantasie, die nichts ausschließt, Brutalität, Gemeinschaft, Zärtlichkeit, Selbstpreisgabe« – wenn das nur mal gut geht.

Schließlich schon 1981 wartete Hans Neuenfels – nebenbei: der Frankfurter Adorno-Preis-Laudator von 1986 – im Rahmen eines inzwischen ziemlich legendären Prosastücks ›Giuseppe e Sylvia‹ mit der folgenden vorerst letzten Pater-Noster-Travestie auf: »Unsere tägliche Zärtlichkeit gib uns heute, unsere Wange, unser Streicheln (...) bitte, bitte, bitte!«

Nein, bitte, bitte, bitte nicht, wir wollen mit diesem

Schleim nichts mehr am Hut und schon gar nichts an der Wange haben, nichts mit dieser als Hoch- und Tief-Gefühl auftrumpfenden und sich spreizenden Geisteskrankheit, die uns da noch die letztverbliebenen Refugien des Rückzugs und der Ruhe raubt – aber schon springt vollends glaubwürdig und wie dazu bestellt Neuenfels' Geistesbruder K. Wecker bei und versichert schon 1982 in einer sogenannten Elegie seinem verehrten Geistesschwager Pasolini coram publico dies: »Ich wäre doch so zärtlich gewesen zu dir, Paolo Pasolini« –

– was dem, zu seinem Heil, erspart blieb.

Enzensbergers lyrischer Einspruch von 1957 kriegt im nachhinein doppelt recht: Nicht nur sind Wölfe wider das Vorurteil brüderliche Wesen; gegen die Zärtlichkeit der Lämmer sind sie Schafe, weiß der Geier. Die Lämmer aber lärmen weiter – zärtlichst schon an allen Fronten. Als ›Zeit der Zärtlichkeit‹ wurde 1984 der amerikanische Film ›Terms of Endearment‹ bei uns verscherbelt. »Insel der Zärtlichkeit« nannte sich 1985 ein sogenanntes ›Traumtheater Salome‹. Walt's Gott, die momentane Sucht nach Zuwendung und Zärtlichkeit resp. Zärtlichkeitsbeschwörung hätte die gute alte »Berührungsangst« der 70er Jahre längst spielend, ja rasend dementiert, wären beide eh nicht mehr oder weniger Suggestionen und gelogen. Nur zu logisch, daß deshalb die Münchner ›Abendzeitung‹ im Mai 1985 das »Männerideal des Jahres« (nein, nichts bleibt einem erspart) so zusammenrafft: »Streicheln bitte und sehr zärtlich sein.« Dem schließt sich Christie Hefner, die neue ›Playboy‹-Chefin, vollinhaltlich an: »Nach Feminismus und sexueller Revolution ist es an der Zeit, endlich Zärtlichkeit und Romantik eine Chance (!) zu geben.«

Was Wunder, daß es noch im gleichen Jahr, 1986, in Frankfurt, prangend von den Litfaßsäulen, zu einem

Preisausschreiben kommt; zugunsten von ›Rondo‹, dem »zärtlichen Memoire-Ring«.

Nach Cora Stephan (›Ganz entspannt im Supermarkt, Liebe und Leben im ausgehenden Jahrhundert‹, 1985) ist es so, daß derzeit, jenseits der vielen Wirren der 70er Jahre, »Zärtlichkeit« und »Kuschelsex« das »Rennen (machen) gegenüber der alten freudianischen Forderung, nur die genitale sei auch die reife Sexualität«. Wahrscheinlich ist beides heute so gehupft wie gesprungen – und ich meinerseits treffe hier abschließend drei wissenschaftlich äußerst bescheidene Feststellungen:

1. macht das bilanzierende Schreiben über die neue Zärtlichkeit so übers gewohnte Maß hinaus hirnschwurbelig in der Kopfgegend, daß ich mich 2. auch nicht mehr groß darüber wundere, wenn Wolfram Siebeck im ›Kochseminar‹ des ›Zeit-Magazins‹ fordert: »Seid zärtlich zum Spinat!« – denn siehe, dann meint es der Spinat auch zärtlich sehr mit euch; 3. und in der Folge davon läßt sich aber dann auch die Gruppe Lodenfrey in München nicht länger lumpen, sondern nicht sich es nehmen, in eine Klamotten-Broschüre diese Philosophika und Satanika zur Zeit einzurücken:

»Wenn Worte nicht mehr wärmen, bleibt die Hoffnung auf Zärtlichkeit. Jacke und Hose Baroneß. Original Bauernleinen, originell gestylt, echte Hirschhornknöpfe, leger verarbeitet mit modischem feeling.«

Hätte vergleichsweise wohl auch Pasolini ziemlich eingeleuchtet.

☆

PS 1: Der vorangegangene Artikel erschien zuerst am 7.11.86 im Feuilleton der ›Zeit‹. Leser H. W. Cuypers trägt zu Recht die Heiratsanzeigen am 7.11.86 in der ›Zeit‹ (S. 69 ff.) nach:

». . ., zärtl., . . .«; ». . . Zärtlichkeit . . .«; ». . . Zärtlichkeit, . . .«; ». . . zärtlichen . . .«; » . . ., zärtlich, . . .«; » . . ., zärtlichen . . .«; ». . . Zärtlichkeit . . .«; ». . . Zärtlichkeit . . .«; ». . . zärtl. . . .«; ». . . zärtlichen . . .«; ». . . zärtl. . . .«; ». . . zärtlicher . . .«; ». . . Zärtlichkeit . . .«; ». . . zärtlich, . . .«; ». . . Zärtlichkeit . . .«; ». . . zärtliche . . .«; »Zärtlich?«; »Zärtlicher . . .«.

☆

PS 2: Prompt wird zwar in der ›Zeit‹-Ausgabe, in der dieser Kleinessay stand, Günther (»Apokalypsenblindheit«) Anders dafür gelobt, daß er in seinen Tagebüchern sich für die »Zärtlichkeit« stark gemacht habe; und die sich weiter zärtlich mit der Erde drehende D. Sölle erhält als Fraktionsvorsitzende dieser Front gleichfalls Raum. Immerhin, noch zwei Leser haben mit aufgepaßt: Hans Reincke macht Mitteilung von einem Juso-Kongreß, zu dem das Motto und Ansteck-Emblem auf »Solidarität ist die Zärtlichkeit der Völker« lautete und der in Düsseldorf zusammentrat. Sybille Uken aber macht drauf aufmerksam, daß es vor ein paar Jahren fast so schien, als möchte das Renommier-Pretiosum »androgyn« als Beinahe-Synonym und Eskalation von »zärtlich« jenen Primärschrott noch überflügeln; Haupt-Promotor dieser Stoßrichtung aber sei – Cora Stephan gewesen.

Die hiermit, wenn's stimmt, die gelbe Karte sieht.

☆

PS 3: Wolfram Siebeck, der Mahner zum zärtlichen Spinatverhalten, teilt derweil korrigierend mit, nicht ihm, sondern einem ›Zeit‹-Redaktionsmitglied danke sich die inspirierte Überschrift. Womit die Maus sich weiter zärtlich in den Schwanz beißt.

☆

PS 4: Und schon, wiederum eine Woche später, ist es passiert, und »androgyn«, das »Modeschlagwort, das mit dem Unisex eines italienischen Haute Couturiers in Verbindung gebracht wird« (›taz‹), hat es zu einer Ausstellung gebracht: ›Androgyn – Sehnsucht nach Vollkommenheit‹, nämlich vom 23.11.1986 bis 4.1.1987 in der Berliner Akademie der Künste, und gezeigt werden europäische und außereuropäische Kunstwerke und andere Hermaphroditen aus fünfhundert Jahren, und am Ende der Chose wird es wieder ein paar Narrische mehr in der Welt geben, die Atmosphäre zu verbessern.

☆

PS 5: Im September 1987 schließlich offeriert die Rôtisserie Arlequin in Zürich für Fr. 29.50 ein Zärtlichkeitsmenu. Wohl bekomm's.

»Unsere Jungs in Vietnam entschieden sich, ehrlich zu sein. Sie entschieden sich, dem modernen Skeptizismus ihrer Zeit zu widerstehen. Sie entschieden sich, dem Ruf der Pflicht zu folgen.«

Liest man nach diesen drei Sätzen R. Reagans einen Roman der Patricia Highsmith, beheimatet in der gleichen Mittelklasse-Mentalität, aus der scheint's der Präsident heraus redet, so wird man der Entdeckung inne, daß es selbst innerhalb dieser Schicht oder Klasse Verständigungsmöglichkeiten kaum mehr gibt. Geschweige denn zwischen den Wörtern als solchen. Modern – Skeptizismus – Ruf – Entscheidung – Pflicht: Es hat weit über die Differenzen der Nomenklatur, der Fein-Semantik, ja weit über Hofmannsthals Lord-Chandos-Brief hinaus etwas Dauer-Blackoutmäßiges der Coca-Cola-Class.

☆

»Ich sage überhaupt nichts. Ich habe genug Ärger gehabt damit«, sagt der Hauptkriegsverbrecher William Calley, als ihn 18 Jahre nach dem My-Lai-Massaker der Journalist bittet, was zu sagen. Aber dann sagt er doch und tatsächlich was: »Ich habe an diesem Tag in My Lai keinen Menschen getötet, nicht ich als Person tat es. Ich tat es für die Vereinigten Staaten von Amerika, mein Land.«

Und er sagt noch was, der mittlerweilige Geschäftsführer eines Juwelierladens in Columbus, Georgia: »Dann fängt alles von vorne an, und die Tür steht nicht mehr still.«

Es wird nicht klar, ob er die gutgehende des Geschäfts meint oder die der Vergangenheit. Günther Anders hätte vor zwanzig oder dreißig Jahren aus dergleichen Materialien und Anekdoten noch allerlei sozialpsychologische Erkenntnistränklein zubereitet. Allein, auch das geht heute nicht mehr an. All dies bedeutet nämlich: nichts, nichts, absolut nichts mehr.

☆

Exakt zu Allerheiligen unterdessen teilt der Korrespondent des Heimatblättchens, Albert Franz, aus München mit: »Grund zur Freude haben die Oberpfälzer: Lang ist Innenminister.«

Nämlich im neuen Kabinette Strauß; dem er bisher nur als Justizminister diente.

Die Oberpfälzer, denen bislang außer der partikularen Freude an der WAA Wackersdorf nur die zähe am Elendstrinken blieb: Jetzt dürften sie aus Freude trinken.

Man muß den Satz auf der Zunge zergehen lassen: »Grund zur Freude haben die Oberpfälzer.« Zumal jener, der als »Gustl« politfolkloristische Karriere machte, jetzt auch noch wie aufgezogen als »August R.« seit kurzem ministriert. Welcher symbolisch-tiefrealen Impertinenz freilich der Journalist Albert Franz spielend freihändig das Wasser abgräbt; wohlgemerkt nicht einmal im subalternen Kommentar, sondern im Korrespondentenbericht: »Grund zur Freude haben die Oberpfälzer.«

Ich habe sie mir noch am nämlichen Tag genauestens angesehen. Gut, sie tranken Bier und Weizenbier wie jederzeit, von früh bis spät, so verkniffen wie ewig und einen Tag erfreut – aber dünkte mir nicht, als sei ihre Freude an diesem Tag weniger »negativistisch« (Dr. Felkel), ja direkt: freudiger? Schien es nicht, als hätten sie allesamt Albert Franzens Bericht studiert und den als appelliertes Realissimum in die Form einer Affirmation gestrickten August R. sehr wohl kapiert?

Nochmals gleichwohl: Freude über was?

Nachdem August R. (der nunmehr auch mein Schirmherr ist) bis dato vor allem als Boss der Weiden/Neustädter CSU-Geldwaschanlage hervorgetreten war, wird es halt so sein, daß die Oberpfälzer sich freuen, daß er, Lang, sich nicht länger selber justiziell belangen müßte. Sondern als Chef des »bedeutenderen Innenministeriums« (Albert Franz) erst mal aus seiner eigenen Reichweite ist.

☆

Provinz 1986: Sie sind alle vollkommen verludert und verlottert und vertrottelt und gleichzeitig vollkommen mit ihrem Los zufrieden, »mit sich und mit dem Kosmos eins« (Robert Gernhardt, ›Besternte Ernte‹). Man hat Exempel, daß das Ganze sogar 80 Jahre und länger gutgeht; frage mich keiner, wie; aber es geht.

Wobei die Rutschkysche aktuelle Fehlverhaltenskategorie des »Ungeschicks« Orgien an Peinlichkeit mal Frohsinn feiert. Weist man sie behutsam darauf hin, daß sie alles, aber auch alles falsch machen und sich falsch auslegen, dann ist es ihnen gleichwohl nicht in den Kopf zu prügeln und (Wird fortgesetzt)

☆

Ist es deutsch? Parafaschistisch? Indikator der immer schnelleren Ex-und-hopp-Gesinnung? Ist's der Beweis für Fromms Lehre von der spätzivilisatorischen Destruktivität, welche ihrerseits noch einmal Freuds ominöse Thanatos-Theorie auf den Begriff bringt?

Ohne länger auf die Verfügungen der Nürnberger Bahndirektion bzw. des bayerischen Wirtschaftsministeriums zu warten, begannen Anfang Dezember Bahnarbeiter den auflösungsbedrohten Kelheimer Bahnhof einfach und erst mal und auf Verdacht abzubrechen – in letzter Sekunde soll dann dem Kelheimer Bürgermeister die Verhinderung der fait-accompli-Tat gelungen sein.

Ich selber erlebte ähnliches 1980 im Fall des Sulzbach-Rosenberger Stadtbads, dessen Schließung bzw. Abriß ich durch eine Unterschriftenaktion zu revidieren versuchte: Feierlich gelobte der SPD-OB erst einmal Aufschub der Liquidierung – in der gleichen Woche freilich ließ man, wie schon in allzu große Enge getrieben, strammheimlich erst mal die alten, nahezu historisch wertvollen Vorkriegs-Holzkabinen wegreißen.

Ein drittes Beispiel: Kaum hat die Bundesbahn Strekken stillgelegt, werden auch schon die Schienen weggerissen, wie um für immer deren evtl. Wiederverwendung nach der Jahrtausendwende prophylaktisch zu vereiteln.

Komme mir keiner und sage, das geschehe aus Recycling- oder gar landschaftsreformierenden Gründen, ich müßte ihm eine scheuern. Nein, es ist, da beißt keine Maus einen Faden ab, der reine Wahn, Wahn, überall Wahn. Aber welcher? Abriß als das gleich hirnlose Komplement des möglicherweise genetisch-habituellen Hoch-

und Tiefbaudrangs? Der latent faschistische Abräum- und/oder Sauberkeitswahn? Oder noch eher so etwas wie eine motivlose Dynamik, die überhaupt nur noch irgend etwas machen und ausrichten will – ut aliquid fiat?

Fragen, so Aron R. Bodenheimer, sei ein Obszönität erzeugender Akt. Und ich stelle also lieber keusch und kernig fest: Das Abrißdenken ist eine echt beschissene Dampfekacke.

☆

Wider die ewigen Mitläufer in neuester Märtyrerpose zieht Arno Plack in ›Wie oft wird Hitler noch besiegt‹ vom Leder: »Hitler wird immer noch besiegt von jenen anpassungsfähigen Charakteren, auf die gerade das Hitlerreich sich gestützt hat.«

Ludolf Hermann mutmaßt, für die Erfinder des geschmeidigen spezifisch deutschen Als-Ob-Antifaschismus sei Hitler ein vorerst immerwährendes Göttergeschenk gegen einen überwiegend schimärischen Feind: »Hitler haben wir, wenn auch vielleicht nicht endgültig, bewältigt. Nicht bewältigt haben wir die Bewältigung Hitlers.«

Wenn Rechtsdenker wie Hermann und Plack aufs Ganze so unrecht nicht mal haben, dann möge uns bedrängten Linksautonomen dies ein Zeichen sein: Daß manche Kontroversen augenscheinlich überhaupt nur noch spiegelfechterisch stattfinden, ja, daß die Dinge selber nur noch aus verschlafen rhetorischen Volten bestehen, welche sich fast beliebig in jede Richtung schlagen lassen. Und daß also, auch so dies im Sinne Straußens sein sollte, jetzt endlich einmal Ruhe einkehre, ehe es vollends schamanisch wird und schweißig. Siegfried barsch zu Mime: »*Den* Sudel sauf dir selbst!«

☆

Zur Psychopathologie des Sonntagslebens: Es beginnt hell klirrend und flirrend mit Schuberts ›Forellenquintett‹; es setzt sich fort mit der heroischen Verweigerung der Lektüre der so bittend wie lockend auf der Stiege herumliegenden Zeitung ›Bild am Sonntag‹, was oft den Kauf der noch inferioreren ›Frankfurter Abendpost Nachtausgabe‹ zur Folge hat; es verlängert sich im immer brummenderen Kopfweh über Stücker zehn angefangene Bücher; und es endet ab 20 Uhr im Mißmut darüber, daß es nicht mehr, wie einst, den ›Spiegel‹ schon sonntagabends am Hauptbahnhof zu kaufen gibt; jenen, dessen Vorwochen-Ausgabe man noch immer nicht auch nur zum zehnten Teil gelesen hat; sondern nützlich sind seine Neuigkeiten ja, wie jeder weiß, nur, solange sie bloße Versprechungen bzw. Appetenz-Impulse sind, solche, die uns morgen, Montag, wieder stracksest an den Kiosk locken.

Fehlleistungsschlacken, Kompromittierungsgerölle und Schamgebirge, wohin das inzwischen des Bieres volle Auge starrt.

☆

Es ist in diesem Herbst nicht so ganz klar, was eigentlich das Ärgste ist. Die Asylantenfrage, die der Bevölkerung auf den Nägeln brennt? Die Tatsache, daß im Rahmen dieser entfachten Bevölkerung in diesem Herbst auch noch bigottisch verkniffene Kleinstadt-Pomeranzen von 30 aufwärts mit schwarzen Lederröcken durch die auch vor nichts mehr zurückschreckenden Friedhöfe gurken müssen? Oder doch die schon ein paar Jährchen alte, aber jetzt wieder besonders brenzlige Wahrnehmung kleiner, putziger, meist grünlicher Hütchen auf gewissen Frauengiftpilzköpfen von 40 aufwärts und speziell ab Mitte Oktober?

Was wollen uns die beiden letzteren Zumutungen flüstern und bedeuten? Es braucht gar keinen atomaren Auswurf, es langt auch so schon? Oder lautet die Botschaft, mit G. Polts Friseur zu sprechen, nur und ausgemergelt: »Des hot ma heut so, hehe«?

Es wird alles immer gräuslicher, ja direkt greislicher.

Die Pest des Lebens auf einen einzigen Blick: Die rötlich-kupfrige Metallbanderole über sämtlichen Apotheken, Tabakläden, Antiquitätengeschäften, Reisebüros, Gasthäusern – darin ausgeschnitten in Frakturschrift: »Zum Bratpfand'l«.

Der Apostroph taumelt wie über seine eigene Verruchtheit in schluckaufartigen Schreck geraten. Aber auch wie ein gemütlicher Winkegruß des Wirts, gedankenfrei wie der angeblich ausgefallene Vokal, bedenkenlos wie der Besen, der hinweg ihn fegte.

Mit Klopstock und »mit tiefer Ehrfurcht schau ich die Schöpfung an«. Am Tag wohl achtzigmal. Eiskalt.

☆

Wie auf sehr leisen Sohlen wird, wo die Markttage der Kindheit noch lärmten, quietschten, hallten, ungeachtet beträchtlicher Menschenquantitäten heute durch die Fußgängerzonen geschlichen; leise, leise, sehr unfromme Weise, kaum spürest du den Hauch, und es ist ja auch kaum einer von Leben mehr in ihnen.

Nichtsdestoweniger, trotz aller Leise hören sie ja nichts. Nicht einmal, wenn – ich hab dem Vorgang beigewohnt – einer kräftig Wagner singend durch sie und ihre wie versunkene Lautlosigkeit schreitet. Sie, deren Ohren von der Dauerberieselung in Supermarkt und Kaffeehaus anästhesiert sind, hören keinen Lärm mehr; und deshalb ihr wie verhuscht unheimlich Lautloses natürlich auch nicht.

☆

Was soll ich zur spezifischen und phasenweise genialen Dumpfboshaftigkeit der inkarnierten Provinzlerin noch sagen, wenn in Julien Greens Roman ›Leviathan‹ schon alles steht:

»Aber so groß war ihre« – Madame Londes – »Verwirrung auch wieder nicht, daß sie nicht mindestens zwanzig Einzelheiten an Kleidung und Physiognomie des Fremden festgestellt und ihr geübter Provinzlerinnenblick nicht genug gesehen hätte, um Stoff für alle möglichen Überlegungen daraus zu ziehen.« Allein und nichtsdestotrotz, »sie war nicht weit davon entfernt, ihn als Feind zu betrachten, einzig deshalb, weil er tausend Dinge wußte, die sie nicht einmal ahnte«.

Dies aber eben, darf ich doch aus vielfacher Opfererfahrung ergänzen, ist, obzwar, laut Lichtenberg, die endemische Stumpfheit des Geistes in gewissen Städten eine »glückliche« sein soll (G 1173), nichtsdestoweniger die Schwercrux dieses weiblichen, aber eigentlich schon angeboren geschlechtslosen Leviathans, seine sich an ihm selbst rächende Tragödie fast: Das viehmarkthaft Musternde, verkniffen Saugende, Mitleidlose und fern jeden Anhauchs von Demokratie oder gar Sozialismus Gleichmacherische dieses Drachens spürt sehr wohl, daß die Millionen mit ebensoviel Geschick wie Zähigkeit ins Hirn geschichteten Infos als Waffe und als Hauptstrategem stumpf und nichtig werden vor dem Auftauchen des Fremden, der hier mit dem Intellektuellen konvergiert; den der letztlich feige Drache fürchtet, als Nichteinverstandenen verabscheut – und doch gleichzeitig als Erlösenden elsagleich ersehnt.

Das Fazit ist das Rumpelstilzchen, wie es – ich hab's gestern erst fast ergriffen erlebt – sich selbst zerreißt: In diesem Fall nicht, weil es sich erkannt sieht; sondern weil es nichts erkennt.

Indes es geht nicht tot dabei: Dieser Leviathan ist eine sehr regenerative Hydra.

☆

Von seinen Beschreibungen provinzlerischer Kleinbourgeoisie abgesehen ist Greens Roman allerdings nicht zu loben. Sondern ein extrem windschiefes, unfreiwillig triviales, partiell kitschfrohes, handwerklich geradezu unglaublich unbedarft rinsernahes Produkt –; ein abermaliger Beleg für meine Theorie, daß die Franzosen, verrannt in eingebildete Liebespassionen und speziell Dreiecksgeschichten, seit Proust und Montherlant kein passables Buch mehr zuwege gebracht haben; und man muß schon Hanser Verlag heißen, um hier via Titelbild eine Liaison mit James Ensor herzustellen; und Peter Hamm, um von einem »christlichen Kafka gewissermaßen« zu wabern, ah, quelle idée, oh mon Dieu, quelle sottise, quelle bêtise incroyable, imbécile et immortelle!

Wie die Provinzlerin.

☆

Zwei überaus flachsblonde 15- bis 18jährige Möchtegern-Yuppies, noch ehe sie den Mund aufmachen als Schnösel erkennbar, nehmen im IC mir gegenüber Platz und heben schlagartig an, aus einem Walkman über zwei kleine Earphones Tonband zu hören. Wie sich aus den ersten Kommentaren des Älteren ergibt, ist es E-Musik, wie aus seinen weiteren: Mendelssohns Schottische. »Tierischer Einsatz der Posaune, hör mal!« Der Jüngere nickt wissend. »Und jetzt die totale Power, noch drei Takte, paß gut auf!« Offenbar eine Tutti-Stelle. »Geil, oder?« Der Jüngere will die Klangmischung auseinandergeklaubt haben. »Nee, nicht Fagott! Fagott und Klarinette! O Mann, jetzt flackert die Piccoloflöte – hahaha!« Der Jüngere kichert ängstlich mit. Dann nochmals: »Der Dirigent hat echt die Power – Mann, ich komm jetzt nicht auf den Namen!«

Nach dem Umsteigen in Würzburg wollen sie die Zweite von Mendelssohn angehen. Zwischenrein haben die beiden Jugend-forscht-Prototypen noch die Zeit, die Mainlandschaft zu bewerten: »Hier bestehen die Felder zu 50 Prozent aus Wasser.« Aber dann wieder: »Mann, was bockstark!« Ich schwör's: Wie aus dem auswendig gelernten Sprachführer eines gottverfluchten Verlags mit einer Fliege.

Das hat Mendelssohn nicht verdient, der am allerwenigsten. Karl Valentins Vorwurf an die Bahn: »Und Kinder nehmen s' aa immer mit – des is der Fehler, jaaa« protestiert zu schwach. Angemessener schon Gerhard Polt: »D'Anni sagt, manchmal könnte sie diesen Kindern rechts und links eine reinhauen.« Reinhauen? Ermorden! Aus dem Zug schmeißen! Bockstark ins 50prozentige Wasser.

☆

Jajaja, selbstverständlich. Selbstverständlich war *ich* in *dem* Alter fast genauso taumelnd widerwärtig – aber jetzt ist es zu spät – jetzt bin ich: ungeschwindelt erträglich. Jetzt ist die Aussicht frei, der Geist erhoben.

☆

Für P. Handke haben Kinder das »erleuchtete allwissende Antlitz« drauf, doch, wortwörtlich. »Kinder sind widerstandsfähig«, so Dieter E. Zimmer in der ›Zeit‹ in seiner Artikelserie über das Unbewußte, zusammenfassend das, was man auch aus noch halbwegs zurechnungsfähigen Elternkreisen hört. Was Kinderladenkinder füreinander empfinden, entnimmt man dem ›Spiegel‹: »So was geht mir auf den Wecker.«

Subsumiert man blitzrasch im Kopf das Auf und Nieder von Gefühl und Gewäsch, was die Schratzen seit zwei Jahrzehnten in uns allen an Diskurs und Krämpfen ausgelöst haben, dann kommt der Weisheit womöglich am nächsten jener wunderbare Zynismus »die Kurzen«, den kürzlich ein gerechter Gott mit gutem Bedacht ausgerechnet in betroffenen Grünenkreisen Wort werden ließ, das junge Fleisch zurechtzuweisen. Die Racker sind doch gar zu wenig appetitlich.

☆

»Der Konsument ist der ewige Säugling.« Den »Konsumidiotismus« prangerte deshalb vor 17 Jahren nicht als einziger Erich Fromm an und empfahl als »Fluchtweg« die »Kunst« der Liebe, als Fluchtweg auch aus dem reglementiert-disziplinierten Leben. Dabei allerdings kollidiert kurios paradox Fromms imaginiert-mystische Zukunftsfigur des den Haben-Typus widerlegenden Seienden Menschen mit sich selber: denn das von der Mystik geforderte »Wirf alles ins Feuer!« ist in der Haben-Gesellschaft als »Wegwerfpersönlichkeit« eben auch längst schlechtes Fleisch geworden –

– aber eigentlich wollte ich etwas anderes mitteilen: Fromm weiß wahrscheinlich nicht so genau, wovon er redet. Ich denke, betrachtend unsere Rentner und alten Frauen und mit ihnen fühlend, daß neben der am Geschwätz die Freude am täglichen Konsum nicht allein Lebensborn, sondern das eingeborene Humanum als Halt schlechthin –

– doch auch ich rede ja Quatsch.

☆

Im Fall unserer beider Ableben? Unserer beider Ablebens? Unser beiders Ablebens? Eines Ablebens beider unsers?

Vater unser. Hm. Noch ist ein Erdenrest zu tragen peinlich.

☆

Wissen Sie schon, daß »eine der weltbesten Sinfonien« Mahlers Erste ist? Doch, laut der ›Lesestunde‹ der Deutschen Buchgemeinde. Dort aber ist es auch, wo Sie erfahren, daß Ecos ›Rose‹ dagegen »die Unordnung unserer Welt aufs geistvollste entlarvt«, jawohl. So schaut's aus auf dieser Welt.

☆

Unstreitig und noch einmal: Die übelsten Visagen der Zeit finden sich keineswegs auf dem Chemiefaser- oder Automobildevelopmentsektor, sondern in meiner Branche: beim zweimal wöchentlichen Durchblättern des ›Börsenblatts‹, das mir einer der ihren, ohne mich zu fragen, gratis zuschickt, einer, der es letztlich gut mit Dir meint, Eckhard: Der Anblick des und der Inkommensurablen ist per Überdruß ein vorzügliches Aufbautraining für Deinen Arbeitstag, ahoi, und schon geht's – aha! – los:

»Des und der Inkommensurablen«? Ist richtig. Und doch: irgendwo inkommensurabel. Oder?

☆

Adornos neuerdings auffallend oft zitierter Satz, geliebt werde man einzig da, wo man schwach zeigen sich dürfe, ohne Stärke zu provozieren, krankt m. E. sehr daran, daß, wo, wie auch immer, Menschen dieses Satzes sich bedienen, sie vor allem zu dem imponierenden und syntaktisch reizvoll placierten »sich« sich hingezogen fühlen, ohne seines Gehaltlichen weiters sich zu versichern, um endlich, verfangend in seinen kierkegaardisch-dialektisch brandenden Prämissen sich, sich immer geschmeichelter sich zu verheddern und zu verludern und zu sich vergammeln sichsich

☆

Innerhalb einer Woche stirbt einem Bekannten der Vater, die Freundin läuft ihm weg, die Zeitung kündigt ihm, das Auto scheitert am TÜV und ein Ski geht ihm auch noch butt.

Meine Hochachtung. Vor allem dafür, daß ein fast geniales Timing ihm trotzdem das Skifahren noch erlaubte.

☆

Apropos, grüß dich, Tomayer!

☆

Ich aber sage Euch zuletzt: Dem Hund sei ab sofort die Wurst verwehrt. Warum, das künd' ich Euch ein andermal. Nur so viel habt vorerst zum Zeichen: Der Wurst sei ihrerseits die Maid . . .

Reich-Ranicki! Sie haben uns mit Ihrem Böll-Nachruf ziemlich enttäuscht. Wir hatten nämlich alle auf die Überschrift »Heiliger und Narr« gewettet – und was schreiben Sie? »Dichter, Narr, Prediger«, schreiben Sie. Also bitte: Wenn schon Überraschungen, dann, wenn wir bitten dürften, noch geistlosere!

☆

Joachim Kaiser! In Ihrem Böll-Epitaph in der ›Süddeutschen‹ reden Sie von Bölls »wunderbar zurückhaltenden Satiren« und von »Bölls rheinischer Wunderlichkeit«; Sie berichten im Fortgang von Bölls »wunderbar witzigen Satiren« sowie von einem Roman, in dem sich vieles »wundersam durchdringt«; Sie teilen mit, daß Bölls Leser »ihn bewunderten« ob seiner »wunderschönen Reden«, und endlich informieren Sie uns über eine »wunderschöne Huldigung« an Böll von Adorno. So weit, so prima, Kaiser – und doch vergessen Sie, Joachim, einiges, ja vielleicht das Allerwichtigste: daß Böll zwar stark christlich und sogar wundergläubig war; daß er sich aber vor einer derart eichendorffisch wunderselig bewanderten Sprachwundertüte, wie Sie eine sind, am Ende doch, vom Lesen waidwund, gegraust hätte.

☆

Augstein! Zu Recht verwahren Sie sich im ›Spiegel‹ gegen J. Kaisers SZ-Geseiche, Böll sei ein Heiliger unserer Zeit gewesen. Aber das halb lyrische, halb rasende Name-dropping-Gewichse, das Sie als der große Jahrhundert-Zampano anläßlich von Bölls Hinschied veranstalten, das ist fast noch eine Idee extrawiderwärtiger. »Adieu, geliebter und verehrter Freund«? Leider, leider wahrscheinlich noch immer nicht.

☆

Fritz J. Raddatz! An Ihrem Böll-Nachruf fiel uns besonders auf und ins Gewicht, daß Bölls »Werk förmlich durchsotten (sei) von Sätzen wie« usw. So. Sind Sie da ganz sicher, Raddatz, daß ein Prosawerk von Sätzen »durchsotten« sein kann? Ganz — sicher? Oder wollten Sie evtl. grad zu einem ausgreifenden barock-gargantuesken Essay über die neue Freßkultur in den Pyrenäen fürs ›Zeit-Magazin‹ ansetzen — und der Böll-Nachruf kam Ihnen plötzlich dazwischen? Nein? Sondern Sie sind ganz sicher, daß Bölls Werk von Sätzen förmlich, also irgendwie buchstäblich »durchsotten« — — ja? Ja? Na, dann ist's ja gut.

☆

Verehrte ›Bild‹-Zeitungs-Redaktion! Ehre Euch und Ruhm! Als erste Stimmen zu Bölls Tod den Kultusminister Hans Maier, Helmut Schmidt und Paul Breitner, jawohl Paul Breitner zu zitieren, letzteren so: »Böll schreckte nie davor zurück, den schwierigeren Weg zu gehen« (wie einst Paul Breitner von links hinten, quer übers Mittelfeld bis nach rechtsaußen, dann erst Doppelpaß nach links) —

— nein, das macht Euch keiner nach, das war der einzige wirklich originelle Beitrag im Rahmen des allgemeinen Böll-Versenk-Gelabers, nein, auch Max Merkel, Boris Becker und Bubi Scholz wären nicht noch-besser gewesen: Breitner und Ihr Burschen seid schon optimal!

(Alle fünf Briefe: Sommer 1985, erstgedruckt als ›Titanic‹-Leserbriefe)

☆

»Kohl in Gedanken — fast überfahren!«

Es ist ja auch hier nicht so, daß die Lachhaftigkeit dieser ›Bild‹-Schlagzeile von 1985 nur der durchtrainierten Vis comica des durchtriebenen Hermann L. Gremliza aufgestoßen wäre, die dazu auch die einzige Pointe findet:

»Das wird dem Kanzler eine Lehre sein.« Nein, so witzig der Kommentar – schwerer war die Headline auszutüfteln – bzw. ich bin sicher, daß die ›Bild‹-Menschen nicht nur scheppernd und aus dem nämlichen Gedankenspiel heraus über sie loswieherten, sondern: in zäher und zugleich inspirierter Arbeit an ihr tüftelten, so lange, bis sie paßte.

So wie ich sicher bin, daß Springers ante wie post mortem nibelungisch am täglichen Golde werkelnde Mitarbeiter ja keineswegs einfältiger sind als etwa SZ- oder FAZ-Redakteure, von der sturheilsbringerischen FR nicht zu reden – doch, alle erhebliche Presse-Innovation, alle Avantgarde bis hin zu einem expliziten Presse-Pop-Stil geht seit zwei Jahrzehnten fast exklusiv auf ›Bild‹ zurück; man denke nur an die Erledigung konventioneller Artikelüberschriften zugunsten eines revolutionären Typus von Überschriftenstehsatz-Repertoire: »Harald« – »Steffi« – »Franz« – »Boris«.

So wie das Blatt gleichfalls für alle akut-neueren Komikformen geradesteht: Fried, S. Lenz, Kunze und Grass könnten vier Wochen lang im Brainstorming zusammengesperrt sein – und kämen doch alle Mann hoch nicht annähernd auf den Witz, der ›Bild‹ schon 1966 anläßlich des Beginns der Fußballweltmeisterschaft mit der symmetrisch angelegten Doppel-Titelzeile glückte: »Aua! Kein Tor!« – »Arme Fabiola! Wieder kein Baby!«

»Jungs, macht weiter so!« kann man da ›Bild‹ nur repetieren, »dann wackelt auch der Iwan!«

☆

In Verbindung mit dem Projekt einer »Heinrich-Böll-Stiftung« meldet sich wer – jawohl, genau: auch Petra Karin Kelly zu Wort: »Ich glaube, auf diese Art und Weise werden wir dem Namen, dem Wirken und der tiefen Freundschaft, die wir alle für Heinrich Böll empfinden, besonders nach seinem Tod . . .«

Usw. Sie ist wahrlichst eine treue Schwester Luises, der Unverbrüchlichen. Und letzten Endes unterscheidet sie sich in Breiigkeit und unversehrter Kitschgesinnung auch nur sehr geringfügig – ach was, überhaupt nicht – von Kohl. Auch für diesen war der just und endlichendlich verstorbene Böll prompt ein guter Deutscher, allerdings aus besseren, nämlich systemrationellen Gründen: Er war ihn los, brauchte ihm nicht mehr zum 70. zu gratulieren.

»Besonders nach seinem Tod«: Kellys Logik ist schon fast ehrfurchtgebietend die einer notorischen und motorischen und ewigen Besinnungsferne. Uns aber bleibe der Trost, daß eben diese Stiftung, wenn je was aus ihr wird, als ihre erste Präsidentin Petra K. rekommandieren wird und – Luise als Geschäftsführerin und – als geeint ebenbürtige Zwienatur – – ach neige, du Schmerzensreiche – – –

☆

»Aus kritischer Theorie Konsequenzen für politisches Handeln zu ziehen, ist die Sehnsucht derer, die es ernst meinen; jedoch besteht kein allgemeines Rezept, es sei denn die Notwendigkeit der Einsicht in die eigene Verantwortung. Unbedachte und dogmatische Anwendung kritischer Theorie auf die Praxis in der veränderten historischen Realität vermöchte den Prozeß, den sie zu denunzieren hätte, nur zu beschleunigen.«

Eine Parodie? Ein authentischer Text? Der eines der Stammpatriarchen? Der Nachbeter? Soziologenjargon? Eine quasi potenzierte Verschleierungs- und Sklavensprache ausgerechnet als Textur von Befreiung? Oder wie oder was?

Etliche Groß- und Klein-Deuter und Reichsverweser — z. B. Detlev Claussen in seiner Antrittsvorlesung Hannover 1985 — plädieren dafür, nicht nur etwa von der ehrwürdigen »Ideologiekritik« als unser aller letztem Hort verdienten Abschied zu nehmen; sondern von der Kritischen Theorie selber, und zwar »endgültig«; dann nämlich, »wenn ihrem Wahrheitsanspruch nichts abgemarktet werden soll — durch Relativierung«, sprich: durch ihren sinnwidrigen Einzug ins Feuilleton.

Die Sache dürfte noch unüberschaubarer, aussichtsloser liegen, als sie selbst den Spezialisten, den Erben Kritischer Theorie sich darstellen mag. Aufklärung — Theorie — Praxis — Voluntarismus usw.: Hinter dem Dschungel aus längst Historischem und selbst von Historikern schwer mehr Auseinandersortierbarem taucht auf ein sogar noch dichterer: ästhetischer. Der eingangs zitierte Text stammt von Max Horkheimer, aus dem 1968er Vorwort der Neupublikation der ›Kritischen Theorie‹ von 1937 — und wer weit jenseits der biologischen des Autors nicht die begriffliche Vergreisung 1968 schon spürte, dem ist vielleicht immerhin 1986 drauf zu helfen. Wäre gar das Begriffsrepertoire dieser angeblich nur camouflierten Revolutionstheorie selber das reaktionär Unwahre, Verwahrloste? Hätten am Ende doch jene Banausen schon damals recht gehabt, die damals schon von rechtswegen allzeit rechtslärmten?

Negative List des Weltgeists? Die dialektisch zur synthetischen immerhin dadurch sich rundete, daß die schon damals lachhaften Auslassungen jener Banausen noch furioser dem Verschwinden anheimgefallen sind als selbst die verblasensten Linkskonstrukte?

»Das Ganze ist das Unwahre.«

☆

ALS »THE SURVIVAL OF THE FITTEST« bestimmte 1859/72 Charles Darwin das natürliche Selektionsprinzip; wobei »fittest« den Angepaßtesten meint und keineswegs, nach heutiger deutscher Semantik, den sportlich, gesundheitlich Herausragendsten. Der scheinbare Widersinn, daß der gewissermaßen Unscheinbarste der Überlebensträchtigste sein solle, könnte ohne Beschwer ein Teil Kafka deuten.

☆

»Auch hier korrespondiert der postklassischen, inklusiven Tendenz eine neue sekundäre Exklusivität: die radikale Entwertung der instrumentell-technischen, der utilitaristischen, schließlich der religiösen und der moralisch-ethischen Einstellung der Welt. Wissenschaftliche und romantisch-ästhetische Welterfahrung scheinen unvereinbar zu werden. In der Logik der Ausdifferenzierung sind offenbar Spannungsmomente eingebaut, die mit kultureller Vereinseitigung und sekundärer Exklusivität zusammenhängen und die eine fundamentalistische Konkurrenz der ausdifferenzierten Geltungssphären aus sich heraustreiben können (Webers Polytheismus der Werte, ›ewiger Kampf‹ der ›letzten Stellungnahmen‹ zum Leben), in der dann Fragen, Perspektiven, Orientierung und Ziele des jeweils anderen Bereichs zunehmend unverständlich, sinnlos, entwertet werden.«

Dies schrieb, in einem Aufsatz ›Romantik und Kulturkritik‹ im ›Merkur – Deutsche Zeitschrift für europäisches Denken‹, unlängst der Autor Hauke Brunkhorst. So weit, so einleuchtend. Doch hat Brunkhorst leider vergessen, auch dieses noch zu sagen:

Verständlich, sinnvoll und nicht entwertet stellen sich dagegen heute die zumindest an-, zuweilen auch schon ausdiskutierten Orientierungsmuster dar, die, perspektivisch rekurrierend auf die postfaschistischen Werte des Monotheismus, die radikaldemokratische Aufwertung der interdisziplinären Kohärenz wissenschaftlich-scientistischen Denkens erneut und korrespondativ wieder aufgreifen, ja als fakultativ grenzüberschreitende nachgerade aus sich heraustreiben.

Denn die klassische Postmoderne, in ihrem infrastrukturellen Gestus anknüpfend an das utopische Phantasma des Postpolitischen jenseits der instrumentellen Vernunft, lockt als primäres Paradigma ja nur wiederum jene Spannungs- und, dialektisch entfaltet, Spannungsauflösungsmomente hervor, die fünfzehn Jahre nach Adorno und noch viel mehr Jahre nach Max bzw. Alfred Weber tendenziell dem Anforderungsprofil des Lesers einer deutschen Zeitschrift für notabene europäisches Denken koinzidieren und genügen; unbeschadet allen Zerfalls der einstigen Wertegemeinschaft, die sich ästhetisch zur Individualgemeinschaft parzellierte, ja atomisierte.

Ist nämlich die betreffende Betroffenheitsschwelle im Sinne der innovierten akademischen Qualifizierungsoffensive als Schambarriere erst einmal transzendiert und konterkariert, so spricht – Frustrationsneurosen und Legitimationsprobleme hin und her – ontogenetisch wenig gegen einen radikal neuen Ton in der sog. Kulturkritik, der in synthetisch-terziärer Exklusivität und hin- und hergerissen zwischen Eros und Thanatos sogar ein nagelneues metaliterarisches, prunkend brunkhorstliches Denksprechen einläuten könnte, welches im Kainszeichen der Spätromantik und des Posthistoire im Zuge der omnilateralen permissiven Polyvalenzen repressiver Toleranz in einen Denkstandardanstoß noch jenseits von Wladimir Habermas eindriften möchte: In einen Verständigungskanon, den Estragon Valentin einst auf den ästhetischen Begriff gebracht und gehoben hat: »primöse Mibrollen und Vibrome«.

☆

Das Romantische, belehrte Goethe Eckermann, sei das Kranke, Schwächliche, Lazaretthafte, Kirchhofwiderwärtige, Weinerliche, Weibliche. Tieck wie die Schlegel vermeinten darin als dem rückwärtsgewandten Traum vom Mittelalter das Poetische schlechthin zu erkennen. Friedrich Schlegel, um nur im deutschen Theorieraum zu bleiben, hielt im ›Brief über den Roman‹ dafür, romantisch sei, »was uns einen sentimentalen Stoff in einer phantastischen Form darstellt (...) was uns anspricht, wo das Gefühl herrscht, und zwar nicht ein sinnliches, sondern das geistige«. Schlegels ›Lucinde‹ ihrerseits versteht als romantisch »die reizende Verwirrung«, aber auch den »Immoralismus«. Novalis und andere Frühromantiker witterten im bzw. erhofften vom Romantischen ein utopisches Moment, gleichzeitig aber die mystische Liebe. Brentano und Eichendorff waren nahe dran, im Romantischen ein Substitut für verlorengegangene Religion zu erkennen. Marx und Gefolge schmähten in ihm das Lager und die Machenschaften der Reaktion. Generell wurde späterhin das Romantische, für Madame de Staël noch die »moderne« Fortsetzung des Troubadour- und Ritterwesens, als das unendlich Reflektierte verstanden und definiert, im besonderen in der Gestalt der romantischen Ironie und in weitgehender Konkordanz mit dem Schillerschen »Sentimentalen« als dem Un-Naiven.

Davon sind nicht einmal der Mond und die Schumann-Eichendorffische Wünschelrutenzauberei geblieben. Sondern für Broch meint Romantik probate Flucht in den Garten; für Brecht privilegiertes Glotzen der Bourgeoisie;

durchaus analog ist im Common sense des Schwachsinns und der Reklame das Romantische das Heimelige, Gemütliche, Kuschelige, gewissermaßen Nichtganzdichte – und in der Sozialpsychologie nicht einmal das. Nach Zick Rubin, ›Measurement of Romantic Love‹ (1970), ist mit Romantik das »Gefühl des Füreinanderseins« gemeint, also etwa: christliche Nächstenliebe, Agape.

Womit der Kreis allen denkbaren Unfugs ja wohl fugenlos ausgeschritten wäre.

☆

In der ›Bild‹-Kolumne ›Fernsehen wird durch 'Bild' erst schön‹ verlautet zu dem englischen Spielfilm ›Die Brücke von Arnheim‹ als Kurzinhaltsangabe bzw. Kurzbewertung: »Irre Materialschlacht, Super-Stars.«

Ich fürchte, weil dieser Text aus der Feder des ehemals als beinahe linkskritisch geführten Journalisten Reginald Rudorf gerann, verdient er hier füglich festgeschrieben zu werden; schon für die Große Abrechnung am Jüngsten Tag und für den Fall, daß Gott noch vergeßlicher werden sollte.

☆

»Verbalradikalistische Fäkaliensprache« monierte lautstark F. J. Strauß am Grafen Lambsdorff, nachdem dieser seinerseits Attacken von Strauß als »heimtückisch und ganz mies« eingestuft hatte.

Schon im Sommer 1982 fiel etwas bedrückend auf, daß jener, der im gleichen Jahr den Mund seiner Ehefrau Marianne (nach dem Zeugnis von fünf Redakteuren der ›Süddeutschen Zeitung‹, die einen Eid drauf schwören mußten) als »Fotzen« und im Jahr drauf zu Passau die Gesichter der Demo-Vermummten als »Visagen« qualifiziert hatte, offenbar vor lauter Latein im Kopf die Bedeutung der einfachsten Wörter nicht mehr recht zu taxieren vermag; nämlich als er, der sich kaum je gegen seine Eigenschaft als »Rechtsradikaler« öffentlich gewehrt hatte, ein gewaltiges Zetern erhob, nachdem ein SPD-Parteitag eigentlich recht ehrenvoll in ihm einen »Neo-Konservativen« erkannte; worauf Strauß vonwegen »Methoden des Dr. Goebbels« und »Judenstern« gewaltig widerplärrte.

Ob man's ihm hier mal erklären muß, was »Fäkaliensprache« recht eigentlich sei? Oder ist in seinem Fall schon alles längst zu spät? Noch vor zehn Jahren setzte es – z. B. in ›konkret‹ – hin und wieder Zeitgespräche darüber, ob der Vorsitzende nicht ein Exemplar sei, das – keineswegs nur im weiteren und übertragenen Sinn, sondern buchstäblich – unter pathologische Kategorien falle, solche, die mit Wirklichkeitsverlust noch sehr mild und leise beschrieben sind. Ich hoffte damals schon auf weiterführende Analysen aus berufenem Munde – mittlerweile scheinen aber derlei ernsthafte Bemühungen ebenso eingeschlummert wie die Beschäftigung mit dem essentiell phantastischen Fallstudienobjekt CSU – andersherum: Kann mir eigentlich jemand mal sagen, zu was, sagen wir, eine Margarete Mitscherlich, ein H.-E. Richter gut sind, wenn nicht dafür?

Eben.

☆

»Die Staatsanwaltschaft fordert« – nicht der Staatsanwalt. Die Schriftstellerschaft, hier vertreten durch den ersten Generalschriftsteller Eckhard Henscheid, fordert im Jahr 20 nach Ausbruch der Studentenrevolte und der Talarmuffbeseitigung im Zuge der antiautoritären Umdenkprozesse, daß dieser sprachformale Einschüchterungsversuch schon deshalb verschwinde, damit Schwarzer, Hüsch, Henscheid und andere streng antiherrschaftsinstrumentlich Geprägte sich nicht länger dran reiben können; es wäre *zu* langweilig.

☆

Insgesamt mag er, Arno Schmidt, ja eine nicht unpfiffige Existenz abgewickelt haben. Groß war er fraglos als Mondbeschreiber und Landschaftsbenenner – am einfältigsten aber dachte und operierte er da, wo er sich am dicksten wähnte (oder u. U. auch nur so tat, um den Mythos zu schüren): in den logisch-mathematischen Teilen seiner Welt. Was ein elend verräterischer, durch keinerlei Selbstironie gemilderter Unfug, sich mit ca. 450 »guten« Lesern zu bescheiden, ja sie sich zu wünschen, die dritte Wurzel aus der Population des muttersprachlichen Landes! Er, der von jungen Jahren an, nachlesbar, nichts heißer ersehnte als möglichst den Nobelpreis, er, der anderswo von ihn lesenden Nachwelten wachträumte, weit über den Untergang der buchfähigen Spezies hinaus – nein, die Fixidee 450 ist weder lustige Marotte noch die verständliche Notwehr dessen, der ja tatsächlich lange Zeit kaum je über 450 Leser pro Buch hinauskam; sondern einfach apriorisch beleidigte Leberwurst hoch drei. Müßig zu fragen, ob Schmidt, hätte er seinen privaten Nobelpreis eher gekriegt, fruchtbar von seinen Zwangsideen abgelassen, ob er sie dann zu seinem künstlerischen Nachteil vermißt hätte; ihre, so oder so, spielend leichte Durchschaubarkeit ist das Leidige an Schmidts und Verwandter Psychostrategien, und am Ende kriegt das derzeitige Gebrüll Reich-Ranickis halt doch noch recht: Dichter sind wirklich »unsichere Kantonisten«; präziser: undichte.

Apropos, wie viele sollen's denn nun sein? 450, klar, ist Krampf; 100 000 zu viel und charaktermißbildend.

Aber —: 10 000 wären grade recht, jawohl, die Einwohnerzahl Nördlingens: hoch angemessen auch und gerade für die ›Sudelblätter‹ — ich bitte drum, energisch.

☆

Der Zeitgeistforscher und Kollege Teddy Hecht von der ›Titanic‹ hat beobachtet, daß, allem Anschein zuwider, »das Leben noch brodelt. Wenn auch ziemlich saudumm.«

Naja, in Anbetracht dieser vollendeten Diktion so saudumm nun eben auch wieder nicht.

Sag an, mein Herz, was will dir frommen / In diesen windignassen Tagen? / Künd' mir, mein Seel', wes welcherdessen (Fragment; als Reimwort war »Blamagen« eingeplant)

☆

Vom Déjà vu zum Deux Chevaux. Mählich novembrig plätschert das diesjährige Proust-Jahr zu Ende, jenes Jahr also, in dem es von einer immer verworreneren Welt weithin unbeachtet den 64. Todestag Marcel Prousts (1871–1922) zu feiern galt. Golden tropft Blatt um Blatt nieder vom hohen Akazienbaum — bientôt nous plongerons dans les froides ténèbres, la tombe attend, les jeux sont faits — aber worum geht es, was steht an, qu'y a-t-il?

Nun, ziehen wir heute, im Jetzt und Hier, Bilanz, so erreichte das diesjährige Proust-Jahr seinen Höhepunkt am Vorabend des kürzlichen 18. November in der Frankfurter Speisegaststätte ›Pizza-Peter‹ gegen Mitternacht mit einem kernig über Tische und Theke schallenden

»Prost, Proust!«, in welches sich freilich immer wieder renitente Gegenovationen der Frankfurter Goethefreunde in Form eines gesungenen »Ein-tracht-Frankfurt-eieieiei« mischten, von den eher mißverständlich einstimmenden Kegelbrüdern ›Gemütliche Gut Holz‹ zu schweigen, die das Ganze in die herkömmliche Weise »Prostprost, Kamerad, prostprost Kamerad, prostprostprostprostprostprost, Kamerad!« hinüberzerrten.

Und erinnerungssatt kreisten die Gedanken der drei im Lokal herumdümpelnden Proustianer um den gerade gewonnenen 70er Krieg, um Odette und Albertine und natürlich vor allem, allem voran, immer wieder um Ornella Muti. Immer wieder: Ornella Muti, Ornella Muti . . .

Und am nächsten Tag, einem gewöhnlichen Dienstag, ging alle Welt wieder malochen, um sich aber schon am Abend, symbolisch genug, auf den folgenden Mittwoch, den Buß- und Bettag, vorzubereiten.

Proust 1986: Was ist – was bleibt? Nun, einerseits ein schöner Abend, andererseits intellektuelle Unsicherheit – und keineswegs nur eine von den Joycianern und den deutschen Beckett-Freunden geschürte. Einerseits Bleibendes – andererseits der Zahn der Zeit, la dent du temps, zwackend auch und gerade am Werke, am sog. Œuvre Marcel Prousts. Insgesamt gut behauptet hat sich auch 1986 das weltberühmte Proustsche »Madeleine«-Erlebnis, will sagen: Ein alter Dackel erinnert sich beim Eintunken einer bestimmten Gebäcksorte in den Tee schlagartig seiner Kindheit und ihres unglaublichen Zaubers. Nun, heute ist zwar dies Madeleine-Erlebnis hie durchs Aha-Erlebnis, dort durch das große Frische- und Fitness-Erlebnis in seiner Spitzenstellung einigermaßen bedroht – auf der anderen Seite klappt das Madeleine-Erlebnis dank der immer unvergeßlicher werdenden Duft- und Geschmacksnoten der Gebäckindustrie sogar noch viel wunderbarer; erinnert sei nur an die Proust noch unbekannten Valeurs und Odeurs »knusperknakkig«, »knabberknackig«, »knabberfrisch« und »funnyfrisch« – dochdoch, eine einzige Kinderei ist das.

Freilich, die »mémoire involontaire«, der Dachverband der Madeleine-Gruppe, wurde dieses Jahr stark angeknabbert von ›Rondo‹, dem »zärtlichen Memoire-Ring«, der es in Frankfurt sogar zu einem Preisausschreiben brachte, und, konträr zu wiederum diesem, von der »mémoire de l'intelligence«: Immer computerhafter die Köpfe – immer reicher umgekehrt der Dreck des Unverdauten in ebendiesen Köpfen – immer träumerischer die Nation: Kohls Goebbels/Gorbatschow-Engführung mag als Beispiel dienen. Wie es letztlich überhaupt um die ›Recherche du temps perdu‹ ganz misérable steht: Der ganze geballte Dreck, Mitscherlich hat's längst bewiesen, wird immer entschlossener verdrängt und als solcher weiter mitgeschleppt, daß Gott erbarm. Bzw. irgendwie scheinen irgendwo ›Recherche‹ und ›Le temps retrouvé‹ immer williger in einem Dritten, Höheren und Synthetischen aufzugehen – nennen wir es Freizeitland und Freizeitwert, z. Hd. Christian Schwarz-Schilling, Bonn.

Und sonst?

Nun, Prousts Idiosynkrasie gegen jede Form von Cliché – »unverträglich ist seinem Takt, was alle sagen« (Adorno) – im Verein mit seinem geschworenen Snobismus als Résistance und zugleich als individuelles Korrelat der gesamtgesellschaftlichen Zuhälterei – diese beiden haben zwar in den alternativen Bewegungen des letzten Jahrzehnts einige neue Lebenssäfte abgekriegt – so wie ähnlich Prousts Abneigung gegens »reçu«, das allgemein Akzeptierte, frischen Auftrieb erfahren hat durch Joschka Fischers Ministerernennung, die fraglos dem Gestus des ›A rebours‹, dem Gegen-den-Strich-

Kämmen, als einer Proustschen Kategorie Huysmansschen Angedenkens einige neue Nahrung gab. Aber insgesamt hat sich 1986 die Akzeptanz, im besonderen die Kabelakzeptanz, im Sinne des schon erwähnten Schwarz-Schilling weiter verbessert – und das konservative Prinzip Kohl müßte die nächsten Wochen schon wirklich grausam viele Fehler machen, wenn er die Januarwahl 1987 noch verlieren sollte.

Und die von Proust so unermüdlich vorgelebte Kluft zwischen »vita activa« und »vita contemplativa«? Hier scheint sich heute erneut ein echter dialektischer Kompromiß abzuzeichnen, wenn wir das Jahr Revue passieren lassen – und sein Name sei: Dösen im sogenannten »Aktiv-Urlaub«. Sei's am Strande, sei's beim Petting, das aber auch im Schwinden ist. Recreation-Aktivität ist angesagt – als vita complemplativa – will sagen: Mit dem allgemeinen Plempel leben, jeden Plempel wegsaufen, und sei's das neue süße Cherry-Cola.

Seine einst exzellierende Stellung fast völlig eingebüßt hat das typisch Proustsche Déjà-vu-Erlebnis. Es ist nicht nur längst umgekippt ins traumurlaubaktivere »Deux-Chevaux«-(2 CV-)Erlebnis – selbst dieses hat Marktanteile verloren ans Fiat-Panda- und ans Lancia-Y-10-Erlebnis, seinerseits überflügelt auch vom allgemeinen Olàlà-Erlebnis, vom Vichy-Vachy-Erlebnis, vom Bräunungsstudio und vom Campari-Rausch unserer ja nicht einmal zum Break-dance mehr sich hochraffenden Zeit.

Allenfalls in Spurenelementen hat sich das Déjà-vu-Erlebnis behaupten können: In Form eines matten, eher unangenehmen, ja impertinenten, aber gnädigerweise auch schon kaum mehr spürbaren Ennui-Feelings, frei vom alten Proustschen »choc«, frei aber auch praktisch von bad vibrations. Nennen wir es das postproustsche Uähääuääh-Erlebnis, ist ja völlig schnurz.

Man sieht als Zwischenbilanz: Um das Werk des alten Franzosen steht es nicht zum besten, auch wenn der Suhl- und Schlamp-Verlag neuerdings aufs Cover von ›Du côté de chez Swann‹ ein Farbfoto knallt, das aus Schlöndorffs sagenhafter Verfilmung stammt. Bei der es aber auch weniger um Proust als um ein allgemeines und sinistres Voulez-vous-coucher-avec-moi-Erlebnis geht.

Ich sage nur erneut: Ornella Muti . . .

Haben sich also wenigstens Décadence und Mondanité Prousts einigermaßen gehalten? Auch daran ist zu zweifeln. Die Mondanité als Prousts Sphäre katexochen mußte der allamerikanischen Internäschenälity weichen; die Décadence wurde durch das konstruktive Prinzip Black & Decker eingeschränkt – und selbst die in den Tagen Prousts hochbegehrte Mitgliedschaft im Jockeyclub ist längst zur allseitigen und allfälligen Mitgliedskarte des Club Méditerranée oder wahlweise des Dolce-vita-Club Freilassing, Post Breitnershausen, demokratisiert.

Schon seit circa 1960 ist die Welt der Guermantes durch die der Peter Stuyvesant kassiert; seit circa 1965 Prousts Titel ›A l'ombre des jeunes filles en fleurs‹ durch die eindeutigere, aber auch eindeutig bessere Volksversion von Brigitte Bardot: ›Ein Gänseblümchen wird entblättert‹. Albertines Schönheit hat im seidenrauschenden Frou-Frou-Erlebnis bei Isabelle Adjani ihre vollsozialisierte Nachfolgerin gefunden – und indessen nach Prousts Kategorie der »joie enivrante«, der berauschenden Freude, kein Hahn mehr kräht, setzt 1986 jede Krampfhenne auf den einfachen Kir-Royal-Rausch, genannt Kir-Royal-Chvourbel simple.

Der leitete freilich schon 1984 den Ex-›Zeit‹-Feuilletonchef Fritz J. Raddatz, als er im höchsten Jet-Set-Delirium Prousts mythischen Romanort »Combray« mit de Gaulles Sterbeort Colombey-les-deux-Eglises so vollrohr durcheinanderwirbelte, daß er bald darauf adieu sagen mußte.

Bliebe am Ende noch das von Proust mehrfach erwähnte Phänomen der sog. »amour«, von dem man aber heute schon und im Kainszeichen nicht nur der Raddatzschen Simulacra guten Gewissens sagen kann: rien ne va plus par excellence.

Ein Proust-Jahr geht zur Neige – und schwerlich kann man unbestechlichen Auges dem lebenslustigen Franzosen, der bis zuletzt nicht vom Bier ließ, andere denn beschwerliche Zukunft prophezeien. Die meisten seiner Erlebnisse sind heute passé und oublié und englouti und jedenfalls voll den Bach hinuntergerauscht. Und doch gibt eines von ihnen Anlaß zur Hoffnung, daß der Mann noch mal ziemlich groß rauskommt; nämlich im Zeichen der zunehmenden Kybernetik, der immer atemberaubenderen Aktennotizenkulturen und jenes noch unsäglicheren Etwas, welches das Vaterland so gerade noch am Laufen und bei Laune hält:

»Verehrte gnädige Frau« – schreibt eine Figur in Prousts Roman – »ich merke eben, daß ich gestern meinen Stock bei Ihnen vergaß, und bitte Sie, dem Überbringer dieses Schreibens ihn auszuhändigen. PS: Verzeihen Sie bitte die Störung, ich habe ihn eben gefunden.«

Lustig, oder? Okay, bon. Aber ein guter Schluß war das auch noch nicht. Raffen wir also nochmals zusammen. 1. Uns Heutigen ist Proust weitgehend verschlossen. 2. Halten wir uns also – – aber ein guter Schluß wird das erst recht nicht. Aber jetzt hab ich einen, einen ebenso prickelnden wie elektrisierenden und gleichzeitig echt vibrierenden: Ich sage nur abermals: Ornella Muti. Ornella Muti. Charmantcharmant. Charmantcharmant . . .

☆

Das Proust-Erbe ist gesichert, bei einem Schweizer liegt es seit 1986 in besten Händen: »Schreibend versuche ich nichts anderes, als den Duft meiner Kindheit wieder zu erzeugen«, schreibt, im Versuch, bei den Kritikern einen Stein ins kindische Brett vorm Hirn zu kriegen, der exakt 40jährige S. Blatter 1986.

»Sie sieht den Pfarrer hantieren, er findet irgendwo eine Kanne, er gießt Wasser auf, das kochend auf dem eisernen Ofen steht, und bald zieht der Geruch nach Lindenblüte durchs Zimmer. Der Geruch, der Daniela an Krankheit erinnert und an die Kinderzeit.«

Ruise Linsers Proust-Weiterführung aus dem Jahr 1953 im Roman ›Daniela‹ besitzt dagegen vergleichsweise immerhin den Charme, daß sie auch nicht ungefähr weiß, wen sie da Großmächtiges zitiert, sonst hätte sie's nimmermehr verschwiegen, sondern rausgeschmettert – es gehen ihr beim Schmieren halt irgendwelche Halbtopoi zwischen Hesse und Lochhausener Wochenendbeilage durch den Zementkopf, und siehe, schon werden hochmögend hochmondäne Zitate draus. Das Unbewußte als Insignum und Kontinuität oberster Kunst, jawohl.

O Dieu vengeur! O mon espoir!

In jüngerer Zeit stellt man wieder vermehrt Gedanken darüber an, wie es kommen mag, daß ausgerechnet ein kleiner glatzköpfiger Mann, der vom Phänotyp her viele an den unsterblichen deutschen Philisterspießer erinnerte, der prima vista so gar nichts irgend Charismatisches abstrahlte, der zudem Autor eines Buchs über die autoritative Persönlichkeit war, daß also ausgerechnet Adorno es war, der seinerzeit Halb- und Intellektuellen nicht nur die Vaterfigur bescherte, welche beide Teile mehr oder weniger subtil verteufelten; und der darüber hinaus so etwas wie Personenkult wachrief und noch -ruft – mit meinen Anekdoten von 1983 mache ich da ja, wenn auch in spielerischer Negation, keine Ausnahme.

Über die Gründe darf man weiter rätseln. Viel an Suggestion mochte aus den Schriften herrühren, deren Duktus zur Bezauberung wie zur Nachahmung animiert, – allein, der kleine, gleichsam kümmerlich putzige Mann, der hinter jenen stand oder besser: aufschien, der strafte recht eigentlich all die Gesetze Lügen, nach denen – von sagen wir Kant bis Spengler oder Bloch – Charisma, Leadership, Mythos angeblich erwächst. Indem er ihnen fast vollkommen mißentsprach.

Nur eine Deutung leuchtet mir einigermaßen ein: Es faszinierte an Adorno, mehr noch als an Horkheimer, die Legierung einer zumindest dem Anschein nach rigid-radikalen Denkattitüde mit dem Kindchen-Schema: ein Baby mit noch kahlem Kopf auf pummeligem Körper – mit anderen Worten: die derart wiedererstandene Idyllenikone vom Christuskind, dessen kindlichen Zügen ja auch zumeist ein Frühgealtertes einverwoben scheint.

Mit nochmals anderen Worten: Während die dominierenden Barbaren Lebenshalt, Überlegenheit noch immer aus der imaginierenden Identifikation mit Goliath, Robin Hood, Cassius Clay, Rambo gewinnen, derweil drängt's, Wunder über Wunder, die bleichen Intellektuellen abermals zum Kinde –

Ich aber beauftrage hiermit an dieser Stelle den reifen F.W. Bernstein, den womöglich haltlosen, vielleicht aber auch im Sinne der Tücke des Weltgeists irgendwo satt produktiven Gedanken weiter und zu Ende zu denken. Gegen 3 Buch-Belegexemplare.

☆

Kein anderes Werk der Kunstgeschichte hat, sei's zum Abklatsch auf Buchtitel, sei's in Form von Zitatmontagen, Paraphrasen usw., in den letzten fünf Jahren so häufig Wiederbelebung erfahren wie C.D. Friedrichs Ölgemälde ›Der Wanderer über dem Nebelmeer‹ von 1818 — an rund zehn Zitate bei zeitgenössischen Malern erinnere ich mich gut und gerne.

Ob man die Sehnsucht nach der Wiederkehr von Rock und Stock draus schließen kann? Der riete fehl, der darauf riete, sondern es ist — es ist — — na auch dies könnte mit gleicher Post an Bernstein gehen.

☆

». . . das Produkt der Beobachtungen, die ein reiner Geist über sich selbst angestellt hat« (Lermontow, ›Ein Held unserer Zeit‹).

☆

Neinnein, nicht daß ich hier auch noch partout, wie tausend dankbare Kommentatoren, Besinnliches zum letzten Kohl-Blackout über Goebbels/Gorbatschow beistiften möchte. Aber als Fachkraft für Kohl fühle ich mich natürlich 1. schon gefordert und 2. vermisse ich bei aller Klage und allem platten Spott über des Kanzlers wahrhaft großstilig schusselige »Dampfplauderei« (Rolf Zundel) eine weiterführende Perspektive. Diese: Zuletzt war angesichts des Arbeitslosenrückgangs, des fraglosen Konjunkturaufschwungs und einer Inflationsrate gegen minus 0 schon präzis völlig wurscht, was Kohl so daherredete, und der, bauernschlau, merkte eben dieses wohl und ließ die vorletzten Klappen fallen —

– jetzt aber, angesichts des betretenen Debakels, wird zum einen wieder klar, wie dankbar (die CDU hat ganz recht) der SPD-Vogel zu sein hat und auch ist: dafür, daß er wieder mal erbittert und »unerbitterlich« (Valentin) seinen lange und harmvoll fast geschlossenen Leidensmund auftun darf – und zweitens wird noch strahlender klar, wie unerheblich selbst dieser zwischen »PR«, »Hollywood« und Goebbels dahertaumelnde (PR verwechselt der Oggersheimer glatt mir RP: Reichspropaganda – und es ist ja auch wirklich das gleiche) Fauxpas und lübkisch stäubende Kalk wäre, bliebe er im Inland – gäbe es nicht den verdrießlich ahndenden Russen, der – gleichfalls ja für alles dankbar ist.

Man müßte jetzt also nur noch den Russen beschwätzen, bei dergleichen Fallouts nicht hinzuhören bzw. ersatzweise irgend so eine kleine Strafgebühr zu kassieren: Dann erst wären sämtliche Scheunentore im Verein mit Polen offen, und man hätte einen Kohl in Dauerhochform zu gewärtigen, der die Welt das (Fragment)

☆

Seltsam, seltsam und einigermaßen bedrückend, wie zeitlos Urformen, Urgesteinsformationen von Dummheit und Ignoranz über die – mählich spürt man sie – wechselnden Generationen hinweg sich wiederholen und fortsetzen; und als Mythen schrecklos sich erneuern. Im altspontiesken ›Pflasterstrand‹ teilt ein spürbar 25jähriger Rezensent, dessen Namen ich hier verschweige, damit er sich stillheimlich noch bessern kann, mit, er wundere sich, er sei gewissermaßen begeistert darüber, daß ihn via die Neuenfelsschen Wider-den-Strich-Regiekünste die ›Aida‹ begeistert habe, wörtlich: »Daß dieser Schinken mich je packen könnte.«

Freuen wir uns der Begeisterung dieses frisch gewonnenen Jüngers nicht. Weniger, daß sich seine jugendliche Einfalt von einem unserer bewährt-routinierten Regie-Gauner hereinlegen läßt – sein frohsinniges Kunstgeschichtsbild hat ein über den Anlaß hinaus Zermürbendes. Weil's in der ›Aida‹ neben zartestem Passagenwerk fast kammermusikalischen Filigran-Raffinements auch einen großartig kontrapunktischen Triumphmarsch samt Massenensemble hat, deshalb ist ihm das Werk ein Schinken. Aber eigentlich mehr noch vom Hörensagen her. Nun braucht jeder seine Jahre, Informationen halbwegs zu sortieren – allein, der Flinkheit der Adaption von Clichés eignet doch ein jammerklirrend Ewigdummes. Interessanter und konsequenter in ihrer Verschlafenheit ist immerhin und allenfalls die aufs Halbwissen Heranwachsender und beharrlicher Deppen gründende Verwirrung der höheren Art, nämlich durch Assonanz-Interferenz. Im vorliegenden Fall etwa dergestalt, daß nicht so sehr die ›Aida‹, sondern vor allem Schinkels Bilder und Bauwerke Schinken aus dem 19. Jahrhundert seien – ein Erklärungsmodell, dessen, wie bekannt, der ›Spiegel‹ wie die Überschriftenmacher der ›Frankfurter Rundschau‹ und des ›Lohrer Tagblatts‹ sich immer wieder bedienen; zur dankbaren Zufriedenheit ihrer Leser. Ja, letzten Endes ist's doch wirklich so: Mozart hat was Zartes – Weinheber was Toastmäßiges im Sinne eines Trinklieds Francesco Paolo Tostis – – aber das Thema hatten wir ja vorne schon.

☆

Einen bedenkenswerten Aspekt als weiterreichendes Erklärungsmodell hat Wolfgang Pohrt am weiter würgenden Schaffen M.R.-Ranickis aufgewiesen: Die schon »unverkennbar mit dem Mut der Verzweiflung geschriebene

Eloge« auf ein seines, Pohrts, Erachtens läppisches Buch von Th. Becker sei getragen von der Absicht, »dem verhaßten eigenen Gewerbe den Todesstoß zu versetzen«.

Alles ist erlaubt? Das wohl auch und längst. Nach mir die Sintflut? Läge durchaus im Moralterrain Unseres Lautesten. Nur, daß, wie Pohrt vermutet, die diversen Protegés in ihren diversen Unbedarftheiten schon durch schieres Ausknobeln erkiest werden – ich weiß nicht, diese Durchtriebenheit transzendierte doch wieder erheblich Seine Verhältnisse, nein, dazu ist Unser Betriebsmephisto doch wieder im Grunde viel zu gradehin und bieder: glaubend zäh an die »guutäh Literatur«, wenn schon an sonst nichts maxima voce noch viel Dooferes.

☆

»Wenn ich heute gefragt werde«, bekennt Eco in der Nachschrift zur ›Rose‹, »von wem die Zitate im einzelnen sind und wo das eine aufhört und das andere beginnt, kann ich es nicht mehr sagen.«

Eigenartig, genau das gleiche hätte ich über meine ›Madonna‹ sagen können. Und noch eigenartiger, ich las die ›Rose‹ erstmals 1982, der Bauplan samt Zitat-Strukturen für meinen Roman war aber schon ab 1981 fix und fertig – und nicht nur wird die ›Rose‹ in ihm ex- und impressis verbis mehrfach zitiert – ich weiß schon nicht mehr, wo genau. Und ehe es also ganz ausgeschamt wird, breche ich hier mitsamt allen Korrespondenzen meine irgendwie sehr kraftlosen Verwunderungen ab und mag nicht mehr. Und wende mich noch Brennenderem zu:

☆

Warum Charles Dickens' 1000-Seiter ›David Copperfield‹ ein humoristischer, ironischer, komödiantischer, reifer, rührender, menschlicher, phantastischer usw. Roman sein soll (so z. B. das restlos quatschige Nachwort der Winkler-Ausgabe): Das würde ich ja zu gern mal erfahren. Erfahre es aber nicht. Denn der weltberühmte Roman ist nichts als konfus, spekulativ und grauenhaft ennuyierend. Aber gegen jahrhundertelang sich selbst fortzeugende Legenden ist natürlich kein Kraut von Aufklärung mehr gewachsen; und wenn diese meine Zeilen auch jeden Tag zum Ausklang der ›Tagesschau‹ vorgetragen werden würden.

☆

Durch die verschiedenen Sinne, lehrt uns die neuere physiologische Wissenschaft, fließen sekündlich 600 000 Bit ins Gehirn. Durchs Bewußtsein aber fließen nur 10 bis 20 Bit pro Sekunde. Mit anderen Worten und laut H.H. Kornhuber (cit. nach D.E. Zimmer, ›Tiefenschwindel‹): »Der Körper enthält mehr Information, als das seelische Erleben je enthalten kann.«

Die Pointe lagert fast zu nahe: Und eben deshalb, damit das Gleichgewicht nicht ganz zusammenbreche, braucht der Körper die vielen kleinen informationsvernichtenden Bitburger Bits, das seelische Erleben wieder nachkommen zu lassen. Salute.

☆

Oiso, oiwei howama denkt, oiso dera sogenannta Fremdenhaß wui song de faschistische Charakterstruktur, oiso dös kimmt oiss dahera, daß unsaoans im Fremden dös Andersartige hassen tuat, noja, wia mas halt fruja vom Sartre und vom Adorno etzetera glernt hom, net wahr. Oba etz, wos is etz los? Etz les i do in ana soana soziologischen Essaysammlung von oam – Momenterl, Wolfgang Pohrt schreibta sei, und dös Büachl hoaßt ›Zeitgeist

Geisterzeit‹, noja, soichene Titel homs heit gern, d Essayisten – les i dora: daß aggrat andersumi funktioniert! Daß nämli dera Fremdenhaß daher kaam, daß ma in Fremden haßt deretweng, weil er nämli pfeilgrood so is wia unseroans, oiso pfeilgrood so arm dro is wia unseroans aa. Und ebendös haßet ma, schreibt er, der ander.

Oiso, i moin, i bin ja a lernfähiga Mensch und gecha neie Denkanstöß hot unseroana ja gor nixen, oba etz woaßi halt gor nimmer, wos ma etz da glaum derf innert dera Sozialwissenschaft, in denene Widersprüch bei denene soziale Triebstrukturn, oiso praktisch in denene dialektischen Brandungen, denene ganz evident zyklisch antagonismusmassigen!

So wos! Und wos waar nacha, wenn gor koans stimma taat, oisa, daß mir an Fremden amend gor nia net hassen tuan?!

Noja, mir is letzten Ends eh gleich, i mog mi und olle, i tua koan wäh, gell Mario, alter Kimmeltirk, du Kanakkenbotscherl, du stinkerts, geh, bring ma no a scheens frischs Weizen, der Pernod do hotma gor net guat toa.

DOCH, JETZT, IM NEBELUNG, hab ich's gepackt; und meinen ersten kompletten Rinser-Roman ausgelesen: ›Daniela‹, 1953 geschrieben für Carl Orff. D. h. Frau Dichter H., eine hochbegabte Rinser-Stimmenimitatorin, hat – jeden Abend nach dem Essen ein Kapitel – mir das Epos der Unholdin vorgelesen. Es war: noch käsiger als vermutet, es war: unbegreiflich, es ist: ganz wundersam.

☆

München, Kaufingerstraße, Sonnenstraße und »Sex-Land«: Könnt's nicht evendöll so sein, daß eines am Ende schon nahen Tags, da das ganze Gerenne und Gemopse und Gerammle und Gerumple und Gehacke und Gemöre, welches momentan in seiner ganzen Sinnverblendetheit und seinem gänzlichen Telosschwund kein gesalbter Gott mehr zu überschauen, geschweige denn zu begreifen und gar zu steuern vermag – könnt's nicht sein, daß all die evolutionsgemäß heute noch niederreißend hochwallend dampfende Vorhölle nach einem über Jahrzehnte, ja Jahrhunderte hin sich noch einmal forcierenden Paroxysmus in ihre endliche und baldige Krisis mündet, um in dieser, wie der Weissagung des Kleistschen Marionettentheater-Aufsatzes gehorchend, mit einer gewaltig schmerzhaften Kraftanstrengung all den begriffslosen Dreck und Schleim und Höllenstank auszuschwitzen, wonach endlich, endlich wieder eine Ruh' wäre und alles von vorne anfinge und -hübe?

Nein? Unsinn? Schade.

☆

PS zu E. H., ›Der Neger (Negerl)‹ von 1982: Jetzt, 1. November 1986, erstmals hat's ein Negerl – weit über den Baß hinaus – auch zum Tenor gebracht! Doch, deutlich zu sehen und zu hören: Schubert, Es-Dur-Messe, ZDF, 12 Uhr!

Jorge Pita ist sein Name. Und *wie* er beim »Incarnatus est« die Stimme klettern ließ! Wie in einen Feigenbaum!

Das letzte Cliché geht also baden: Nein, Neger hängen *nicht nur* durch!

☆

Der dunkelst-dämonischste Stupore-Schock der letzten zehn Jahre: Kasparows 0:5 im ersten Match gegen Karpow 1984/85. Die üblicherweise »abortschüsselartigen Weltverhältnisse in diesem Zeitalter der Schwellungen und Verstopfungen« (Ror Wolf, ›Raoul Tranchirer‹) lassen mit einem Mal aus Gas und Gedämpf einen dunkel blitzenden Engel entsteigen, genannt: Negative Dialektik, vergleichbar den wirbeligen Supernovas im All, Schnellingers Ausgleichstor in vorletzter Minute, Straußens ›Monitor‹-Kreuzfeuerinterview aus dem Jahr 1971, achachach, der Memories . . .

☆

Die derzeit noch kurrenten und per Ressentiment vorab ratifizierten Tabus: Juden, Psychoanalyse und vor allem, allem voran, Glenn Gould. Wehe dem, der ihn, der allzeit gegen den Strich bürstete, gegen den Strich bürstend meist bescheuert findet. Wehe mir.

☆

Damit kein Scheißdreckelchen verlorengehe, sei, in Ergänzung des betreffenden Kurzessays in ›Dummdeutsch I‹ sowie etlicher Texte in ›Frau Killermann greift ein‹ (beide 1985) hier festgehalten, daß selbstverständlich auch Strucks Karin zum Schlagtot-Tandem »Wut und Trauer« ihr Scherflein beigetragen hat; in einem Satz von geradezu dschungelmäßigem Holzreichtum:

»Dieser Autor« (Hubert Selby) »ist religiös, jedenfalls scheint da eine starke Sehnsucht (seiner Helden) nach Verständigung, Kommunikation, Religiosität durch (religio: Verbindung) und eine ungeheure Bitterkeit, Traurigkeit, Wut und Trauer darüber, daß diese Verbindung nicht zustande kommt (. . .) in seinen Beziehungen zu überhaupt niemandem und nichts.«

So is broov.

☆

25.11.86. Wieder ist der Papst Woityla knapp einem Attentat entgangen. Sich auszumalen, daß es ihn diesmal erwischt hätte, hat nichts mehr mit der allbekannten klammheimlichen Freude zu tun. Sondern es ist, selbst eingeräumt, daß immer ein noch viel Garstigerer nachwüchse, nämlich nach dem noch ungeschriebenen dritten Hauptsatz der Thermodynamik oder was, schon eine nachgerade rinserisch gottvoll vollkommene Freude, die da (Aus juristischen Gründen abgebrochen)

☆

»Vorübergehend kam manchmal auch noch ein wißbegieriger alter Herr, aber der starb.«

Diese wichtige Mitteilung findet sich in der atemraubenden Vorrede von Dostojewskis ›Dämonen‹-Roman, sie steht im Zusammenhang der ersten Skizzierung eines ominös-unheilvollen liberalen Schwätzer-»Clubs« einer russischen Provinzstadt um 1850 ff. – und sie gibt Anlaß zu allergrößter Nachdenklichkeit. Stepan Trofimowitsch, Gaganow, Schatow, Liputin, der Erzähler selber: Sie alle werden in aller Breite und Verkommenheit vorgestellt; so kunstreich geschwätzig, wie sie selber daherquatschen; sogar das im Club klavierspielende und Stimmen imitierende »Jüdchen« Ljamschin kriegt zwei Dutzend höchst farbiger Zeilen ab. War also über den alten wißbegierigen Herrn wirklich nicht mehr mitzuteilen als nur dieser 1 Satz? Warum mußte er fünf Sekunden nach seinem glorreichen Auftauchen wieder aus dem Roman verschwinden? War außer seinem Alter und seiner Wißbegierde von ihm nichts der Überlieferung wert? Dachte ihn sich der Erzähler (bzw. Dostojewski) nur mal eben kurz aus, um noch etwas Kolorit draufzulegen?

Kaum. Ich denke, der alte Mann steht im Roman genauso gut und schlecht da, wie er war. Er kam in den

Club, um Wissenswertes und/oder Tratsch zu erlauschen – selber machte er den Mund dabei kaum je auf; sein Organ war das vom Alter geschwächte, aber noch passable Ohr. Oder aber: Er kam, um selber mit irgendwelchen Themen auf den Putz zu hauen – aber die übrigen plärrenden Provinz-Politiker ließen ihn einfach nicht. Ergo sah er sich gezwungen, den passionierten Lauscher und Interessierten zu mimen. Oder er geriet, wie sein ganzes Leben lang, durch ein Mißverständnis in den ganz und gar falschen Club – fügte sich aber ins Fatum und lauschte hingegeben, ja hingegossen auch noch diesem liederlichen Tratsch. All diese Grundvarianten nebst Verzweigungen läßt Dostojewskis Satz auf eine fast wunderbare Weise offen. Darin gründet seine Größe – und die des alten Herrn, den wir uns auch als einen sehr putzigen vorzustellen haben, ehe er dann so rasch und glanzlos stirbt.

Um zwar nicht einmal in die Annalen des Clubs einzugehen, aber doch in den ›Dämonen‹-Roman. Dostojewski als der wohl unerreichte Virtuose der konzentrischen Ringe eines Romans hat ihn für wert befunden: Nicht als Mann des Kernpersonals, nicht als Nebenfigur, nicht einmal als Statisten; aber als – kaum mehr als ein Hauch – einen Kleinstkomparsen, als Sternschnuppe im personalen Milchstraßennebel des Werks. Der Greis hat es zwar nicht weit gebracht, nämlich nur zum raschen und schmählichen Tod (einem wahrscheinlich längst hochüberfälligen) – aber doch zur Präsenz. Denn: »Die Präsenz ist gefordert« (Polt/Müller, ›Die Ordnungskraft‹). Präsenz für alle Zeiten. Dank Alter, Wißgier und Antriebskraft. Und das können die wenigsten von sich behaupten. Ich selber legte sofort 1000 Mark auf den Tisch, in diesem Club bzw. Roman auch nur als Nebensatz-Partikel vorzukommen. Dem alten Herrn aber widerfuhr Gerechtigkeit. Nämlich winziger, aber neidenswerter Weltruhm: 1½ Zeilen im größten *und* komischsten, nämlich wahnwitzigsten aller Romane. Herzlichen Glückwunsch!

☆

Ach Gott, apropos, fast hätt' ich's vergessen, das Schlimmste steht *mir* ja noch bevor: da Doud.

Overall gib Fäulnis true / In Aalen VIP fälln / Spie Rest two / Cow meinen auch / Tiefe kleins Weih gähn im Fall D / Wahr dehn Uhr, Balltee / Ruiz tua uch!

☆

Nun soll man ja die verschleierten Bilder von Laim zu kognitiven Zwecken nicht ständig und ohne Not lüften. Aber ein neugieriges Mäuschen wäre ich doch hin und wieder fürs Leben gern gewesen in der Ehe dessen, der da einst »Si puer cum puellula« und »In trutina mentis dubia« voll von vergleichsweise heidnischer Wucht und Zartheit sich hat einfallen lassen, mit jener, die im Jahr zuvor (1953) die zeitlose Nachkriegs-Epopöe ›Daniela‹ abfaßte, sie dem Bräutigam zuzueignen, eine katholische Schrumpelprosa von seltensingulärer Saudummheit; worauf jener sie ein paar Jahre später so bedrängt wie listig nach Rom in ein Haus lockte, sich ihrer zu entledigen, ja sie »loszuwerden« (Ruis Linser in einem ungeheuerlichen Radio-Interview 1986) – –

– ja, wie mag das wohl gewesen sein, damals, 1954–58 in München und anderswo ... ja, felix konjucktio minniglich zwischen Musik und Muse, zwischen

Krebs und Stier ... stetit puella ... ja ... naja, nein, lieber bin ich doch nie nicht dabeigewesen.

☆

Friedensoffensive, Frauenbefreiung, Kindererziehung, neue Lehrinhalte an Schulen und Hochschulen, »all dissn Schiet« (Johnson, ›Jahrestage‹, S. 1759): Das fürwahr Schlimme ist, daß die dümmsten Reaktionäre, die schon immer dagegen waren, heute immer recht behalten.

Fast. Fast immer.

☆

Der Kalauer / Ist ein ganz schlauer / Bauer (Dr. Adenauer).

☆

Nicht schlecht sind aber auch die von ihm selber erlittenen – Freudschen? – Verleser, die mir, auf meine eigenen Publikationen hin, Gert Zeisler aus Hannover übermittelt: Barocker – Barhocker; Kalkutta – Kalkulation; Ministerium – Mysterium; und, als einsames silbriges Schummerlicht in der Trübnis des Autobahnraststättenwesens im Großraum Nürnberg: Frauenaurach – Frauenarsch.

☆

Letztlich liest man Bücher ohne Sinn und Verstand. Sondern nur, um an Wörtern, Wortgebilden sich wohlig gütlich zu tun, sich an diesen schadlos haltend. Und hat recht damit: Sie sind vielleicht das Allerbeste, Einzigste? Einziglichste.

☆

Liebe, noch für ältere Dichter und Trachter z. B. ein Koalitionssystem von Lust und Rührung (Thomas

Mann), stellt sich für die Systemtheorie heutzutage eher karg dar als außergewöhnlich »hohe zwischenmenschliche Interpenetration« vor dem allgemeinen Hintergrund »sozialer Regression« (Niklas Luhmann, ›Liebe als Passion‹, S. 198–200), als »System der Interpenetration« (a.a.O, S. 217 ff.).

Richtig, wie nicht ganz dicht teufeln sie heute um so würgender auf sich ein – der einfachen Penetration vor lauter interaktionistischem Milieuzwang schier vergessend.

☆

Eichendorff: »Die Lieb' ist verschwiegen«; Niklas Luhmann: »Die Ausdifferenzierung einer Semantik für Liebe hat ihr natürliches Fundament in der Absonderung der Interaktion unter Liebenden.«

Der Vorteil der Wissenschaft in Gestalt der Systemtheorie besteht in der Stringenz der durch die Konsistenz ihres Gedankens begründeten Bündigkeit. Poesie ist zu verschwätzt. Die Liebe, nebenbei, Luhmann und Eichendorff haben keine Ahnung, auch.

☆

Übereinstimmend lassen die totalitären Utopien Orwells und Huxleys die dauerhafte heterosexuelle Liebesbeziehung verbieten, als Keim des Widerstands nämlich in einer ansonsten unbarmherzig vulgärhedonistischen Gesellschaftsformation. Kirche und CDU/CSU sehen dagegen in jener Liebe letztlich noch immer die einzig erlaubte, genehme, nämlich jeden Widerstand im Keim kasernierende. »Wahrlich, es gibt Dinge zwischen Himmel und Erde, die nicht bloß unsere Philosophen, sondern sogar die gewöhnlichen Dummköpfe nicht begreifen« (Heinrich Heine, ›Reisebilder‹).

☆

»Die liebe Erde . . . allüberall . . . ewig, ewig« (Gustav Mahler). Nein, nicht; sondern viel schlimmer: 4,6 Milliarden Jahre ist sie alt. 4,6 Milliarden. 4 600 000 000. 4 600 000 000.

Unglaublich. Richtig schlecht wird einem da.

Winter

Wenn die Redaktionen rufen / Ist mein Ruf hoch einzustufen / Bleiben diese Rufe weg / Bin ich Dreck (Vorabdruck aus der veröffentlichbaren Lyrik, Band 1)

☆

Anläßlich eines TV-Rückblicks auf 30 Jahre ›Lach- und Schießgesellschaft‹ war im Kabarett-Publikum, es muß um 1965 gewesen sein, mehrfach auch der nachmalige CSU-Spitzenpolitiker Erich Riedl zu erspähen, unausstehlich unansehnlich bereits wie heute, und allzeit heftig hektisch lachend.

Anscheinend gehörte der Besuch zu seiner Karriere.

Im nachhinein, im Film, werden viele Dinge noch larvengespenstischer, als sie im Augenblick schon sind.

☆

Jajaja, das tät' Dir so passen, Ministerpräsident L. Späth, daß Du uns »wider die Verzweiflungsspirale« und nach der »Wertepartnerschaft« (Dregger) sowie der »Wertegemeinschaft« (Geißler) auch noch eine »Versöhnungsgesellschaft« andrehen willst, aber da wird nix draus, wir sind und wollen bleiben: eine Verhöhnungsgesellschaft, basta!

☆

Brecht und U. Johnson hatten noch »Schwierigkeiten beim« Schreiben der Wahrheit, Reinhard Lettau noch »Schwierigkeiten beim« Häuserbauen; heute hat man »Schwierigkeiten mit«: mit seiner neuen Sozialisation, mit Gabis neuem Partner, mit seinen Gefühlen und natürlich damit, mit seinen Schwierigkeiten richtig umzugehen.

Hat man aber die Schwierigkeiten hinter sich gebracht, dann hat man eben diesen »Umgang mit«. Fritz J. Raddatz z. B. hat »Umgang mit« so ziemlich allem: mit den französischen Strukturalisten, mit Tucho, mit konkreter Poesie, mit der eigenen Sprache, früher hatte er auch mal mit Biermann. Aber da setzte es dann wieder »Schwierigkeiten mit« F.J.R.

☆

Gesetzt den Fall, daß Gerhard Polt den schönen Satz, den er beiläufig dem Nürnberger ›Plärrer‹ steckte, trägheitsbedingt nicht selber aufschreibt, sei er hiermit dem Urteil der Geschichte übermacht: »Insgesamt, sozusagen als Gesamtzustandszusammenfassung dieses Staates, empfinde ich es fast als Geschenk, daß einem nichts mehr einfallen muß.«

Nein, Raddatz, das hat jetzt partout nichts mit Karl Kraus zu tun, dem ja auch bekanntlich sträflicherweise, obwohl, wie man Dir oft genug versichert, er ja doch! Nein, Raddatz, sondern auch Polt bleibt ja weiterhin am Ball und Kämpfen, lies nur ruhig auch noch seinen nächsten Satz: »Man braucht praktisch nicht mehr nachdenken. Das empfinde ich als große Beruhigung.«

So, Raddatz, und schon geht's wieder auf zum Umgangsuchen. Hopp!

☆

Eine Mutter aus Hamburg teilt mir mit, daß ihr achtjähriger Sohn »aus purer Lust am Wort« (so die Mutter) das Mehrzweckkompositum »oberaffentittengeil« leidenschaftlich gern verwende. Und dafür, für dieses wahrhaft spätmarcusisch Radikalbefreite und -befriedete, darf er auch ins Sudelheft.

☆

Es hört und hört nicht auf. Am 28.11.1986 veröffentlichte das ›Börsenblatt‹ namens des Suhrkamp Verlags diese Anzeige, die man schon komplett zitieren muß:

»Verehrte Kolleginnen und Kollegen!

Eine bedeutende, umfassende, mit kritisch-revidierten Texten wissenschaftlich edierte Ausgabe des großen Denkers unserer Zeit ist abgeschlossen:
Theodor W. Adorno
Gesammelte Schriften
in 20 Bänden
herausgegeben von Rolf Tiedemann
Die Ausgabe, deren erster Band 1970, ein Jahr nach dem Tod des Autors, erschienen ist, vereinigt in 20 Bänden auf mehr als 10 000 Druckseiten Adornos abgeschlossene Schriften. Es ist eine Art Ausgabe der letzten Hand, die gleichwohl postum erscheint. Die Ausgabe enthält alle Frühschriften, alle Hauptwerke, die großen Theorien, die soziologischen, kulturkritischen, musikalischen Schriften, die Noten zur Literatur wie die ›Reflexionen aus dem beschädigten Leben‹, und immer wieder Adornos Stellungnahmen zur Zeit, seine ›Eingriffe‹.

Die jetzt erscheinenden Bände 20 1/2 enthalten in den Vermischten Schriften einen bislang unveröffentlichten Text, eine Ansprache Adornos vor Buchhändlern zum Gedenken an Peter Suhrkamp.

Ich könnte mir vorstellen, daß der dauernd mit seinem Selbstverständnis ringende Buchhandel oder doch die Kollegen, denen an einem Selbstverständnis des Buchhandels gelegen ist, mit betroffenem Interesse jene Worte

Adornos aus dem Jahre 1959 wieder oder neu zur Kenntnis nehmen möchten. Wir bringen sie hier im Auszug.

Mit freundlichen Grüßen
Ihr Siegfried Unseld«

Man lache hier nicht der »edierten Ausgabe« dieses Hermann-Hesse-Doktoranden (Hesse konnt's ja auch kaum besser); noch der postum erscheinenden letzten Hand, noch des »betroffenen Interesses« – die halbwegs korrekten Sätze dieser im Schweinsgalopp heruntergebrunzten Ferkelei sind ja genauso gemein und schauerreich. Tatsächlich dünkt es uns nicht einmal Bosheit und habituelle Gaunerei, was den Typus des Buchmachers/Verlegers treibt, diesen zumal, und was dann natürlich im Kasus Adorno doppelt zaubrische Blüten treibt – nein, es räuchert hier wirklich die blanke, nackte, lärmig laute Dummheit. Erklärte man's ihm Satz für Satz, was er da wie aufgezogen, ja rasend zusammengeseiert, er begriffe es einfach nicht, hielte es seinerseits für Bosheit, für Sabotage an seinem Lebenswerk, dem Lebenswerk eines Geistträgers, und zwar schimmelt, wie schon mitgeteilt, jetzt auch noch Karl Kraus in seinem Gesamtprogramm herum, postum und im Eingedenken an jenen Peter Suhrkamp, der einst auch Ruis Linser entdeckte und ihr nach vorne half. Denken könnte ich mir, daß der immer noch mit seinem kritisch-revidierten Selbstverständnis ringende Verleger in der Tat und in aller Unschuld, obschon er Adornos Reflexionen aus dem beschädigten Leben weder wieder noch je zuvor zur Kenntnis genommen hat, am Ende wahrlich stolz drauf ist, diese gammelfrohen Sprüche – –

– Kommando zurück: Ich lese gerade den angekündigten und visavis abgedruckten Adorno-Text über

Suhrkamp und die Buchhändlerei – hm, der ist ja auch kaum besser –

Ja dann.

☆

»Die abgefeimte Reibachmacherei mit dem Frieden« (Rüdiger Hipp), die ja schon seit Jahren bei der Gesangsgruppe ›Wind‹ sowie Lois Linser sowieso angekommen ist, kriegt langsam etwas ... äh ... etwas Erstickendes ... nee: etwas »Agogisch-Mystagogisches« (Alfred Edel), danke, Alfred.

☆

Warum hört man eigentlich nie was vom Postminister Dollinger und Wurst und

☆

Daß Literatur und ihre Parodie in sogenannten späten Perioden eins und eins mit dem Begriff Kultur seien, darauf haben Thomas Mann und Nabokov fast unisono bestanden, und das nämliche gilt für viele Musik, womöglich alle: Die grandiose Ariadne-Arie in Richard Strauss' Oper ist so originär schön wie barock-allegorische Oper zitierend und parodierend; aber scheint's reicht das noch weiter zurück, denn ein Gleiches gilt schon für Mozarts Don Ottavio, welcher stramm Händelsche Tonfälle reanimiert; verschlungener noch die Verhältnisse im ›Titus‹, der als Seria von der Parodie der Seria in ›Cosi fan tutte‹ lebt; von Bachs Begriff der Kontrafraktur gar nicht zu –

– aber worauf will ich hinaus? Na, weiß doch eh ein jeder.

☆

Brumm – brumm – brummbrummbrumm die Brummbrumm brumm im Brumm schrummbrumm.

☆

Daß man jeden Morgen, wenn's wieder losgeht, noch immer dieselbe Handschrift hat, obwohl im Kopf doch nichts mehr stimmt: Charmantcharmant.

Entschuldigung, Reiner Kunze, daß wir hier nochmals drauf zu sprechen kommen, aber wir wollten sicherheitshalber jetzt doch noch einmal nachfragen: Sie sind auch ganz sicher, daß der Titel Ihres neuen Buchs »eines jeden einziges leben« heißt? Nicht vielmehr: »eines jedes einziges leben«? Oder beziehungsweise: »eines jedens einzigen lebens«? Nein? Also wirklich: »eines jeden einziges leben«? Ja? Hm. Jaaa. Na, dann ist's schon gut, danke, das genügt.

☆

Wurden Themen noch in meiner aktiven Zeit »groß aufgemacht« und journalistische Opfer »groß rausgebracht«, so werden sie heute vom ›stern‹ besser »groß gefahren« (Dieter Gütt). Dagegen wiederum frägt sich die Firma BMW in einer Anzeige: »Warum sollten Sie nicht so jung fahren, wie Sie sich fühlen?«

Eben. – Im Verlauf des Texts wird's aber dann leider recht bieder: »Die zukunftsorientierte innovatorische Technik« von BMW sei es, die entschieden zur »Frische beiträgt« und drum »jung hält«. Der Texter war spürbar seiner eigenen Innovationskraft nicht gewachsen, ein

Schicksal, das er freilich mit den meisten Kunstwerken und Künstlerbiografien redlich teilt.

☆

Na also, endlich! Endlich gibt es nach der Trauerarbeit, der Verdrängungsarbeit, der Stolzarbeit, der Beziehungsarbeit, der Partnerarbeit, der Versöhnungsarbeit, der Phantasiearbeit und der Bibelarbeit wieder mal was Handfestes, eine Steigerung der »Beinarbeit« – nämlich, laut ›Psychologie heute‹, eine »Körperarbeit«; allerdings leider in Form schon wieder einer »Umerziehung des Körpers«, und drum wollen wir auch gar nichts Genaueres und Weiteres mehr wissen, was weswegen und warum es mit dieser Körperarbeit auf sich hat.

Sondern lieber – wichsen? Nein, nur nasenbohren.

☆

Das Boshafteste allerdings, was Sprache und Kleinbourgeoisie in zusammengeballter Niedertracht je erfunden haben, zu erfinden vermochten, fieser als Korkknirsch- und Styroporkratzgeräusche übereinander, das ist die Familien- oder Clan-Bildung mit *s*: Die Poth*s*, die Henscheid*s*, die (nächstens:) Bodmer*s*. Der ganze uneingestanden unausgeschwitzte Mief von Verkehr und Doch-nicht-Verkehr, von leidlicher Ehe- und unleidlicher Familiendarstellungspein, von Team- und Tandemzwang, von Prestige und Neid selbanderweis, die ganzen zeitlosen Fünfziger Jahre mitsamt der Nazizeit rühren da rum und Dreck mit hoch und feiern jetzt gar noch mit einer ZDF-Serie ›Die Wichterts von nebenan‹ höllisch frohgesinnte Wiederkehr –

– nur eins, eins nur blitzt noch tückischer: Das Unheil ohne den Artikel. Sommers, Bruckers, Valentins. Ja, Karl

Valentins »Wortgemeinheitshöhepunkte« selber scheinen sich da nochmals Name für Name selber zu übertrumpfen und zu – –

Nur eins geht: Bei Namen mit End-e ist es nicht so arg. Scheibles, Busches, Weigles – doch, das geht. Das geht an. Sehr gut sogar. Hm.

Und Namen mit End-s geben überhaupt keine Probleme auf: Die Haffmanse. Sehrsehr niedlich.

☆

»To be or NATO be.«

Im Wahlkampf '86 übertrifft die SDAJ sich und Hüsch selbanderweis um Schußweiten, ja fast Kriegsspielzeug.

☆

»Man kann Paul Watzlawicks neues Buch mit einem lachenden und einem weinenden Auge lesen«, lese ich auf dem Buchrückseitentext.

»Man kann Paul Watzlawicks neues Buch, mit dem er an seine großen Erfolge (. . .) anknüpft, mit einem lachenden und einem weinenden Auge lesen«, lese ich sodann auf dem vorderen Klappentext des Piper-Buchs.

»Man kann Paul Watzlawicks neues Buch mit einem lachenden und einem weinenden Auge lesen«, lese ich weiter auf der S. 7 in der ›Vorbemerkung des Verlags‹.

Mit einem lachenden und einem weinenden Auge habe ich dann ›Anleitung zum Unglücklichsein‹ zu lesen angefangen; frage mich aber doch noch immer besorgt in meinem halb wachen, halb schläfrigen Hirnkämmerlein, warum diesem durchaus nicht verächtlichen Autor offensichtlich alles wurscht ist; denn sonst hätte er ja wohl doch spätestens zur 16. Auflage (287. Tausend) diesen dreifachen Verlags-Dreck, der schon einfach schwer korrupt ist, irgendwie tilgen lassen; oder?

☆

»Die witzigen, vergnügten Blätter von früher, sie sind nicht mehr da. Ich will nicht gleich behaupten, bei uns gäbe es nichts mehr zu lachen. Aber der Humor ist nun einmal auf die letzte Seite der Illustrierten verwiesen, die Zeitungen sperren ihn meistens in eine Rubrik ein wie in eine Hundehütte. Darüber steht dann ›Humor-Ecke‹ oder ›Lachen wir mal‹. Zuweilen auch ›Humor ist, wenn man trotzdem lacht‹. Eine grämliche Lebensweisheit.«

Zitat aus der Glossensammlung ›In den Tag gesprochen‹ des Ur-FAZ-Manns Benno Reifenberg, einem halb tranig-reaktionären, zur besseren Hälfte aber rührend konservativen und stilistisch wie gehaltlich hochhumanen Büchlein aus dem Jahr 1962, das nicht zuletzt deshalb zu einem meiner Lieblinge geworden ist, weil es so unverbrüchlich für alle Ewigkeiten vergriffen ist; und weil ich wahrscheinlich seit Jahr und Tag in ganz Deutschland der einzige bin, der noch drin liest – aber zur Sache:

Sinnig ist nicht nur, daß und wie Reifenbergs grämlicher Befund über die noch grämlicheren Presse-Humor-Beziehungen nach 22 Jahren noch immer akkurat stimmt; lobenswerter noch scheint mir, daß die nachmaligen FAZ-Herren Reifenbergs Klage wenigstens insofern Tribut zollten und zollen, als sie nicht (wie vorgesehen) im ›FAZ-Magazin‹ eine Humorseite eingerichtet haben – noch je im Hauptblatt etwas dergleichen zuließen. Ahnend womöglich, es wäre furchtbarst geworden. Ein schöneres, wesenloseres Andenken als dieses Vakuum haben sie ihrem Benno wahrlich nicht stiften können. Hoffentlich bleibt's dabei.

☆

Innerhalb der momentan glänzenden und strotzenden »Koalition der Speckköpfe« (Wolfgang Pohrt) gefällt mir, meine Erwartungen vom Politischen werden immer bescheidener, tatsächlich M. Bangemann am alleraller-allerbesten. Er hat so was noch im Drallen schwer Regsames, noch im tief Verrammelten höchlichst Sportives — das metzingensteif Vorwärtsdrängende, ja -schnellende und -prellende im vollends Nichtenden des Südstuttgarterischen ist es, was für ihn so einnimmt, ein substantiell Betretenes, Benommenes und wie vors Hirn Geschlagenes noch in der an sich unerträglichen Aerodynamik des Hopplajetztkommich — doch, selbst diese breitausladende Null prangt noch weit über ihre Nullität und unseren daran sich ansaugenden Schmerz hinaus als ein durchaus Labendes, hinlänglich Erquickendes, fast schon Niedliches — ja, doch, Pohrt — äh: Pascal hat recht, das Herz hat seine Wohlgefallensgründe, von denen der Verstand nichts weiß —— das brummend und summend hinter der blindmachenden Brille grummelnd Verschanzte, ein, und träne das Augenglas noch so verschwitzt, selbst im Ferngesteuerten fast Autonomes, ja, halten zu Gnaden, Humanes west da, ein nimmermüd Rumpelndes und Pumpelndes und infolgedessen irgendwo fast Erlösungskündendes, ja schon bald Erlösungsnahes — ach Gott, ach Gott, ach Gott. Bald wird ER niederfahren.

☆

Schadenskategorien, Schadensverlauf, Schadstufe, Schadstoffverfahren; »Schadenszunahme« (Friedrich Zimmermann).

☆

Aber dann immer wieder mal fränkische Volksmusik aus dem Radio: Umpf tata umpf oi oi — rumpf battel oi dengerscht koi – Goudala mog mi org, kaffa ma an oi oi nou – umpfumpfumpf hoiran umpf – –

– wie Bruckners Siebte: »Urgestein« (Adorno).

MÜNCHEN, EINE ANZEIGE in der SZ: »Selbstvertrauen durch ein gewaltiges Erlebnis: Barfuß über glühende Kohlen. Nur dank mentalem Training. Tel. . . .«

Die Münchner Zeitschrift ›Cosmopolitan‹ zur gleichen Zeit: »Besonders verunsicherte Menschen reagieren nach erfolgreichem Abschluß mit maßloser Selbstüberschätzung. Heute übers Feuer, morgen übers Wasser, denken sie.«

Schön, daß derart Mozarts Feuer- und Wasserprobe weit über die tradierte Passivrezeption des bürgerlich-kulinarischen Operntheaters hinaus unseren allerneuesten New-Age-Trotteln wieder existentielle Einbringerfahrung wird.

☆

Gewiß, die Welt wird, ja soll schätzungsweise unerlöst bleiben und immer unerlöster werden, dafür sorgen schon die unglaublichen, kafkamäßigen, eigentlich nur noch entfernt hominidenähnlichen Menschengestalten im Fünf-Kilometer-Umkreis der Amerikaner-Hauptverwaltung im Frankfurter Norden – Gestalten, die durch ein von Kind auf maßloses Pommes-frites-Verschlingen verdorben und zu fast anrührenden Monstern ausgewuchtet sind. Und gleichwohl verstärkt sich mir der Eindruck, einiges sollte, die fortschreitende Übelnis zumindest zu retardieren, ein wenig zurückzudämmen, abgeschafft, notfalls vom Bundespräsidenten verboten werden. Also, alle Nordischen und Alpinen Maßnahmen zum Beispiel; Slapstick im Fernsehen; von Frauen verfaßte Plakate, die sich im Jahre 17 der neueren Frauenbewegung dafür stark machen, daß Frauen dem Gerücht zuwider keineswegs gerne vergewaltigt werden; neue Kafka-Dramatisierungen – es sei denn, die oben erwähnten US-Pommes-frites-Gestalten stellten das Personal; und nicht zuletzt das sternsplitternde Unheil an sich: Hallenhandball, jawohl, Hallenhandball vor allem. Hallenhandball. Hallenhandball an sich und vor allem Hallenhandball im Fernsehen. Hallenhandball.

☆

Das schlüpfrigste aller Wörter ist: schlüpfrig. Das laszivste: lasziv.

W.z.b.w.

☆

»Liebe«, so noch einmal Niklas Luhmann, »möchte gewissermaßen als Unruhe in Ruhe gelassen werden.« »Auf daß sie sich«, so Franz von Suppé, »zu voller Pracht entfalten mag, o gib drauf acht« – nein, über die Liebe läßt sich wirklich nichts Tolerables mehr beisteuern, Kopfschrott ist ihr Schicksal, Vergängnis ihre »Natur, der Resonanzboden der Liebe« (Luhmann, a.a.O.); amen.

☆

Wann und wo, nochmals, ich am allerliebsten leben/gelebt haben würde? In Schinkels romantisch-heroisch-tiefsinniger Ideallandschaft einer Stadt am großen Fluß. Warum? Weil Caspar David Friedrichs lila Riesengebirge zu weit von Krakau weg ist, und drei niedliche Gräfinnen mit dem hübschesten aller H-Dur-Terzette gehören nun mal zu einer urbanen Existenz wie meiner, eben.

☆

Die Ortsunabhängigkeit des Denkens sei Illusion, meint im Gefolge Lichtenbergs (und später Marxens) die Ökologin Brigitte Wormbs gegen Schiller bzw. die ihn vergewaltigenden idealistischen Schullehrer alten Schlags. Wahr. So wie Arno Schmidt das Denken ausschließlich ins Flachland verheimatete, so habe ich selber zum Beweis nie geistfernere, geistrenitentere Gesichter gesehen als jene schwerst gebräunten offenbar ganzjähriger Gebirgssonnenanbeter, vor allem in der Gornergrat-Bergbahn am Matterhorn. Allerdings, Luis Trenker, ein genialisches Erzähltalent, beschert auch dieser Regel ihre Ausnahme. Es wird halt evtl. so sein: Erst wer 90 Jahre durch Dick und Doof vom Langkofel nach Hollywood und zurück gekraxelt ist, der wird als hochexistentielles Geistwesen komplett noch ortsimmun.

☆

»Die Möbel erstarrten vor Verwunderung, als ich das Licht anmachte.«

Während sie vorher im Dunkel gemunkelt, geschäkert und, allerlei grummelnd, zum Zeitvertreib leicht gerumpelt hatten.

Von wem aber stammt dies Kleinod, eins unter unzählbaren, an Metapher mal Metaphysik? F.W. Bernstein? Nein, bei dem wirbelt der Wahnsinn, wenn schon, dann noch schräger. Arno Schmidt? Nein, aber den Nobelpreis hat unser Mann selbstverständlich auch nicht gekriegt, nein, für solche Blitzgewitter in Momentaufnahme gibt's keine Nobelpreise; sondern für den schwitzenden Unfug Sartres und Camus', doch, dergleichen mögen sie in Stockholm. Und schon heute weiß keiner mehr, warum.

Taumelig-malstromiger Gedanke, sich auszumalen, daß jener, der solche Schmetterlinge bereits im Frühwerk (›Der Späher‹) zuhauf drachensteigen ließ, wie er's als

Admiral grad brauchte, inzwischen schon vergessen, ja womöglich nie publik geworden wäre, hätte ihm nicht eine singuläre Nymphe fast zwangsweise die Zufallskarriere bereitet, zu der ihm die Voyeure und Pornofreunde im Verein mit dem Geist des Trübsinns der späten fünfziger Jahre den dreischneidigen Teppich auslegten; was heute schon wieder unterbliebe, weil Spritzigeres zuhauf vorhanden. Hegels Weltgeistlist tauchend in der Welthirnjauche: Laut sei sie hier belobigt.

☆

Ob 1987 endlich eine veritable Krise im Sinne der gesammelten linken Krisenzyklentheorien eintrifft, dürfte abermals davon abhängen, ob ›Bild‹ und Co. es wollen — und sei's zu ihrer Auflagensteigerung. So wird auch unsereins langsam Freund der Metaphysik der halbaufgeklärten Kerle: der Mystiker.

☆

Nach dem Abhören des Trio Notturno Es-dur haucht's aus Frau Rätin Regina H.: »Also, der Schubert, wenn der noch mal auf die Welt kommen täte, man müßt' ihm sofort 10 Mark geben, damit er weiß, daß er mit nichts auf dieser Welt zu bezahlen ist.«

Nein, so — alles, was recht ist — dialektikfest und abendschön hätt' *ich* das Statement, die gesetzliche Ausführungsbestimmung nicht hingekriegt. Schließ' mich aber vollinhaltlich an.

☆

Eine der tiefsten Rätselhaftigkeiten des Preßwesens speziell des christlich-konservativen Horizonts, sagen wir des ›Deutschen Sonntagblatts‹, nistet in dem Zwang: Die geistige Welt von Heidegger bis Sartre, von Cioran bis

Pavese, von Musil bis Thomas Bernhard immer wieder und zäh und fast selbstquälerisch den Lesern vorstellen, ja all diese sogar einer Analyse unterziehen zu wollen; wo doch deren Fazit a priori schon klar und gar ist: All dies darf nicht gut und wahr sein – ansonsten wir unseren eigenen Laden ja gleich dichtmachen könnten. Und insofern ist die ans Schizophrene grenzende Rätselhaftigkeit wiederum keine besonders enigmatische, ja gar keine. Sondern banale Lebenshilfe. Wie jeder andere Großpreßunsinn auch. Es giert die naturhaft oder gruppenspezifisch vernagelten Leser immerhin noch insoweit nach Leben, Welt und Freiheit, daß sie erklärt kriegen möchten, alle drei lohnten letztlich nicht. Sondern Ruhe sei allein in Christo, vulgo Schwachsinn, als der triebdynamisch angestammten Heimat.

☆

Hui, was ein Tag heute! Nichts passiert und doch zu Ende!

VEREHRTER HERR JÖRG DREWS: Ich verbitte mir ab sofort Ihr Lob. Denn aus Ihrem ebenso peripheren wie penetrant sich wiederholenden Lob, in meinen Büchern gebe es »hirnrissige Witzeleien«, äugt einerseits messerscharf hervor, daß Sie kaum eins meiner Stücker fünfzehn Bücher gelesen, ja auch nur gesetzten Gemütes angelesen haben; oder andererseits, wenn Ihnen das lieber ist, daß Sie oft nicht wissen, was Sie hudeln.

Nun bin ich zwar grundsätzlich auch dafür, daß der deutsche geisteswissenschaftliche Professor auch diesseits von Kamper und Raddatz ein pfeilschnell bluffender

Windhund und Jongleur sei – aber in meinen eigenen Umständen pingelig. Und wenn ich Sie also noch einmal erwische bei der Vorspiegelung falscher Leseanstrengungen, die ja bei Ihnen nicht die Regel ist, dann setzt es leibliche Prügel. Denn geistige mißverstehen Sie als Geschäker.

☆

»So hatte er (Stepan Trofimowitsch Werchowenskij) zum Beispiel seine Lage als ›ein Verfolgter‹ und quasi ›Verbannter‹ ungemein liebgewonnen. Um diese beiden Bezeichnungen spielt nun einmal ein gewisser klassischer Glanz verklärender Art, und eben dieser Nimbus scheint ihn dann, nachdem er ihn ein für allemal bezaubert hatte, im Laufe so vieler Jahre in seiner Selbsteinschätzung immer mehr erhöht zu haben (. . .) Er glaubte doch von sich selbst aufrichtig und sein Leben lang, daß man in gewissen Sphären beständig vor ihm auf der Hut sei, daß jeder seiner Schritte unablässig beobachtet und vermerkt werde.«

Läse der Innenminister Zimmermann hin und wieder mal in seinem geliebten Dostojewski, manch gutes Argument gegen die Angst der Deutschen vorm neuen Personalausweis und vor der Volkszählung wäre ihm wie Sterntaler in den Schoß gefallen. Aber mei, temporär ist er halt nicht ganz da, der Fritz. Und erspäht bei den Renitenzlern lieber gesetzesbrüchige »Faschisten«. Nicht »Anarchisten«? Nein, diesmal eben »Faschisten«.

☆

Verbrechen, so noch einmal Plato, haben ihre Ursachen in der Einrichtung des Staates. Mehr noch in seinen Untereinrichtungen, besonders denen der Kultusbürokratie und ganz besonders in Hessen. Das Richtlinien- und

Formblätterdeutsch zur Oberstufenreform samt der dahinter lauernden Gesinnung, diese gerammelt vollen Abiturnotenberechnungsmodelle – all das hätte einen KZ-Einrichter hoch beglückt.

Daß Lehramtsbeauftragte den Laden nicht laufend in die Luft jagen, geschieht sicherlich aus dem gleichen Grund, aus dem die guten Deutschen bis 1945 nichts merkten und nichts wußten.

☆

Taunus-Therme Bad Homburg: ›Rheingold‹, Drittes Bild. Nur arbeiten diese subterrainen Nibelungen nicht für Alberich; sondern hart an sich.

☆

Nein, nicht sahnesoßig noch sahnefrisch, auch nicht frischsüffig sind Birkel-Birelli-Eiernudeln; sondern: »soßensüffig«.

»Die gegenwärtige Gesellschaft scheint imstande, einen sozialen Wandel zu unterbinden.« – Wahrlich, man muß das heute halbvergessene und immer wieder paraphrasierte Marcusesche Statement gegen das helle Licht der Eiernudeln halten, um noch einmal sinnlich seine ganze soziale Unwandelbarkeit zu ermessen.

☆

Sobald erst die einsame Masse, für nicht wenige das Prinzip Hoffnung in der negativen Dialektik von Masse und Macht, in ihrer Gruppendynamik durchaus noch diesseits der deutschen Ideologie von Menschlich-Allzumenschlichem, von Sein und Zeit auch, zumal von Geist und Geld, bereit sich fände, unbeschadet allen Unbehagens in der Kultur gerade die neue Unübersichtlichkeit in bezug auf die Lage der arbeitenden Klasse, die ja noch immer der Theorie der feinen Leute spottet, zu einer genauen, über den alten Mythos des Sisyphos von Sein und Nichts des eindimensionalen Menschen hinausgreifenden Ausdifferenzierung des gar nicht so kleinen Unterschieds von Haben und Sein voran sich zu tasten, unabhängig von der bleibenden Schlucht zwischen Soll und Haben, dann erst wäre dem alten Geist der Utopie jenseits von Gut und Böse und der den Wolf umarmenden Umwertung aller Werte zu erhoffen – äh – wünschen – öh – zu wem die Stunde bellt.

☆

Was ist der Unterschied zwischen der Gens und den Gens? Den Gens heißt korrekt Genen und also ist gar keiner: Aus den Gens wird früher oder später nämlich sowieso eine Gens. Ergo: Genscher = Gens-Herr

☆

Ein Gutes freilich hat auch der noch immer währende sog. Historikerstreit: Machten einem die Professores von Stürmer bis Habermas nicht etwas weltgeistlich-moralischen eskamotistischen Zauber vor – das Gefühl, in einer komplett luftleeren Zeit zu leben, es würde noch fühliger, leerer und unstrittiger.

☆

H.D. Hüsch: »Und sie bewegt mich doch!«

Daß einer scheint's wirklich und immer noch von solchen transgalileischen, ja transzendentalen Dumpfbrütereien leben kann: Das ist, abgesehen davon, daß ihm dies Leben sogar zu gefallen scheint, das überaus »Frappante« (Karl Valentin).

☆

Als die Schauspielerin E. Flickenschildt starb, starb ebenso wie beim Ableben von L. Palmer »die große alte Dame des deutschen Films«. Als 1986 die Schriftstellerin I. Drewitz, Inkarnation aufgescheucht allseitigen Mittelmaßes, starb, verstarb in allen Medien »die große alte Dame der deutschen Nachkriegsliteratur«, auch wenn das, wenn überhaupt, doch eher Marie Luise Kaschnitz war. Als kürzlich E. Noelle-Neumann 70 wurde, klang's aus allen Radios vonwegen der »großen alten Dame der deutschen Demoskopie«, obwohl dies doch eher eine soziometrisch widernatürliche Schrapnelle ist.

Sollte demnächst Ruis Linser doch noch heimgeholt werden, selbst in der ›Süddeutschen Zeitung‹ aber läse ich aus der Feder von Oberstudiendirektor Albert von Schirnding von der »großen alten Dame der rebellischen Versöhnung«: dann – dann passiert was Furchtbares. Der Vorhang des Tempels wird zerreißen, der Arsch der Welt sich auftun – – und – – –

☆

»Ritual, Symbolismus«: Rita Süssmuth.

☆

Warum der Schnee glitzert; warum Bäche sich schlängeln; warum die Nadel schwimmt: All dies vermag ich Euch letztlich kaum zu deuten. Warum aber der Bratapfel wackelt, dessen seid so gewiß, wie ich es bin: Weil's dem Wurm in ihm zu heiß wird.

Eigentlich wollte ich, einigermaßen idiosynkratisch gegen die Form und pikiert von der Botschaft und mir selber, ihn erst posthum veröffentlicht sehen; aber er ist einfach zu prachtvoll:

Erst wird der Mensch gezeugt, dann wir er auch noch – überzeugt. Pfuiteufel.

☆

Inzwischen hat der Winter sich übers Land gelegt, und sie haben sich tatsächlich getroffen, Woityla und Boris. Wenn sie sich wenigstens insgeheim hassen und verachten würden! Aber nein, sie mögen sich ja wirklich und auf Anhieb. Dies ist das abermals Frappante.

☆

Der linke Radikalpamphletist Wolfgang Pohrt kommt zum gleichen Ergebnis wie E. Stoiber: In der Grünen-Partei nistet gewaltig viel nazistisches Gedankengut.

Wer also hat recht?

☆

Deutsche Presseagentur 14.12.86: »Die angekündigten ›Rheinaktionen‹ von Umweltschutzverbänden und Grünen haben am Wochenende offenbar nur mäßige Resonanz gefunden. Die geplante Menschenkette zwischen Weil am Rhein und Breisach wies nach Polizeiangaben deutliche Lücken auf.«

Der letzte Trumpf der Polizei; die letzte Genugtuung für die dpa, aus der Enttäuschung darüber, daß letztlich trotzdem nichts sich rührt.

☆

Herrlichherrlich, diese gleichwohl nimmersatten Autobahnkarambolagen, Eisenbahnabstürze, Erdrutsche und Fährenversenkungen allabendlich im Fernsehen! Pandoras ganze letzte und reife Fülle – nicht allein der ›Bild‹-

Mann wird völlig hingerissen – stunden-, tagelang könnte man begeistert hinglotzen. Nur: 38, 204, 79, 534 Tote sind wiederum der Teufel nicht. Die eigentliche Seligkeit beginnt heute vierstellig.

☆

Nachdem wir ohnedies in einem synthetisch-synästhetischen Zeitalter leben, in welchem in Kunst und Leben alles schon gelaufen ist; nachdem längst auch Sport und Hobbywesen von R. Messner bis zum faden Guinness-Rekordbuch separat an ihre Grenzen stoßen, nämlich unumstößlich der Wiederholung ausgesetzt sind bzw. sich nur noch schwindlig selbst kopieren; nachdem das so und so jammervoll ist, schwebte mir persönlich weder eine besonders lukrativ-ausufernde elektrische Kleineisenbahn vor noch eine sich immer raffinierter ausdehnende Bethlehemische Krippe, sondern, hätte ich Zeit für ein Hobby: eine Synthese aus den beiden. Also ein unterm Jesulein durchdonnernder IC – ein Anschlußnahverkehrszug, der zwischen Ochs und Esel seinen Bahndamm sucht – ein Güterzug, von der Hirten Feuerstelle emporschnaufend zur Bergstation des Freude und Wohlgefallen kündenden Engels –: Jawohl, das wär's, das tät' mich freuen, das möcht' mir ewig wohlgefallen.

Aber, ich hab ja keine Zeit, keine Zeit ...

☆

Im gleichen Jahre, da er Ruis Linser heimführte, vollendete Carl Orff ›Trionfo di Afrodite‹, den Hymnus der Entjungferung.

Gewisse Gedanken darf man gar nicht zu Ende denken, bestimmte Fragen gar nicht erst stellen. Vielleicht aber immerhin die, warum die heute gebräuchlichste Orff-Monografie von Lilo Gersdorf zwar verblichene

Schnarchpfeifen von Eberhard Preussner bis Klaus Bekker-Ehmck (herrlicher Name, merken) breit auf- und im Foto vorführt, der »glücklichen menschlichen Begegnung« mit der jungen Malerin und Brillenschusterin Dorothee nein nicht Sölle, sondern Günther massig Raum einräumt; Ruisens indessen – mit keiner Zeile auch nur bleich Erwähnung tut . . .

Auf denn und weiter ins Nibelungenreich der Forschung, vorwärts hinein in Nibelheims Nacht des Nieerahnten, Niegenieteten – – –

☆

Welcher Natur- oder aber Geisteswissenschaftler kann mir definitiv erklären, warum eigentlich an schönen Frauen kleine und kleinste Höschen so ungemein einleuchten?

Ich persönlich vermute, es hängt irgendwie mit Rilkes Armut als dem großen Glanz aus Innen zusammen. Bzw. umgekehrt: Die Speckmusch ist zwar nahe, allein es ist uns noch verwehrt, so sehr die Frau von uns begehrt, so üppig Sexus in uns märt, das Allerheiligste zu schauen: Das Höslein möcht es uns verbauen.

☆

Ein deutscher TV-Schnarchsack vom sagen wir Kaliber Theo M. Lochs selig (Guter Artikelanfang, aber wie soll's weiterbeleidigen?)

☆

Ein letztes Wort, eh's vor Erregungskraft schon wieder langweilig wird, zu den sprachlichen Absatz-Entwicklungen der Periode: »Wohnbehagen zu schnurrenden Preisen« veräußert in Form von bildhäßlichen Ledergarnituren (»im aktuellen Nostalgie-Look«) und visualisiert durch eine große braune Katze der SB-Polsterkauf in München-Unterföhring.

☆

Nein, es gibt ja keine Ruhe nicht – nochmals haben wir ihn da, den »Ich-will-ihn-haben-Preis« des Hi-Fi-Geräteverstärkers aus Betzingen, jawohl, aus Betzingen. Nicht Metzingen. Sondern Betzingen.

☆

Im Supermarkt sieht Brigitte Kronauers Romanheld Roth die meisten Menschen buntgefüllte Warenkörbe schieben, dann aber auch »hinter sich einen Mann, der nur zwei Dosen Bier in einem riesigen Wagen beförderte, während das Paar vor ihm offenbar nichts als Hundefutter geladen hatte«.

Da wünschte man sich denn zuweilen, das hundefutterfressende Paar hätte ein Einsehen, gäbe den Löffel ab und verschwände aus der Welt; nicht ohne vorher aber noch dem Biertrinker die Hundedosen zu überantworten, auf daß dieser noch etwas länger und gesättigter durchhielte, nicht sich gar zu machtvoll gräme und

☆

Mir hat der Herrgott eine Plag' gegeben. Nein, wirklich, es gibt keinen, Arno Schmidt nicht ausgenommen, der, vorabwissend praktisch alles, im schnuppernden Ahnungsvermögen auch nur irgend *mir* gleichkäme. Noch vor zwei Jahren, 1984, hatte ich Robert Gernhardt, den jener Großkritiker, nachdem der Dichter zwanzig Jahre lang an ihm vorbeigeschrammt war, soeben entdeckt hatte, eine Wette angeboten des Themas, wenn er, Gernhardt, so weitermache und nichts mehr anbrennen lasse, der andere aber lang genug agiere und weiterdröhne, werde er's spätestens im Spätherbst 1986 zum neusten Protegé Unseres Lautesten gebracht haben – und siehe: Pünktlich zur FAZ-Weihnachts-Buchbeilage ist's soweit, und Reich-Ranicki teilt den aufhorchenden lebenslangen Pensionisten mit, außer in Hahn und Burrrger habe man auch in Gernhardt eins der scheensten jingeren Talente der mit Talenten nicht eben reich bestickten – –

Nun, ich habe gewarnt. Jetzt muß er's wahrscheinlich tragen sieben Jahr'. Dann ist auch diese Verlobung ausgeschwitzt.

☆

Die FAZ-Fragebogen-Frage, wie ich sterben möchte, beantworte ich hiermit fast aufrichtig dergestalt: Mit Mahlers Lied »Wo die schönen Trompeten blasen« im sich zersetzenden Kopf. Leider schwanke ich aber noch immer zwischen Klavier- und Orchesterfassung. Nichts im Leben ist vollkommen.

»Leben«, wunderte sich um 1940 seufzend Karl Valentin, »ja, leben – leben schon, aber wie halt!« Nicht lebe es mehr, das Leben, fand dann um 1965 Adorno, das Dasein gleiche immer mehr sich selber – und wer immer noch nicht ahnt, was damit gemeint sein könnte, der lese, sei's beim Zahnarzt, sei's in der Sauna, zehn Illustrierte egalweg weg, knallbuntes Leben, wohin das Auge schweift, trostleer wie eine vor lauter Vitalität rumsbums explodierende und zerstäubende Challenger-Rakete – und wer's dann immer noch genauer begreifen möchte, der gewinne auch dies noch über sich und greife zum Editorial des neuen Burda-Manns Pepe Boenisch in der

›Bunten‹, zu diesem pestizidischen Geseire und Gemäre an nimmerstillen Aktivitäts- und Positivitätsappellen – ja, und wenn er auch das noch intus und nichts gerafft hat – na, dann braucht er wirklich keinen Adorno mehr, den braucht er freilich eh nicht, steht ja alles schon beim Benn: »Das Leben? Du lieber Gott, das ist ja schon bei Nietzsche ein Krampf« (Brief an Oelze, 24.11.34) – genau genommen schon im ›Faust‹.

Hochreckt sich also abschließend nur die altbekannt armselige Frage, woher es kommt, daß Starkdenker wie Goethe, Nietzsche, Benn, Adorno, Valentin und ich uns immer wieder und in dieser Reihenfolge einbilden können, dem alten Wahren eins hinzuzutricksen.

☆

Benn an Oelze, 22.12.43: »Nur überwältigt mich die Gleichförmigkeit u. Unität aller meiner Gedankengänge innerhalb dieser letzten zehn Jahre.«

Und wenn man noch so artig von Ton- zu Tonfall, zügig von Lieblingsfeind zu Lieblingscharge tänzelt: Genau das ist es. Alsdann, avanti:

☆

Liebe Gesamtleser, Weihnachten steht wieder vor der Tür, das Fest, wo unser lb. Herr Jesus gekreuzigt wurde – was tun? Nun, man kann, mit Lenin zu reden, in den Süden ausweichen, man kann auch lange Blicke in die Gegend werfen, auf Bahnhöfen zum Beispiel, lange böse Blicke, o ja, man kann aber auch: ficken. Jawohl, ficken. Man kann ununterbrochen, unerschrocken,unrüttelbar, unglaublich und unbarmherzig die ganzen Feiertage durchficken – ficken, ficken und nochmals ficken. Was herausgeht, was hineingeht. Ficken, ficken, nochmals ficken. Klar, zuerst muß man sich ausziehen, dann hinlegen – dann ficken. Natürlich kann man auch im Stehen ficken (dochdoch, ficken kann man auch im Stehen, erst neulich hat's der Alfred wieder erzählt, der alte Ficker) – ficken kann man sogar im Sitzen, im Kriechen, im Fliegen kann man ficken – jaja, im Flugzeug, auf dem Marktplatz, im Beichtstuhl, dochdoch, ficken geht praktisch überall, wenn nur der Wille da ist und die rechte Fickgesinnung; die Ficktechnik und die Fickmethode kommen dann ganz von selber – und der Fickerfolg, die Ficklust, das Fickvergnügen lassen auch selten auf sich warten (ficken!), und eigentlich hat auch niemand was dagegen, gegens Ficken, nicht einmal der Präsident Carsten (»Fick«) Weizsäcker, wenn man es ihm (ficken) richtig erklärt (ficken) –

– ja, Gesamtleser, so ist das mit dem Ficken (ficken). Und in der Schweiz: Nicht anders. Es kann ein wahrer Ficksegen sein, so um die verfickten Weihnachts(»Fick«-)-Feiertage herum, diese verwichsten, ja . . . aber apropos: Wichsen kann man natürlich auch, zwischendurch, zwischen den Fickereien, wichsen an Hl. Abend, wichsen, wenn andere zur Christmette gaunern, wichsen, wenn – doch davon vielleicht ein andermal. Frohes Fest, good fuck and well wichs, so long: Euer Eckhard.

☆

»Wer zu seinem Bruder sagt ›Du Narr!‹«, sagt der Herr Jesus, »der ist schon ein Mörder.«

Es führt, bei aller Hermeneutik, kein Weg dran vorbei: Der Herr Jesus war einfach ein Esel.

☆

Bisherige Religionsblüten lehren: Man muß ja nur irgendwann irgendwas Spinnertes behaupten und sich dann, um gründlicheren Nachfragen zuvorzukommen, bald spalten. Katholiken hie – Lutheraner da. Und auch nach innen differenzieren: Priester, Theologen, Superintendenten, Organisten, Gebeteschreiber usw. Der haltlose Gehalt des Ganzen wird, wie in jeder Bürokratie, von Differenzierung zu Differenzierung indifferenter. Gleich, ob es »Gott« ist, der da angebetet wird, oder die Wurst. Deren Anhänger müssen sich nur rasch genug wieder spalten: in jene, die auf die Blutwurst schwören, in solche, die auf die Hirnwurst hören. Gemeinsam machen sie den Hartwurstlern den Garaus. Ließe sich derart heute eine neue Religion installieren, wäre vielleicht wieder viel gewonnen.

☆

Ostereier-Reklame schon zwei Tage nach Weihnachten; Weihnachts-Leuchtreklame schon Mitte Oktober; Wintersport- und Christkind-Werbung ab Mitte August; Sommerurlaubs-Anzeigenkampagnen für 1987 bereits 1986 im September; dazu neuerdings zusätzliches Mittwochslotto und die Verteilung der olympischen Vier-Jahres-Intervalle auf zweimal zwei Jahre: Man könnte geneigt sein, von einer primitiv sich zusammen- und auseinanderziehenden Zeitmaschine zu sprechen; von einem Prinzip der additiven Simultaneität als dem neuesten Simulacrum; von einer Parzellierung der Zeit in immer kleinere Einheiten und Phasen von Hier und Jetzt und Zukunftsfreude; mit dem Endzweck der Historie, daß immer irgend etwas los und zugleich in Erwartung sei –

– doch, all das könnte man und ewig weiterspekulieren. Wir aber lassen es, mit der Beobachtung, daß sich das Oktoberfest jetzt auf drei Wochen ausgedehnt und gleichzeitig und generös ein inzwischen zweiwöchiges Frühlingsfest auf der Theresienwiese nachgeboren hat, gut sein. Sinnbedürftig wie alles Gegenwärtige wird auch dies seinen demütigen Sinn schon finden.

☆

Mein Vorsatz für 1987: Mir das Wort »Interpenetration« noch draufzuschaffen. Dann hätt' ich so ziemlich alles beieinander.

☆

»Der nächste große Krieg«, so August Bebel um 1900, »ist der letzte Krieg.«

Da sieht man's wieder mal, Geißler, daß die Sozis eben unsichere Kantonisten sind.

☆

Die schönsten, ergreifendsten drei Silben bzw. zwei Töne, die je ein Mensch auf Schallplatte sang: Bergonzis »Gran Dio!« aus ›Don Carlo‹ (Posas Tod).

Und das spricht wieder fast so für Gott wie die Papageien-Pointe am Schluß von Flauberts Erzählung ›Ein schlichtes Herz‹.

☆

Und abermals, mit etlicher Verzögerung, die es spannend machte, gibt der Erlöser sich die herablassende Ehre zu erscheinen: In der Gestalt eines wohlgepolsterten, anschmiegfreudigen und doch überaus autonomen goldgelben Katzerls; im Schnee schimmernd von höchster Schöne.

Schön zu beobachten aber auch, und um Christi Geburt herum eindrucksvoller noch als sonst, wie die Realität und ihre Spiegelung in der Presse immer unverblümter divergieren; in Bayern wohl zumal. »A Liacht is aufkemma«, lügt vom ersten Advent an von Jahr zu Jahr ungenierter oder aber verzweifelter die Heimatpresse, beraunt in der fatalen Folge von Ludwig Thomas Weihnachtslegende verbissen die »staade Zeit«, berichtet unter »Hoffen, Erwarten, Verstehen, Vergeben« schamfrei von adventlichem Musizieren, »in der Stub'n« nämlich und in Trachtenwesten, weiß und erzählt von traulich und friedsam vor sich hindumpfenden Blockflöten- und Zitherspielern und anderen Trübsal blasenden Besinnlichkeiten – wo ich wiederum zwischen 18.12. und 6.1. nur eins wahrnehme in drei Kapiteln: »Die Feste rufen einander« (Canetti, ›Masse und Macht‹); und: »Die ganze Stadt hallt wider von Zechgelagen« (Dostojewski, ›Die Brüder Karamasoff‹); und: »Es ist unvorstellbar, was getrunken wird« (ebd.).

Es ist ethnologisch schon fast unbegreiflich. 90 bis 95 Prozent jedweden Lebensimpulses der Heimatstadt gelten dem Alkohol; Meere von Rausch aufblühend im Ozean öd schwefelnder Lebenstrübnis, ein verwegen und wahrhaft subversives, berstend sich verzehrendes Trinken, ein dabei gemütlich sich wälzendes Treiben, wie schmutzig fahler Sternenglanz im laugig jesuslosen Himmel, Residuen von verschollen heidnischer Magie, gleichsam somnambulische Zwangsrituale wie in schwerer Prüfung und Prüfungsbangnis auch –: Nichts davon findet seinen Widerhall je in der Zeitung – fast nichts: Der winzige Bericht über eine »etwas verwirrte Rentnerin«, die mehr aus Versehen »zuhause fast eine Flasche eines 54prozentigen Rums getrunken hat«, in der Folge irrging und mit schweren Vergiftungen eingezogen werden mußte, – der hatte werweiß die Doppelfunktion a) des Tröstens, daß es bei den eigenen durchtränkten

Elendsorgien letztlich doch noch dezenter hergegangen sei, und b) jene, die Berichterstatter nicht vollends dem Schwindel des von den Zeitungen selbstinszenierten horror vacui auszuliefern.

Gleicht die Wirklichkeit einem quietschlebendigen Totenreich und gut gegenhegelisch dem »Traum eines irren Philosophen« (Ambrose Bierce); so deutet der Presse fortschreitende Abstinenz von ihr, zumal unterm Panier des abgründig verheuchelten, in seiner Verheucheltheit perversen und aber schreck- und zeitlos über die Generationsabfolgen hinweg walzenden »A Liacht is aufkemma«-Scheißdrecks, auf eine Anpassungs- und Simulationsleistung obersten Ranges; die sozusagen schon halluzinatorisch funktioniert, weil/obschon die Presseleute ja auch selber andauernd angesoffen oder schmählich nachschwurbelig verkatert sind. Erst die literarische Verweigerung, scheint's, macht aber den vertrübtverzweifelten Saufauszwang noch zwingender als im Roman von 1976 beschrieben: zur äußersten Verderbnis, zur ritzenlosen Hölle. Aus den Fugen ist die Welt schon seit spätestens 1601. Ich aber, wahrlich, künde Euch: Erst jetzt verdichtet vollends sich der Verdacht, daß unser verworfenes und verruchtes Geschlecht ein mindestens verwunschenes, wahrscheinlich ein schon verfallenes und verfluchtes sei.

Aus jedem Fluch noch aber keimet Hoffnungsheil, der Schimmer von Erlösung. Daß der Staat, wie die Alten sich einredeten, mit der Liquidierung der Herrschafts- und Eigentumsverhältnisse mählich verglimme, das glaubt heute niemand mehr. Allein, könnte es nicht dahin zielen, daß mit dem immer ungehemmteren Saufen wie durch listige Bosheit des Hegel inzwischen sehr fernen Weltgeists der Staat zügiger abstirbt – und der Alkohol wäre der bekannte Geschäftsführer –, sein ungeläutertes

Sterben beschleunigend durch den träumerischen Zustand seiner Presse, die verfassungsmäßige Staatskorruption derart gleichsam selber austricksend, und schließlich via die zu allem entschlossene Egalität aller blindlingisch Saufenden so etwas wie eine neue Bewußtheit, ein Meerstern von wahrer Demokra — —

Ach was. Reime ich mir doch nur zusammen. Schon beim alten Flaubert steht verbrieft, was ziemlich wortgleich sich beim älteren Gernhardt wiederfindet: »Wir werden in Rouen gewaltige und stupide Feste erleben, die Bürger sind völlig verrückt« (20.6.1858). Und erst dann, wenn mir jemand nachweist, daß sich damals in der Presse davon etwas niederschlug, bin ich bereit, meinen Gedankengang zu entwirren und nochmals aufzugreifen.

☆

»Traurig bin ich sowieso«, krähte wie in Narkose Wegners Bettina — wetten, daß aber auch Frau Margarete Mitscherlich partout nicht mehr weiß, was mit dem leider sprichwörtlich gewordenen und von ihr ja leiderleider mitverantworteten Buchtitel von der »Unfähigkeit zu trauern« genaugenommen gemeint ist, vom ganzen Buch zu schweigen?

Doch, ich kann's beweisen.

Macht aber auch nix. Denn dafür weiß M. Mitscherlich auch nicht mehr, was die jüngst nachweislich von ihr sogar erfundene »Erinnerungsarbeit« eigentlich sei.

☆

Trost- und Lichtgestalten 1986: Vom weizengelben Katzerl abgesehen sind es Egon Bahr, Theo Kojak, Fred Sinowatz, Kulenkampff, Willy Brandt (mit Abstrichen; aber noch immer), Otto Schily, Viktor Kortschnoi, Dieter Hoeneß, Günther Ungeheuer, nach wie vor Willy

Millowitsch, der reife F.W. Bernstein, Gerhard Polt, die Instanz und das Wesen des Postboten (in meinem Fall: Herr Drick), H.J. Friedrichs, Reich-Ranicki, dochdoch, der auch, Florian Schärdel, der muntere Greis Pertini sowie Genscher. Genscher, jawohl, noch immer Genscher.

☆

Was ich trotzdem noch erleben möchte: Die Schnell-Eisenbahnroute Hannover – Würzburg; die Silvester-TV-Aufläufe zur Jahrtausendwende; die unerhörten Vergaunertheiten bei den Trauerfeierlichkeiten für F.J. Strauß; den Aufstieg von Hessen Kassel in die Bundesliga; die Publikation des Briefwechsels Carl Orff – Ruis Linser; die Verfilmung der Doktorarbeit Kohls; den Sturz Stoibers wegen übereilfertiger Tölpelei sowie den Nobelpreis für Reiner Kunze aus DDR-Räson.

Doch, das wär's dann gewesen, und dann après nous le déluge et l'ennui total.

☆

Während der Fernsehaufzeichnung der ›Fledermaus‹ aus dem Münchener Nationaltheater ersieht man inmitten der großen Ensemble-Verbrüderungsszene und mitten im malstromartigen Sog des »Dujidu, dujidu« hinterm Dirigenten in der ersten Parkettreihe, dort, wo immer die Ministeriellen aus der bayerischen Staatsregierung ihre Freiplätze absitzen, einen ebensolchen über die Maßen verschwärmt, ja verzückt wie in seliger Vision sich mitwiegen, ja fast mitschunkeln. Der unverkennbare CSU-Schädel kriegt dabei übers sterbensdumm Immerschläfrige hinaus etwas fast Mystisches, christushaft-leidend Überirdisches: als ob sein Träger im Rahmen eines Doppelleben-Ichs, so wie es ja Leo Wagner einst der Partei vorgelebt, den auf der Bühne verschwurbelten Obskurdiplomaten und Würdenträgern in nichts nachgäbe, zwängen ihn nicht andererseits erhöhte Wachsamkeit wegen Wackersdorf und eben der Erfahrung Leo Wagner gleichwohl dazu, dieses sofort wieder zu vergessen und es bei einem zweieinhalbstundenlang voll ausgelebten, lottrig wollüstig hingegossenen Traume zu belassen: »Lalala la lala! Lalala lalala!«

☆

Meine musikalische Entdeckung des Jahres 1986: das namenlos schöne, lindtraurigwehe Lied ›Scheidend‹ von Felix Mendelssohn, die Vertonung eines Texts von J.H. Voss, der aber auch für sich alleine jede Probe besteht und den ich deshalb, mir zum Pläsir und euch zur Lehr', hier abtippen will:

»Wie so gelinde die Fluth bewegt, / Wie sie so ruhig den Nachen trägt! / Fern ist das Leben, das Jugendland, / Fern, fern liegt der Schmerz, der dort mich band; / Sanft tragt mich, Fluthen, zum fernen Land!«

Die zweite Strophe gibt nur wenig nach:

»Droben der Sterne stiller Ort, / Unten der Strom fließt fort und fort. / Wohl warst du reich, mein Jugendland, / Wohl, wohl war es süß, was dort mich band; / Sanft tragt mich, Fluthen, zum fernen Land!«

Schade, daß die Fluthen heute anders geschrieben werden – nicht wenig von ihrem Fluthenden geht damit verloren, viel von ihrem fernhin Sanfttragenden.

☆

Ouglougl.

☆

Martin Heidegger und die cartesianische Trinkkultur: »Das Gestellte als solches sicherstellen« (›Holzwege‹, S. 106).

»Wenn die Welt in den Angeln knarrt – Ein Rückblick auf das Scharnierjahr 1986.«

So Theo Sommer schon am 2.1.1987 in den beiden Aufmacher-Überschriften in der ›Zeit‹ – und Gremliza sollte ruhig auch mal zugeben, daß seines Theo zum Jahresentree mit schwerstem Geschütz wiederum bezeugte Festigkeit der Insistenz betreffs Metaphern inklusive Katachresen-Risiko über die zu belachenden Dezennien hinweg etwas durchaus Heroisches, ja Heilverheißendes abstrahlt.

☆

Das Zitat des Jahres 1987 freilich stand erst am 5.1. im ›Spiegel‹ und stammt vom Planungschef der Bonner CDU-Zentrale, Wulf Schönbohm:

»Bildungsreform, antiautoritäre Erziehung, paritätische Mitbestimmung, repressionsfreie Gesellschaft, Gleichheit, mehr Demokratie, Entspannung usw. begeistern nur noch Nostalgiker.«

Es geht also, mit anderen Worten, ab sofort um gar nichts mehr. Utopia ist da.

☆

Dr. Jürgen Todenhöfer, Tübingen, dagegen stellt im Zuge des Wahlkampfs im Sinne Hegels, Tübingen, ein Philosophem auf: »Der Mensch ist nicht für die Politik da, sondern die Politik ist für den Menschen da.« Beweis:

»Die Jugend von heute ist genau so pfundig wie die Jugend der Nachkriegsgeneration.«

Kurz: Eine Bombenjugend.

☆

Endlich, endlich hat es der Kanzler geschnallt: Daß einer, der überzeugend die Lebensfreude feiert, auch und gleichzeitig vor dem Vergessen von Auschwitz eindringlich warnen kann. Es ist alles so was von gleich und wurscht, was er redet – es hat ein frenetisch Virtuoses, etwas von den einsamen Freiheiten des Beethovenschen Spätwerks.

☆

Aristoteles und Machiavelli heischten, daß der Tyrann bzw. Fürst fromm zu *scheinen,* die Religion *scheinbar* ernst zu nehmen habe, denn »dann besorgen die Untertanen weniger eine ungesetzliche Behandlung« (Aristoteles).

Als der Kardinal Höffner jüngst irgendein Jubiläum feierte, ließ der Kanzler Kohl nicht es sich nehmen, im Vordergrund von TV-Kameras, welche das rare Motiv einfingen, vor dem Dom Aufstellung zu beziehen, um beim linkisch-trollischen Vorbeiprozessionieren des Kardinals das katholische Kreuz zu schlagen. Was natürlich abermals Fauxpas und Blackout ist, denn das Kreuz schlägt man nicht vor katholischen Würdenträgern, sondern nur vor Gott und allenfalls noch vorm und gegen den Teufel. Den aber der Kanzler im Kardinal kaum sah.

Eher schon Gott.

Wobei, um genau zu sein, es zuerst geschienen hatte, als wolle Kohl, den ihm bekannten Kardinal zu ehren, gegen diesen grüßend den Arm nur heben ...

So oder so braucht Kohl auch dieser sein neuerlicher Lapsus wenig zu jucken, denn leider funktionieren auch

Muckertum und Frömmlerei nicht mehr, aber es macht auch dies nichts, denn sie merken eh nix. Die Hundsgemeinheit (verzeih, Kamerad Hund, verzeih!) der Zeit hat wie nebenbei auch noch altbewährte Heuchelmaßnahmen früherer Tage überflüssig gemacht, weil nicht einmal deren ehrwürdige Dignität mehr geachtet, auch nur gekannt wird – mit Sicherheit fiel auch dem Kardinal nichts Krummes auf.

Bald ist alles wurscht, bald wird es sich offenbaren.

☆

25.1.1987: Nein, keine normale »Richtungswahl«, sondern eine »Schicksalswahl« soll es diesmal nach dem Willen von F.J. Strauß sein. Und die Differenz ist genau jene, die Strauß schon 1980 fortiter in modo uuund re zwischen »Gesinnungspazifismus« und »Verantwortungspazifismus« ausmachte. Achja, achja, in den waffenexportfreudigen Köpfen unserer altgewordenen Lateinlehrer schwappt schon ein begeisterndes Zeug durcheinander; durch keine Pointe mehr sortierbar.

☆

»Der Sozialismus«, so Herbert Mies kraftvoll und mit dem Mute der Verzweiflung schnarrend im Frankfurter Volksbildungsheim, »wird auch um die Bundesrepublik keinen Bogen machen!«

»Houjouh!« – so echot's fahnenschwingend aus dem Publikum; etwas zwischen Juchzer und einem Hündchen, das den Mond anbellt. Die Wissenschaft nimmt an, daß es dies aus Angst tut.

☆

Wenn man die Stücker hundert Skalen und Fragevarianten der Emnid-Umfragen zur Wahl vom 25.1. studiert hat, bleibt am Ende nur die Einsicht: Daß Demoskopie aber auch noch jeden letzten Funken eines halbwegs schlauen Gedankens zum Erlöschen bringt.

☆

In der ›Zeit‹ macht sich Michael Rutschky ziemlich relaxte Gedanken darüber, weshalb die Bundestagswahl 1987 ihn *nicht* interessiert. Dies wäre ein methodischer Ansatz für viele Artikel, ja für eine exemplarische Zeitschrift revolutionären Typs: Voll von vergleichsweise spannenden Texten der Themenstellung: Warum Strauß, Grass, Beuys, Aids, Kabelfernsehen, die Jahrtausendwende den jeweiligen Verfassern *aber auch nicht so viel* Interesse abzuringen vermögen.

Wer packt's an? Ich harre als Autor und als Leser.

☆

Daß, weil die politische Rechte unfähig bzw. unwillens sei, eine eigene rechte Politik und Kultur zu gebären, die Linke »aus sich selber« eine eigene Rechte geboren habe, glaubt Rutschky im gleichen Artikel beobachtet zu haben (Handke, Botho Strauß u. a.). Der Gedanke hätte einige metachristliche Stringenz: Wenn jene, die derzeit ohnehin buchstäblich nur noch aus Papier bestehen, sich erbarmen und den fafnerisch Besitzenden als Liebesgabe das auch noch schenken, was diesen zu ihrem Glück, Glanz, Ruhm fehlt: Dann könnt's wohl sein, daß die Schleiereule der entschwurbelten Minerva (Fragment)

☆

Die Welt wird immer kleiner. »Nieder mit dem US-Imperialismus!« schreien, nachdem im deutschen Fernsehen der Holländer Carrell den Ajatollah verarscht, persische Studenten und Frauen zum Protestaufzug, weil sie das vom letzten Aufmarsch noch im Ohr haben. Die Welt wird wieder größer.

☆

Ein Pfarrer spart eisern, auf daß nach seinem Tod Kindern, die bisher einen langen und gefährlichen Schulweg gehabt haben, von dem Geld ein neues Schulhaus in ihrer Nähe gebaut werde.

Dies der Inhalt von Stifters Erzählung ›Kalkstein‹. Was erfahren wir noch in dem 62-Seiten-Text?

Es tritt ein Erzähler auf, ein Landvermesser. Er erzählt einmal, wie ihm der Pfarrer, die Hauptgestalt, erzählt, was ein Mädchen erzählt, was seine Mutter sagt. Es gibt ein schönes und langes Gewitter, bei dem Pfarrer und Landvermesser stumm nebeneinandersitzen; eine genaue Beschreibung der sparsamen Eß- und unverständlichen Schlafgewohnheiten des Pfarrers; ferner eine »bedeutend schöne« Frau, die auf nur 4 Zeilen auftritt; einen 11 Seiten langen Bericht des Pfarrers über seine Vorfahren, vom Urgroßvater über den Großvater zum Vater, über deren Erfolg in Geschäften sowie über die krausen Lernschwierigkeiten, die der Pfarrer, im Gegensatz zu seinem Bruder, als Kind hatte, welchselbe Schwierigkeiten er aber später behob, so daß er Pfarrer werden konnte; und schließlich viel über weiße Wäsche. 4 Seiten lang wird eine Waschanstalt nebst Besitzerin und Tochter beschrieben.

Kinder überqueren einen reißenden Bach, wobei der bis zu den Hüften im Wasser stehende Pfarrer ihnen hilft und dann mit ihnen plaudert. Am Ende bittet der Pfarrer den Erzähler um eine anscheinend sehr mühselige und beschwerlich auszuführende Hilfstat, die sich später als das Bewahren einer Abschrift seines Testaments herausstellt. Auch kauft der Erzähler nach dem Tod des Pfarrers dessen weiße Wäsche.

Einen »sanften Unmenschen« titulierte Arno Schmidt einst den Verfasser. Ich aber stecke euch: Er war einfach ein Knallkopf. *(Anläßlich des Umzugs am 6.1.87 in die Adalbert Stifter Str. 13)*

Es schwante Herbert Marcuse 1934: »Die Ergebnisse moderner Volksabstimmung beweisen, daß die von der möglichen Wahrheit getrennten Menschen dazu gebracht werden können, gegen sich selbst zu stimmen.«

»Genau«, gibt ihm H. Kohl 1987 im Rahmen der spätgeborenen Gnade lachend recht, »siehe Hitler!«

☆

Freudig zitiert der ehemal. Kultusminister W. Remmers den beliebtesten der Sätze Karl Poppers: »Von allen politischen Ideen ist der Wunsch, die Menschen vollkommen und glücklich zu machen, vielleicht am gefährlichsten. Der Versuch, den Himmel auf Erden zu verwirklichen, produziert stets die Hölle.«

Ja freilich, das hören's gern, gell, die christlichen Politiker, die, die auch gern auf den Namen Pragmatiker hören und die schon immer was gegen Morus, Marx und Marcuse hatten und nur nicht recht gatzen konnten, was sie meinten. Nicht ausdrucken konnten, gell, warum. Ja, genau so einer wie der Popper, der hat ihnen noch gefehlt, sie hätten ja sonst ihre eigenen Gedanken nicht wissen können noch gar ihnen was zutrauen, auch der bayerische Ober-Exlateinlehrer nicht, der zwar laut, aber nur mühsam, sagen kann, gell, was er im abendländischen Sinne will. Und jetzt steht akkurat das, was sie schon immer sagen und ausdrucken wollten, properer-, ja glücklicherweise bei diesem Popper, der, jawohl, eine saubere Freunderlwirtschaft um sich geschart hat, den christlichsozialdemokratischen Staatsapparat ebenso wie den alten Herrn Geistlichen Rat, der auch froh darüber ist, daß er nun mit seinem Kinderdeutungsschema von Gott und Welt nicht mehr so alleine steht, gell – den Kanzler mal ganz zu vergessen, der den großen Gedanken jetzt auch endlich zu verstehen meint, zu seinem Heil. Während ein anderer, wäre er je bis zu seinem Ohr vorgedrungen, ihn ja doch nur verwirrt und gepeinigt und aufgeregt hätte: der nämlich, daß dann, wenn das, was ist, sich ändern läßt, das, was ist, nicht alles sei. Nein, so wie den Barbaren und Banausen erst ein Mozart, Schubert verordnet werden mußte, auf das sie sich ausgerechnet in eben denen wiederfinden möchten, so brauchten die H. Schmidt und B. Vogel und W. Remmers nichts so dringlich wie ihren Popper – und selbst Stoiber, nachdem er's im Hirnkastl rechtzeitig geordnet, daß das nix mit Pop und Popper-Outfit zu schaffen hat, war's zufrieden, ließ sich's wohlgefallen und kann – wetten! – inzwischen auch schon diesen und jenen Halbsatz Poppers (wo wohnt der eigentlich? Adresse feststellen lassen und zum nächsten Parteitag oder zumindest zur Hanns-Seidel-Stiftung vorladen!) herbeten, so wie er noch alles nachgegaggelt hat, wovon er spitzkriegt, daß es beim Exlateinlehrer durchgeht –

– häh?! Wos is?! Ha?? Wos woilln S'? Ha? Wos hörn mir da? Adorno? Bürscherl, hörn mir da richtig? Adorno? Marcuse?? Wahnsinn! Woilln Sie mich vielleicht – will er uns wos verzähln? Wenn *er* mir »Adorno und Marcuse« sagt, woaßt du, was *i* dir dann drauf sag? Ha? Woaßt du dös? Dann sog *i* dir drauf nur: »Popper«! *(Nach einer Szene von Gerhard Polt)*

☆

Die fabelhafte Entfaltung der Produktivkräfte seit speziell der dritten industriellen Revolution hat zu einer Kapitalakkumulation von derart anarchistischem Reichtum geführt, daß jetzt sich auch noch F.J. Strauß bei Bloch und seinem »aufrechten Gang« bedienen darf.

☆

Hin und wieder, immer wieder, verdichtet sich nichtsdestoweniger der Eindruck, Strauß sagt nur noch deshalb irgendwas (Waffenexportmassierung, Auschwitzstilllegung usw.), damit halt für die Leitartikler, für das danach noch irgendwie lechzende Volk das allzeit gähnende Loch in der rechten Gedankenszene gestopft wird. Aus reiner Barmherzigkeit.

☆

»Warum lebt ein solcher Mensch?« frägt sich brüllend Dimitri Karamasoff (2. Buch) in Anbetracht seines Vaters. Dabei ist dieser Vater auf seine Weise durchaus inspiriert, ja göttlich. Wendet man die Frage auf Ruis Linser zurück, dann wird sie theosophisch zwar einerseits noch akuter – allein, andererseits, auf ihre harm- und grauenreiche Weise, habe ich kürzlich entdeckt, ist selbst dieser Fall samt seinem »Schmerzensgesicht« (B. Rütting) doch noch zu was gut:

Liest man z. B. inständig, ja andachtsvoll und möglichst ohne Schwindel-Blackout-Gefühle ihren 1953er-Roman ›Daniela‹ tage- und wochenlang vor sich hin, dann schlägt und schwappt einem zwar eine schlechterdings undurchdringliche Dreckswolke an Prosageschmeiß entgegen, ein Gegurgle an Schleimflut; aber es ist das Buch auch ein in all seiner hirnfurzfesten Unbedarftheit studierenswert raffiniertes, nämlich sehr kalkuliertes und spekulierendes, die noch blöderen und/oder hoffärtigeren Seelen des Landes auf eine »grundböse und unanständige« (Linser) Weise gängelndes und narrendes zugleich (Auflage 1986: 200 000) – bei hornissenhaft invarianter Saudummheit bis ins letzte Komma hinein; und es ist diese schamlos Anzengruber noch einmal aufwärmende und zutodetrampelnde Liebesgeschichte zwischen dem Moordorfer Pfarrer und der Moordorf-Lochhausener Lehrerin Daniela (Linser) noch in all ihrer gottfern-gottesanbeterischen Verkommenheit auch eine leidlich erheiternde insofern, als man den dort buchstäblich zeilenschindenden Schindluder- und Schinderkarrendreck aus barer Impotenz und identischer Seelenfängerei sehr ergiebig selbst fortfaseln kann. Etwa bei gemütlichen Spaziergängen:

»Daniela!« Dem Schlund des Pfarrers entringt sich ein tiefes und rauhes Stöhnen, so daß es wie Asthma klingt: »Ich muß Ihnen etwas beichten!«

»Mir!« schreit es in Daniela leise bzw. halblaut auf, »warum denn mir? Ich bin doch nur die neue Lehrerin!«

»Doch, gerade Ihnen!« ruft der Pfarrer mit einem neuen Ausbruch von Qual, und Daniela hört ihn noch einmal furchtbar seufzen.

»Aber Herr Pfarrer, ich kann doch nicht . . .«, so stottert sie und merkt, wie des Pfarrers Selbstzerfleischung immer weiterwächst.

»Setzen Sie sich«, befiehlt der Pfarrer. Daniela gehorcht. Mit einem Blick voll Leid und Mitleid sieht sie auf das vom Pfarrer nur sehr armselig ausgestattete Bücherbrett. Dann fällt ihr gehetzter Blick auf das Kruzifix dahinter. Daniela fühlt sich jetzt wie Daniel in der Löwengrube, jawohl, in der Löwengrube. Das war die Absicht. Der Pfarrer wirft, ja schleudert, jawohl schleudert einen furchtbar gehetzten und zugleich auch furchtbar ermatteten Blick auf die neue Lehrerin. Will sie sein

Blick strafen? Gar ermorden? Was will der Pfarrer von ihr? So jagen sich die furchtbaren Gedanken in Daniela.

»Hören Sie zu«, setzt der Pfarrer erneut an, nachdem er neuen Lindenblütentee auf dem Spirituskocher aufgesetzt und sich schwer niedergelassen hat, »hören Sie gut zu.«

(Und ab jetzt, zum Lohn, mählicher bis rascher Übergang ins Voll-Schweinöse, auf das der Roman, zäh sich auswalzend, zwar längst planvoll schielt, das er, die Linser-Leserinnen bei der bigotten Stange zu halten, als nackte Sau aber natürlich trotzdem nie durchs Moordorf jagen darf:)

Jetzt sieht er sie an mit einem Blick voll unbeschreiblichem Entzücken. Es ist die vollkommene Freude der Mitte des Lebens, das, den Wolf in ihm umarmend, ihn jetzt zum entschlosseneren Vorgehen zwingt.

»Aber, Herr Pfarrer . . .«

Daniela fühlt, ja spürt, daß es sie beim Anblick des – erst jetzt merkt sie es – sehnig-athletischen Pfarrers siedendheiß überläuft. Was war das? Die Freude des Auferstandenen? Der da die Rebellin, die Daniela bisher war, so arg in die Knie zwingt?

»Aber, Herr Pfarrer, was um Gottes willen . . .«

Doch jetzt gibt der Pfarrer keine Ruhe mehr. Sondern vorwärts auf Daniela hin treibt ihn sein furchtbarer Dämon, hin zu ihrem weißen Brusttuch, hin zu der blütenweißen Unterhose.

»Nein, nicht, um Christi willen nicht!« wimmert Daniela laut, aber nur noch schwach und leise. Was will der Pfarrer von ihr? »Um des Auferstandenen nicht«, setzt Daniela nach und sich noch einmal heftig zur Wehr. Allein, des Pfarrers Greiftechnik ist zu unwiderstehlich.

»Was – ich – was soll –?« Daniela keucht.

Der Pfarrer scheint ihre Frage bzw. ihr Keuchen erraten zu haben. Auch er keucht jetzt furchtbar. Und rückt Daniela so stark auf den Pelz, daß die armselige Bude samt dem Herrgott an der Wand wackelt.

»Deinen jungfräulichen Leib will ich, deine Titten, deine katholische Rebellinnen- und Sozialistinnenarschfalte!« So keuchen seine – nein, nicht die Augen, sondern R. Linser nimmt 180 Seiten lang nie das bessere, sondern immer das erstbeste Wort – bebenden Lippen.

»Aber warum?« so ächzt es in Daniela wie längst nicht mehr bei Trost. Es war jetzt klar, der Pfarrer liebte sie und würde sie gleich auffistoßen. Daniela schließt die vorher noch so widerspenstigen Augen. Im Zwiespalt zwischen himmlischer und irdischer Liebe ist ihr jetzt alles gleich. Alles am Arsch.

»Ah! Welche Titten!« stöhnt furchtbar der Pfarrer und scheint dann einen Augenblick lang auf Daniela einzuschlagen. Dann aber rafft er sich wieder auf. »Hosen runter – und ich hoffe, wenn du schon dauernd die Schulkinder entlaust, daß du«, der Pfarrer lacht ganz vergnügt, »selber keine Läuse da unten rum hast, hähä!«

Fiel Daniela leicht? Fiel sie gern? Fiel sie wie Daniel in die von Linser auch sonst immer wieder gern abgerufene Löwengrube? Oder fiel sie vielmehr jetzt schon mit ihrem furchtbaren Lochhausener Gestöhne dem Pfarrer auf die Nerven? Nein, in seine Arme fällt sie noch einmal und jetzt definitiv, und gleich drauf dringt der Pfarrer mit großer männlicher Pracht in Danielas feuchte und immer feuchtere Speckmusch, in deren Falten sich tatsächlich ein paar alte Läuse herumtreiben und gleichfalls schadlos halten. Dann verliert sie im verschrumpelten Taumel der Sinne für zwei Sekunden die Besinnung, denn keine epische Lüge wird ausgelassen – dann aber hat sie ihre fünf Zwetschgen wieder für drei Sekunden beieinander.

»Sünde!« schreit es in Daniela nochmals krächzend, ja wie quietschend auf, indessen der Pfarrer immer wilder dringt, jetzt ist er schon an den vierzehn Nothelfern vorbei und dringt und dringt. »Aber wie kann etwas Sünde – Auflehnung gegen Gott sein, wenn es so prima tut und geil ist?« stöhnt es in Daniela vorwärts. Momentan weiß sie keine Antwort auf diese Frage. Vor dem Fenster sieht sie einen fahlen Mond dringen äh stehen. Gleich scheint der Pfarrer zu kommen, und da kommt, indem im Ofen weiter Feuer knistert, überraschend auch schon Daniela. Erschöpft fallen die beiden bald drauf fuuurchtbar auseinander.

Reue? Insgeheim lacht Daniela hell auf. Sie – und bereuen! Sie, die Rebellin und geborene Sozialistin! Hahaha!

Schon wieder betastet der Pfarrer ihren noch feuchten, katholisch verschwitzten Brunzbuschen. Daniela denkt kurz daran, wie erst vorgestern Carl Orff, ja Carl Oooooorff, diesen gleichen miasmenspeienden, furunkelübersäten Buschen zwischen die Zähne genommen hatte. Ja, es war der Buschen einer Unbequemen, einer nicht Angepaßten, einer Störrischen, einer rinnäugig rebellischen Stinkmorchel aus Lochhausen, die da ohne Reue –

Jetzt scheint sie der Pfarrer schon wieder auffi stechen zu wollen, diesmal sogar von hinten. Daniela wirft die letzten Scheuklappen von Moordorf über Bord. »Schnallentreiber!« so jauchzt es furchtbar triumphierend in ihr und ihrem vollkommen freudigen Hirn, »Schnallentreiber! Schnallentreiber!«

Auch der Pfarrer scheint es bald darauf zufrieden zu sein. Und will nur noch ratzen.

»Gott segne Sie!« sagt Daniela und wird nochmals glühend rot, als sie ihn verläßt und gleich drauf am Bäcker und Apotheker, die verwundert stehenbleiben, vorbei nach Hause rennt, nach Hause in ihre Kammer, um – –

»Und so fortan« (F.W. Bernstein).

☆

Spätestens mit dem 16.1.87 ist noch unbegreiflicher geworden, was das »Postmoderne« eigentlich sei. Folgt man einem sog. Streitgespräch zwischen Odo Marquard und H.-E. Richter in der ›Zeit‹, gehören die »Beunruhigung« der Jugend über die Atomrüstung sowie die Umweltgefährdung durch Chemie und Technik ebenso dazu wie deren spekulativ unterstelltes Gegenteil: die Aggression, welche in Wahrheit nach Freuds Modell als Wunschtraum hinter den betreffenden Albträumen laure.

So oder so, in der Folge wird die Argumentation jedenfalls ziemlich uferlos, hat aber am Ende auch gar nichts mit modern, postmodern und antimodern zu tun; sondern wie zu jeder Zeit liefern halt Autoren bei Zeitschriften Beiträge ab, und die Redaktion klatscht die Zeile »Zeitgeist und Postmoderne« drüber.

☆

»Durch sein Erscheinen hinter'm Zapfhahn machte Demuth auf sich aufmerksam.«

Etwas Schöneres als diesen Satz (›Mätresse‹, S. 440) werde ich in diesem Leben nicht mehr schreiben. Wetten?

☆

Allenfalls der Wegfall der Ortsbestimmung sowie die Akzentuierung des Zeit-Ewigkeitlichen wären als Verbesserungen erwägenswert: »Durch sein vorübergehendes Erscheinen machte Demuth auf sich aufmerksam.«

Doch, so schwebt's noch heimelig-hohler.

Sobald Hitler, Springer, Gerstenmaier abtreten, freut man sich des Gedankens, wie ihnen drüben in Anbetracht dessen, was ihnen der reine Geist von Angesicht zu Angesicht belehrend zu erkennen gibt, nach wenigen Augenblicken der Benommenheit die Augen auf- und übergehen, wie sich ihnen die Hartschaligkeit der in einem langen und unbelehrten Leben erstarrten Birne allmählich lockert und löst, wie ins Erweichte gleich einem kühlen Luftzug endlich die ersten halbwegs stichhaltigen Gedanken eindringen und einsickern, jene, die ein Leben lang keine Chance hatten; wie dann stetig zunehmend sich lichtend der Nebel weicht, der Vollmond steigt –

– usw. Wie aber ist es bei unsereins? Nicht ganz so lösend und kühl mildernd? Das wäre aber ungerecht.

☆

Das Nachlesen von Adolf Hitlers Taten, gesammelt, aufbereitet und feinsäuberlich auseinandergenommen in tausend Büchern, läßt nichts weiter spürbar werden als jenes Gefühl, das sich im allgemeinen, laut Bierce, beim Unglück eines Nachbarn einstellt: Behagen. Wissenschaftlichkeit selber, je subtiler, seriöser sie operiert und differenziert, wird zum Verharmlosenden. Je dichter die Materialien, je schlüssiger die Analysen, je barbarischer die Gegenstände: desto pudelwohler, gemütlicher fühlt der Leser sich. Ob das im Sinne des Erfinders ist?

☆

Skisport und Thanatos. Nun liest man freilich nicht eben gar zu häufig von Skifahr-Toten. Aber gerade dies füllt die hier in Rede stehende Hypothese mit zusätzlicher Wahrscheinlichkeit:

Zwar rückte der späte Sigmund Freud wieder um Nuancen von der Annahme eines generellen und libidinös gebundenen Todestriebs resp. einer destruktiv gebundenen Libido ab, ja er revidierte diese seine Lehre sogar; denn offensichtlich fehlten ihm die Beweise. Indessen lagern auf mitteleuropäischen Autodächern schon mindestens den fünften Wintersport-Winter jene großetuiförmigen Behältnisse, welche der Volksmund sofort und trefflich »Skisärge« genannt hat. So hat denn, wer Augen hat zu spähen und praktische Vernunft zur spekulativen Analyse sozialpsychologischer Evidenzen, spätestens in diesem Vorfrühling Anlaß, sich von einem etho- und ethnologischen Phänomen schwanen zu lassen, auf dessen verklausuliert-enigmatische Vogel- und mithin Todesmotivik gleichfalls zurückzukommen sein wird.

Zumal eine kürzlich stattgehabte Frankfurter Messeausstellung ›Leben. Wohnen. Freizeit‹ jene je ein Paar Skier beinhaltenden signifikant sargähnlichen »Jet-Bags« und »Jet-Cases« namens »Packi« u. ä. dem wintersportgerüsteten Autodach nochmals nachdrücklich ans Herz legte; und über fehlende Buchungen nicht klagen konnte, nein, gewiß nicht: In den führenden Wintersportzentren trägt bereits mindestens jedes dritte Auto einen zumeist matt glänzend kompakten Skisarg.

Wie war's dazu gekommen?

Nun, befestigte noch der VW-Käfer-Fahrer einst seine Bretter an der hinteren Stoßstange, so gingen gewichtigere Limousinen wie in instinktiver Vorwegnahme eines Kommenden bald dazu über, während der Wintermonate Haltestangen und -schnallen auf den Autodächern zu installieren. Es kam in der Folge, angeblich zur Schonung der teuren Skier, in Wahrheit aus einem nachgerade klassischen Rationalisierungszwang heraus, zu deren zusätzlicher Umwickelung mittels Säcken und Plastikfolien

– und endlich, ab ca. 1981, verschwanden die umhegten und umhätschelten Gerätschaften dann auf breiter Front in jenen meist grauen, manchmal auch schwarzen Groß-etuis, die eben an jenen Sarkophag gemahnen, der im Volk üblicherweise Sarg genannt wird.

Eine ebenso sprechende wie deshalb verräterische Realien-Paraphasie? Eine Bild-Parapraxe, vergleichbar dem populären Freudschen lapsus linguae, der anderes im Hinterkämmerchen birgt, als er im vorderen zu meinen meint. Paradox: Ist, wer da winters vermeintlich und vehement auf totalen Sport, Torlauf und Tollerei aus ist, in Wahrheit und subkutan jenem Todestrieb, Todeswunsch vulgo Thanatos hörig, der prima vista wie eine contradictio in adiecto mahnt? Jenem latenten Trieb-Denkmodell also, dessen Dualistik Freud von Schopenhauers Lehre einer bewußtlosen Konkupiszenz, ja Appetenz des Nirwana, des Nichts adaptiert hat?

Mit anderen Worten: Ist der neue Skisarg als symbolisch veritabler Gegenpol zur sog. Fitness als der gegenwärtigen Vulgärversion des evolutionistischen Vitalismus kein Zufall, keine kurzlebig ephemere Mythe? Sondern Expression eines aktiven, parabiologischen Grundtriebs, hier verschwägert mit Erich Fromms Befund einer wahnhaft-suicidalen Destruktivität und Selbstdestruktivität der nur scheinhaft zivilen Moderne? Fragen, die uns, wenn nicht schon schwindeln, so doch aufhorchen lassen.

Zwar fungiert der zunächst nur dem Ski vorbehaltene graue – Mozarts »grauer Bote«! – Skisarg heute bereits permissiv in allen möglichen Größen und Gestalten als Reisebehältnis für alles mögliche – vom Gepäck zum Autozubehör. Jedoch, sofern man im Gefolge Kritischer Theorie zu konzedieren geneigt sich sieht, Geschichte nicht allein als Hölle des Bürgertums zu deuten, sondern dessen spezifische Hölle noch einmal in der des Skifahrens konvergieren zu sehen (und bei aller angeblichen Lautlosigkeit des Gleitens auch zu: hören!): Dann macht die emphatische Evidenz der Skisarg-Existenzen weit über freudische Hermeneutik und allgemeine sozialphilosophische Spekulationen hinaus aufmerksam auf ein subliminar ätiologisches Konstrukt, dessen tendenziell auto(!)-nekrophile und via Sarg wahrhaft analogiemächtige Konsistenz den verstörten Blick freischaufelt auf ein endogen-regressives Moment, in das erkenntnistheoretische Einsicht zu gewinnen vermutlich nur pure Gedankenlosigkeit bislang verunmöglichte. Man habe es hier, so die Abwinkgeste, mit einer kontingenten Bagatelle, reziprok-kontrovers allenfalls vergleichbar der Anschnallpflicht für Autofahrer, zu tun.

Daß die Alpen eh etwas Vergreistes abstrahlen: hätten es nicht längst und wiederholt P. Handke wie Th. Bernhard wie W. Herzog ebenso volens wie zuweilen selbstreflexiv nolens zur Darstellung gezwungen, man wüßte es auch ohnehin. Ihre Semiotik des gleichsam Letal-Amourösen freilich gewinnt neue Schlüssigkeit gerade durch das Skifahren. »Zwoa Brett'ln, a g'frühriga Schnee, juchhe, dös is ja mei höchste Idee!« sang schon in den 50er Jahren (der Verfasser erinnert sich daran wie an gestern) Franz Muxeneder (oder wer) wie nicht recht bei Trost, ja wie nicht mehr von dieser Welt – wundert es da länger, daß die zentrale Idee des Lieds exakt mit der Wagners in der Todesmystik des ›Tristan‹ koinzidiert: »Unbewußt – höchste Lust«? Nein, es wundert länger nicht. So fatal wie obligat freilich folgte auf Wagner Hitler, der denn auch folgerichtig in einem seiner Monologe im Führerhauptquartier dies zu Protokoll gab: »Das Skifahren müssen wir kolossal fördern, wegen dem Sau-Osten da.« Und war dann aber nicht eben jener Sau-

Osten Synonym für (Befehlsmentalität und -verweigerung hin und her, vgl. dazu bei Mitscherlich u. a.) nachgerade kolossalen kollektiven Selbstmord, wenn man will: kollektive Todessehnsucht also? Und dabei ein abermaliges und kontrareflexiv fahles Schlaglicht schleudernd auf das schon dortmals pathologisch-analogische Skifahren der Christl Kranz, Christl Prawda, Mirl Buchner usf.? Kurz, was Adorno in der Folge der Nazibarbarei am Beispiel Kafka exemplifizierte, die totalitäre Todessehnsucht des Bürgertums, das aber gleichzeitig, so wie der Jäger Gracchus, nicht zu sterben vermag, mit dem Ende des schaurig hallenden »Gelächters Satans über die Hoffnung auf Abschaffung des Todes« (›Prismen‹, a.a.O. – nanana, ob sich Adorno da nicht wirklich ein bißchen verspekuliert hat?) –: Im Skisarg der 80er Jahre endlich ist der Gedanke ebenso zu sich selbst gekommen, wie Goethes Idee der Steigerung durch Polarität sich ein weiteres Mal aktualisiert. Denn verspricht der Skisport ebenso generativ-motorische wie sexuelle Wärme beim abendlichen Hüttenzauber; so entlarvt doch das kühlend Gruftartige des offensichtlich bewußtlos mitgeschleppten Skisarges jenen stante pede als Verblendungs-, wo nicht Verblödungszusammenhang, als bluffende Chimäre des blanken warenästhetischen Scheins.

Doch, auch wenn die Menschen zwanghaft beim Après-Ski »das Unabänderliche« (H. Böll) tun (ficken!) – so und nicht anders ist das mal. Der Sarg fährt, früher oder später, seinen Triumph ein.

»Überall«, lehrt Jean Baudrillard, »geht es um die Ummünzung des Todes in einen weiteren Profit des Kapitals.« Und der Franzose fährt (!) entschlossen fort: »Umgebt euch mit Särgen, um euer Sterben zu verhindern« (›Der symbolische Tausch und der Tod‹). Und das eben taten die Skifahrer. Bzw. was immer Baudrillard genau gemeint haben mag: Nicht Unverwandtes dürfte jener F.K. Waechter im Auge gehabt haben, als er da, wie in Telepathie eines Künftigen, schon in der ersten (!) ›Titanic‹-Nummer 1979 (!) zu den scheinbar munteren Worten »Heidewitzka, Herr Kapitän« 17 gezeichnete Frösche auf einem toten Storch sitzend eine Alpenabfahrt hinunterrauschen ließ; einem Storch notabene, der in Gestalt und Aerodynamik an nichts so eminent erinnert wie an einen — mutatis mutandis — Ski.

Und da verschlägt es dann wenig, daß mir — was haben wir da noch? — ausgerechnet heute, am 1.12.86, dem Tag der Niederschrift dieses Essays, gleich wie dessen Schwanengesang ein Ski-Report des ›Spiegel‹ auf den Schreibtisch schwirrt, in welchem der für den Stubaitaler Gletscher zuständige Skiarzt Dr. Franz Berghold überdurchschnittlich hochgeschnellte Ski-Verletzungen beklagt (1985/86: allein 10 000 in Österreich!) — in dem von Ski-Toten aber noch immer keine Rede ist. Denn immerhin teilt Dr. Berghold mir und meinem Schreibtisch mit, daß das »subjektive Gefahrenbewußtsein« der alpenländischen Pistendeppen »noch mehr abnehme«.

Dochdoch, was noch nicht ist, kann noch werden; aber ja, Leute, glaubt's mir, die Ski-Idioten wollen eigentlich sterben. Aber echt.

Im übrigen: Unfallarzt »Dr. Berg(!) hold(!!)« — welch abermalige Verschränkung trügerischer Libido mit Thanatos . . .

Nur eins fügt sich noch nicht recht meinem theoretischen Gebäude, nur eins könnte es noch wanken machen — ein Wintersportbericht gleichfalls des (der wird auch immer seichter) ›Spiegel‹ aus dem Vorjahr 1985: Aus St. Moritz meldet das Blatt, Gunter Sachs habe die dortige berühmte Cresta-Run-Strecke nicht nur schon hunderte Male mit dem Schlitten bewältigt; sondern einmal auch schon »unbeschädigt in einem zugenagelten Sarg«!

Plumpst alle Skisarg-Hypothetik mithin quasi lautlos sackartig in sich zusammen? Oder soll man besser den Schlitten kinetisch wie ontologisch Jacke wie Hose dem Ski zuschlagen? Geeignet gar, den Tod slapstickartig herauszufordern und, auf gleichsam glimpflich symbolistischer Meta-Ebene, seinem Stachel simultan ein Schnippchen zu schlagen?

Hm. Doch weil die Eule tief schon fliegt, die Dämm'-rung grauer noch und kühler wird, sei's drum. Ich lasse es mir durchgehen. Eingedenk Brigitte Bardot. Die ist jetzt auch bald tot ...

Ach Gott, führ' uns liebreich zu Dir!

☆

Die vollständig obszöne, schon zur Perversion hin explodierende, gleichsam prämortal nekrophile Leichenfledderei, ja Leichenaussaugerei, die aus spekulativ moralinsäuerlichen Büchern wie – –

Nein, *so* kann man heutzutage Ideologiekritik ja wahrhaftig auch nicht mehr betreiben. Doch: Wen oder was, Leser, könnte ich gemeint haben? Zwerenz? Neinnein, der hat Fassbinder längst abgehakt. Caspar Weinberger? Ist zwar nekrophil, schreibt aber vorerst keine Bücher. Knut Terjung? Nein, seine Wehner-Schwarte prangt nur schlicht obszön; keineswegs pervers; sondern sehr normal.

Ruine Linser in, Gott hat sie noch immer nicht selig, alter Löwengrubenfrische? Nicht ganz, ist aber nah schon dran. Nein, es handelt sich um Elisabeth Kübler-Ross, die mit ›Verstehen, was Sterbende sagen wollen‹ ihr schätzungsweise 28. Buch über Sterben, Sterbehilfe, Sterbezuschauerei abgeliefert hat, das abermals unterm

Hutdeckel von Humanität und Wissenschaftlichkeit angetreten ist, schleimigste Pietät unversehens in schiere Obszönität, ja Perversität (s.o.) – – –

☆

Auch nicht schlecht: »Die Unhintergehbarkeit von Individualität – Reflexionen über Subjekt, Person und Individuum aus Anlaß ihrer ›postmodernen‹ Toterklärung, Suhrkamp Verlag Frankfurt, 130 Seiten, 1986.«

Wer uns dies Liedlein gesungen hat? Der Prof. Dietmar Kamper? Nicht übel geraten, aber nein: Diesmal ist's der Prof. Manfred Frank, Genf-Tübingen, Bloch- und Tieck- und Schelling-Fachkraft, von Ulrich Greiner im Vorjahr als sich aufpumpender Maikäfer interpretiert, und mehr ist zu ihm auch nicht zu sagen noch zu hinterfragen, außer daß er eigentlich »Toterklärtwerdung« gemeint hat, sich das aber dann doch nicht hat schreiben trauen dürfen; dabei wär's nun wirklich genial gewesen.

☆

Man müßte mal gewissenhafter untersuchen, ob nicht erst die Plagiatoren von Frank über Sloterdijk bis Kamper die reinen Schmarrer sind; sondern schon der Stammvater Benjamin es gleichfalls war. Doch, pfeilgrad müßte man das mal untersuchen.

☆

Eines Tages trafen sich Luis Trenker und Luis Rinser beim antinationalsozialistischen Kongreß »Tod dem Faschismus und der Hitler-Barbarei« in Lochhausen bei Pitzling. »Ich bin die geborene Rebellin und Sozialistin«, begann L. Rinser schon vor dem offiziellen Startschuß unaufhaltsam, »denn mein Vater, Joseph, liebte mich im Symbol der Josephslilie. Ich haaaßte den grundbösen Hitler von Aaanfang aaan und –« –

– doch schon ging Luis Trenker energisch dazwischen: »Oiso, wann S' mi frong, oiso, Sie san doch a so a nett's kloans Frauerl, wann i no jünger war, tati an sakramentischen Gust auf Sie kriang, vorausg'setzt notabene, Sie waschen si« (Fragment)

☆

Es plätschert munter kregel fort, das Jahr. Seine fernsehliche Klimax erkletterte es bereits am Wahlabend des 15.1., als ein schwer angetrunkener und/oder tablettenbehämmerter F.J. Strauß den eigenen Parteinamen auch in mehreren Versuchen – »Ssehsuh«, »Zsehessuu« – nicht mehr recht gatzen konnte; was, vom Peinvollen herschludernd, schon das Tragische anschlich. Während Straußens Leute nur unsagbar peinlich waren: im unedlen Wettstreit die Partei- und die journalistischen Schranzen, voran der die Katastrophe durch fortwährendes Zähneblecken bemeisternde W. Feller, mit den zum Feiern angebrummten Parteiinfantilen, die auch noch die gröbsten Fallouts und die desperat-dissolutesten Sprechversuche ihres schwiemeligen Vorsitzenden (»Schminken Sie sich doch diesen Bart ab!«) mit offenbar keineswegs betretenem, sondern dankbarem Lachen quittierten.

Mit der exzellierendsten journalistischen Frechheit des Jahres zog ›Bild‹ gleich anderentags nach und druckte es dem »dümmsten Volk« (Benn an Oelze genau 50 Jahre vorher) sogar halbfett: Strauß sei nach anfänglichen Wahlstreß-Symptomen »zu Hochform aufgelaufen«, jawohl, so war's.

Im Auge behalten wollen wir aber auch die grüne Krachnudel und Giftspritze J. Ditfurth, welche am wiederum nämlichen Tag wichtigkeitsjapsend und overadjusted an die eigene rumfuhrwerkende Fegertheit nicht allein »Widerstand« für die nächste Periode ankündigte, sondern ums Verrecken gleich auch noch die noch köstlichere Legierung einer richtiggehenden »Widerstandskultur«, welche künftig die alte Riesmansche Freizeitkultur überwinden soll, das wird wieder, ach, was werden.

☆

Geheimnisreich aber auch das breite, hingegossene und scheint's wirklich genießerische Grinslachen, mit dem Kohl den erwähnten TV-Auftritt Straußens im zugeschalteten Münchener vom Mainzer Studio aus bedachte. Spürbar war dies nicht mehr das altbekannt allfällige linkisch oggersheimische Verlegenheitsgrinsen, das zwischen Machtbewußtsein und Ohnmacht flatternde und hinlänglich analysierte – nein, der Kanzler freute sich offenbar frank und frei, sei's über Straußens schonungslose Selbstentlarvung, sei's über das Komische der Welt an sich – und dies trotz eines lebensbedrohlichen Stimmanteilverlusts! Doch, abermals hat man Anlaß, Kohl neu zu überdenken und jedenfalls im Auge zu behalten.

GLEICHFALLS der journalistische Glanzcoup des Jahres hatte – es wird wirklich ein gutes Jahr – bereits statt: Gremlizas Leitartikel im Februar-›konkret‹: vermeintlich zur Bundestagswahl im Januar 1987; in Wahrheit der Artikel zur Wahl 1983 noch einmal abgedruckt. Nun könnte ich unken, ein paarmal sei's mir bei der Lektüre schon schummrig gewesen, der Tonfall, die Namen – aber in Wahrheit gemerkt hab ich nischt, wie ca. 90 Prozent der Heftleser – meinen Glückwunsch auch.

☆

Mit der Serie ›Das Erbe der Guldenburgs‹ andererseits hat das ZDF die bisherige binnendeutsche Tiefstsenke namens ›Derrick‹, ›Schwarzwaldklinik‹ und ›Traumschiff‹ abermals mutig unterschritten; gewissermaßen unterminiert. Doch liegt der Fall nicht einfach. Es ist zwar, als setzte man, Franz Kafka zu gefallen, alles darein, so schlecht und noch schlechter zu sein als nur irgend möglich. Gleichzeitig erhärtet sich aber durch empirische Einzelbeobachtung der Simultanverdacht zur Gewißheit, Schreiber-, Regisseurs-, Produzenten- und Mimenpack könnten es, fixiert wie's Kaninchen auf die Schlange, freilich auch keinen Deut besser, auch wenn sie's probierten – gebändigt, in Bann geschlagen von der Pracht jener Idiotie, welche dem Filmprojekt gleichsam als Imagination, als fast chiliastische Chimäre des planvoll Letzten vom Letzten vorausgeschwebt war und über alle Realisierungsstadien hinweg panierhalb es überhüllte.

So weit, so ruhend in sich selbst, so hochgeschraubt die künstlerisch avantgardistische Position. Hoffentlich wird keiner wahnsinnig dabei. Aber nein, das Gesocks ist zäh.

☆

Schon in den siebziger Jahren wunderte sich einer in der ›Frankfurter Rundschau‹, als der ›stern‹ Bücher von Karl Kraus unter dem Rubrum »Tips und Trends« weiterempfahl. Im Januar 1987 friert es Rüdiger Hipp darüber, fünfzig Jahre nach Kraus' Tod dürfe diesem ein ihn »zu einmaligen Preisen« und »brand-aktuell« verscherbelnder Bücherdienst nachsagen, seine »Fackel-Glossen« seien »sprachliche und ethische Kostbarkeiten überschäumenden Humors«.

Es ist, Hipp hat recht, des Teufels, und eines besonders verwahrlosten dazu. Ist es? Wäre es. Wären nicht die ethischen Kostbarkeiten. Welche das Verbrechen der sprachlichen zwar nicht vollends vergessen machen, aber doch als Pretiosa des dampfenden Wahnsinns schon bald wie Reichskleinodien eines Angelus Novus in seiner rückwärtsgewandt unverrückbar vorwärtsschreitenden Kraft und Herrlichkeit ins bislang Unerhörte hinein – – achgott, nee, Parodie hilft hier nichts, Zitat ist alles.

☆

Bisweilen zu liebende ›taz‹, für Deine Kulturmeldung (Meldung wohlgemerkt, nicht Kommentar) des Wortlauts: »Botho Strauß, Wolfgang Hildesheimer, Heinrich Böll und Peter Härtling recykeln ihren *schon mal veröffentlichten Schrott* unter neuen Titeln« – für die gußeiserne Schönheit dieser Zeilen und für zumal diese Original-Kursivsetzung hast Du das diesmonatige Bundeswahrheitsverdienstkreuz satt verdient.

☆

Allzeit verehrungswürdige ›Bild‹-Zeitung, das »Aids-Jahr« riefst Du kürzlich freudig aus, ließest wochenlang nur noch den wuchtenden Balken »Aids!« aufschwuchteln und faßtest (12.2.87) logisch und mit Recht im Kommentar zusammen, wir lebten derzeit »im schönsten Staat, den wir jemals hatten« – doch dann kam Dir in der Euphorie H. Rosenthals Tod fast ein wenig störend dazwischen, nämlich: Krebs. Und da waren wir dann, was selten passiert, fast etwas – enttäuscht: Das Ganze paßte nicht mehr so recht und pathisch fugenlos zusammen. Hm. Warum eigentlich nicht im Sinne der höheren Einheit alles Seienden und Sterbensmäßigen die Zeile: »Hansi – tot – Aids«?

Keine Sau hätte was dagegen gesagt.

☆

»Aida hat Aids!« – es muß einfach mal gedruckt werden, damit es ausgeschwitzt und ausgestanden ist.

☆

Wenigstens in der Fachzeitschrift ›TV Hören und Sehen‹ wird Ficken im Jahr 1987 noch immer so umschrieben: »Thomas Farell lernt auf einer Party die junge Nachtklubtänzerin Vikki kennen – und lieben.«

Aber freilich ist es unsinnig, aus dem Blatt zu zitieren; jeder Satz, buchstäblich jeder, ist witzig; und das »Vikki« mahnt in diesem Zusammenhang schon fast wieder übertrieben.

☆

Nichts gegen – siehe Streibl, siehe Tempes, siehe den Torwart Schumacher – eine gesunde Lebenslügenhaftigkeit. Doch allzu häufig tritt heute Lüge in Gestalten auf, welche auch durch verfehlten Beruf, durch autokatalytisch-systemimmanente Dummheit, ja selbst durch den whiskygetrübten Blick aus dem Fenster des Sonntagsdiensts einer krausschen Prostituierten der Feder nicht restlos mehr zu erklären sind. Am 16. März teilt dpa, rückblickend aufs Wochenende, mit: ». . . dafür präsentierte sich das Wetter ›traumhaft mit einer Vorahnung vom Frühling‹, meinten zahlreiche Autotouristen und Spaziergänger, die kaum noch heim wollten.«

Man muß das einmal durchspielen:

Autotourist A: »Guck mal, Käthe, das Wetter ist so richtig traumhaft mit einer Vorahnung vom Frühling!«

Spaziergänger A: »Traumhaft! Man ahnt direkt den Frühling vor!«

Autotourist B: »Vorfrühling! Ah! Traumhaft!«

Spaziergänger B, der kaum noch heim will: »Nein, bei dieser traumhaften Vorfrühlingsahnung äh: Vorahnung vom Frühling will ich überhaupt nicht mehr heim und . . .«

Autotourist C, der immer wieder nochmals eine Runde dreht: »Mensch, leckmich, was soll ich da daheim, wenn hier derartig traumhaft der Vorfrühling . . .«

Ach, wahrscheinlich weiß der dpa-Mann halt einfach nicht mehr, daß Gänsefüßchen wirkliche Reden o. s. ä. bedeuten. Hat es nie gewußt . . .

☆

Der Urs-Jaeggi-Preis, berichtet froh die ›taz‹ in ihrer sonst ernsthaften Nachrichtenspalte, sei dieses Jahr Umberto Eco verliehen worden.

Nun, einerseits haben wir's bemerkenswert zu finden, daß die journalistischen Marschrichtlinien und Kriterien der seligen ›Welt im Spiegel‹ der Ära Zirfeld heute noch bzw. schon im ordinären Alternativjournalismus ihr postgeschichtliches Auskommen gefunden haben. Andererseits wird, wie bekannt, früher oder später noch jeder fiktionale »Sinnverlust und Telosschwund« (A. Arsch) von der normativen Kraftbrühe des Faktischen überspült und eingesaugt. Dritterseits gehorche ich persönlich als Zeitungsleser gleichwohl noch immer der alten Scheidung nach Fug und Unfug. Vierterseits aber käme ich hinwiederum ins mindestens halbgläubige Schwanken, läse ich nächstens, der Luise-Rinser-Preis, doch den gibt's wirklich, sei an Franz Kafkas darüber selige Erben verschrottet worden, Weltsinn zielstrebig weiter zu zerstäuben.

Im übrigen hört man seit einiger Zeit nichts mehr von diesem Luis-Pinscher-Preis. Es wird doch ihr Steuerberater nicht etwa der gleiche Depp sein wie seine Inauguratrize?

☆

Die FAZ als bürgerliches Sprachrohr des herrschenden Großkapitals —— nein, solche Satzschleudern gehen spätestens ab 1987 bei Strafandrohung nicht mehr. Und außerdem schellt eh grad das Telefon. Wahrscheinlich wieder so ein Bittsteller, der eine Polemik gegen die FAZ heischt, ihre unterm Mäntelchen bourgeoiser Bonität camouflierte reaktionäre Gesinnung, ihre zuweilen dann offen faschistoide — — — Schluß!

Jawohl: Schon hört auch das Telefon zu schellen auf.

☆

Wo — noch einmal — das Positive bleibe? Der Frankfurter Nahverkehr ist ausgezeichnet organisiert.

☆

»Ausstieg aus dem Atomstaat, der Plutoniumswirtschaft« usw.: Zum erstenmal womöglich in der Weltgeschichte sollte eine unverkennbare Massenhysterie — unverkennbar, weil sie z. B. ausschließlich auf Reizworte und die je bequeme Semantik anspringt — vernünftigen Inhalts sein? Schwerlich mag man's glauben. Welchen Unholdes List aber liegt dann in alledem verborgen?

Wenn man nach den ersten Morgenkaffeeschlucken noch und wieder im Bette liegt, etwas rammdösig vor sich hinblinzelnd, ist im Regelfall überhaupt noch keine Befindlichkeit, kein »Gefühl« da. Erst sobald das Hirn sich etliches Herumtapern gestattet, dies und jenes ausprobiert, verworfen und schließlich als das Passendste gebilligt hat, stellt sich Befindlichkeit = Bewußtsein ihrer ein: »traurig«, »verzweifelt«, »verkatert«, »unverzagt«, »frohgemut«. Der Differenzraum wäre gewiß interessant zu erforschen. Erzeugt, in einiger Analogie zu Kleists Denk-Rede-Beobachtungen, im Regelfall erst das Einschnappen des passenden Worts das darauf wartende »Gefühl«?

Aber ich nehme an, daß auch dieses Interferenz-Phänomen erkenntnistheoretisch leider längst ein alter Hut ist. Schade, moderne Wissenschaft läßt privatisierenden Denkern keine Chance mehr. Und unverdrossen wende ich mich also via Ror Wolfs ›Großen Ratschläger‹ einem ganz anderen Thema zu: »Schmerz. Ich habe schon viel über Freude und Jubel geschrieben, aber noch nichts über das Gegenteil, über den Schmerz. Zur geeigneten Zeit werde ich auch darüber schreiben.«

☆

»Schnee-Chaos in Norddeutschland«, freut sich die Boulevard-Ausgabe der ›Frankfurter Rundschau‹ balkenhoch und treu dem ehernen Pressegesetz: die Zeitungen sollen das berichten, was die Leser gerne hören. Bzw.: das beschwören. Denn selbstverständlich ist hier abermals der schwelgende Wunsch der Vater der Gedankenlosigkeit – die alltägliche Zeitungslüge erst heischt das dann allseits und überall gebuchte angebliche »Chaos«: Verkehrschaos, Unwetterchaos, Chaos in den Ämtern, Chaos im Kabinett – es wäre zu schön, um wahr zu sein, nein, leider geht auf der Welt zu 99,98 Prozent alles noch immer ziemlich ordentlich zu.

Die Sehnsucht nach dem Chaos als ein im Sinne älterer Theorien Symptom bürgerlich-parafaschistischer Destruktivitätswut? Dem fügt sich leider gar nicht die Tatsache, daß, wie man liest, Millionen Deutsche mit barer Wut auf die Verwirrung reagierten, die durch Kohls unfreiwilligen Silvesterscherz der vertauschten TV-

Ansprachen kurzfristig ausbrach: Majestätsbeleidigung alias Zerbrechen von naturgesetzlichen Grundordnungen beklagten selbst Sozialdemokraten beim bislang erfreulichsten öffentlichen Vorgang des Jahres.

Was also will dieses kollektive Unbewußte mehrheitlich? Eine wildgewordene Natur samt wildverzweifelten Hausbesitzer- und Autofahrermassen – aber einen sakrosankten Amtsinhaber als das Inbild schützender Kultur jenseits des Panischen? Dies wäre immerhin ein Staatsmodell.

☆

»Auf den Pisten in Crans-Montana herrscht das Chaos!«

Ja, das tät' auch ihr so passen, der ›Stuttgarter Zeitung‹. Es müssen, wie gesagt, Zeitungen das ihre tun und ab und an nachhelfen; aber natürlich ist wiederum keine Silbe wahr – selbstverständlich ging die Ski-WM mit nachgerade verstörender Ordentlichkeit voran und zu Ende: Das allbekannt konservative Grundmuster des Evolutionären selber ist heute der einzige wirkliche und noch recht zähe Feind der Presse.

☆

»Das Winterchaos in Cham hat sich etwas entspannt« (ARD 16.1.87).

Sehr, sehr schöne Vorstellung: wie es, sich zurücklehnend, Tschibo trinkt.

☆

»Es ist nichts als der Winter, es ist nichts als der Winter, der Winter kalt und wild!«

Eine plausible Deutung ihrer selbst in ihr, Schubert-Müllers ›Winterreise‹: Denn ohne die Vehikel Eis und Reif und Schnee, ohne ihre kindlich-kontrapunktische

Imagination von letzten Endes trauter Traulichkeit ginge gar nichts; kein Gefühl, kein Gemüt, kein Mucks, der lohnen würde, der Welt mitgeteilt zu werden. Liebesleid ohne Landschaft hängt nicht nur in der Luft, es gibt es nicht, ich weiß es doch aus eigener Erfahrung, sakrament.

☆

Die Welt geht nicht nur an Entropie zuschanden. Sondern mindestens und gleichzeitig auch an ihrer fortschreitenden Auffüllung mit Musik. Deren frevlerischste Spezies dabei nicht einmal die laute und die unablässig dudelnde ist; sondern jene, die ab fünf Uhr früh, Signal für dessen Ausrücken zur Arbeit oder zur Feriengestaltung, als essentiell immerwährende baßrhythmische Orgelpunkt-Pauke aus dem Gerät des Nachbarn brummt. »Wrumm!« – »Wrummwrummwrumm!« – »Wruuuum wrm!« Gebot die Pauke noch in Mozarts Requiem-Eingangssatz oder in Mendelssohns Eiapopeia-Musik aus dem ›Sommernachtstraum‹ über die Qualität und Funktion eines Lösenden, des durch den hallend fernen Klang der Welt diese Er-Lösenden: So steht das Brummend-Tobend-Immergleiche jener sogenannten Musik für beider – der Musik wie der Welt – Unerlöstes, Unerlösbares schlechthin; für ihr dumpf und stumpf Zugenageltes. Vermutlich koinzidiert eben diese Identität mit der Beliebtheit solcher Musik. Instinktiv will niemand ja erlöst mehr werden. Das dabei unerläßliche Purgatorium wäre gar zu anstrengend.

☆

Hier mal ein ganz kurzer Text.

☆

Wie Marx und Virchow wußten, vermehren sich die Armen und Expropriierten am heftigsten, maßen neben dem Trunke der Geschlechtsverkehr das einzige nennenswerte Gaudium sei.

Mit Pornovideos müßte es jetzt eigentlich wieder langsamer gehen hoho.

☆

Provinz 1987: Geht man an einer Apothekenauslage vorbei, sieht man sich selber im Farbfernseher gehen. So ist die Utopie, wie sie zehn Kanäle täglich rund um die Uhr trotz all der darin angezettelten Massenaufläufe nicht zu realisieren vermochten, doch noch Ereignis, ist das Ziel und Ende der Universalgeschichte doch noch und schon erreicht: Daß alle, aber auch wirklich alle ununterbrochen, wenn sie wollen, ins Fernsehen kommen können, sich darin zu sehen. Wie Abraham verheißen.

☆

Noch die Tarifverhandlungen zwischen den Tarifpartnern samt ihren Prozentzahlen sind für den Innenminister F. Zimmermann »honorig«. Wie nennt man das in der Psychologie noch mal?

☆

In einem Funktext hab ich's 1986 abermals (und nutzlos) ausposauniert: Daß Dostojewski im Zweifelsfall Karl Valentin näher sei als Tolstoi und Schiller zusammen. Und schon kömmt das höhere Placet angedonnert: Selbstverständlich starben Dostojewski und Valentin am gleichen Tag, dem 9.2.

☆

Wenn ich nächstens sterben täte: Ich fänd's ziemlich ärgerlich.

Schnelle Frauen, flotte Autos? In einem 35 Jahre alten, einst bibelmäßig verehrten, derzeit halb vergessenen Buche, das man der nachwachsenden Jugend schon deshalb wieder ans Herz legen muß – in Adornos ›Minima moralia‹ steht zu lesen: »Der Qualität eines jeden der ungezählten Autos, die am Sonntagabend nach New York zurückkehren, entspricht genau die Hübschheit des Mädchens, das drin sitzt.«

Und eben das, wie sorgfältig oder aber pro domo der exilierte Adorno immer beobachtet und geschlossen haben mag, stimmt heute, jedenfalls für die Bundesrepublik Deutschland, nicht mehr; nein, aber auch schon gar nicht. Mag ja sein, daß der Frauentypus von Denver/Dallas, den als völlig homogenisierte Schnalle zu benennen der jüngere und wachere Sozialwissenschaftler nicht umhin können sollte, in Amerika, man kann das nur ahnen, inzwischen ein bereits so zementierter ist, wie seine Frisuren, Mimiken, Posen im Fernsehen es sind; mag sein, daß dies TV-Abziehbild mit jedweder Realität schon vollkommen kongruiert; kann sein, daß Arno Schmidt noch 1953 (in ›Die Umsiedler‹) es akkurat so sah, wie er's lapidar formulierte: »Eener mit'm Auto hat immer mehr Chancen«; mag sogar sein, daß der Jüngling Goethe die Sache nach wie vor und ein für alle Ewigkeit richtig trifft, wenn er am 14.3.1766 der Schwester Cornelia altklug mitteilt, daß »die Eitelkeit fast immer das Herz der Mädgen beherrschet«. Nichtsdestoweniger und all dessen und auch der ergänzenden Konrad Lorenzschen Lehre, dem »Triumphgeschrei« der Graugans entspreche das Vorzeigen des Sportwagens, wohl eingedenk, ist inzwischen gerade auto-hübschheits-korrelativ so ziemlich alles aus der Starre heraus wieder in Bewegung geraten: Schiache sehen wir in schönen Autos, Schöne in schiachen Autos. Und zweitens steuert die Chose, wenn überhaupt, eher schon – Thorsten Veblen hin und die vermutlich doch ephemeren Yuppie- und Ultrakulturen her – reziprok und jedenfalls ganz andersrum: Mindere Autos gelten heute, wo schon nicht im Fernsehen, so doch in der irgend noch verifizierbaren Realität bei den schönen Mädchen eher mehr denn blendende = teuere.

Hm.

Die in sich verschweißte männliche Doppel-Trophäe schöne Autos/schnelle Frauen schien so einleuchtend wie bislang sakrosankt, eine der Evidenz abgewonnene Faustformel jeder Gesellschafts- und Kapitalismuskritik: Veblens aktualisierter »Barbarian Status of Women« fusioniert mit dem nur angeblich atavistischen Jagd- und Beuteinstinkt der Männer – das üble Pärchen beheimatet in der Welt des Frommschen »Konsumidiotismus« und des hier vermählten doppelten »Habentypus« unsittlichen Neoplebejerwesens: »Ich bin, was ich habe und was ich konsumiere.«

Und in einem repräsentativen Sinne nichts mehr davon soll stimmen? Die Frauen, ausgerechnet die Frauen hätten dem dreifach manipulativen Schmäh den Garaus gemacht?

Wohl ist, das Gerücht ihrer Lebensberechtigung notdürftig aufrechtzuerhalten, interessierten Kreisen aus der Autoreklame, der Aktfotografie und der Vulgärsex-Journaille noch immer und scheint's forciert, nämlich pfeifend aus dem letzten Loch, daran gelegen, die vor allem von ihnen selber ins Feld geführte Mythe weiterzupflegen, ja zu schüren: Flotte Mädchen seien auf scharfe Autos ebenso wild wie umgekehrt und auf scharfe Burschen drittseits selbanderweis. Und sie fotografieren deshalb weiterhin gnadenlos nackte, halbnackte und angekleidete Glamour-Weibsen zu Glamour-Karossen. Ein obsolet, aber überlebensnotwendig gewordener Topos wird einfach gegen jede relevante Empirie fortgeschrieben, auf daß das Leben in seiner ganzen Verdumpfungskraft irgendwie weitergehe. Aber es stimmt von ihm so gut wie nichts mehr. Sondern die Frauen pfeifen drauf, um derart die jüngeren Kommerzmanipulateure ebenso ad absurdum zu führen wie die älteren Soziologiebücher.

Was liegt da an?

Ein Spätecho von Marcuses Großer Verweigerung, obschon kein nachwachsender Teenager die auch nur vom Hörensagen mehr kennt? In der paradoxen Version einer Wiederkehr der historisch-klassischen Jasagerin (Coquette), triumphierend über die Neinsagerin (Précieuse), indem sie eben ihre historische Coquetten-Rolle negierend transzendiert, weil sie zu allem gleichermaßen ja sagt? Ganz im Sinne Arthur Moggers, der von der modernen Frau postuliert: sie sei »intelligent, sauber, hat einen guten Körperbau und macht jeden Scheiß mit«?

Hmhm. Das eben liefe ja aber doch auf die klassische Angepaßte und Systemrepräsentantin hinaus. Ist also der Kapitalismus selber – stocknarrisch geworden, schizophren? Wären andersherum die Frauen eher nolens die wahren Demokraten? Verladen beide ihre Fans, hinten und vorne, kraft Undurchschaubarkeit, wie sie's brauchen? Stimmen die guten alten ideologiekritischen Clichés von der »Verdinglichung« so gar nicht mehr? Läuft Ideologiekritik, wie die Psychoanalyse, Gefahr, alles, was sie früher so erklärt hat, nun genau konträr erklären zu müssen?

Oder kommt vom Weibe doch, wie Wagner wähnte, die Erlösung, Erlösung immerhin aus altbewährten Konsum- und Renommierzwängen? Wahn, Wahn, überall Wahn, vor allem aber im weiter waltenden »Weiberunwesen« (Schopenhauer)? –

– doch was fasele ich da selber wahnbefangen zusammen? Anstatt gleich mit meinem böslich persönlichen Aha- und Saulus- und Schockerlebnis aufzuwarten! Dem nämlich, daß mir schon vor sieben Jahren im Zuge einer nasagenwir Amoure mein sternhagelneuprunkender Lancia Beta bei der Frau gar nichts frommte; sondern ich rücksichtslos in eine klapprig-smarte Ente gepfercht wurde, womit ich auf meine älteren ideologieseismografierenden Tage die neue Chic-Wertskala des neuen irgendwiealternativgrünen Lebensgefühls an den eigenen eingezwängten Beinen erfahren durfte und – –

Wie bitte? Leserin? Der Lancia Beta möchte Sie interessieren? Sie würden ihn bzw. mich gern mal kennenlernen? Na prima! Dann stimmt ja – der gute alte Adorno wieder!

Allerdings, der Lancia ist jetzt nicht mehr so schön und neu. Ja, ich werde das Autofahren wahrscheinlich bald ganz einstellen. Was? Sie möchten mich trotzdem – ??

Na, dann kapier ich freilich garnix mehr.

☆

Ein anderer Aspekt der Sache hilft uns hier aber womöglich doch etwas weiter:

Wenn Frauen, so Samuel Beckett, nicht mehr wissen, was sie tun sollen, dann ziehen sie sich aus. Das trifft zu vor allem bei kinderlosen. Haben sie schon Kinder, werfen sie sich, sicherlich seit Urzeiten, knallundfall auf diese. Seit einigen Jahrzehnten indessen auch und gleichzeitig: aufs Autofahren. Nämlich aufs eigenhändige Kutschieren eines Automobils: Realiter die bedeutendste und allerdings obskurste, ja inferiorste »Emanzipation«, welche den Frauen je beschert ward; ihnen, die laut Schopenhauer ja »die gründlichsten und unheilbarsten Philister« sind; wozu das schnöde Blech sich wie nichts Gutes fügt.

Die alleine, ohne männliche Eskortierung und also

jenseits ihrer alten Dekor- und Trophäen-Determination ein Automobil nach ihrem Willen steuernde Frau: Dies Bild scheint mir heute soziologisch belangvoller und zugleich unauslotbarer als das schon ältere der heiligen Dreiheit der Jungfamilie mit Kind im Mittelklassewagen, also das bekannte Triptychon der starr verteilten Rollen bei starr schematisch verteilten Plätzen: Vater Kapitän, Mutter Sexualitätsnachweis, Kind Staatsbürgerlichkeitsnachweis. Die alleine ein Auto chauffierende Frau perpetuiert auf ihre Weise die alte Starre – ihr Schein von Emanzipation und Freiheit beläßt gleichwohl fast alles in der semantischen Schwebe. Dies neue, noch vor einigen Jahrzehnten vollends ungewohnte Alltagsbild aber erfährt seine wiederum interessanteste und akuteste Ausprägung in der Mercedes-Fahrerin, welche, die Augen aus den Wagenfenstern schleudernd, weiß, daß sich, sie sehend, virtuell und potentiell alle Welt nun fragt, ob sie denn eine Mercedes-Fahrerin aus eigenen Kräften sei – oder aber das Vorrecht sich ergaunert habe, indem sie einem dem Passanten natürlich unbekannten Manne und Wohltäter jede Nacht die Beine schleunigst breit macht.

Einem pottwiderlichen? Gar einem schönen? Freut oder ärgert sie sich, daß beides nicht ad hoc erfahrbar, nachweisbar ist? All diese und viele andere wahrhaft flirrende Potentialis-Kombinationen von Vieldeutigkeit bei gleichzeitig eingestandener ohnehinniger Eindeutigkeit aber sind, so oder so, versammelt und eingraviert in den unergründlich flachen und in ihrer Flachheit äußerst tiefen Blicken der Mercedes-Solofahrerinnen; in ganz besonders hassenswertem Maße freilich derer aus Bad Homburg.

Ein weites Feld, ein weiteres, letztlich zermürbendes Thema – das einer mal traktieren müßte; vermutlich ich. Einiges habe ich schon angeschnitten in meiner grundlegenden Studie »Saustall Bad Homburg« im Zuge des Sammelbands ›Erledigte Fälle‹ (1986), auf welchen ich hier nachdrücklichst verweise.

☆

Was einem hin und wieder durch den Kopf brummt: Wie mag es eigentlich – Oswalt Kolle gehn? Und was macht – Rainer Barzel? Und: Werner Höfer? Thilo Koch? Und: Wiesheu, der alte Leibdiener und Büchsenspanner?

J. Kaiser? Kiesl? Schrieb der sich nicht Kiesel? Huberty, Grass, Baum, Overath? Und Petra – sagen wir mal: Kelly? –

Ob die alle noch leben? Nein, sicher sind die alle längst schon tot.

☆

Trutz! Potz! Schwer Feuersglut! / Fahr hin, Treu! Treu und Gut! / Glaub auch! Blitz! Gott dazu, oh wie verflucht! / Satan, fahr drein! Trotz! Hotz! Ach, wie verrucht! / Hölle! Wei! Sackerment! Wetter, zisch drein! / Und wie wollt' heute, ach, fröhlich ich sein! / Ausgießen sonnig mich, fahren zum Baden – – / Graus und Pechschwefel! Luzifersbraten! / Schatten des Todes, Sargschrein und Leichen! / Hund! Sau! Verwünscht! Oh oh! Pest, Furz und Seuchen! / Denn was jetzt blick ich? Was, Augenbrut? / Wen, Gift und Galle?! Was?! Dreck und Fut? / 's schifft drauß. – Himmel wie Leichentuch. – / Dir, Himmel, fluch ich! Fluch allem! Fluchfluch!

☆

Ich bin vom Leben so oft mitgenommen worden, daß sich ein Auto – bald nicht mehr rentiert.

Am vorläufigen Ende von fünfzehn Jahren neuerer Emanzipationsgeschichte der deutschen Frauen triumphiert emphatisch deren endlich erkämpfte Emanzipation, jetzt andauernd »beschissen«, »echt beschissen« und »die beschissene Situation der Frauen« sagen zu dürfen; womit sich ein Kreis gleich zwiefach rundet.

☆

Es führt, Mesdames, kein Schleichweg dran vorbei: Wo Robert Schumanns a-moll-Klavierkonzert schon im ersten Satz vor Inspiriertheit und Genialität mindestens zwanzigmal pulsiert und lodert; da kommt Clara Schumanns tonart- und auch sonst sehr artverwandtes Klavierkonzert keine Sekunde über die Imitation von romantischer Inspiriertheit hinaus. Tja, mes chères, da heißt sich's weiterhin am Riemen zu reißen, so ihr denn einen hättet, dies aber habt zum zwischenzeitlich doppelten Troste: 1. Webers Klavierkonzerte sind keinen Deut besser – und Weber war nicht irgendwer. 2. Die Romancière Brigitte Kronauer taugt mir als erster lebender Beweis dafür, daß Frauen zumindest manche Künste besser können als wir, die Herren des Weltalls.

☆

Seit ungefähr vierzehn Jahren entnimmt man deutschen Illustrierten, es sei nun nach der Sexualität die Liebe wieder dran, jene, die sie auch unterschiedslos Romantik nennen.

Der Terror strotzt allerdings nicht nur terroristisch, sondern geht, laut N. Luhmann, als »unentschiedenes Oszillieren« und »Gären« auf eben die Romantik zurück: »Keine Leitdifferenz kann sich durchsetzen – weder sinnlich/nichtsinnlich, noch plaisir/amour, noch Liebe/Freundschaft« (S. 171). Was wiederum anderes ist es allerdings, wenn der ›stern‹ sieben Tage lang den Busen hochleben läßt, während noch in der gleichen Woche in der ›Quick‹ der Arsch stramm Flagge zeigt. Denn jener meint die Weltseele, dieser den Weltgeist.

☆

Ob der Unterschied nun groß oder laut A. Schwarzers Analyse eher klein sei: eine Frage der Unbeantwortbarkeit. Okay. Aber: Gerecht geht's immerhin auf der Welt zu. Denn die monatliche Frauenbeschwernis wird ausgeglichen durch den täglichen Rasierzwang des Mannes. Jawohl, den *täglichen* Rasierzwang. Und der Vorteil des Mannes, jederzeit und auch im Stadtkernbereich öffentlich pieseln zu dürfen, wird wiederum kompensiert durch sein Nachtgewand. Maßen dieses bei der Frau fast immer hübsch, zumindest schön, annähernd sittig oder aber laszivisch klassisch-antikisch flort; wogegen der Mann des Nachts vom Nachthemd übers Turnhöschen bis zum zweiteiligen Trikot-Schlafanzug (Lucca, Sept. 1976) probieren kann, was er mag – es ist immer alles gleich ridikül.

Die Frau aber darf darüber kichern.

☆

Sehr gut für uns: Die jungen Frauen und Männer der neueren Reklameformationen – etwa: »Coca-Cola is it« – sind zwar, rückübersetzt in die Wirklichkeit, sicherlich gleich brunzdumm widerwärtig. Allein, während die wohl zu unterstellende Geist- und Seelenlosigkeit der Frauen durch ihre Schönheit und Jugendfrische gemildert und gleichsam vorübergehend halbwegs verdeckt bleibt, prangen Air und Blick der 17- bis 37jährigen Schnösel allzeit schon als solche der denkbar größten Idiotie und Watschenhaftigkeit.

Weil die jungen Frauen aber gleichzeitig nur die Auswahl aus ca. zehn Grundtypen gleichrangiger Dummbeutelhaftigkeit haben, erfolgt auch für sie die Strafe spornstreichs immanent auf dem Fuße – und die Gewinner sind abermals und doppelt wir, die honetten 45jährigen Männer; die a) den Spuk fast ungeschaut entblättern und b) die Büchsen ja jederzeit, wenn wir nur wollen, auch, ahoi!

☆

Ingeborg Bachmann in ›Malina‹ 1971: »Ein Tag wird kommen, an dem die Frauen rotgoldene Augen haben, rotgoldenes Haar, und die Poesie ihres Geschlechts wird wiedererschaffen werden . . .«

Furchtbar. Und fast furchtbarer noch der Nachweis, daß der Stuß nun schon seit mindestens 16 Jahren stiefelt. Und also dieses Jahr erwachsen wird.

Hübsch allerdings auch wiederum, daß ein berühmter Erzählerwettbewerb ausgerechnet nach der benannt wurde, die am wenigsten erzählen konnte; und letztlich auch nichts zu erzählen hatte.

☆

Der sogenannte Satiriker Th.G. Hippel 1774 über Frauen: »Das Frauenzimmer schreibt sich aus dem Paradiese her: kein Wunder, daß es niedlich ist.«

Es ist schon ein wahrhaft wunderbarer Stiefel, der so im Lauf der Jahrhunderte aus irgendwelchen Hirnhibbeligkeiten heraus zusammengeschribbelt wird.

☆

Dagegen Beckenbauer äh: Beckmesser schon 1868 über die Frauen: »Schlechtes Geflunker gilt ihnen mehr als all' Poesie.« Sehr richtig, siehe den schändlich erfolgreichen und umschwirrten Damendichter Robert G.

☆

Paulus hat nämlich nur zu recht: »Es ist dem Menschen gut, daß er kein Weib berühre.« Denn schon der Hl. Clemens wußte genau: »Jede Frau sollte schon bei dem Gedanken, eine Frau zu sein, von Scham überwältigt sein.« So schilt denn auch Tertullian legitim: »Weib, du solltest stets in Trauer und Lumpen gehen, dem Blick Deine Augen voll Tränen der Reue darbietend, um vergessen zu machen, daß du das Menschengeschlecht zugrunde gerichtet hast. Weib, du bist die Pforte der Hölle!« Woraus Hieronymus logisch schließt: »Die Ehe ist immer ein Laster.« Und Origines ohne Fehl ergänzt: »Die Ehe ist etwas Unheiliges und Unreines.« Bilanziert der Hl. Eckhard zu Recht: »Weib – Leib – Zeitvertreib« (Aus meinem postumen Werk: »Hier spricht der greise Schweinepriester«)

☆

Der ehemalige SPD-Vorsitzende Bebel schrieb ein Buch über ›Die Frau‹ (und der Sozialismus), darin freilich über zwei Drittel des Gesamtumfangs nicht von dieser, sondern von Gott und Welt und Weinanbau und Volldüngung viel die Rede ist.

Klug mied der Nachfolger Willy Brandt die Gefahr, derart verderblich sich zu verzetteln, und setzte präventiv lieber gleich auf Enthaltsamkeit. Genannt »die schöne Griechin«.

☆

Magisches Quadrat: Alle – Lieb – lebe – eben. Will sagen: Flachlegen ist Pflicht.

☆

Die Aufwartung dem anderen, schnuckeligen Geschlechte gegenüber freilich sei uns stündlich sonderliches Gebot; uns, den gutwilligen, ja ich möchte schon fast sagen gutartigen Wichsern in der Notzeit. Das beflissene Schöntun ist uns Bildnis lechzend wunderselig tief im Herzensgrund. Zu jeder Stund denn bleiben wir treulich hart, wir als die eingebürtigen stahlschweren Trost- und Gassenficker, Trommler, die wir sind zumal. Die Hexe lacht harrharr alsgleichen, indessen ich traun frage mich, forsche mich immer inbrünstiger, meine Trauten: Wes das Mondlicht verschwiegenen Eingedenkens auf den Hügeln sich hervortut lieblich, ja schon lieblichst. Wessenthalben wir kommen, um Wartung zu erhoffen, wenig ziemt's, die Frage auch nur anzufeuchten. Hou! Houhou! Die Ähren warnen füglich sacht! Von den blauen Bergen kommen wir und pipapo, die Lehre seichthin aber laute: Haddal! Rauschende Wipfel, schauernde Wolken, knuspernde Frischlinge mmmpf! Schon glühend trunkenen Blicks sehen gleichwohl schwerlich wir uns entlastet, nicht auch fernerhin entschwichtigend wohl auf der Lauerhut zu sein. Seid wachsam, Wichser, wehmutsreiche! Wehewehe! Hopp! Auf! Genug getändelt! Dauert euch nicht! Herzhaft gezecht, Schlohmesner, jäh verwahrloste! Musikanten, auf und munter! Wer? Nein, die Weinende ist nicht meine Braut. Situationsbedingt bin ich mit einer anderen erklecklich am Trinken, einer noch viel Gräuslicheren. Aber dereinst beizeiten wird's tagen, und sie wird beiläufig wiederkehren, die hohe, ja die höchste Frau, meine Gräfin Charnardy. Dann aber werden wir künden von Inständigkeit und schwerem Intimismus, vom schwirrend flirrenden Umgirren aller guten Willens. (Phantasie zu Schumann-Eichendorff op. 39 – à la maniere dö Lattern; Fragment)

☆

Daß einer, der um 1850 gut sozialistisch-programmatisch die »Freude am Leben« als den »Zweck des Lebens« einklagte (R. Wagner, ›Kunst und Revolution‹), schon zwanzig Jahre später die wahrhaft sadistischen Torturen der ›Götterdämmerung‹ konstruierte und mit ihnen und im Zuge einer Art Perversion von Oper und Singen eine fast nagelneue Gestalt von Humor: Das gehörte, hundert Jahre nach B. Shaw, der immerhin schon einiges erspähte, auch mal genauer untersucht. Wenn's schon keiner macht, bin ich halt wieder dran, ich, der die Freude am Leben ja eh längst abgeschrieben habe und abschreiben werde deshalb nächstens die Partitur der ›Götterdämmerung‹, derart mir noch von hinten her ein paar späte raffinierte Wonnen zuzuschanzen.

☆

Jungen Menschen merkt und sieht man das strotzend Strohdumme geschwinder an als den alles in allem gleich dummen Alten. So hat, hier muß Svevo korrigiert werden, das Alter doch noch 1 Vorzug.

☆

Freiheit ohne Emanzipation ist – Konterrevolution? Emanzipation ohne revolutionären Gehalt ist kontraproduktiv? Emanzipation ohne Freiheit verkommt zu bloßer Liberalität? Jawohl, so paßt er.

Viel wäre allerdings erziehungs- und ordnungspolitisch schon gewonnen, hieße der Lehrer ab sofort nicht mehr Lehrer, sondern akkurat Lehrerbattel: »Auf der Bundeslehrerbattelkonferenz wurde Hauptlehrerbattel

Bartel Prattel zum Sprecher der Gesamtschullehrerbattelverhandlungskommission . . .«

Nein? Doch.

☆

»Schon lag der Rauch von Revanche über dem Seilgeviert«, dies will, laut Bericht der Heimatzeitung, ein ungenannter Sportpressedienstler nach dem 2:1-Urteil im Boxkampf Marvin Hagler gegen Sugar Ray Leonard beobachtet haben – und serviert damit ein annähernd wunderbares Triptychon aus a) journalistischer Bodenlosigkeit, b) insgeheimer Scham über sie und c) moderner Poetik in nuce, nämlich ihren schon klassischen Assoziations-, Verschlüsselungs- und Palimpsest-Techniken. Denn klar, unter dem »Rauch« nistet eigentlich der ursprünglich vorgesehene »Hauch«, der aber selbst diesen Federgauner wenn schon nicht zu verlogen und unglaubwürdig und unboxerisch, so doch zu wenig spektakulär dünkte – das idée-fixe-artige Bild des »Seilgevierts« aber im Verein mit dem Klangfeld der »Revanche« verrutschte und vermählte sich nun während des fast besinnungslosen Hinschmierens seines – eh gelogenen – Satzes zur Bild-Wort-Imago der »Ranch« (Seile, Geviert, Revanche) und diese wiederum sich mit dem ursprünglich geplanten »Hauch«, ganz im Sinne der von Freud beschriebenen Witz- und Verdichtungsarbeit des Traums zum: »Rauch«. Welcher noch einmal unfreiwillig sich selbst der Lüge überführt: Alles, was hier berichtet wird, ist Fama, Rauch.

So wie der Reportagen-Ressortleiter des nämlichen Heimatblatts, Ralph Storch, vier Jahre vorher bei Gelegenheit der Verheiratung des Tenors Peter Hofmann die Überschrift ins Blatt scherbelte: »Blonder Engel und süßer Spatz« und eigentlich den »süßen Fratzen« im Sinn hatte, sich aber dann doch nicht traute (Vgl. E.H., ›Mein

Lesebuch‹, 1986, S. 263 ff.); so enthüllt hier ähnlich sub- und metatextiv der »Rauch« a) des Autors welkes Lebensideal, b) das Abschweifen seiner Gedankenschwaden hin zur ›Dallas‹-Ranch fernab den mickrigen Redaktionsstuben und c) das Nachschwelen des — kein Rauch ohne Feuer — Kampfes, der, wenn er schon nicht glutvoll war, es doch noch nach alter Reporterweise füglich werden muß. Der vielfache Hirnschwabbel selber aber entfachte — indem nämlich »edle Werke« laut Hans Sachs »nie ohn' ein'gen Wahn gelingen«, unedle aber erst recht, nur daß sie davon nichts wähnen — kurzfristig sogar einen poetischen Brand ersten Ranges, dergleichen Etymzauber Arno Schmidt bei Karl May vergeblich suchte, — ich aber revanchiere mich, indem ich den unbekannten Künstler zum postalkoholischen Hepfenschwurbel hochleben lasse, mit einem unangeseilten Geviertele Räucherbier aus Bamberg-Ost.

☆

Jene Hunderte Sinfonien, Streichquartette, Kammermusiken, die man mehr oder weniger auswendig im Kopf gespeichert spazierenträgt: Ob sie wirklich »das innere Leben bereichern«, wie die Kulturmär es will, es überhaupt erst »in Schwingungen versetzen«?

Wahrscheinlich und gottseidank nicht. Man würd' ja dann Karajan noch ähnlicher, dem schierlichen Pfuiteufel.

☆

Wahre Kunst aber negiert, sabotiert, hintertreibt den staatlichen, nämlich im Klasseninteresse begründeten Widerwillen gegen jede kleinste Abweichung, sie insistiert auf dem Gestus des A-rebours, ekelt proustisch sich vor jeder morastigen Form von reçu und Einver — — ja, Herrschaftseiten, kann man denn heute wirklich nur noch ausgeschamte Gemeinplätze vom Stapel lassen? Jawohl, denn der Gemeinplatz ist das Boot, in dem wir alle sitzen. Brettlbroat.

☆

Mindere ist's nicht wert, uns die Zeit zu stehlen – obere Musik aber von Bach bis Webern uns mit 45 Jahren zu bekannt, um noch länger, so wir denn nicht zur Sturheit neigen, erträglich sich anzuhören; auch ein Beethovensches Erzherzog-Trio und Streichquartett Nr. 14 übersteht das 200. Anhören nicht unbeschädigt und unverwelklich. Was tun? Das Potpourri scheint zumindest vorübergehend seelische Hilfe zu verschaffen; man probiere es im Rahmen eines 2-Stunden-Privatprogramms nur aus: Bruckner, Adagio aus der Fünften; Verdi, Lachquintett aus dem ›Maskenball‹; Brahms, ›Vier ernste Gesänge‹; Mozart, Kegelstatt-Trio, erster Satz; Wagner, Quintett aus den ›Meistersingern‹; Hessische Polizeichöre singen; Mahler, Posthorn-Solo aus der Dritten; Marina, Marina, Marina; Bach, einen Satz aus der ›Kunst der Fuge‹; Torna a Surriento; Mahler, ›Wo die schönen Trompeten blasen‹ –

– ach, es wird ei'm ganz wohl, ganz weh, wie Kohl schmachtend am Wolfgangsee, oui oui, schon wahr, nous sommes peut-être des Sorgenkinder des Lebens, tout simplement, ouioui.

☆

Wenn ich Rupert Riedl richtig verstanden habe, ist es sinnlos, über 10 hoch 83 hinauszudenken: mehr Quanten gebe es im Kosmos nun mal nicht.

Wenn mir freilich jemand sagen könnte, warum ich mich deshalb irgendwie erleichtert fühle ...

☆

Ob nun das Leben noch nicht lebt, wie Bloch klagt; oder nicht mehr, wie Adorno stöhnt – der Lebenswissenschaftler Heinrich K. Erben weiß es 1984 genauer: »Das Leben ist der schlimmste Feind seiner eigenen erneuten Spontanentstehung, die ja konkurrierende Wesen – vielleicht sogar eine Art von Antileben – hervorbringen und damit das ursprüngliche Leben in seiner Existenz bedrohen würde« (›Intelligenzen im Kosmos?‹).

Kurz, Lebewesen sind »äußerst konservative Systeme« (Jacques Monod), und das erklärt nicht nur einiges, sondern sogar Dieter »Thomas« Heck und Ruis Linser – und Kohl sollte die Einsicht ruhig auf dem nächsten Parteitag vortragen, mal sehen, ob sich erfreutes Leben in den Köpfen regt; oder diese weiterdösen.

☆

Die von Ror Wolf schon 1983 so benannten »abortschüsselhaften Weltverhältnisse« (Vorwort zu ›Raoul Tranchirer‹) unterdessen gewinnen 1987 noch einmal sowohl an Kreisrundheit als an Saugkraft dessen, was unter dem Runden liegt und nach seinesgleichen giert: Die, mit Eichendorff zu sprechen, tausend verlockend in den Grund lügenden Stimmen – es sind die Verderbensstimmen jener Sirenen, die teils buhlend, im Widerstandsfall auch zwangsweise darauf bestehen, daß alles, aber auch wirklich alles eingeebnet werde im farbig klingenden Schlund. Gemeint aber ist der der TV-Zeitschrift, die pro Tag für Stücker zehn Programme Stücker 50 farbige Bildchen veröffentlicht, dazu pro Bild zwei Zeilen: »Moderiert im Alleingang: Günther Jauch« (16.3.); »Starb 1945 im KZ Bergen-Belsen: Anne Frank« (17.3.).

Es ist, ahnt Woyzecks Marie, alles eins, immer zu, immer zu, und am Ende kriegt tatsächlich noch der Dummpapst recht: »Wir haben nicht gegen Menschen aus Fleisch und Blut zu kämpfen, sondern gegen die bösen Geister« (Woityla am 3.5.87 in Deutschland und auf Deutsch).

☆

Warum Schumann zu den ›Beiden Grenadieren‹ des ihm so ungemäßen Heine so viel, zu den ›Zwei Gesellen‹ des ihm so gemäßen Eichendorff aber fast nichts einfiel: Das wäre auch einmal sinnig zu verfolgen, wäre Schumann zu Eichendorffs ›Wem Gott will rechte Gunst erweisen‹ nicht gleichfalls nichts Gescheites eingefallen.

☆

Man möchte ja nicht immer recht haben; aber man hat halt immer recht. (Aus meinen aufgegebenen Aphorismen, Band 13, Abteilung: dreiquartelfertig. Es stört noch das falsch verallgemeinernde »man«; gemeint ist natürlich »ich«, aber das haben andere andererseits schon wieder besser, nämlich noch lauter, gesagt und überhaupt.)

☆

Nicht leicht zu sagen, was zuerst dahinstirbt, die Wörter oder die von ihnen bezeichneten Zivilisationswelten. Alle Differenzierung, Verfeinerung der Gefühle, Verhaltensweisen, Geselligkeitsformen usw., all das, was wohl im 18. und 19. Jahrhundert sein an der überlieferten Kunst-, aber auch Verkehrssprache ablesbares Oberstes erklommen hatte, sinkt zurück, regrediert schmachvoll, hat kein Äquivalent in etwelcher mitteleuropäischen Wirklichkeit mehr. Und schon um die Jahrtausendwende herum wird, mich und ein paar alte Esel ausgelassen, niemand mehr wissen noch wissen mögen, was gemeint ist mit jenen dem Überfluß entströmten Sprachleistungen, die heute schon auf Pretiosen heruntergekommen sind: »Ich kann nicht umhin«, »bedauern«, »mit etwas zufrieden sein«, »entraten«, »sich eines Rats entschlagen«, »erbittert«, »sich grämen«, »verargen«, »argwöhnen«, »es ziemt sich«, »er verfehlte nicht, huldigend seinen Tribut zu zollen den Schätzen seiner Muttersprache«. Dem Hohne ausgesetzt, zum Philister herabgewürdigt zu werden, geht, dächte ich, gleichwohl der nicht fehl, der nicht sich mit der Klage über Kulturverfall sattsam beruhigt. Sondern es auf sich nimmt und angelegen sein läßt, dem Aftergeist der Zeit ungescheut zuwiderzuhandeln und geflissentlich darauf zu beharren: »Horch — ein Schrank geht durch die Nacht/voll mit nassen Hemden . . ./den hab ich mir ausgedacht,/um Euch zu befremden.«

☆

Es hat sich hier im Lande — fortschreitend seit etwa zehn Jahren — so etwas wie eine geheime Bundesschrifttumskammer formiert, die neben der wissenschaftlichen Kamperei und partiell einträchtig kooperierend mit dieser der Übel komischstes zu werden sich anschickt. Die Kammer konstituiert sich aus vier bis sechs, z. T. sich befehdenden, z. T. kollaborierenden Hauptkommissaren, sie stützt sich strategisch auf ca. 1800 übers Land hin verstreute Kleinsekretäre und etwas mystagogische Windmachfreunde, und ihre Wirksamkeit findet ihren Grund spezifisch darin, daß es Prestige macht, sich a) als Karl-Kraus-Verweser zu gerieren, b) praktisch nur das Schrifttum des 18. Jahrhunderts der Ästimation würdig zu erachten und c) und in der Folge alle gegenwärtige literarisch-philosophische Produktion angeekelt als dritt- bis fünftklassig zu ignorieren.

So simpelfransig das psychostrategische Modell und so augenscheinlich seine vor allem in die eigenen sonst leeren Taschen wirtschaftende Absicht: so verführerisch offenbar die sie vertretenden und eine Erlesenheits-Republik der Allererwähltesten gaukelnden Stimmen und Organe. Die auch noch, jedes Pläsierchen findet sein gehorsames Tierchen, scheint's ganz gut davon leben können. Im übrigen aber komplett danebenliegen: Zumindest fünf der gegenwärtig in Deutschland-West schreibkunstmäßig Befaßten würden das 22. Jahrhundert sehr wohl erleben; wenn es noch eines gäbe.

☆

Die drei religiösen – parareligiösen? – Phasen meiner Kindheit/Jugend: 1. Religion und Liturgie (11–14); 2. Sport, vor allem Fußball (12–18); 3. Musik, vor allem Oper (14–21). Wobei Oper = Religion und Religion umgekehrt vorher = Oper; und der Fußball beides: religiöse Schauder, Epiphanien noch und noch. Na, vielleicht schreibe ich dieses die Jugendpsychologie revolutionierende Werk ja eines Tages schnurgrad noch.

☆

Zwischenbilanz der Œuvres complètes:

Genial: Die Gesamtkonzeption der ›Mätresse‹, im einzelnen mindestens die Weiherentzündungs-, Wallfahrtskirchen- und Schlußszene; die drei Schlußbilder von ›Roßmann‹ und der Gewitterdialog im ›Landarzt‹; die beiden Grundeinfälle der ›Madonna‹ samt der fortschreitenden Enigmatisierung und Verknotigung der Mosch-Hammer-Assoziationen.

Sehr gut bis genial: Die erste Teppichszene von ›Geht in Ordnung‹; die Erzählungen ›Frau Killermann‹, ›Frau Knopf und Herr Eiermann‹ und ›Der kleine Elefant‹.

Nur sehr gut: ›Die Lieblichkeit des Gardasee‹, ›Ein dummer Hund‹, ›Die Wurstzurückgehlasserin‹ und ›Zornheim‹.

Sowie der ganze Restschamott.

☆

Auf daß sie als Buchvorhaben, mich später zur Verantwortung zu ziehen, hier schon mal festgemauert seien: 1. Eine Anthologie »Alles über den Biber« (samt Exkurs-Essay »Über den Materialsack«); 2. Eine »Theorie des Mitgenommenwerdens«, welche die Suhrkamp-Soziologie bisher seltsamerweise ausgelassen hat; 3. Ein Roman, an dem nichts stimmt; sowie 4. ein Roman im Ruis-Linser-Stil, der noch weniger hinhaut.

☆

Eine – etwa im Sinne Nicolai Hartmanns – zu Ende gedachte, oder genauer gesagt, das Dehumanisierende (Lorenz), und sei es – ach was.

☆

»Oim?«

»Oimoim.«

»Houdl-hadd da molle freggl nou hoddlzwick gautschn! Oim? Oioi. Houdl queckl, houdl-zurrdl, houdl-Rembrandt oioioi. E ou? A houdl hudd? Aooih??«

»Oim. Oimoim.«

Frühjahr

»Guten Morgen, schöne Müllerin«, zieht vor dieser in Schubert-Müllers Liederzyklus der Müllersbursch das Hütlein. Mit exakt der gleichen musikalischen Phrase eröffnet in Webers ›Aufforderung zum Tanz‹ der Herr kratzfüßig die Konversation mit der Dame; gedenkt aber auch, sich vors Hirn schlagend, Edgardo in Donizettis ›Lucia‹ andererseits der Grüfte seiner Ahnen.

Ob das jetzt alles wieder was bedeutet?

Die katholische Bischofskonferenz freilich erklärt am 27.1. d. J. immerhin: »Der Geschlechtsverkehr mit unbekannten oder wechselnden Partnern ist des Menschen unwürdig.«

Das trifft's schon eher.

☆

Dr. Egon Müller verkauft jetzt die Bibel mit Bildern von Dalí.

Im Einzelnen heißt das:

Dr. phil. Egon Müller (»Enzyklopädische Literatur, Postfach 1214, 8036 Herrsching am Ammersee«) verkauft (»Exclusive und sensationelle Buchangebote mit bis zu 70% Ersparnis! Sofort zugreifen! Lieferung nur, solange Vorrat reicht! Ohne Risiko: Mit Rückgaberecht«) jetzt (»Weltweit exklusiv auf 20 000 Exemplare limitiert. Mit bis zu 70% Preisvorteil«) die Bibel (»Eingebunden in kostbares Leder, wertvoller Goldschnitt an allen 3 Seiten. Goldprägungen, markante Bünde und erhabene Prägungen, wie man sie nur noch von Folianten aus Museen und Kunstsammlungen kennt«) mit Bildern (»40 Original-Reproduktionen in bis zu 15 Farben, autorisiert. Die von Künstlerhand geschaffene Prachtausgabe der Heiligen Schrift, Reproduktionen vom vielleicht größten noch lebenden Maler dieses Jahrhunderts«) von Salvador Dalí (»Für Kenner, Sammler und Kunst-Liebhaber das Buch-Ereignis: Die Dalí-Bibel. Ein einzigartiges Kunstwerk im Altar-Format. Mit dem vollständigen Bilderzyklus Salvador Dalís zur Heiligen Schrift. Bilder von unsagbarer Intensität und Ausdruckskraft. Bitte mit 60 Pf freimachen, falls Briefmarke zur Hand«).

Da ist nicht nur in nuce, sondern da ist aber auch wirklich und weltweit alles beieinander.

☆

Itzt hebt das holde Frühjahr an / Mit hellen Silben, wie es kann / Viel Grillenspiel tönt süß darein / Gezirpsgetier, Hirtenschalmeien / Der Frühling stiebt das Wintern weg / Spring, Lenz, den letzten Schnee wegfeg! / Iris beflissen frischlings stäubt / Der Leiber Zier die Wimpern treibt / Mit feisten Lilien frei und geil / Mit grellen Weibern neu und steil / Flieg, Liebespfeil, zum Fickgeschrei! / Yeah, ich bin übermiels dibei! Schliß!

☆

Marina, Marina, Marina, ti voglio al più presto sposar. Verständlicherweise; es muß, Jungwirths und Kromschröders Buch von 1978 macht es überdeutlich, in den Fünfziger Jahren noch furchtbarer zugegangen sein als in jeder anderen Pubertät.

Die unermeßliche Größe und Vielfalt der Scheuklappen; der waltende Nationalzustand des heillos Ungeläuterten; diese energische Gravitation von Verhäßlichung und Verdummung noch übers Niveau des Nazi-Imperiums hinaus; diese Ministerriegen unter dem ewig andauernden Adenauer, die auf Fotos sich heute fast noch deutschkrimineller ausnehmen als die leitenden Herren des Hitlerstaates: Es muß so schlimm gewesen sein, daß eins schon die Gnade der späten Geburt (1941) braucht, um all dies in der vollen Ahnungslosigkeit der Jungdummheit schadlos überdauert zu haben – zwanzig Jahre Adenauer-Herrschaft, bis dann endlich der vor Übelniß kreißende Berg ein Mäuslein gebar: die linksliberale Koalition, jenes Urbefreiungs-Erfolgserlebnis meiner Generation, welches dann später gewaltig wieder in sich zusammensackte, als man allgemach erfuhr, wie dümmlich z. B. ausgerechnet das damalige Leitbild Wehner allerorten dagegen operiert hatte, aus den geisteskränksten Gründen.

Schick geworden ist in den letzten Jahren gleichwohl, an den gut zwanzig Jahre währenden Fünfziger Jahren viel Erinnerungswertes zu finden – die berühmte »Aura«. An ihr ist zuweilen aber nicht nur Schickes, sondern Wahres. »Die Inkarnation des Sommers war der Geruch von hölzernen Zäunen und Kabinen nach Karbolineum«, revoziert Gabriele Goettle in der ›taz‹ proustnah Unverwechsel- und Unverlierbares. »Noch heute bringt ein unvermutet vorbeischwebender Teergeruch einen kleinen Schock über die Mittvierziger.«

Den unvergessen »vergessenen Gerüchen« (ebd.) gesellt sich, offenbar hatten die Fünfziger überhaupt etwas stark Sommerassoziatives, mir das Schwimmbad insgesamt. 1. Sein von ihm ausschwirrendes kilometerweit hörbares und paradiesverheißendes Gekreisch, das man so heute nicht mehr hört, unfehlbar Neid erregend allen, die sich ausgeschlossen fühlen mußten von dem, was objektiv ein Kinderinferno war; 2. Der unwiederbringliche Holzbalken-Fünfmeterturm, in dessen aus dem

Wasser strebenden Gerüstteilen Moos und Schlamm und Schlick zu Sümpfen annähernd biotopischer Qualität sich meist verdichteten; Wasserreinigung gab's nur ab und an. Kaum angeekelt durchtauchten wir Kinder wie süchtig gerade diese Infektionsherde des lauwarmen, schon von den Lichtgarben der Abendsonne durchflunkerten Bassintümpels, verspielte Weißwölkchen im Julihimmel – ich schätze, niemand wurde krank davon. Es war das Reich der Freiheit. Inmitten aller katholisch-kleinstädtischen Bigotterie, inmitten aller Elternplagen, inmitten allen zeitgeschichtlichen Unheils, wie es sich in damaligen Filmen, Wochenschauen usw. dokumentiert.

Zu fragen wäre genauer genommen, was hier kindlicher Erlebnisanteil, was ein vielleicht letztes Mal Wildwuchs von Natur. Vorläufige Antwort gibt die trostferne Sterilität dessen, was heute Schwimmbad heißt. Es ist der pure, den Reinlichkeitswahn der Fünfziger Jahre erst richtig einholende und vollstreckende Schrecken.

☆

Denn diese Fünfziger Jahre in all ihrer gespreizten Krampfigkeit waren ja letzten Endes noch gar nichts. Brigitte Kronauer, ›Berittener Bogenschütze‹, 1986, S. 51: »Wie sie sich ohne ein Wort verständigen mit Schuhen, Frisuren und Gangarten, Männer und Frauen! Wie sie das im Angesicht des in seiner Gegenwärtigkeit niemals aussetzenden Todes tapfer jahraus jahrein ihr Leben lang aufrechterhalten, so feierlich und unerschrokken, und auf vieles andere verzichten in ihrer diesbezüglichen Pflichtbesessenheit, ja Ordnungsstrenge.«

Wären mithin 10 bis 95 Prozent der menschlichen Natur Fünfziger Jahre; die Fünfziger Jahre gleichsam die Natura naturans der im Blochschen Sinne »bisherigen Gewordenheit, der ungelungenen« – und also ist jetzt:

Schluß, denn siehe: »Im Grunde sind das lauter Gemeinheiten« (Doderer, ›Die Strudlhofstiege‹, 1951).

☆

Schneller wohnen: Heimkehr 17.05 Uhr, Kühlschrank auf, Bier rein, ›Eroica‹ drauf, 94 Quadratmeter überprüft, kurz ›Spiegel‹ überflogen, Kinder zack gefotzt, Vogelbauer dabei umgefegt haha, ›Eroica‹ gestoppt, selber Ges-Dur-Tonleitern trainiert, auf und nieder, ha, Spiegeleier hopp rein, Namnam gemacht hauruck, die Alte genagelt potzelement, Trainingsanzug drüber, zickezacke Jogging zur U-Bahn hoihoihoi, 19.15 Uhr Eintreffen im ›Pizza-Peter‹.

☆

Der Geist der Goethezeit rankt sich verhältnismäßig greifbar vor unseren Augen – heikler, den des letzten Jahrhundertdrittels auf den Begriff, aufs Bild zu bringen. In Erwägung zu ziehen wäre das schon weit vorn im Buch zitierte treffliche Wetter-Poem des Ror Wolf – von ihm abgesehen aber haben es m. E. Robert Gernhardt und die Pressestelle der Grünen am ehesten bewältigt; in 4 bzw. 9 Zeilen.

Der erstere in einem Vierzeiler, dem Zentrum eines insgesamt zehn Zeilen langen Gedichts, dem zur besseren Anschauung ein Postkartenfoto beigegeben ist, welches einen alten tirolerhutgestählten Rauschebart im Pseudoherrgottswinkel eines Pseudoalmhütterls zeigt, im Versacken anstoßend mit einer reichlich undefinierbaren, dirndlartigen, brünetten Frau; beide von Rucksack und Hirschgeweih schön überwölbt:

»Den Förster hat ein Weib becirct, / das beider Suff durch Scherze würzt. / Er folgt mit klebrigem Interesse / auch noch dem schalsten ihrer Späße –«

Das zweite Kronjuwel, ein Brief, den mein Kollege, der Redakteur Bernd Fritz, erhielt und seither als seinen liebsten erachtet, wurde schon anderenorts veröffentlicht – es ist aber einfach zu gleißend, als daß sein Ruhm nicht in möglichst viele Anthologien einfunkeln sollte; rühmlicher Absender sind »Die Grünen im Bundestag«:

»In der Scheiß-Hektik hier habe ich eine falsche Drucksache – angefragt war von einem Bernd Hans, oder Hans Bernd (?) der Gesetzentwurf zur ›Auschwitzlüge‹ – geschickt. Hier nun die richtige.

Die eine falsche (zu Drogen) hätte ich gern – wenns geht – zurück.

Wenn nicht, ist auch egal.

Petra Hanf

Pressestelle«

›Bild‹ aber hat einmal mehr vollkommen recht: Das Schlüsselwort der Zeit ist, möglichst 12 cm hoch, »Gemein!«. Denn »Verworren« und »Niederträchtig« sind einfach zu lang, und die feineren Unterschiede – ist auch egal.

☆

In W. Allens ›Manhattan‹ geht es um eine Liste der überschätztesten Kreativen aller Zeiten – und kein Schwanz von einem Kritiker hat etwas gemerkt. Dabei gehörte dieser Zaunpfahl sogar zu den vergleichsweise humoristischeren Winken jenes schwer Erträglichen. *(Anm. Lektor Bodmers: »Dummes Zeug«)*

☆

Die Überschätztesten der letzten vierzig Jahre neben Allen: Sartre, Camus, Moravia, Calvino, Minetti, Fischer-Dieskau, I. Bergman, S. Kubrick, Böll, Koeppen, Grass, Handke, B. Strauß, Fassbinder – ach je, da bleibt am Ende nix mehr übrig, und 95 von 98,5 Prozent Vergessenswertem ist eh ja längst den Orkus runter.

☆

Linser! Ruise!! Nein!!! Nein und abermals nein! Nein, Sie haben vor drei Jahren nicht, wie Sie sich jetzt in einem SWF-Interview zu erinnern glauben, zugunsten der Grünen fürs Amt des Bundes*tags*präsidenten kandidiert! Neinnein, das war's nicht – auch wenn, Ihnen zu folgen, angeblich sogar in Peking die Leute über diese Ihre zei Kandidatur redeten! Nein und zum aberletzten Male nein! Es war ein *anderes* Amt! Nämlich, meiner Erinnerung nach, das Amt des Bundes*ohnetags*präsidenten – schauen Sie nur mal in den Papieren in Ihrem Nachtkästchen, gleich links vom Klosterfrau Melissengeist, nach! Dies, rinnäugige Riune Silsner, ist meine allerletzte Warnung! Bei der nächsten Allesaberauchallesverdurcheinanderbringung schleppe ich Sie eigenarmig aus Rucksack di Roma ab und zerre Sie vors Reichsextragericht! Das ist nämlich für Sie heute noch zuständig!

Und daß ich damit abermals recht bekommen habe, indem ich schon in grauer Vorzeit auch dies paroxystische Debakel erahnte und zu Papier brachte: so genau werde sie ihre Kandidatur nicht mehr wissen (›Sudelblätter‹, Folge 3, März 1986!) – das macht es auch nicht länger wett!

Ruile Nieser!!

☆

Ja, Peter Koch! Ja was ist das?! Ja, bist jetzt Du auch wieder da?! Ja, bist es wirklich? Ja, gibt's denn das auch, daß einer, der erst 1983 beim ›stern‹ die Hitler-Tagebücher verbockt und versaubeutelt hat und der dann ja auch noch in die Welt gekräht hat, jawohl, das Dritte Reich müsse neu geschrieben werden, daß derselbe Mann also jetzt plötzlich wieder Chefredakteur der nagelneuen und ja einmalig schönen Zeitschrift ›JA‹ ist? Was? Jaja, da hast recht, Peter, ja das gibt's heut' alles, ja gell, da wunderst Dich selber, ja, aber gut schaust noch immer aus in Deiner neuen Zeitung, ja also dann alles sakrisch jadoch Gute auch, jajajajaja!

Pech für Bloch: Die Erdgeschichtswissenschaft hat jetzt die Beweise vorliegen, daß der aufrechte Gang nichts Kausales mit dem Wachsen des hominidischen Hirns zu tun hat. Wer Augen hat, die Stechschrittler zu sehen, wußte es freilich vorher schon.

☆

Gewiß, man kann sich des Beifalls von der garantiert richtigen Seite nicht erwehren. Aber wenn schon der unbarmherzige ›Spiegel‹-Esel Umbach sich am Pathos des Gegen-den-Strich-Spielens (und -Denkens) von Glenn Gould begeistert, dann – aber dieser Gedanke, so wenig er sich gleichwohl schon herumgesprochen hat, ist zu schlicht, als daß wir ihn hier fertigdenken müßten. Wir haben schließlich unsere Zeilen nicht gestohlen.

☆

Glenn Gould: das vorletzte Tabu. Wird auch noch wegverletzt: Wie *der* Beethoven op. 109 schamverletzt – der letzte Heuler!

☆

Wohl gibt es wenig Beklagenswerteres als einen Pianisten, der mit 15 oder 25 Beethoven und Schumann so gut spielt, wie's besser halt nicht mehr geht; der aber das Pech hat, 60 oder 80 Jahre alt zu werden. Wenn der mit 35 dem Schicksal nicht zuvorkommt und durch Suizid weitere Verzweiflungsjahre vereitelt, dann ist er aber eben auch – mein Wort an die nachwachsenden Dummis – selber schuld dran.

☆

Warum nur werfen nicht sämtliche a) Dirigenten, b) Solisten, c) Musikkritiker und d) Musiker das Handtuch und ihr Handwerkszeug hin und versuchen sich bei der Müllabfuhr? Das ist nicht nur sozialer, sondern auch tatsächlich geistreicher.

Statt als Kritiker nach Luxor zu düsen. Dort ›Aida‹ zu gucken. Und sich drüber lustig zu machen. Das tun sie derzeit haufenweise. Comme il faut, die Säcke.

☆

›Dekonstruktionen‹ betitelt, es ist nichts zu machen, Prof. D. Kamper ein weiteres seiner Werke. Fast siegt schon wieder Neugier: Soll ich? Soll ich auch diesen ephemeren Hadesgang mir antun, soll ich auch ihn noch radiputz weglesen? Nein. Er liest ja mich doch auch nicht.

☆

Traurig, so weit mußt's kommen: Die Reklame scheint heute im wesentlichen allen irgend denkbaren Krach- und Flachsinn durchgespult zu haben; nichts Neues ist zu sehen, nicht der kleinste dumpfe Schlag; nein, der Welt melden selbst Dumme nichts mehr.

☆

»Das Vergnügen, mehr zu haben«: eine Farbanzeige zugunsten des Mazda 626.

Marx und Veblen auf den Punkt – ich versteh ihn trotzdem nicht, den Punkt vom Witz. Wird halt keiner sein.

☆

Damit es später nicht heißt, ich hätte dazu nicht gleichfalls gellend warnend Stimme und Zeigefinger erhoben: Auch E. Fried durch- und S. Kirsch weitgehend verwechseln Lyrik mit Neokitsch, Manufaktur, Fertigkomik; Kirsch nur etwas gewiefter als die Dumpfnüsse Fried und Kunze, die's halt nicht besser gelernt haben und nichts dazulernen, na sowieso.

Sie allesamt, daran liegt's, erraffen einfach nicht, nicht mit aller Gewalt, daß man heute nicht mehr auf ihre Manier dichten, Poesie erzwingen kann; wenn man's denn *je* konnte. Es *geht* nun mal *nur* mehr in der Manier von Bernstein und Gernhardt. Und von Ror Wolf, dem teuren Manne. Und *allenfalls noch* Jandl – nein, der geht *auch* nicht mehr, *glaubt's mir* – ogottogott, stop, *noo,* Ottos Mops kotzt *schon* pott-*toll.*

☆

Hingegen Goethes womöglich noch vor den beiden Wanderer-Nachtliedern schönstes Gedicht, »Nähe des Geliebten«, fährt gleich zu Beginn eine unscheinbare, aber deutliche Unlogik auf: »Ich denke dein, wenn mir der Sonne Schimmer im Meere strahlt / Ich denke dein, wenn mir des Mondes Flimmer in Quellen malt.«

Denn weit eher wäre ja wohl dem Mond das Schimmern, der Sonne aber das Flimmern zuzuordnen. Allein, der Klang dominiert hier abermals die Semantik, erst das schwerausholend Schimmernde läßt sich in ein flockigwerdend Flimmerndes auflösen, es ist ja auch nicht der Flutschwall, sondern die Schlammflut und der Schwanzflor, an welche Goethe insgeheimlich dachte, alles andere wäre nicht nur Flickschusterei, sondern ein richtiger Schandfleck.

☆

Für meinen Augapfel, den Altspezl und Entertainer M.R.-Ranicki, aber sehe ich mählich ernstere Gefahren heraufziehen. Nicht so sehr, daß ihm die Literatur- und Preßpolitik suae generalitatis sicht- und lesbar immer ennuyierender wird; nicht daß sein zunehmend resoluter Größenwahn in Gestalt chimärischer Unfehlbarkeit mal Ex-cathedra-Pose, bislang nur tragikomisch, immer unfehlbarer ins nur noch Benebelte expandiert; nein, so gern natürlich auch ich den Kahlkopf meines Knallchargierers immer häufiger im Fernsehen herumreihern sehe (oder davon läuten höre): So superieur er prangt und so konkurrenzlos und unbezahlbar er diesem ihm genuin zugehörigen Unfugs- und Schabernack-Medium geworden ist, so sorgsamst, hatte ich gewähnt und gehofft, würde er sich gleichwohl hüten, jene Gaudiburschenrolle ökonomielos zu überziehen; indem er sie, sich offenbarend, schon jeweils apriorisch eingesteht. Leider, er fühlt sich eben zu wohl in alldem, tut er's nicht.

Wenn er im österreichischen Quassel-Forum ›Club 2‹ erst einmal eine halbe Stunde lang schweigt, demonstrativ genervt mit den Fingern auf den Sessel trommelt und ingrimmig gelangweilte Grimassen schneidert, bis er dran ist und loshechelt, so mag das noch »artistisch« (R.-Ranicki) und der g'schlamperten Sache angemessen sein; denn in der Tat harrt ja alles des Einsatzes unseres bewährten Fun- und Troublemakers. Dann aber, wenn er dann, endlich am Zug, eine komplette Stunde lang keine Ruhe mehr gibt, trompetet, röhrt, quengelt, fummelt, niedermacht, trickst und das Wort nicht mehr von den sardonisch schiefgeschleuderten Lippen abgibt: dann fehlt bei aller Schönheit im Detail diesen routinierten Kasperliaden doch das Moment des Überraschenden, Übertölpelnden, der genialen Sekunde, was alles auch Unser Lautester in seiner Funktion und Eigenschaft als Spaßkrachmacher beachten und im Auge behalten müßte – wie Polt, wie Bernstein. Das je eigene Niveau, das er von Böll und Handke heischt: Wir unsererseits haben ein Anrecht darauf, auch von ihm es zu erwarten. Reiße er also künftig heftig sich am Riemen, soll das Alterswerk in doppelter Seichtigkeit nicht schon jetzt versacken!

☆

Sudelbücher: Die Sozialcharaktere des innen- und des außengeleiteten Typus (D. Riesman, ›Some Observations in Leisure Attitudes‹) werden kraft einer großausholenden Attitüde von poésie fugitive im Sinne vorbildlichen schriftstellerischen Halbmüßigganges eins.

Stimmt natürlich nicht. Gez.: Fruth.

☆

Wenn östliche Blocktheorie die »Barbarei des westlichen Konsums« (Dragomir Popov) zu geißeln sich untersteht, dann wäre u. U. u. a. zurückzufragen, wie Ostblockbewohnerinnen von 50 aufwärts ihre Tage a) verbringen und b) verbrächten, hätten sie die Wahl zwischen real existierender Konsumferne und ihnen sowieso utopischem Konsumtrost, so wie er meiner alten Mutter, abgesehen von ihrem Sohn, als einziger noch verbleibt als schieres Durchstreifen der Wärme der Konsumpaläste, die auch winters buchstäblichen Schutz vor der Kälte, Schutz vorm Smog bieten – und nach drei Weihnachtsfeiertagen der traurigsten Trostferne fährt der vierte konsumfetischierte Morgen wie ehedem der Leib Christi gleich einer Wiedertaufe in die Menschen – – doch diesen triefenden Gedanken beenden wir schnurstracks. Spornstreichs? Spornstracks.

☆

Mit 40, wie gesagt, erfährt man von den Künsten nichts Neues mehr. Muß man es also, will man nicht vor Langweile sterben, selber machen. Schätze, das war auch der Grund, warum Beethoven nach op. 50 einfach weitermachte. Und das nicht schlecht.

☆

Und noch ein Aphorismus für die Schlußseite der Wochenendbeilage der ›Frankfurter Rundschau‹: Ob U-Bahnen unsere großen Städte wirklich ur-baner machen? Und überhaupt die Ur-Bahnen des menschlichen Geistes sind und

☆

Was ich gern, ja sehr gern täte: Jemand Pfotzen pfollhaun, daß Pfetzen pfliegen.

»Quando men vo, quando men vo soletta per la via, la gente sosta e mira, e la bellezza mia tutta ricerca in me, da capo a piè (. . .) Cosi l'effluvio del desio tutta m'aggira – felice mi fa, felice mi fa!«

Schöner als Musetta kann man es nicht nur nicht sagen; wir haben hier den seltenen Fall, daß der »Klang« der Sache, nämlich des Narzißmus bis hin zur platonischen Prostitution, und ihre wissenschaftliche Darstellung völlig eins werden. Und werweiß macht ja eben dies ihre im Charmieren enchantierte Unwiderstehlichkeit, daß sie, anders als die heutigen Flietscherln, sagen kann, wer oder was sie ist. Evviva Musetta, mangia il cuore!

☆

Frankfurt, Eschersheimer Straße. Zwei Halbgedanken kreuzen sich eine Zeitlang im Kopf: der an »Goethe und das Dritte Reich«; sowie die Frage, ob man das so sagen kann: »Spotlightartig fällt so Licht auf die Germanistik« – und während der Doppelhalbgedanke derart selbanderweis tändelt, kontert's schon von der Litfaßsäule: »Mehr Licht!« – Plakat einer Ausstellung mit Fotografien und Texten von nein, nicht Goethe, sondern ausgerechnet Denis Roche.

Irgendwann gewinne ich, gerüstet mit dem zweiten Gesicht, doch noch mal im Lotto.

☆

Schon 1983 kam es, im Zuge der Bewegung »Dichter zum Anfassen«, erstmals zu dem strammen Vorgang »Bürger gehen mit Dichtern spazieren«. Das unglaublich freiwillige Opfer war: Peter Härtling.

1987 sollten endlich die ersten »Dichter zum Milchholen« auf den Markt kommen. Wenn P. Härtling ausnahmsweise grad keine Zeit hat, soll Karl Krolow halt den Deppen machen. ARD und ZDF gehen hinterdrein und drehen alles mit. Moderation: Elmar Gunsch.

☆

1984 war die Herrenmode »oversized-Silhouette« dran: Der smarte Herr trug seine Anzüge zwei Nummern größer als notwendig.

1987 möchte dem nun die »overboardsized« – bzw. die »one-upon-the-other-sized« – u. d. h. die »drunter-

und-drüber«-Mode sich anschließen. Die steifleinene Unterhose wird über dem Anzug getragen. Conférence: Elmar Gunsch und Caroline Reiber.

☆

Die vollkommene Freiheit im Sinne des Novalis-Schlegelschen Romantikbegriffs freilich ist dann erreicht, wenn – heute – ein Film in Dr. Müller's Blue-Movie-Sex-Kino Center, in dem von vorn bis hinten gerammelt wird, keineswegs ›Paradiso‹, sondern halt andersrum ›Inferno‹ heißt.

Denn vor dem Dom zu Florenz befindet zwar das ›Paradiso‹ sich. Als indessen 1983 der Tenor P. Hofmann in Kemnath (Opf.) heiratete, befand der zuständige Lokalredakteur Ralph Storch, nach der Trauung sei es vor der Kirche zu einem »Inferno« an Begeisterung gekommen. Die Erosion des Semantischen hat – coincidentia di tutti frutti – ihrerseits wieder etwas von Genesung, ja etwas Paradiesisches.

☆

»Florenz ist so klein, daß jeder jeden kennt« (Harald Keller, ›Die Kunstlandschaften Italiens‹). Die bisher beste und natürlichste Deutung des an sich unausdeutbaren Schlußtableaus meiner ›Mätresse‹.

☆

Die – mein Wort zum Frühling – ausschließlich-einzige semiotische Botschaft aller neuerdings als Pärchenteil auftretenden Frauen von 15 aufwärts und speziell in meinem Heimatlandstrich rekrutiert sich aus exakt vier Worten: »I ho êitz oin.«

Es ist geradezu wunderbar, wie wurscht es ist, was das für einer sei, den sie da hat – jetzt ist sie gefeit. Wenn ihm nur nicht der Schwanz raushängt. Schielen und das Bein nachschleifen darf er.

Noch wunderbarer die reziproke Version der Zaungäste in exakt fünf Worten: »Dêi hot se oin dakrahlt« (gekrallt). Das Leben, wahrhaftig, ist ein Albtraumfest der Hölle; doch auch ich bin längst gefeit.

☆

Unter Hinweis auf § 16 UWG nehmen wir Titelschutz in Anspruch für: »Lebensquell Zärtlichkeit«, Gondrom Verlag, Postfach 1, 8589 Bindlach. – Unter Hinweis auf § 16 UWG nehmen wir Titelschutz in Anspruch für »Die neue Zärtlichkeit«, Wilhelm Heyne Verlag, Postfach 201204, 8000 München 2 (›Börsenblatt‹, 24.3.87).

Wahrscheinlich geht's *jetzt erst* richtig los.

☆

Heute nacht werde ich eine Geschlechtlichkeit aus mir rauspeitschen, daß es nur so (Sterne splittert?)

☆

Nichts gegen den großmächtigen Professor für Karikatur und Bildgeschichte an der Berliner Hochschule. Allein höherfühligen Menschen wie mir ist eine Spezies topologisch-gleichgewichtsmäßiger Sinn zu eigen, und dem nach fehlt der Professor Bernstein Göttingen sehr und allerdingens: Seine schneeigen Variationen über Schuberts ›Winterreise‹ sind halt nirgends sonst so zu Hause wie zwischen Fulda und Kreiensen; dort, wo die Einsamkeit am schreiendsten kreischt und kläfft und keift; und seit Bernsteins Hinschied ja noch klaffender.

☆

Zumal jener, der diesem Buch den Titel vererbte, ja auch schon, ahnend Bernstein, wähnte, »daß man, etwas ganz

Neues zu sagen, beinah etwas Ungereimtes sagen muß«, nämlich »nonsensikale Dinge« (Sudelbücher C 38 bzw. D 157). Und also gleichfalls Göttinger war. Wie item Schopenhauer, Goethe, Ibn Saud.

☆

»Da es höchst nötig ist, daß ich mir in meinem jetzigen unruhigen Zustande etwas zu tun gebe« (Goethe an Schiller, 22.6.1797), werde ich unvermeidlich auch dieses Problem noch anpacken, »und mir schwindelt ordentlich vor der Auflösung« (Schiller an Goethe, 26.6.1797).

DASS, WORAN DIE FRÜHEN SOZIALISTEN und Sozialdemokraten wie wild glaubten, eine auf Freiheit und demokratische Gleichheit gegründete Arbeit unvergleichliche Schaffenslust und Wetteifer erzeugen und nie gekannten Ehrgeiz entfachen sowie, weil die Gelehrten und Künstler einen Teil des Tages physisch arbeiteten, die Aufhebung der Arbeitsteiligkeit bewerkstelligen würde dazu: Dieser Glaube birgt ungefähr genau sieben Denkfehler. Finden Sie drei.

☆

»Bonn. Siemens hat einen 1 cm großen Chip entwickelt, der mehr als 4 Millionen Informationen speichern kann, das sind 253 Schreibmaschinenseiten. Er soll 1988/89 in Serie gehen.«

Nur schade, daß es keine 4 halbwegs relevanten Informationen mehr gibt, und die 3 passen vorerst immer noch besser in ein Buch von 440 Seiten. Auf welchen Ort ich weiter bau' nebst Gott und natürlich – in Es-Dur allegro furioso – meine Euryanth'!

☆

Einwegware, Einwegpackung, Einwegflasche; Mehrwegflasche, Mehrwegsystem. Dieses kann freilich nur ein »Marktsegment« (Otto Wolf von Amerongen) sein, mehr nicht, nein, kaum.

☆

Wenn mich die ›Metro Handelsinformation‹ nicht beschwindelt, dann ist »Rudmed« ab sofort »das Hemd mit dem Gesundheitspaß«, naja, ich glaub inzwischen eh alles.

☆

In der ›Zeit‹ vom 20.3. referiert Dieter E. Zimmer vier Druckseiten lang Aggressionstheorie von Hobbes über Freud bis John Paul Scott. Der Text beginnt S. 37 obere Hälfte – auf der unteren aber ist ein flott 55jähriger Herr groß abgebildet, der für das Spielen überhaupt und speziell die Nordwestdeutsche Klassenlotterie (»Wir machen Millionäre«) geradesteht und der aber auch eine derart soigniert-dynamische, panzerangriffig strotzende, blutleckerische, ja J. R.-mäßig umnietende und leutselig meuchelnde Bonitätsmiene draufhat: daß Libido und Thanatos, Agape und Aggression, Mord und Mitleid abermals unauflöslich verschwurbelt bleiben. Wie dann auch der Artikel belegt, dessen Aufklärungspotential ja letzten Endes auch der Lotto-Dynamische finanziert hat – w. z. b. w.

☆

Drei Jahre lang habe ich mich aus freien Stücken von Mozarts g-moll-Sinfonie KV 550 verabschiedet, mit dem

Ziel, nach dieser Abstinenz diese konsuminflationierteste aller großen Musiken beidseits gut erholt wieder hören zu können. Aber nichts ist: Die Musik bleibt unerträglich, schätzungsweise für mein Lebtag, und wenn ein Berufsmusiker, ein Geiger, ein Dirigent, ein Rezensent, das Gegenteil sagt, dann lügt er und übergibt sich heimlich.

Seltsam, fast makaber: es haftet bei Mozart dieses Gefühl von Unerquicklich-, ja Unerträglichkeit vor allem den in den letzten fünfzig Jahren besonders gerühmten und besonders mythisierten Moll-Musiken an, dem d-moll- und dem c-moll-Klavierkonzert also, auch dem D-Dur-d-moll-Mischcharakter der Prager Sinfonie zum Beispiel. Die weit überwiegenden Dur-Musiken bleiben von der Hörabnutzung, Hörverrottung, zumal durch ihre Verwurstung in der Werbung, eher dispensiert. Hildesheimers mündlich vorgetragener Befund, dauerhaftes Mozart-Hören, so es konzentriert geschehe, tue der Musik wundersamerweise keinen Abnutzungsschaden an, läuft überwiegend auf frommen Wunsch hinaus. Die Töne tönen wesentlich verwelkt, defizitär, schließlich korrupt, je öfter man sie hört, und sei's auch bestwillig andachtsvoll, und die der Sinfonien zumal, denn siehe: »Im Orchester, da ist keine Hoffnung« (Süskind, ›Der Kontrabaß‹), bei Mozart am wenigsten, und höchstens wilde Tiere (Strauß u. a.) wohl noch Freude fühlen. Die Musikwissenschaft wäre allerdings schön doof, wenn sie dieser Erfahrungsspur neugierig nachtaperte.

☆

Anleitung zur Volksaufwiegelung:

»Die Schwierigkeit, von einem einmal erreichten Niveau herabzusteigen«, ist nicht nur, wie Veblen notiert, die, mit einer liebgewordenen Gewohnheit zu brechen;

sondern sie beschwert auch noch, im Extremfall und bei aller Freude am Pech oder Versagen des kranken Nachbarn, den mißgünstigen Zuschauer. Dies empirisch nachzuweisen, wäre Sache eines großangelegten Experiments, welches ich der akademischen Soziologie hiermit an- und weiterempfehle:

Man kaufe, möglichst in einer Klein- oder Mittelstadt, einen Opel Kadett, sodann, etwas gehobener, einen VW Golf, dann wieder, strikt der Reihe und der bestehenden Weltordnung nach, einen Opel Kapitän. Sodann aber verlasse man erstmals die vorgeschriebene Lebensbahn und das unverdrossen-unerbittliche Prinzip ehernen Aufstiegszwangs und drehe zurück zum Fiat Panda. Jeder Nachbar übersetzt korrekt: Aha, hier muß ziemlicher Sozialabstieg ausgebrochen sein — Grund zur Freude also.

Acht Wochen später lasse man es zum sichtbaren Kauf eines BMW 325 i oder eines Mazda 929 kommen. Erster Rumor über den mindestens 30 000 Mark schweren Kauf wird spürbar: es handelt sich schon um einen deutlichen Regelverstoß wider den linearen Aufstieg, fast eine Tabuverletzung. Noch aber verschwindet beides hinter der plausiblen Sozialdeutung: Aha, der hat sich wieder gefangen — oder: vielleicht ein Lottogewinn. Postwendend verscherble man das teure Blech wieder und ersetze es durch eine Ente. Langsam entzünden sich jetzt, anstatt Freude über eine soziale Schlappe, gar eine Lebensniederlage, Weißglut, Wut, ja Panik — und sofort trumpfe man mit einem Mercedes 500 SL nach. Spätestens mit dem bald folgenden Rückgriff auf einen gebrauchten VW Käfer wird sich das Sozialecho von Aggression Bahn brechen; mitsamt dem Ruf nach der Polizei. Denn entweder ist man da jemandem auf den Leim gegangen — oder aber es liegt vor: die Verarschung heiligmäßiger Existenzprogramme, Volksverhetzung, mit der ruinösen Folge von Anarchie. Die ihrerseits zu bürgerkriegsähnlichen Zuständen führen muß, am Ende zum glatten Terrorismus. Mit Fug: Was Mittelklasse ist, muß Mittelklasse bleiben, ein Auto ist nun mal nichts Akzidentielles, sondern ewiges Ordnungssymbol –

– prompt aber wechsle man jetzt zum Rolls Royce, um sodann zur gänzlichen Autolosigkeit durchsackend sich aufzuraffen, und später – – aber nein, man soll den Sozialfrieden ebensowenig versuchen wie die Götter, wie auch, laut Goethe gegenüber Eckermann, den Dämonen im Leben nicht mehr Gewalt als billig eingeräumt werden darf.

☆

Zu 90 Prozent, weiß Rudi Carrell aus Routine, nähre das Komische einzig sich aus Schadenfreude. Wenn man sich im Kino darauf spitzt, herauszufinden, warum sie bei Chaplin, Keaton, Allen lachen, kommt man auf 98. 2 Prozent sind und bleiben unerklärlich.

☆

Mit Bußgeld in Höhe von 1000 Mark belegt werden aber soll ab sofort die Benützung der Gratis-Imponiervokabeln und Nullphoneme »Verdrängung« (in der Regel: von bösböser Nazivergangenheit), »menschenverachtend« und »im besten ›Stürmer‹-Stil«. Nein, »Nullphoneme« geht ausnahmsweise straffrei durch – aber wer von den dreien redet, hat mit gleichfalls 98prozentiger Sicherheit nicht den Hauch mehr eines Schimmers, was er da an »kritischer Folklore« (Michael Rutschky) so zusammentratscht.

Denn siehe, »menschenverachtend« hat, im Zusammenhang mit den faschistischen Grünen, jetzt auch Kohl noch drauf. Während Hans Traxler, laut E. Heidenreich, im ›Stürmer‹-Stile zeichnet, ei freilich, klar doch. Was aber die »Verdrängung« von Nazidingsbums anlangt, so war die schätzungsweise schon zu A. Mitscherlichs besten Zeiten jenseits von Margarete blinde Stereotype, ja wahrscheinlich schwerster Unfug. Denn gewiß wollten die einen von Hitler wenig mehr hören — Verdrängung, wenn das Wort denn überhaupt Sinn beheimatet, leisteten aber erheblich rigoroser noch die stierwütigen »Aufarbeiter«, deren nimmermüde Bonität und eitle Wohlgesonnenheit seit 40 Jahren für keine frömmelnde Gedenkstunde und Ausstellungsaufbereiterei sich zu doof noch war — womit denn die im ölig-nöligen Kirchentagstremolo krakeelende und wabernd sich spreizende Bewältigung schon längst die finsterste aller denkbaren »Verdrängungen« darstellt. Wenn überhaupt. Gescheiter wäre, das Wort als baren Nonsens abzuschaffen.

☆

Der fest eingeschmolzene und erbitterte Glaube der frühen Protagonisten, Sozialismus und allseitige angewandte Wissenschaft seien eins, dieser vor dem Prospekt von Kants Aufklärungspostulat pro domo protektionierte Prosperitätswahn findet seine provisorisch prohibitive Widerlegung a posteriori schon bei der Prostata und der Post, jawohl, Kafka wußte es.

☆

Biologieunterricht 1954:

»Man nenne mir einen Vogel.«

»Amsel.«

»Is recht, setzen.«

ULLA HAHN! ULA STÖCKL! SUSANNE UHLEN! Im Zuge einer Anti-Aids-Aktion sog. prominenter Frauen bekennen Sie gemeinsam: »Ich liebe mit.« Da kann man wirklich nur noch mit dem Pariser seufzen: Ulala.

☆

Zwar leidlich heroisch verweigere ich dem strahlend ereignis-, ja inhaltlosen Märzsonntag abermals den hilfsgriffartig agitatorisch-kataleptischen Kauf von BamS und WamS; vermag aber doch dem der noch inbrünstiger verdämlichenden ›Abendpost Nachtausgabe‹ nicht zu entschlüpfen. Annähernd kafkaische Scham möcht' ei'm an die Gurgel fahren; tut es aber auch nicht.

☆

Seit mindestens dreißig Jahren, seit Karl Gerolds unvergessenen Tagen, firmiert die ›Frankfurter Rundschau‹ so bolzengrad wie unverblüht als »kritisch und konstruktiv«. Jetzt hat der CDU-Parvenu Volker Rühe den Spieß umgedreht und einen »konstruktiven und kritischen Dialog mit Südafrika« gefordert, und die ›Rundschau‹ hat das Nachsehen. Das kommt davon, wenn man, Marx verratend in die Rumpelkammer stellend, kraft Hegels konstruktivem Hammer als einem ungeschlacht pseudodialektischen Dreschflegel im Positionskampf mit einem dialogfähigen schwarzen Schleimer sich den eigenen Sarg zunagelt, anstatt sich ernsthaft jene Frage zu stellen, die noch Karl Gerold hin und wieder wenigstens im Gedicht schrumpelnd sich arschgrad stellte: »Aus welchem Loch die Zeitung pfeift.«

☆

»Otto mußte heiraten!« – so ›Bild‹ am 19. März, keineswegs dämlich, sondern neuerlich avantgardistisch: Im

Verein mit dem Illustrierten- zehrt der Boulevard-Journalismus neuerer Güte nicht so sehr von Sex und Crime, sondern von Begriffen und Bildern, die von der »Sünde« übers »Irrenhaus« und eben »heiraten müssen« eigentlich gar nicht mehr von dieser Welt sind, mit welchen Leser keinen irgend plausiblen Inhalt mehr verbinden und die eben deshalb letzten Juckreiz ausüben; mit anderen Worten: vom Mythos, von reinen Atavismen; dem ohnmächtig-mächtigen Wunsch letztlich, es möge die Welt wieder mittelalterlich und katholisch werden; auch wenn kein Schwanz in der Redaktion mehr weiß, was Mittelalter, was katholisch, was gar Sünde sei.

☆

Aus Harald (»Toni«) Schumachers unermeßlichen Memoiren andererseits geht u. v. a. auch hervor, daß »Wichser« gegenwärtig als die schlimmste der unter Fußballern kurrenten Beschimpfungen gilt, weit vor »Sau« und »Drecksack«; Wichsen mithin das Verächtlichste von der Welt sei. So triumphiert doch auch hier noch einmal, an recht unverhoffter Stelle, bei den Dümmsten neuen Schlags, Papst Woityla, der Allerdümmste.

☆

Nächstes Jahr ... nächstes Jahr werd' ich schlappe 47, Zeit, mir endlich erklären zu lassen, was Petrodollars sind.

☆

Programmvielfalt: Bei Osnabrück kam es zu einem schweren Autounfall mit drei Toten, weil eine automatische Bahnschranke zu früh wieder hochgegangen war. Die Schranke habe funktioniert, verwahrte gleichwohl sich ein Bundesbahnsprecher, und so sei denn seitens der Bahn auch nicht geplant, »sich neu zu programmieren«.

Dagegen hat N.N. wie er Bayern-3 mitteilt, schon vorgesorgt: »Als ich anfing, Motorrad zu fahren, da war es von meiner Seite schon miteinprogrammiert, daß mal ein Unfall passieren kann.«

Wenn man es in die Sprache der Hightechs zurückübersetzt, will er sagen: Also, praktisch muaßt heit damit rechnen, daß di amol dahutzt, hostghört.

☆

Das »Traurig bin ich sowieso« der DDR-Dissidentin Bettina Wegner kontert endlich der DDR-Dissident Gerald K. Zschorsch: »Glaubt bloß nicht, daß ich traurig bin.«

Sein Wort in Gottes Ohr. Nur sprach er's schon drei Jahre vorher, 1977. Sie wissen wenig, die DDR-Dissidenten, kriegen wenig mit. Nicht mal von der eigenen Mischpoke.

☆

Um ja nichts auszulassen und zur sog. Historikerdebatte von 1986/87 auch noch, ehe ich die Brocken hinwerfe, meinen Senf dreinzugeben: Wenn man die nazistischen Greuel der faschistischen Hitlerbarbarei mit den Stalinschen Säuberungsprozessen vergleicht, dann verschlägt die Evidenz des hier wie dort sichtbar gewordenen obersten Grauens einem aber auch schon derart die trauerunfähige Zunge: daß mir nun doch der »breitspurklatschmäulige« (Ambrose Bierce über die Historiker) Senf ausgeht.

☆

»Antn!« – »Antn!« – »Brooove Antn!« (Schlüsselszene aus einer entstehenden Novelle)

☆

Man müßte mal – man müßte mal – man müßte einmal einen Roman schreiben, einen neuen Typus von Roman schreiben, dessen Erneuerungspotential darin gründet, daß partout nichts in ihm stimmt:

»Staatssubminister Wuff trat aus der kleinen antiken Buchhandlung von Lochhausen. Gebeutelt zwar, doch wie ein heimlicher Sieger auch, ein Winner. Er hatte Dietmar Kampers Causeriensammlung ›Die Seele als Post-Scriptum‹ geleast, Kampers opus maximum, das Wuff schon als fahrender Klippschüler gern gecheckt hätte, hätte sein Vater, der Titularrat Dapsul von Zabelthau, ihn nicht seinerzeit mit elektrischen Stromstößen (Jupp Mengele!) forciert gezwungen, statt dessen die Spielothek seiner Vaterstadt Ernhüll zu frequentieren. Wuff seufzte wölfisch, wog sein Ego. Pfeilschnell tauchte die Sonne hinterm Watzmann unter. Ein Landmann im ziegelroten Porsche passierte Wuff, eine Virginia verklemmt zwischen den Lefzen, lässig am Armaturenbrett-Video kurbelnd. Schriller sang die Nachtigall. Rasch erdunkelte Lochhausen. Wuff befühlte seine Vagina. Von der nahen Kirchturmglocke klang schelmisch ein Kirchspiel: ›G-g-g-es – f-f-f-d!‹ Die typischen unterfränkischen A-dur-Arpeggien. Schillers brüsker Beethoven-Hymnus auf Max Stiller. Ein paar alte Küchenschaben echoten bekümmert. Noch immer wußte Wuff nicht präzise, ob sein Wassermann im Verhältnis zu seiner präpotenten Spätberufung . . .«

Nicht ganz – aber so etwa. Keine Nonsens-Prosa wohlgemerkt nach dem Modell »Dunkel war's, der Mond schien helle«; sondern die Struktur der Oxymora eher im Sinne eines großen allgemeinen und in der Konsequenz kathartischen Fehlverhaltens aller Teilnehmer und –

– ja doch, wäre vielleicht ein letzter Quell romanlichen Vergnügens – obwohl – obwohl ich mit Eckhard Henscheid »gleichzeitig der Meinung bin, daß man zwar solche Ereignisse sehr achtsam verfolgen und möglichst begreifen soll, daß man aber nicht immer alles gleich aufschreiben und der breiten Öffentlichkeit zu lesen geben soll, so wichtig sind diese Dinge oft gar nicht« (›Die Vollidioten‹, S. 7). Andererseits meine ich hier eben gerade durchaus schon, daß im pickenden Kainszeichen von Minervas trappsender Nachtigall zwar bereits alles zu spät, es aber doch schön wäre, etwa so fortzufahren:

»›Hell and Devil, quien sabe issto groß Gogga!‹, so wuselt's jetzt durch Wuffs staunende Augen, und in colpevole amor herzt er stramm seine Fersen.«

☆

Schöne Konjunktive insfreilich hat's bei Barthold Hinrich Brockes: »Hüben sich die Augen=Lider / durch die Musckeln selbst nicht auf, / sondern süncken immer wieder . . .«

Geböte die deutsche Sprache heute noch über derlei Sirrend-Delicates, ich schwüre, ich schüfe Romane, die vor güldener Pracht selig verdümmten.

Hermann P. Piwitt teilt mir mit (›Deutschland, Versuch einer Heimkehr‹), es gebe in jenem, Deutschland, unabhängig von der Fußgängerzone jetzt auch noch ein »Begehungszentrum«, nämlich ein »funktionsgerechtes«, und zwar nach dem Willen seiner Erfinder als einen »Integrationsfaktor«. Piwitt schwant trotzdem nichts Gutes: »In Frankfurt ist eines der wenigen wirklich funktionierenden Integrationselemente das sogenannte ›Wasserhäuschen‹, der Getränkekiosk, wo sich abends in Gruppen zusammenstehen, trinken und reden läßt. Neuerdings will man es wegplanen« (S. 128).

Meint: ausgrenzen. Weil nämlich, so der Ex-Kultusminister Hans Maier im ›Rheinischen Merkur‹, nicht mal in Köln die Schäden verborgen bleiben: »Bölls Gesellschaft zeigt Entgrenzungen, Normauflösungen einer in Fluß befindlichen Zeit, in der vieles möglich wird.« Dies wiederum allerdings v. a. in Westberlin, das seit kurzem an ein »grenzüberschreitendes Energieversorgungssystem« mit Sibirien angekoppelt ist – nein, was Joyce Carol Oates recht, ist dem Iwan billig; am wenigsten halt allerdings macht, noch weit vor den momentanen interdisziplinär-metafakultativen Sommeruniversitäten und Lernfesten und Gegenseminaren, der Literaturkritiker der ›Süddeutschen Zeitung‹ Eberhard Falcke, der im Zuge einer einzigen Buchbesprechung »Erkundungen« anstellt, welche im Rahmen von »Orientierungsgängen« und »Explorationen« die »Bedingungen für Identitätsbildung und Selbstverständigung« ausloten, um derart, mit Hilfe versteht sich von »beweglichen Denkstücken«, an »Identitätsentwürfe und Denkmodelle anzuknüpfen«, so daß, einmal am Wüten, gegen Schluß hin sinnstiftende »Suchbewegungen« entstehen, welche, wenn's gut geht, die »grenzüberschreitende Suche befördern«.

Klar, daß in einer solchen Münchner Kulturbagage selbst für einen Mann wie den Ex-Kultusminister H. Maier kein Platz mehr war – ich aber verfüge mich, vom sinnbröckelnden Abtippen der Falckeschen Grenzverwehungen geschlaucht, erst mal an eins der letzten Frankfurter Wasserhäuschen.

☆

In Köln dagegen hätte immerhin die Chance bestanden für ein großartiges Konstrukt: Dom und Hauptbahnhof, ohnehin einander berührend, meiner Krippenvision von S. 275 analog ineinander zu verschweißen. Womit jener endlich Leben, Inhalt, Nahrung gekriegt; diese, die Bahn, aber zurück jenes profaniert Sakrale, das ihr in ihrer Gründerzeit so gut stand. Und der nahe WDR hätte auch noch gut dazu gepaßt.

Was heißt hätte? Es mag jetzt teuer werden, aber es sollte diese unsere drangvoll synthetisch-synästhetisch-symbiotische Zeit Zeit und Kosten nimmer scheuen, dem Antlitz der Erde wenigstens noch ein bißchen Aufregung zu verpassen.

☆

Es scheint in diesem Frühjahr aber tatsächlich und energisch wieder eine »Zeit für Abenteuer« auf uns zuzukommen; vorerst in der Formation mehrerer Farbanzeigen-Fotos, auf denen je vier bis zehn buntgekleidete und -gesinnte junge Menschen zweierlei Geschlechts sich in kleine, enge Autos quetschen; und zwar Anzeigen zugunsten der Autos ebenso wie der »Supersohle«-Turnschuhe namens »Laufend Erlebnisse« des von drei Frauen umgarnten Chauffeurs, welcher aber gleichwohl, wie der Text unterstreicht, jenseits jeder Klaustrophobie »cool« bleibt; wie irgendwie auch das tolle Frauenaufgebot.

Und unsereins darf also wieder mal – Deutung Euch zu schulden: stets selig süßes Müh'n – der Frage nachhecheln, was Verhangenes gemeint sei. Sehnsucht nach Nestwärme? Auch, aber letztlich doch nicht. Die rechtschaffene Sehnsucht des Mannes nach der Peitsche sowie die der Frauen, gemeinsam gepeitscht zu werden? Teils; aber irgendwie glaubt auch das ja niemand mehr, nicht einmal ein Reklameesel. Die Sehnsucht der Aids-Zeitler zurück nach jenem legendären Gruppensex, welchen freilich schon zu dessen Hochzeiten niemand praktizierte? Hm. Tja. Oder ist's vielmehr einfach die Sehnsucht des Fotografen nach einem möglichst wüst rammelvollen Bildmotiv, welches seit der ersten Wandervogel-Bewegung letztlich identisch mit der Fotografie an sich ist?

Wahrscheinlich nicht mal das. Die sich zwängenden jungen Menschen bedeuten sicherlich erneut gar nichts. Nämlich nur die Hübschheit, ja Ergötzlichkeit des Lebens selber. Was sie aber nur mir Dummi vorspielen. Während sie an solche Faxen nicht länger denken. Sondern an Tschernobyl, Aids und an Südafrika. Dorthin nämlich gehen stracks die Gelder, sofern ich mir das Auto und die Turnschuhe kaufe. Doch, da bin ich schon mal ganz, ganz sicher.

☆

Die Alten hat man vors Fernsehen gesetzt. In den großen Starkbierhallen aber, in welchen vormals die Alten, meiner Treu, wirkten und tobten, daß es nur so fetzte, in diesen sitzen jetzt die 14- bis 24jährigen, sind aber evident zu dumm zum Trinken. Geschweige denn zum Toben, Wirken, Fetzen.

☆

So, wie der spezifisch süddeutsche Grattler (auch: Krattler; ursprünglich Kroate, Kleinhändler, Krämer) seine jahre- und jahrzehntelange gähnende Untätigkeit, Nichtsnutzigkeit und Eckensteherei mit einem in der Regel azurblauen Arbeitskittel samt evtl. aus der Tasche herausstehenden Metermaß zu camouflieren oder doch zu verbrämen weiß; so ich die meine durch dies lindschön gebundene Arbeitsjournal nebst evtl. aus ihm herausschauenden Lesebändchen; mal sehen, ob der Verleger abermals sich hinreißen läßt.

☆

Das tiefere Geheimnis vermutlich nicht nur der Amberg-Sulzbacher CSU-Provinzmatadore und Straußschen Kleinsatelliten gründet darin, daß sie nicht nur a) täglich allesamt in der Heimatzeitung abfotografiert sind, zumeist beim Biertrinken; sondern b) auch immer möglichst kompakt gemeinsam. Nämlich möglichst alle oder mindestens sechs Mann hoch und stark: MdB, dreimal MdL, MdEP, Landrat, OB, Bürgermeister, Kreisgeschäftsführer, Stellvertr. Kreisvorsitzender usw. Sie treffen sich also offensichtlich wirklich mehrmals täglich an verschiedenen Orten, immer wieder zu dem alleinigen Zweck, immer wieder, konterkarierend die Einsamkeit des Langstreckenläufers, komplizenselig gemeinsam fotografiert zu werden; und zwar an unterschiedlichen und doch essentiell identischen Lokalitäten: meist einem mit Weizenbierkelchen bestückten länglich gestreckten Tische.

Mag sein, die dem Leserbetrachter auferlegte Suggestion, immerwährender Erkenntnisaustausch im Sinne allzeit gleichen Erkenntnisstandes treibe die CSU-Männer mehrmals täglich zusammen, hat in diesen selber schon Wurzeln geschlagen, dergestalt, daß sogar sie vagen oder auch höheren, sublimen Sinn hinter ihrer unverdrossen unausweichlich immer aufs neue wiederholten Bandenbildung vermuten: Noch gesellt immerhin zu den unverblühlich sechs bis neun Mann häufig ein weiterer sich, ein Experte oder ein geistlicher Herr oder irgendwas der Art, die durchaus metapolitisch-avantgardistisch-reichsunmittelbare Identität des Identischen ein klein wenig zu mildern. Ihr alleiniger Anblick, das ahnen, ja fürchten selbst die CSU-Menschen wohl, wäre als gänzlich entschleierte Maja mal Medusa sonst nicht zu ertragen. Noch nicht.

Andersrum: Unterdessen der Amberger Landrat

Dr. Hans Wagner monatlich wohl hundertmal sog. Landkreis-Bierkrügerl verschenkt und dafür wiederum zumeist andere Bierkrügerl geschenkt kriegt (Vgl. ›Titanic‹-›Briefe an die Leser‹, 1986, S. 377) und derart eindrucksvoll kreisförmig das politische Tauschprinzip von input und output vorführt, von Systole und Diastole; derweil sorgt die Partei, insgesamt und simultan und auf daß sich nichts verheddere, für den hermetischen Verschluß.

Fazit: Hier, bei dieser wohlbedachten Synthese, zahlt sich halt nochmals aus, daß der Vorsitzende ein geostrategisch versierter und humanistisch umfassend gebildeter Abendländer ist.

☆

Noch schöner wär's, wenn sich später, in der Ewigkeit, herausstellte, daß Gott gar nicht »Gott« heißt. Sondern beispielshalber: »Hottner« . . .

☆

Eine Schneewanderung mit via Walkman ›Winterreise‹ im Ohr: Sehrsehr unschubertisch und letzten Endes unergiebig. Aber in der ersten Märzensonne kamelhaardeckenumwickelt auf dem Balkon zu flegeln und mit angewinkelten Knien schwelgerisch im ›Zauberberg‹ zu lesen: Das hat was. (Schön Doofes.)

☆

Weitere Bücher, die FR-Leser interessieren könnten: Emil Zöpfli, ›Müsli‹; Beat Oehrli, ›Schratt und Schrott‹; Urs Niederhirnli, ›Jaeggis Wanderung von Oerlikon nach Oberbipp‹.

☆

Als Justinus Kerner, so berichtet Ricarda Huch, seinen Freund auf der Maultrommel spielen hört, vergleicht er die Töne mit Geisterchören und fühlt sich durch die »überirdischen« Weisen ins Land der Geister gerissen. Solche Töne, meint er, höre der Sterbende, solche von den Freunden unvernommenen seligen Klänge geleiteten ihn ins Jenseits.

Kerner spielte die Maultrommel, das Brummeisen, selber; in einem kleine Gedicht ›Meine Maultrommel‹ würdigte er deren »schmerzlich süße Weisen«, die all das ausdrückten, was er als Lyriker »nicht konnt' in Liedern sagen«. Präziser wird sein Aufsatz im ›Morgenblatt‹ Nr. 59 vom 10.3.1809: Ähnlich der Äolsharfe sei das Instrument »geeignet, Ausströmungen eines reinen Gefühls in Tönen besserer Welten darzustellen« – sowie unter allen anderen »am fähigsten, die Töne sichtbar darzustellen«.

Der letzte Hinweis ist weiterführend. Hört man z. B. das Maultrommel-Konzert von Johann Georg Albrechtsberger, so glaubt man zuweilen geradezu räumlich Pingpong-Bälle fliegen zu sehen – zum zweiten gemahnt die Musik an jene musiknah-elektronischen Boing-Geräusche, die etwa das Flippern begleiten. Es scheint, unsere Amis haben ihren Albrechtsberger und Kerner wohl studiert, und wenn jemand Nutzen aus den diversen romantischen »Faseleien« (Huch, ›Die Romantik‹, S. 358) gezogen hat, dann tödlich-todnah sie und ihre psychedelisch versierten Flipper-Konstrukteure absolut siderischen Gemüts und –

– ei was, Pingpong und Flipper, eine viel größere Ähnlichkeit reckt jetzt erst zu mir ihr Köpfchen hoch: Jadoch, die Maultrommel klingt genau so, wie kleine Schweinderl singen würden, wenn sie – singen könnten!

Womit, es ründet sich, das Schweinderlmäßige nur abermals das Paradiesnaheste wäre.

»Da Spietz der hodan Wirt daschlong / Eitz machda selba Wirt / Eitz brachda nimma allweil frong / Ob noo wos aasgschenkt wird. Im Booch is schêi, des mou ma gstêih!«

»Fronleichnamsprozession is moing / Da Spietz mächt dekoriern / ›Polizeistund!‹ schreit er und schaut schoaf / Oba koina tout se riern. Im Booch is schêi, des mou ma gstêih!«

(Aus einem langfristig geplanten Alterswerk ›Im Booch is schêi, des mou ma gstêih‹)

☆

An die Bank zurückschicken, so lautet der heutige Tagesbefehl, soll ich eine »Rangrücktrittsverpflichtungserklärung«.

Der Fall belastet mich nicht weiter. Ästhetisch hat man es da wohl mit einer der »alphabetischen Prozessionen« (Mark Twain, ›Die Schrecken der deutschen Sprache‹) zu tun, ja mit einem festlichen Aufmarsch von wahrlich Mann und Maus. Philosophisch gesehen ist es so: »Das Wort ist der Kontext des Phonems« (Gregory Bateson). Philologisch könnte es abermals darauf hinauslaufen, daß eben da, wo Wörter fehlen, Begriffe zur rechten Zeit sich stellen ein. Und theosophisch wird man auch weiterhin von der alten K. Valentinischen »Wortgemeinheit« auszugehen haben.

☆

Einiges, viel wäre womöglich zu gewinnen, wenn a) Liebende und liebsame Eheleute einander (mit aber genau diesen Worten) wieder »herzlich zugetan« sein möchten; und b) wenn man nicht nur Schlager, Werbefunk, Folklore, imbezille TV-Krimis als Kitsch und Dreck bezeichnete, sondern sich auch anschickte, die Sanctissima von der Kunst der Fuge bis zu Beethovens Streichquartetten spornstreichs zu beleidigen: Keineswegs Monumente bürgerlicher Emanzipation im Sinne des zu emanzipierenden Materials etc. seien etwa die letzteren, sondern das Adagio ma non troppo e molto espressivo des cis-moll-Quartetts op. 131 habe, entgegen Wagners saudummer Sentimentalisierung, in Wahrheit weder Sinn und Verstand noch plausible Struktur, im Andante molto cantabile müsse Beethoven der Sprit ausgegangen sein, und in den angeblich hochraffinierten Unisono-Oktaven des Final-Allegros habe der Meister (hahaha!) wohl vollständig den Arsch offen, den verwichsten, was sollten denn diese banal effektmacherischen Halbtonschritte, die beschissenen – kurz: Herr Peter Jackopp als Retter Beethovens vor der Inflation und überhaupt der ganzen Kacke?

☆

Im, den charmanten Flieder-Anachronismus inklusive, durchdachtesten, proportioniertesten, gerundetsten aller Kunstwerke, den ›Meistersingern‹, ist es ein rechter Trost, wie die Sache vom Waltherschen Preislied des Schlußtableaus angefangen mäßig, aber merklich abfällt: Eine solche bis dahin inszenierte und ausbalancierte Harmonie mal Steigerung war, wiewohl Wagner auch dann noch immer das Optimum findet, nicht bis zum Kehraus durchzuhalten – »eigentlich« war die schöne überlagernde Harmonie »höchster Hulden« eben mit Beckmessers Preisgesang zu Ende, dem Sturz der Kränzewelt in schwarz nichtende Nächtigkeit.

Cosima soll's gewesen sein, die den unwilligen Wagner aus dieser wieder hochscheuchte. Ein Schlußgeschmetter mußte her. Dazu sind Frauen gut: Kunstwerke aus ihren strukturellen Krisen reißen. Hä.

☆

Das große Finalmatch Katholizismus – Kommunismus: Nachdem es die Buchkritik versagend nicht über sich vermocht, Sinnvolles zur inneren Struktur der ausladenden Wallfahrtskirchen-Szene in der ›Mätresse des Bischofs‹ (S. 441 ff.) zu stammeln, muß ich, ehe es zu spät ist, es wohl selber tun:

Alwin Streibl, reifer dünklingischer Kommunist sui generis, stolpert blind und tumb und ahnungslos, gewappnet freilich allzeit durch seine immunisierende Lügenboldigkeit mal Lebensgleichgültigkeit, in die strukturell sub specie aeternitatis vorgegebene Umgreife-Komik der Szene und ihren heiligmäßig schützenden Raum, in dem, hegelisch gesprochen, »an sich« katholisch-kontextiv ja ohnehin kein Leid statthaben kann.

Landsherr, der Ich-Erzähler, Alwin mental im allgemeinen und freilich nicht durchaus immer überlegen, nimmt, sofern er schon nicht das entbrandende Schwafel-Chaos exakt vorgeplant (bzw. das andere Lesemodell: am Schreibtisch nachträglich komplett oder doch partiell erfunden und in optimaler Schönheit ausgeführt) hat, einerseits gefaßt und kalkuliert Platz in dem erwartbaren Unfug; andererseits läßt er sich doch auch überraschungsbereit in sein schon grummelndes Brodeln plumpsen. Einen Spaß will er, wie Goethe mit Eckermann, sich machen; allein, die reine superieure Kopfarbeit, so wie bei Eckermann – Goethe zuweilen die Seiten auch sich faustisch-mephistophelisch verkehren und verwirren, reicht zum Spaß nicht hin – dazu bedarf er nach wie vor a) eines auf seine Art gleichwertigen Partner-Gegenspielers (Alwin), b) eines gehörig unsinnigen Darstellungs- und Aktionsraums (Wallfahrtskirche), einer c) entsprechend mehrfach kontroversen Gesprächsthematik (KPdSU-Parteitagsbeschlüsse u. a.) und d) eines historischen Konfliktmodells (Kapitalismus/Kommunismus/Katholizismus nebst mehrfacher »Verwechslung« ihrer selbst).

Dies die romanlich vielfach und vielverschlungen vorbereitete Exposition des Gesprächs, dessen humoristische Grundprämisse in dem leisen und bald virulenten Konflikt begründet ist, daß Alwin sich von Landsherrs Hirn doppelt (real-fiktiv und schreibtisch-fiktiv) gängeln läßt und doch auch notwendig Unerwartbares, ja Resistenz zu entwickeln hat.

Auch Alwin, Produkt sowohl seiner romanlichen und verzwickt-paradoxalen Privathistorie als auch in all seiner berechenbaren Unberechenbarkeit fast beliebig einsetzbare Konstante/Variable im Lebens- und im Roman-Planspiel des Ich-Erzählers Landsherr, scheint, bei aller selbstgenügsamen, beschaulich-behaglichen Lebensgleichgültigkeit und kugelig hedonistischen Verschlafenheit, jetzt rasch etwas zu ver- und erspüren von der verschlagenen Dynamik und Dialektik der durch die heilige Ecclesia und ihr gleichsam heiligmäßiges Inventar wie sakrosankt abgeschotteten sanktuarischen Situation; einer der bald anstehenden, ebenso brenzligen wie doch immer auch verspielt-spielerischen Entscheidungsprozesse, die Landsherr und er sich selbander gewäschweise abverlangen werden. Marionette einerseits seines tükkisch-gutmütigen Leit(=Landes-)Herrn, behält Alwin Streibl andererseits und gleichwohl im Sinne des Gelingens des kantisch absichtslos wohlgefälligen Schönen Ganzen am Schönen Ort (locus amoenus) seinen kugelrunden Kopf sich sträubend gleichwohl steif oben, notwendig im Sinne auch der tragikomischen Unerläßlichkeit unveräußerlicher personeller Autonomie noch im lumpigsten Hinterland, Marx noch einmal so auch rettend gegen Kant und –

– aber spätestens ab hier könnte nun doch wirklich spätere Germanistik weitermachen.

☆

Eine alte Alltagsfreudenquelle – die lokale Anzeigenseite – sie versagt auch fürder nicht: »Heute, Dienstag, Bockbierfest im Bistro ›Milieu‹ Sulzbach-Rosenberg / 1 Weizenbock + 1 Paar sauere Bratwürste + 1 Spitzel nur 4,50.«

Vive le bon appétit avec le Boche-Bock!

☆

Das Adagio von Bruckners Achter: »Ein schlichtes Ave Maria, herrlich, wie ein Abendbrotgebet, praktisch Hemingway in Bestform« (A. Streibl).

☆

Den künftigen Germanisten abermals zur Lehr': Nicht nur die Erzählerfigur Landsherr erkennt erst inmitten des Romanprozesses – ein Romanprozeß, der freilich eh zu 51 Prozent aus »Hirnroman« besteht –, daß Kathi selber die Mätresse des Bischofs »ist«; sondern, wie neulich erstmals ein Leser herausfand, auch der Romanautor, ich, kam erst in einem späten Stadium der Niederschrift auf diese den ursprünglich nur unverhältnismäßigen Buchtitel einholende und verifizierende Meta-Konklusion. – Wenn Romane in Algebra, ja in infinitesimale Trigonostereometrie übergehen, wird's für Leser etwas ungemütlich, für Autoren aber erst so richtig spannend.

☆

Mitscherlichs leider hinterlassene Margarete schickt sich an, Rinsers Ruis endgültig einzuholen, und deshalb ohne Not und unaufgefordert die Meinung in die Welt, der Frau eigne ein »humaneres Über-Ich«.

Mit dem männlichen Gerhard Polt stellvertretend für Gottvater zu antworten: »Bleedesssau!«

☆

Jede Frau, die in Hannover in den IC zusteigt und in Göttingen, nachdem sie dreimal ihre Blicke in uns versenkt, wieder aus, ist wie ein kleiner Tod, wie eine petite mort . . . ah . . . nachdem wir uns ums Arschlecken nicht getraut haben, sie anzuquatschen, sie ungesäumt an die Titten zu grabschen, sie im kunststofforangenen Gepäcknetz zu pimpern . . . ah . . .

☆

Weilten die Sterne im lieblichen Tanz? Nö. Sondern zu korrigieren ist hier vielmehr, daß unsere neueste Jeanne d'Arc, Jutta Ditfurth, offenbar weniger eine Krachnudel und Giftspritze ist, sondern eine Knallerbse. Krampfhenne? Schreckschraube.

☆

Die habituelle Unterbürtigkeit der Frau wird durch ihre vermeintliche Ebenbürtigkeit »weder kompensiert noch gar agitativ wettgemacht« (Botho S. Dammer).

So.

☆

Meine Damen und Herren, wenn Sie noch einige Seiten weiterlesen, verrate ich Ihnen die Formel für die Abschaffung des Todes bzw. für die Technik seiner definitiven Vermeidung. Irgendwo zwischen den Zeilen steht sie verborgen . . . irgendwo . . . reif und lächelnd winkend wohlverstaut zwischen den Zeilen . . .

☆

»Treu angehörig« grüßt aber derweil F.W. Bernstein aus Berlin. Das Beseligende, freilich auch recht Bedrückende ist: Er meint's ja wirklich so.

Ach, FAZ, was bist Du doch (jetzt muß ich Dich also trotzdem nochmals reiten) eine zwar reaktionäre Nuß, aber auch dialektisch-durchtriebene Schelmin: Tagelang hat man beim Brandt-Rücktritt Deine krokodilstränendurchtränkte Schadenfreude der sublimsten Art mitgekostet; dieses schaukelnde Schweben zwischen dem naturhaften Ekel vor Brandt und dem Geschwafel von dessen gleichwohl »historischem Rang« als Konzession an die eigene Gemeinheit; zwischen dem Hochvergnügen, den Schweinehund wieder mal rauslassen zu dürfen, und der besorgten angeblichen Hoffnung, daß in der SPD jetzt vielleicht nicht länger »Marxisten und Materialisten« das Sagen hätten, sondern mit Vogel, Rau und Lafontaine gottseidank Leute, die ihre »Prägung als Christen« erfahren hätten – allein für diese granatmäßige Doppelheuchelei vom 25.3. müßte Dein Redakteur H. Herles von Rechts wegen eigentlich 24 Stunden im Fegfeuer brutzeln –; er hängt aber lieber gleich noch eine granitschwere dran: »Innere und äußere Reform wären der SPD aus staatspolitischen Gründen zu wünschen« – geh zu, FAZ, alte Gurke, das glaubt doch nicht einmal Dein deppertster Leser mehr – und doch, wir müssen's eingestehen: Das »aus staatspolitischen Gründen« schillert gleichzeitig prismatisch-phosphoreszierend-ironischer als die funkelndsten Essays aus Deiner Kulturabteilung, ja sogar als Franz Kafka und Martin Walser zusammen. Denn »staatspolitisch« kann ja wohl hier nur heißen: Zwengs der Optik soll es auch weiterhin eine zweite Partei geben, die allerdings möglichst christlich-reformiert zu sein hat. Und da, FAZ, das ist das Schönste, hast Du natürlich irgendwie sogar wieder recht. Pfüeti!

☆

Gut versteht sich, warum der beharrlich so genannte »Querdenker« Kurt Biedenkopf bei den CDU-Vorstandswahlen laut dpa einen »Denkzettel« erhalten hat: Damit der Verstockte als einziger weiter quer denken kann. Fragt sich nur, mit welchen Denksportaufgaben die Nichtdenkenden der Partei den Professor eingedeckelt haben.

»Neue außenpolitische Sprecherin wurde die CSU-Abgeordnete Michaela Geiger, die von Journalisten mitunter als ›Miß Bundestag‹ eingestuft wird« – nicht »genannt wird«, nein, »eingestuft wird«. Unbewegte flaue Luft. Es ist inzwischen bei der Deutschen Presseagentur buchstäblich jeder Satz ein Volltreffer.

☆

Verschweigen ist vornehmer und silbriger – ich aber mache bekannt:

In seinem jüngsten Prosakarfunkel ›Niemand anderes‹ raunt blitzend B. Strauß wider »die zutiefst satirische Intelligenz, die in diesem Land ein nicht enden wollendes, zwanghaftes und längst erschöpftes Nachspiel gab zu einer blutigen, miserablen Tragödie«; eine Intelligenz, »deren tiefe Überzeugungsleere im übrigen am allerwenigsten dazu geeignet ist, die Nachfolgenden gegen neue Dämonie und neue Dunkelheit zu feien« (S. 147).

Mehrere Fragen tun sich dem ungefeiten Leser dennoch auf und wie verrückt: 1. Ob er persönlich mich meint? Oder doch eher, als letzte Nachwehen Hitlers, die gesamte satirische Intelligenz der »Neuen Frankfurter

Schule« – und eines liederlichen Zürcher Lachsackverlags nicht zum allerwenigsten, sondern tiefmürrisch zumal? 2. Ob er, scheinbar kaustisch maulend sich ereifernd, nicht doch einfach nur Kritiker und Leute verscheißert? 3. Ob das Ganze, dieser herostratisch obskurantistische Schmäh, nicht am Ende gar noch schlimmer wird als die Kamper, Reich-Ranicki und Rinserluis zusammen? 4. Ob das auffahrend schwerausgebrütete Gemopse unseres intrikat schwarzschwanend mundfertigen Deutobald Tiefsinnomuffsky zwar immer gärend wahnsinniger, langsam aber auch langweilig wird, so chic renommistisch und panisch extrablasiert die Ephebenprosa auch daherstenzt? 5. Wer wohl länger durchhält: Er mit seinem leis-leimsiederisch lärmigen und die Gegenwärtigen wie die Nachfolgenden terrorisierenden Geseire fertil fazil-versatiler Allürenfreudigkeit? Oder doch eher wir mit unserer gleichfalls panischen Schmuddel-Zwangsneurose, den fashionabel im zyklamfarben verscheinenden Gezänge seines eigenen Magmas versaiteten Schmadder doch immerhin und immer wieder fast gebannt zur Kenntnis zu nehmen?

☆

Der die Feuilletonismen so emphatisch hatte abschaffen wollen, der war aber zuweilen auch nur der mundfertigste der Plapperer: »Es ist keine Schönheit und kein Trost mehr außer in dem Blick, der aufs Grauen geht« (Th.W. Adorno, ›Minima Moralia‹) –

– schrecklich, grauslig. Grauenhaft. Kitschfertig wie der Schüler Botho.

☆

Und abermals rufe ich die berufenen Germanisten zur Ordnung und auf (aber wahrscheinlich muß ich's dann doch wieder selber machen): Ohne vorab in Ehrfurcht zu erstarren noch in Gewäsch zu verschwiemeln, den ›Zauberberg‹ sich mal wieder vor und kritisch zur Brust zu nehmen – das Ergebnis könnte wenn nicht verstörend, so doch ziemlich revisionistisch sein. Kommt die Idee des Ganzen schon ziemlich edelakademisch mit allen Zaunpfählen von Symbol und Halbsymbol winkend des steilen Wegs gespreizt, so fällt bald noch zweischneidiger auf und zur Last, wie krampfig Mann sein ohnehin viel zu faul am Schreibtisch erdachtes Material strecken muß, seine Pointen meist in Form charakterisierender Redensarten (Hofrat Behrens, Oberin von Mylendonk) hemmungslos über die Seiten hin breitwalzt – und wie dann, nachdem Manns Kunstsinn diese Insuffizienz, diese Überraschungslosigkeit sehr wohl erspürt, der Autor das Klamottige einfach zu höherer Spukhaftigkeit, Dämonie deklariert. Oder: Über viele Dutzende Seiten hinweg und über die Erörterung der unzüchtigen Krankheit Leben vergißt der Erzähler ganz einfach Castorps Verliebtheit in Clawdia; welche Verwebung mehrerer Simultanmotive ja eigentlich erst Kunst und Reiz des verworrenen Erlebten und Erzählten ausgemacht hätte! Auch das Ausbreiten des Tempus-Thermometer-Komplexes, die versteckten Anspielungen der Goethe-Gounodschen Soldaten-Themenkreise entbehren nicht eines exerzierend eskamotistisch –

– aber stop, auch hier soll eben ein anderer weitersudern.

☆

Manchmal sind Sätze so auf Anhieb einleuchtend – »Wenn man liebt, will man schonen vor sich« (Walser, ›Dorle und Wolf‹) –, daß sie schon deshalb nicht so ganz stimmen möchten.

☆

Der unermeßliche Harald Schumacher dagegen »denkt jetzt oft über den Tod nach« (FAZ). Zu Hause. Bei Musik, unterm Kopfhörer. Sagt er, in der ZDF-›Live-Talkshow‹.

☆

Frappant andererseits und hinwiederum, wie zuverlässig man, daß etwas »nicht ganz dicht« (Achim Greser) ist, an den Accessoires und Applikationen schon ablesen kann: An der Baskenkappe bei Böll, Grass, Eppler; am Popenkäppchen den Populisten respektive Affen im Maler Fuchs; bei Fassbinder das kriminogen Nichtsnutzige am Hut. War Beuys seiner noch so etwas wie ästhetisches Moment, heimelige Expression für fehlende Totalität im Humanen, Aggrediens quasi im Regredieren, so – na, ich bin aber heut' auch ein ganz schöner Schmarrkopf.

☆

»Schlappe für Schlappi«; es hört und hört nicht auf.

Selbst der, »dem die Gemeinheit bekannt ist, mit der das literarische Leben des Alltags gepolstert ist« (Ror Wolf, ›Raoul Tranchirer‹) – selbst ich also fühle mich immer noch und wieder elektrisiert, ja elektrifiziert, schon eine halbe Stunde nach dem Aufstehen komplett erschlagen von der Kraft, der Unwiderruflichkeit, mit der alle Heillosigkeit geradezu somnambulisch stets neue halluzinatorische Manifestationen ertorkelt, mit denen »alles Wunderbare natürlich zugeht« (Wieland an Jacobi, 9.4.1775), nämlich naturgemein wie in Panik alles Panischen, das, kurz vorm Verschwinden seiner selbst, panizzahaft ein letztes Mal und mit aller Gewalt des Plumpsackhaften zeigen möchte, was es kann, nämlich akkurat alles und –

– stimmt nicht. »Aida hat Aids« hat noch immer keiner. Traut sich keiner? Ach was, wenn man H. Neuenfels nochmals dran läßt, ist's auch da soweit, dann brauchen es die Journalisten nicht mal mehr zu türken.

☆

Der Suhrkamp Verlag über das erste gleichsam postum zu Lebzeiten erschienene Buch seines Autors Wolfgang Hildesheimer: »Dieses Buch hat sich sozusagen hinter dem Rücken seines Autors in aller Abgeschiedenheit im Dunkelraum des Zettelkastens vorbereitet, über Jahre hin. Denn was einmal notiert wurde, muß, ungeachtet späterer Entscheidungen gegen das Schreiben, als das respektiert werden, als was es geschrieben wurde: als Literatur (. . .) Nur ein sehr kleines Buch ist diese ›Nachlese‹ geworden; doch ein Buch, damit nichts verkommt, was des Bewahrens für wert erachtet werden muß (. . .)«

Carlo Schmid: »Es geht nicht mehr, es geht nicht mehr«.

☆

Dichter heute: Nein, nicht zu 33, sondern zu 49 Prozent Scheißesammler.

☆

Wenn mir nur nicht all meine Gedanken, die ich hab, schon so bekannt wären! Aber morgen, das schwöre ich, kommt 1 neuer dazu!

☆

Da ist er schon. E = m mal c quadrat. Sicher, ganz neu ist er nicht. Aber immerhin verstehe ich ihn trotzdem nicht.

☆

»Darf ich dich zu sieben, acht Weizenbier einladen?«

Meine Lieblingstiere, die Kuh, das Hausschwein und ein spezielles, gelbes, in Amberg logierendes Katzerl von deutlichem Erwähltenzuschnitt – sie haben einen Rivalen erhalten; eine Trostgestalt vom Höchsten: Direttissima ins Herz versenkte sich schon das Foto in der Zeitung, das Platsch, sehr versonnen in die Linse äugend und dabei leicht und fast kapriziös das rechte vordere Beinchen liftend, zusammen mit seiner plump-riesigen und doch gleichfalls zierlichen, ja graziösen Mutter zeigt. Bei der ersten Begegnung im Frankfurter Zoo war Platsch zusammen mit der Mutter am liebselig muntern Dauertauchen; letzte Woche umtappte er die nach Nilpferdart unentwegt Futter ins Maul Schaufelnde und mit Gleichmut Mampfende etwas beklommen, kriegte den Schluckauf und fabrizierte ein sauberes Bäuerchen nach dem anderen; ward es gewißlich deshalb leid und müde, gähnte gelinde, grübelte etwas unschlüssig, legte sich dann kurzentschlossen lang und streckte auf eine wahrhaft herzengend anmutige Manier alle viere von sich, um auf der Stelle einzuschlummern; zehn Minuten später aber sacht sich und das rosigbraun wulstige Lederjäckchen wieder hochzustemmen und gar nicht scheu die Zaungäste zu studieren.

Mit Blicken wie ein Sternenhimmel ruhig steten Sinnens, eines wenn auch leicht verzagten, verdrießlichen und abwesenden. Zurückgelassene aus einer märchenhaften Vorzeit nennt Brehm die Nilpferde. Platschens Augen unterm steif gereckten Öhrchen gehn noch tiefer. Wie der straffe Runzelleib scheinen sie aus einer Region weit vor den Anfängen der Genesis herzurühren, aus dem Grenzflur ja bereits zum Göttlichen. Verdient das gelbe Katzerl mit Fug eher neutestamentarisch den Namen Welterlöser; so schaut wehmütig aus Platsch, dem kindlich greisen, dickhäutisch schwer versunken der alte Sebaoth ihmselber – nur fehlt dem Platschens Niedlichkeit und Spiellust; die Anhänglichkeit auch an der Mutter riesenhafte Wucht.

Ergeuß von neuem du, mein Auge, Freudenthränen! Ich gäb' aber was drum, wenn ich nur wüßt', was Platsch so durch den Kopf brummt. Brummt? Nein, vielmehr: wehhaucht.

Geboren wurde Platsch am 21.10.86. Fausto di – un di felice.

Gespannt war ich ja schon, wer den Deppen macht und den ersten Tschernobyl-Roman absetzt. Zwerenz? Peter Schneider? Buch? Strucks Karin? Gar R. Linser? Nein, etwas überraschend stand Christa Wolf klammheimlich kerngerade. Es leidet die DDR in all ihrer strukturellen Abgehärmtheit nicht nur unter einem Informations-, sondern auch an einem fast identischen Schamdefizit. Kaum glaublich bei den wetterfest westdeutschen Schamstandards.

☆

»Der strahlende Himmel. Das kann man nun auch nicht mehr denken. Auf Bestrahlung können wir verzichten . . .« (Ch. Wolf, ›Störfall‹).

Die angeblich reinste, makelloseste Stimme gegenwärtiger deutscher Prosa ist eine der ahnungsfernsten. Der Inbegriff von »literarischer Würde« – so Raddatz, wie immer schon im Begrifflichen Amok laufend – läßt noch die kümmerlichste vermissen; sondern ihren Edelschrott voll auf die g'schlamperte Menschheit auch noch drauf zum Caesium hinzu, und wir müssen's leiden. Hm. Tja, von Rechts wegen sollte sich herumgesprochen haben: Die *ganz* große Weltgeschichte, so sie denn eine ist, lähmt, versaut den Dichtern Stil und Denken – und der Sprachwitz, so er denn einer ist, kommt auf den Strich. Drum meide man sie tunlich.

Auch in den Sudelblättern.

☆

»Wer Preise erkennt, und Preise stellt, / der will am End' auch, daß man ihm gefällt« (Meistersinger, 3. Akt). In der Preisära Reich-Ranicki stellt sich das Junktim etwas verzwickter dar: Der Preisgeber erwartet vom Gepriesenen, daß dieser jenen fürchtet, so lange, bis jener, ihn malträtierend, diesem am Ende gar gefällt. Und letztendlich ist er ja auch das einzig Gefällige und Preisliche an Klagenfurt. »Bewahrt euch vor Gespenstern und Spuck / daß kein Geist eur' Seel beruck'! / Lobet Gott den Herrn!«

☆

Andersrum: Wir möchten, daß wir notwendig sind, lehrt Jacques Monod, und wenn eins zufällig, so Feuerbach, Theologieprofessor oder, so ergänzend ich, Generalinspekteur der Bundeswehr oder Klagenfurter Literaturpreisjuror geworden ist, so möchte er das füglich auch.

Nun, mal sehen, wie *ich* 1987 überdaure.

☆

»Der totale Abschied von Willy Brandt« (29.4.87). Man kann's nicht beweisen; hält aber jede Wette, daß dem überschriftengaunernden Redakteur noch immer Goebbels' Wunsch nach dem totalen Krieg durch den Saukopf schwefelt – und nicht nur als allerletztes Bildungsrudiment. Sondern total echt.

☆

Auschwitz erlebend, sei sie unverzüglich »ohnmächtig« geworden, »B. fängt mich auf«, berichtet Ruis Linser (›Grenzübergänge‹, 1977, S. 24). Hoffentlich ist auch dies gelogen. Wäre es wahr, davon Mitteilung zu machen, auch noch damit zu renommieren, wäre noch ordinärer, gemütskranker, frevlerischer.

☆

Der Frühlings- und Sonntags-Topos unserer Zeit: der wildgeworden, wie panisch, sadistisch und masochistisch ratternde Rasenmäher. Aber natürlich auch zu allen andeen Zeiten tobt die Maschine hemmungslos vor sich hin – dem immerwährenden Lohne zu, dem grünen Kurzschnitt. Denn es »erscheint der kurzgeschnittene Rasen einem Volke schön«, so Veblen in seinen Ausführungen über die Normen des Geschmacks, »das die Neigung erbte, an einem wohlgepflegten Weideland ein inniges Vergnügen zu empfinden« – aber eben dies stimmt mitnichten mehr: Der Kurzschnitt sei nichts anderes als im Zuge faschistoiden Sauberkeitswahns Zwangshandlung, vielleicht Ersatzhandlung gar, könnte man spekulieren: für den Wunsch nach Kopfab.

Jedenfalls aber nach ewigem Aufräumen. Längst ist klargeworden, daß Eisenbahnen nicht nur mehr stillgelegt werden aus angeblichen Rationalitätsgründen: Die Eiligkeit, mit der sofort und ohne jeden vernünftigen Grund, aber auch ohne Kosten zu scheuen, dann auch noch Schienen abgerissen und Bahndämme, einst mühevoll errichtet, dem Erdboden gleichgemacht werden müssen, entstammt der nämlichen Zwangsmechanik, welche nicht einmal, wie im Fall des Gartenrasens, etwelche Scheingründe mehr geltend macht.

Im übrigen dürfte auch Veblens Schönheit längst in Rationalisierung eingetrottet sein. Unfreiwillig machte ich einst die Probe aufs Exempel, ließ in meinem Garten Gras und Blumen monatelang wild wachsen – das Ganze gedieh so »romantisch« malerisch-schön, daß wohl selbst die angrenzenden Besitzer der Kurzgeschorenheit es nicht zu leugnen vermochten. Und vor Gram und Zorn und wohl auch Neid nun doppelt rasten: Denn nicht nur war ich aus der Regie der Sauberen strafwürdig ausgeschert – mein Wildwuchs belehrte die Nachbarn auch noch der Nichtswürdigkeit ihres jahrelangen rituellen Sensentreibens.

Zufällig verkaufte ich den Garten wenig später. Wäre interessant gewesen zu ergründen, ob mich früher oder später eine Anzeige wegen Unsittlichkeit – Ärgernis nannte man's einst – eingeholt hätte.

☆

»Hopsa«: Doch, nein, wirklich, im vollen Ernst, so nennt sich ein Arbeitskreis »Hoffnungsprojekt südliches Afrika«, der via Diavortrag, Ausstellung und Diskussion »Informationen zur Lage in Südafrika« beiträgt, sicherlich ein Glücksfall für Südafrika –

– und über Glücksfälle wollte ich nämlich eigentlich heute referieren. Nämlich: daß Franz Beckenbauer einer für die Nationalmannschaft ist, Peter Hofmann, obwohl er eigentlich nicht singen kann, einer für Neu-Bayreuth – beides ist soweit bekannt und in Milliarden von Zeitungsartikeln festgemauert. Waghalsiger schon, wenn, laut H. Kohl, Theo Waigel ein Glücksfall fürs Bonner Parlament sein soll – noch prekärer und allerdings auch hehrer, nämlich doppelt, kam das Glück unlängst bei Peter Boenischs Hochzeit mit Susanne Fischer des Wegs: »Wir sind ein gegenseitiger Glücksfall«, nämlich Pepe mußte kurz zuvor als Regierungssprecher H. Kohls (s. o.) die Mücke machen usw. –

— aber eigentlich, offen gesagt, wollte ich auch über Glücksfälle nicht reden, warum auch? — sondern Ihnen lieber vortragen, daß 1. die »extracorporale Reproduktionstechnik« laut ›Kieler Nachrichten‹ auf gut Deutsch auch »Kinderwunschbehandlung« heißt; daß 2. die neue Agentur »Outline — Die Ideenbörse für Exposés, Treatments und Manuskripte« mir dies mitteilt: »Die Medienszene hat sich überall erweitert. Mehr und mehr Programme brauchen mehr und mehr Stoff«; und daß aber 3. der schwäbische Finanzminister Guntram Palm — ja, das ist's, worauf ich hinauswill — laut ›Darmstädter Echo‹ die Ansicht, Teilzeitarbeit koste nichts, als »grottenfalsch« zurückgewiesen habe — doch, genau dies letztere war's recht eigentlich, was ich Ihnen heute letztlich sagen wollte; ade.

☆

Horst Tempes oder die lockend schwirrigen Sirenenklänge des Zeitgeistlichen: Hammer hat recht, ihnen bereitwilligst zu folgen; es findet sich in ihnen nicht allein eine heimliche Nebenstimme des eigenen Inneren, eine dem Sentiment komplementäre — jene Klänge bergen tatsächlich ein Glücksversprechen, eine Utopie fast noch jenseits der des Ewigweiblichen: den ewigen Frieden des durch dick und dünn Marschierten und daher Einwiegenden, schalmeiisch Einlullenden, nämlich — der graue Bote! — des in Wahrheit Vorgeschichtlichen, Vorweltlichen, Ewiggleichen. Danke, Eckhard.

☆

Reagan, verwunderlich, kommt m. W. in diesen Sudelblättern noch gar nicht vor; Ronald Reagan. Nun, was kann man über ihn noch Böses — nein, grad entnehm ich's dem Register: Er kommt doch schon vor: mit einem

Dietmar-Schönherr-Statement »Arschloch«; der Bezeichnung »hübsch geschminktes Präsidentengespenst« von Martin Walser und einem Zitat. Bißchen armselig, oder? Lassen wir also, der Pflicht Genüge zu tun, am kompetentesten und profiliertesten Alwin Streibl nach- und zusammenfassen: »Reagan? Er war, pardon: er ist ein, um Gottes willen, Verräter an der Arbeiterklasse, er desavouiert uns Kommunisten, wo er kann, wie er's braucht, ein schmutziger Faschist, wie er im Buch steht, by Gosh, hör zu: Er will mich fertigmachen, aber er schafft es nicht, er schafft es nicht, unsere Genossen lassen ihn nicht, um Himmels willen, wir Kommunisten, hör zu, sind momentan schwer im Kommen, schwer im Kommen, wir haben einen langen Atem, laangen Aaaatem, jjaaah . . . aaah . . . aaaaaaaaah . . .«

Danke Streibl, danke Ronald.

☆

Ich kann's mir dennoch nicht versagen: So oft ich auch schon dem Aphorismus abgeschworen – der folgende ist einfach zu schimmernd, als daß er weiter nur in meiner Seele vor sich hinschimmeln dürfte. Denn Großstädte sind nicht nur, wie Bismarck einst korrekt wähnte, »Herde der Revolution«, sondern ich aber sage Euch, Großstädte bergen in sich auch das brandgefährliche Potential einer »Revolution der Herde«, so, jawohl, jetzt ist er ausgeschwitzt, stimmt natürlich nicht hinten und nicht oben, aber immerhin, jetzt ist meine Seele ruhig, und Ihr dürft es zufrieden sein, denn siehe: Ruhe ist der Herde erste Bürgerpflicht, Ruhe! A Ruah is'! Gibst jetz' du a Ruah, Aphorismusnachgesudere!! Ruahis!!!

☆

Was aber die versprochene Abschaffung des Todes anlangt, so mahnt zweifellos Herbert Marcuses spekulative Grille, sie könnte vom Sozialismus kommen, reichlich verstiegen, ja als ein Schmarren. Eher schon ... eher schon ... ja, eher schon strahlen etwas Tod- oder doch Todesfurchtüberwindendes Phänomene ab wie ... ja, wie Genscher oder, noch schöner und mächtiger: Rainer Barzel. So, wie, laut Hegel, der Geist bekanntlich zwar »an sich« schon immer Geist ist, aber erst durch das Werden seiner zu sich selbst geschichtlich elaboriert werden muß, so markieren Genscher wie, stärker noch, Barzel, entscheidende Wegemarken in der todgewendet negativen Dialektik des Hegelschen Gedankens: Immer schon An-sich-Tote im Werden des Lebens zum Tode, repräsentieren Genscher wie, gesteigert, Barzel die Negation biologischer Geburt, den Tod in statu nascendi, in der sinnlichen Vermittlung einer Salbungsstimme und eines Ganovenairs von großer und gleichsam unfreiwilliger, die List des Weltgeists requirierender Fessel- und das Leid und den Kummer der Welt, Widerschein des Todes, absorbierender Trostkraft, welche das sieche Bestehende im Abendrot des geschändeten, unendlich erlösungsbedürftigen lausigen Ganzen — —

Nein. Doch nicht. Noch nicht.

Ja, eigentlich müssten in meiner Umgebung, in der es auch ein paar 75-, 72-, 58-, 51jährige hat, wieder mal ein paar abtreten, schon lang hat's keiner mehr gebracht. Oder — soll *ich* mich opfern, dem Gott der Wahrscheinlichkeit versöhnlerisch Genüge zu tun?

☆

Ein Mann, der, wie ich, so duftig zier zarten Gemüts, ja bleu-mourant

☆

Eines ist gewißlich wahr: Alles, was seit fünf Jahren auf der Welt vor sich geht, ist zusammengenommen komplett belanglos im Vergleich mit Hebels ›Unverhofftem Wiedersehen‹.

Außer natürlich Bernsteins Hebel-Illustrationen; die halten wenigstens viertelwegs mit.

☆

Ach Grün, du böse Farbe du: Den Grünen ins Stammbuch. Ach, du grüne Neune, werden die sich ärgern, ärgern, ärgern, blau und . . .

☆

Brigitte Wormbs über Regensburg: »Der Geruch von Bratwurst und Kraut (. . .) scheint die Fortsetzung des gewohnten Laufs der Dinge zu verbürgen.« Beim schon bald wieder anstehenden Sulzbacher Anna-Bergfest schwärt eins hinzu: Andacht. Glückhaft profanierte Andacht, welche Revolution als gottselige Evolution nicht einmal ausschließt; vgl. ›Mätresse‹, S. 324 f.

☆

Irgendwann muß man ja mit der mitteilenden Aufarbeitung seiner Kindheit/Jugend beginnen, und da meine ich denn schon mal: Das interessanteste Urerlebnis, das meinen Begriff von der »Brillanz des Lebens« (O. Zirngiebl) prägte und als Prägung bis heute nachwirkt und beinahe alles erklärt, fügte sich durch die Beobachtung zweier sich kreuzender D-Züge. Ich saß als 9jähriger im ohnehin schon überirdisch schnellen und die kindliche Einbildungskraft noch einmal beflügelnden D-Zug A – was aber war dieser lächerlich behäbig und langsam, kreuzte uns doch jetzt geradezu huschend, ja wahrhaft blitzlichtgeschwindig der Gegenzug B, bei welchem sich natürlich beider Geschwindigkeiten addierten. Reisende dieses Gegen- und von meinem Kopf so genannten Blitzzugs: So hochachtbar schon mein eigener Zug war – was mußten *das* erst für exklusiv rasende Ausnahmemenschen sein! So weit würde ich's ja nie bringen, auch viel später nicht, nein – und hatte allschon recht: Zwar fand ich das kindliche Albtraum-Erlebnis später in den rasend übereiligen Abläufen in Kafkas ›Amerika‹-Grandhotel wieder – aber zum wahren Jetset fehlt mir auch dann noch jede Berufung, wenn ich dereinst, was ich mir sehr erbitte, die neue Schnelleisenbahnstrecke Würzburg–Hannover noch erleben werde. Ich hoffe, es wird auch da Gegenzüge geben, so mich abermals in meine Schranken verweisen werden.

☆

Heute berichtet man mir von einem Rentner, der, weil er sonst keine Post mehr gekriegt, den kunterbunten Werbe- und Prospektscheißdreck aus seinem Briefkasten geholt, gelocht und schließlich in einen Aktenordner getan hat – – aber ich hab dann nicht länger mehr aufgepaßt, wie's weiterging; ist mehr Ror Wolfs episches Feld; und der, vermute ich, hat mir die Geschichte auch verzählt.

☆

Margeriten; Margeriten zu Sträußen gesammelt, des Abends Ende Mai, Anfang Juni, ein wilddurchwachsener Erzberghang mit drei kleinen Weihern; Margeriten und ein paar rötliche Blumen, langsamer Sonnenuntergang, Segen schöner Abendkühle, Margeriten von drei, vier Kindern gesammelt, vermutlich 1949, für den anderen Tag, die Fronleichnamsprozession; auf dem schon schattigen, schwalbenübersegelten Heimweg, die Margeritensträuße schwingend; selig wie die Sonne meines Glückes lacht, Morgen voller Wonne –

– das wär's wohl schon gewesen, der Hochtag dieses Lebens.

☆

Menschen sind zwischen 0 und 10 erträglich – und dann wieder ab 28 aufwärts. Was dazwischenliegt – mein letztes Wort zur Schratzen- und Jugendproblematik – verdient nur einen Namen: Mistkrüppel.

☆

Papst Johannes Paul II.!! Ostern rückt langsam wieder näher, was mir aber im Vorjahr beim üblichen »Resurrexit«-Gebrülle vom römischen Petersplatz im Fernsehen auf- und eingefallen ist: Ein bißchen leidet die festlich-schweinsbratenmäßige Jubelei ja immer unter ihrer restlosen Erwartbarkeit – jedes Jahr steht ja schon vorher fest, daß es der Herre Jesus auferstehungsmäßig wieder packen wird. Wäre es deshalb nicht spätestens ab 1988 eine Progressio medialica, in illo nostro tempore die Causa im Sinne der von Euer Heiligkeit sonst so sensu strictu virtuos vertretenen TV-Kultur etwas spannender, krimiliker aufzuziehen und also in der Karwoche durch den ›Osservatore‹ ausstreuen zu lassen, diesmal sei es leiderleider noch recht ungewiß, ob Christus fit genug sei, den schweren Stein vom Grab wegzuwälzeln usw. – stell Dir vor, Papst, wie magna und idiotissima voce da erst dann der Jubel der vor St. Peter versammelten Schlachtenbummler sein wird, wenn Du dann als Jesus aufmarschierst, geschlagen, aber nicht vernichtet, sondern zahnend wie eh und je und wie ein polnischer Hausmarder – got it? Ja? Großes Versprechen, drüber nachzudenken? Und dann Dich aber voll zu sputen? Brav.

☆

Zwar schlägt Norbert Elias in seiner Geschichte des Zivilisationsprozesses (II, 370) die Intrige zu den »mannigfachen Formen« von »Zwang und Gewalt«; aber doch eben auch zur Kulturentwicklung im Sinne von Überfluß und Lebensverfeinerung, hier im Umfeld der Triebdämpfung, der Psychologisierung und der Rationalisierung von Leidenschaft. Um so bedauerlicher, daß eben diese alt-höfische Intrige nach ihren Deszendenzen ins bürgerliche Lager heute scheint's endgültig zum Erliegen gekommen ist – und mit ihr eine der subtileren Formen von Humanitas, jawohl, Humanitas. Denn in wenigem bekundeten Neugier, Interesse, Zuwendung sich gründlicher als in der scheint's schäbigen Intrige. Schon bei Dostojewski scheitern Intrigen fast notorisch, denn sein Personal gehört schon zu sehr zu den »Aufgeregten« (so Camus' Dramentitel des Dostojewskischen ›Dämonen‹-Romans), ist zu nervös zum inständigen Intrigieren, zu wenig bereit, im Sinne der Börse wie des Spiels vom eigenen kleinen und mißlichen und schmählichen (»Selbstverwirklichungs«-)Ego auch nur vorübergehend abzusehen; geschweige denn professionell und technisch funkelnd.

Schade, sehr schade. Aber auch dies wäre ein Romanthema, das Leiden einer Sozietät unter dem Mangel an Intrigewillen. Mal sehen, ob's den noch ungeschriebenen ›Unverblühten‹ blühen möchte.

☆

Wie ich kurz vor Lektoratsschluß in Erfahrung bringe, hat Ruis Linser dagegen schon wieder ein ganz anderes Buch geschrieben oder jedenfalls veröffentlicht, es heißt ›Silberschuld‹ – und selberschuld bin ich natürlich, wenn ich zwar nicht das Buch mehr lese, aber doch seitens des die Idiotin betreuenden Fischer Verlags, man habe hier abermals »mit unerschöpflicher Einfalls- und Bilderfülle« zu rechnen.

Merke: »Beide, das Lachen und das Weinen, heitern auf« (Kant, ›Anthropologie‹, 1798). Zur Not, so, wie ich mich kenne, sogar noch das unerbittlich-unverzagt archivierende Abtippen des verschrumpelt Inkommensurablen, des wesenlosen Myriadenmeers von Infamie und Unsinn unterm sirrenden Flimmern nimmersatter Geistesschwäche. Bzw., um den alten Hut von Gustav Novalis ein letztes Mal aus der Schale schaler Schwertrübsal zu zaubern, werweiß heitert Bekümmerte ja schon dies: »Indem ich dem Endlichen einen unendlichen Schein gebe, so romantisiere ich es.«

☆

Der immer unerlöstere Zustand der Welt – nein, das ist schon logisch-grammatisch zu unerlöst. Also lassen wir's halt weiterkränkeln.

☆

»All unser Dasein«, belehrt mich der Evolutionsforscher Carsten Bresch, »ist nun einmal auf Links-Aminosäuren festgeschrieben.«

Wer hätte das gedacht. Daß es unter so viel Gott und Quark und Gelump und Molekülen und Neutronen und Neuronen und Geist und Wurst ausgerechnet den ausgerechnet linken nein nicht Nukleotiden, sondern Aminosäuren vergönnt sein würde, all unser Dasein, also z. B.

den großmächtigen ratiomorphen Apparat, den élan vital, den Libidoausstoß, also dieses ganze verfluchte Gefrette und Gehupfe und Gemopse und Gewürge (Sigi Harreis!) und Gerumple und . . .?

Niemand.

☆

Bestätigung für den Dichter aber kommt aus dem oberpfälzischen Pressath und aus der zugehörigen ›Welt am Sonntag‹-Überschrift: »Unsere Negerl geben wir nicht mehr her . . .«

☆

So restlos hätte Gott die Welt nun auch wieder nicht zu entzaubern brauchen; schadet er sich damit doch nur selber.

»TRAUALTAR« wollte die rechte Hand schreiben; »Trauerarbeit« schrieb sie. Nein, nichts Freudisches ist da zu deuteln, noch hat man's mit den störanfälligen Synapsen zwischen meinen an sich potenten Neuronen zu tun. Sondern hier wütet Margaretes Rache. Genauer: Es sind dies Anfechtungen, vergleichbar denen Jesu in der Wüste. Gerade jenem, der sie am unnachgiebigsten bekämpft, mir, schleichen infam die klotzigsten Wortbälger albtraumhaft versucherisch ins an sich konsistente Hirn, dieses, sich unbefugt an ihm vergreifend, ein letztes Mal anzuknabbern, zu versehren; mit dem Ziel, es aus dem Leim gehen zu lassen – ehe dann der HERR mich selber salbt. Auffahren läßt, sitzen zur Rechten, erbaulich traulich am Altar; derweil Margarete scharf zur Hölle rauscht, Trauerarbeit dort zu wimmern, wie es ihr gebührt, haha.

☆

Es sollte mich ja eigentlich nicht länger jucken; aber als die, schwer zu fassen, womöglich noch verschattetere Schrulle innerhalb der Damenriege der läufigen »Kulturhuren« (Ferenc Knitter) gleißt ab sofort die sog. streitbare katholische Theologin Uta Ranke-Heinemann. Jene, welche jetzt gegen die Interessen des Essener Episkopats und im vollen verdruckten Ernst mit dem »sexualfeindlichen und zölibatär-neurotischen« Dogma aufräumt, Maria habe nicht gebürstelt; daraufhin, wie sich's für eine delirierend konvertierte Tochter ihres bekannten protestantischen Vaters gehört, dank ihrer tabula rasanta mit dem Entzug der Lehrkonzession bedräut wird; sodann ihre beamtet emanzipatorischen Leckerbissen aber doch verkünden darf, gut bezahlt von der Cattolica, verkünden allerdings, Wunder über Wunder, nicht in deren Namen, sondern nur in ihrem, Utas, eigenen; und die deshalb, in euphorischer Aufwallung und überhaupt ihrer nicht mehr so ganz mächtig, sofort dann der ›taz‹ steckt: »Ich habe für die Frauen eine Lanze gebrochen – aber auch für die verdrängten Josefs« –

– nein, es geht wirklich nicht mehr bzw. es geht heute logisch-theologisch-konvulsivisch alles – und hätte nicht ›Bild‹ am andern Tag die Lehrfreigabe wieder dementiert, ich wäre womöglich doch ausgerückt, an der streitbaren Theologin allein wegen der verdrängten Josefs und in deren Namen das Prä-Purgatorium in Form einer Bastonade von 49 scharfen Sohlenstreichen persönlich zu vollziehen.

☆

Im entschieden unwirklichen Kontrast zu all den allerorts fluoreszierenden neuen und entropischen Exotiken des Lebens – alles ist erlaubt, alles konveniert, alles gefällt – schreitet – ich meine: spürbarer noch als vor drei Jahren, 1984 – die allseitige Versteinerung der Verhältnisse voran, Parkinson, Orwell, Huxley in einem Aufwasch zäh und flott zu Ende bringend. Die zu keinem Lüftlein von Bewegung länger tauglichen Parteiapparate, die unangefochten fafnerisch über den Status quo im Dösen wachenden Medienleviathane – alle schon jetzt vollkommene Reglosigkeit potenziert sich nur noch in scheinhaft regsamem Geschaukel. Nichts rührt in Wahrheit jetzt und fürder je sich mehr. Und wenn rund um den lemurisch bemoosten Felsen Petri die Petrifizierung aller Dinge ihre geziemende Urheimat wiedergefunden hat, so ist dies schon fast Tautologie – sie verstört, verängstigt tatsächlich noch selbst den, der den Bewegern von Johannes XXIII. bis zu den sog. Befreiungstheologen allzeit nur Amusement und den Wunsch entgegengefrotzelt hatte: daß nach den Geboten von Klugheit und Humanität nichts draus würde – die Reform-Kindereien würden am Ende sonst noch halbwahr und den komatösen Saftladen noch eine Weile am Brutzeln halten.

Pater peccavi? In Wahrheit frägt sich's heute bänglich schon, ob nicht am Ende ein krachköpfig-postmoderner Windmachesel wie H. Küng, der noch immer vergnügt die »Theologie im Aufbruch« sieht, das mindere Übel stellt im Vergleich zum Papst, welcher derzeit an Inkommensura- und Miserabilität nochmals zulegt; oder aber zu dem deutschen und österreichischen Kardinalsgesindel, das derzeit wieder massiert, ja wie kondensiert sich im Fernsehen sehen und hören läßt, ungescheut und ungeschminkt den letzten schweinischen Unflat schwafelnd, so, als wäre seine obstinat vergreiste Schamresistenz direttissima dem Johanna-Stück von Shaw entschwefelt. De profundis seufzt der fromme Atheist: Wehe, wehe, dreimal wehe!

☆

Hehe, auch das mit der Erstarrung der Ecclesia stimmt natürlich hinten und vorne nicht. Wenn überhaupt noch jemand schwer dynamisch ist, dann der Hl. Vater, der, jahrhundertealte scholastische Querelen im Affentempo hinter sich abschüttelnd, nun auch den Ablaß samt Segen per TV als vollgültig konzessioniert hat – kost' auch alles nix mehr, nur die Kleinigkeit, IHN im Fernseh sehn zu müssen.

☆

Etwas schämig, nachdem in einer sog. demoskopischen Erhebung zugunsten der ›Bunten‹ hinter Weizsäcker, Boris und Schimanski der Kanzler Kohl als »siebtschönster« Mann Deutschlands ermittelt wurde, konzediert der zuständige Erhebungsleiter, es zeichne sich hier ein vermutliches Junktim von »Schönheit« und »oft im Fernsehen zu sehen« ab. Womit man nichts Geringeres als das alte und bisherige, etwas kasuistisch nach beiden Seiten hin vermittelnde Kettenglied »erfolgreich« endgültig verschrotten kann; im Sinne jenes Fernsehvisionärs Mörike, welcher das Schöne selig in ihm selbst scheinen schon ließ.

☆

Arg kakophonisch durcheinander rauscht und rumpelt und pumpelt es momentan aber zwischen falschen und ganz falschen Bundesgenossen aus den halbrichtigen und den komplettfalschen Gründen:

Strauß, letztes Strohfeuer im Munde, schwallt und lärmt abermals pro Waffenexporte nach Saudiarabien und durchkreuzt damit, erfreulich, immerhin die deutsch-jüdische Rundumheuchelei, den professionell zerknirschten Bewältigungskitsch, der anläßlich von Chaim Herzogs Staatsbesuch neue, noch heilloser krampfende Fieberkurven schwellen ließ. Restbestände der Linken, die auch schon mal bessere Tage erlebte, demonstrieren äußerst aufgebracht – und nicht mal ganz zu Unrecht – gegen die Repressalien, denen sich die ›Report‹-Sendung des fraglos heiligmäßigen Dr. Franz Alt ausgesetzt sieht. Der Berliner Common sense alias Volksmund alias die noch unerbittlichere und unappetitlichere »Wa«-Schnauze macht mürrisch mobil wider jene Avantgardekunst, welche anläßlich der laufendenden Berlin-Jubiläen ein letztes brühwarmes Plätzchen am Kurfürstendamm sinnig sich erstrampelt hat – und hat aus den finstersten Ressentiments heraus ebenfalls nicht unrecht; auch meinen alten Augen schafft der Stiefel Pein. Sollte sich wieder andersherum Zwerenz jetzt noch hochraffen, diese Stimme des instinksicheren Plebejers gegen die des stinkig elitären Rückschritts zu verteidigen, *dann* sähe ich mich gleichwohl de facto gezwungen, den Fortschritt sogar noch in Wolf Vostell zu erkennen, ja schlußendlich auch in Diepgen.

☆

Sehr andererseits zu erwägen, ja zu bedenken wäre, ob die ebenso betroffenheitsdeutschen wie jüdisch-israelischen Starr- und Leerformeln vom »Nichtvergessen« und »Nichtvergeben« nicht bolzgerade exakt so instinkt- und würdelos quäken, die Ermordeten posthum ein letztes Mal schändend, wie Kohls und anderer eilfertigfrohe Kunde von der späten Geburt wundersamer Gnade; die

Kehrseite der völlig gleichen schmierigen Medaille. Es kann keine Einsicht sich daran vorbeimogeln: Die einzig halbwegs zivile und akzeptable Haltung zwischen sog. Verdrängung hie und dem penetranten und blindlingischen Bestehen auf dem Nichtvergessen dort, der einzige armselige Königsweg wäre: nicht vergessend beiderseits die Schnauze zu halten.

☆

F.W. Bernstein unter der Weile hat abermals recht: »Nach seinem — Arnold Hau/Rodenhausers — Bilde hätt ich Gott geschaffen!«

Und nebenbei verdiente der Edle noch so manchen medizinisch-psychiatrisch-therapeutischen Nobelpreis für Depressionsauflösung.

☆

Spätestens am 10.4.1987 hab ich's unweigerlich einsehen gelernt: Rechtschaffen 98 Prozent dessen, was aus meinen Büchern und Artikeln herausgedeutet wird, ist um so verblendeter, als es, im Regelfalle, auch noch beifällig gemeint ist: »Gegenkultur«, »Schnoddrigkeit«, »Ringelnatz«, »frecher Spaß«, »Genuß«, »Lesevergnügen«, »Postmoderne«, »alternativ«, »Alternative zu Chandler«(!), »Tucholsky«, »bodenlos ironisch«, »Heidenspaß«, »Nonsense« —

— es ist, verglichen mit dem, was nachweislich in den Büchern und Artikeln steht, das bare Belieben, der taub und schrill und pur ruchlose Wahn. Dies ein Zwischentestament für alle Nachgebürtigen, die sich absehbarerweise ja noch härter tun.

☆

Jetzt geht auch das schon wieder los: der heldische Kampf gegens Gezähltwerden. Toll. Dabei hat ihnen schon 1983 Wolfgang Pohrt vorgezählt, was dahintersteckt: Die flehentlich klammheimliche Hoffnung, daß irgend jemand sie scheint's überhaupt noch ernst nimmt – und sei es nur der Staat. Warum grad dieser Kampf? Warum verweigern sie sich nicht analog und mit viel besseren Gründen der sie gängelnden Volkszeitungslesepflicht? Die ihr Inneres nicht nur volksgänzlich bloßlegt, sondern gleich auch noch zerfleischt!

Naturwissenschaftler versichern uns, des Menschen Hirn werde nur zum minderen Teil ausgenutzt, Gedächtnisschwund deute mitnichten sich aus Kapazitätsüberlastung. Indessen muß es so etwas wie soziale Kapazitätsgrenzen geben. Hammelgleich stürzt sich die Solidarität ja jeweils nur auf einen einzigen Fokus, ihn auszuräuchern, wiewohl manches Mal nicht einmal recht klar wird, ob er einer ist: 1980 ff. auf die Startbahn West, während rundherum im Land weit vehementer Mord- und Kahlschlag von Natur wütete; 1982 ff. auf das Waldsterben, währenddem nach wie vor in jedem Dorf die Leute mit der Stillegung von Industrie Kummers und vor Kränkung sterben; 1983 ff. auf die Raketenstationierung und noch einmal ab 1986 auf den »Atomstaat«, derweil nebenan das Waldsterben längst niemand mehr schert ...

Genug davon, man müßte weiter ausholen, doch ich hab keine Zeit mehr, bald ruft der HERRE mich zu Größerem.

☆

Wer einmal den Paragraph 1 des Gesetzes aller Presse gefressen hat – daß auf der Welt leider nicht ausreichend viel Krach & Scheiß passiert und daß man beide drum, unter Suspension fast jeglicher Realität, um so energischer wenigstens gedruckt machen muß –, der erspart sich zumindest virtuell schon alle Zeitungslektüre. Fast wahllos greift der Blick ins volle Beispielleben: Eine »Rebellion in der Kirche Österreichs« glaubt der ›Spiegel‹ vom 20.4.87 kraft Überschrift glauben und schmackhaft machen zu sollen. Ja freilich, ausgerechnet in Österreich. Wahrscheinlich überschätze ich die jähe Wucht dieser Rebellion noch, wenn ich sie ungelesen auf eine Windstärke von 0,00007 veranschlage.

☆

Allerdings, Wolfgang Windels erboste Anfrage an das ZDF in ›Bild am Sonntag‹ vom 26.4.87 vor dem Hintergrund des Serienendes des ›Erbes der Guldenburgs‹, die Frage nämlich, ob man denn in Mainz jetzt den »totalen Hammer habe«: Deren fast außerirdisch Cherubinisches, ja Sternezersägendes hätte ich mir nun doch wieder nicht ausdenken können.

Das ist der Punkt, das ist der Punkt; der mich verzehrt. Verheert? Ernährt.

☆

Gestern in den Morgenstunden brach in Schmidtstadt ein Hund zusammen. Wer Angaben machen kann, soll sich beim Amt melden.

☆

Das ledige Rockerpärchen aus dem Ruhrgebiet, das vorgestern in einem Lokal zwischen Hilpoltstein und Roth die Zeche prellte (Schaden: ca. 45.--), war schon längst »über alle Winde verweht«, als es jetzt in Nördlingen (Tankstelle Metz jun.) doch noch sein verdientes Schicksal ereilte. Das dortige THW war wieder mal auf Draht. Gesamtschaden: Gut 380.--.

☆

Die Polizei nimmt neuerdings an, daß es sich bei dem Nürnberger, der neulich bei Tabernackel »untenrum« auffällig wurde, um einen Amerikaner (Ohio) handelt. Er wird, wenn er gefaßt wird, sich wegen allerlei zu verantworten haben, der Mann aus »Reagan-Land«.

DOSTOJEWSKIS IWAN KARAMASOFF zur Gottesfrage: »Siehst du, Alescha, ein russischer Mensch zu sein ist an sich schon nicht gerade eine geistreiche Sache. Nun sprich denn, womit wollen wir anfangen, gib es selber an. Mit Gott? Gibt es wohl Gott? (...) Ich gestehe demütig ein, daß ich keinerlei Fähigkeiten besitze, solche Fragen zu entscheiden (...) Ich erkenne also Gott an, und das nicht nur gerne! Noch mehr: ich erkenne auch ›Seine‹ Allweisheit an (...) Absichtlich habe ich dieses Gespräch mit dir so dumm als möglich begonnen (...) Erstens einmal, um zu beweisen, daß ich ein Russe bin: die russischen Gespräche über diese Gegenstände werden ja immer so dumm als möglich geführt. Zweitens aber: je dümmer man beginnt, um so näher ist man der Sache selber« (5, III).

Gott lohne Rußland!

☆

Einmal im Leben wollen die zehn Finger auch noch diesen Namen schreiben: Wojciech Jaruzelski.

Waren aber nur vier.

☆

Ob es wirklich im Heilsplan Gottes begründet und nicht zu vereiteln war, daß man am 5.4.1987 in ›Bild am Sonntag‹ u. a. dies zu lesen kriegte?

»Frühlingssamstag war Klasse – Prima, Boris! – Oko Weltklasse – Tolle Wetten! – Dufte Wellen! – Frank duftete nach Zitrone – Tolle Schwestern – Freizeit: Anja mit einem Power-Twister – Der Job haut auf die Knochen – Kosinus, der Computer-Freak – Busengrabschen, Pokneifen, Fummeln – Herrlich sexy! Tolle Farben! – Alaaf!«

Oder hätte es, nach dem Reißverschlußsystem von Zufall und Notwendigkeit, auch komplett anders verlaufen können? »Die Evolution«, so Rupert Riedl über die Strategie der Genesis, »ist weder planlos noch geplant; ihre Pläne entstehen mit ihr selbst.« Aber sah sie nicht gleichwohl schon mal besser aus? »Ihre Harmonie ist weder eingebildet noch prästabilisiert.« Heißt das, die Zeitungen lenken in diesem Spätstadium die Richtung nach ihrem Gusto selber? »Das Lebendige ist poststabilisierte Harmonie der Materie.« Ist das Unglück nicht trotzdem einfach zum Schämen und Weinen? »Soweit wir sehen, können wir uns nirgends beklagen. Denn niemand hat uns geplant.«

Und also müssen wir's weidlich weiter walken lassen. »Wehe, wehe!« (›BamS‹ am 5.4.1987)

☆

Karfreitag. Von Stücker zehn noch in Betrieb befindlichen katholischen Kirchen sind fünfe fest verrammelt; in den fünf anderen hocken trostlos je zwei alte Weiblein, die, die gramvoll nissig immer drinnen hocken. Wo noch in meiner Kindheit ab Gründonnerstagnachmittag, anhebend mit Fußwaschung und Vigil, sich steigernd mit Rassel, Klageniederwürfen und Grabwache, der Karfreitagsrequisitenzauber schöner als im ›Parsifal‹ tobte, rührt nichts sich mehr, nichts, nichts. Bäldlich muß man dem Papst noch dankbar sein, wenn er wenigstens, wenigstens er, der Deppertste von allen, seit einigen Jahren im römischen Kolosseum karfreitags Scheiße baut, nämlich für weltweite TV-Zwecke vertrübt den Kreuzweg nachstellt, er schonungslos als Jesus im Husarenritt vorn weg. Ist's auch unflätig, abstrus, pervers – vertrackt und noch im siechen Schwachsinnsnebel schimmert gülden fast schon wieder Gnade auf. Gnade, Gnade, große Gnade.

☆

Heil widerfährt uns gleichfalls im Profanen. Im Münchner Haus der Kunst ist eine Ausstellung ›Arts de vivre – Die Kunst zu leben‹ anberaumt, deren Katalog dieses zu entnehmen ist:

»Der französische Geist, locker, leicht, voller Biß, mutwillig, ist gewiß an einem Abend geboren. Seine Opfer spießt er manchmal mit einem Bonmot auf, doch ist er wirklich niemals bösartig. Ihm zugrunde liegt die ausgesuchte Höflichkeit des Ancien régime, das die Harmonie eines Abends durch nichts getrübt wissen wollte, so daß sogar über ernste Dinge im leichten Plauderton gesprochen wurde. Am Abend herrscht das Zerbrechliche, das Kostbare, Satin, Edelstein, die Perlmutterhaut der Frauen, deren Schimmer das Halogenlicht noch erhöht. Pfirsichtöne, Wangen, vom Champagner rosig aufblühend.«

Es ist schon ein Artefakt, so eine Satzkette, ein Kunstgebild der echten, nämlich bis ins letzte i-Tüpfelchen hinein restlos idealischen Art. Und bringt in Erinnerung ein vorletztes Mal die alte Schopenhauer-Kraus-Schmonzette, daß Form und Gegenstand noch in der äußersten Verdrecktheit herrlich Identität behaupten.

☆

Rechtschaffen verschlafen bittet am 6. April der ZDF-Chefredakteur R. Appel im Fernsehen bei Jochen Vogel vorab »um Verständnis« dafür, daß er in der folgenden Sendung auch »kritische Fragen stellen« werde. Vergleichsweise geistesgegenwärtig und indigniert frägt Vogel retour, wozu er denn sonst gekommen sei.

Die Sendung heißt ›Journalisten fragen – Politiker antworten‹. Das Wort, behauptet der Berber, sei wie eine Gewehrkugel, nie kehre sie zurück. Dieser Querschläger nicht einmal zu seinem eigenen Absender; der seine eigenen Tödlichkeiten ja nicht merkt.

☆

Wohl ist der ›Spiegel‹-Redakteurin Marion Schreiber sehr gut bekannt, daß der ihr zu schreiben auferlegte Bericht über den »neuen Mann« Quatsch ist:

»Der ›neue Mann‹ ist wohl das Produkt einer Verschwörung, einer Verschwörung von hoffnungsfrohen Frauen und einigen geschwätzigen Männern. Er ist das Resultat einer – wie der Sozialwissenschaftler Andreas Hoff es nennt – ›medialen Konspiration‹. Beteiligt an dem Komplott sind einerseits Redakteurinnen in den Frauen- und Familienressorts, die jeden Hinweis auf Männliches zu einer gesellschaftlichen Trendwende hochschreiben oder -moderieren, und andererseits einige wenige, aber um so mitteilungsbedürftigere Männer, die sich selber als ›neu‹ empfinden.«

Aber dann schreibt M. Schreiber eben doch ihren drei Heftseiten langen, fakten- und zitatgespickten Schmarrn mir nichts dir nichts stramm zusammen.

Dies ist das Wesen unserer Zeit. Und kein Gott haut drein und ihnen mit einem elektrischen Schlag eins auf die Finger. Tipp & ex.

☆

Kunst heute laufe auf »Negationsraffinesse« hinaus, ahnt richtig Dieter Wellershoff. Das Preßwesen umgekehrt und in der Spätfolge Krausscher Kausalketten auf eine Art negativistische Inkommunikabilität von Welt und Relevanz.

☆

»Hoechst gefährlich!« (›Bild‹ vom 2.4.) Is was? Nein, nur im Sportteil und nur im Volleyball. Innere Emigration? Ach nein, nur Spaß.

☆

»Geriet ins Hintertreffen«, »traf ins Schwarze«, »mußte das Leder aus den Maschen holen« – ach der Sportreporter-Perlen der 50er Jahre, ach der Zeiten Josef Kirmeiers, achach des einen »Achtungserfolg erringenden Jahn Regensburg«, der nämlich bei Eintracht Frankfurt zwar »eine Schlappe erlitt«, sich aber dabei »noch achtbar aus der Affaire«, nämlich »nur mit 0:5 den kürzeren zog« – achachach, der Sehnsuchtswellen, der versehrenden, verzehrenden . . .

☆

Derart agitato-passionato aufbraust im Zuge der Strafaktion gegen den Jägerburschen Max der ›Freischütz‹-Fürst Ottokar: »Nein! Agathe ist für ihn zu rein!« – daß man stark annehmen muß, er habe sich, begünstigt durch die peinlichen Umstände, ganz kurzfristig entschlossen, sich selber auf die Braut zu spitzen. Anders sind die furios fickrigen Sechzehntelfiguren bei dem, der sich kurz vorher noch landesherrlich in der pastosen Gemütlichkeit des Jägerchors wälzte, überhaupt nicht zu deuteln. Eine äußerst verklausulierte Wiederkehr des ›Figaro‹-Themas also – und mit solchen späten Erkenntnissen vertreibt sich unsereins die Ostertage?

☆

Als diese Sudelblätter noch im ›Zeit-Magazin‹ erschienen, wurde seitens der Redaktion auch immer wieder mal heischend kokettiert, ich möchte doch auch mal das eigene Blättchen tatzeln. Mit Verzögerung, aber hochverdient ist's nun soweit: Die Titelblatt-Charakterisierung der grünen Klassenausflugsgiftlachnudel J. Ditfurth als »eiserne Lady der Gegenkultur« (3.4.) schrammt aber auch schon sowas von dreifach niet- und nagelfest daneben: daß es schon auch wieder nicht mehr zum Tatzeln, sondern nur noch zum Toastausbringen ist.

☆

Nicht recht mag man sich darüber freuen, daß jetzt die ›Süddeutsche‹ spät, aber doch und willens, alte Schuld zu tilgen, ein Einsehen hat und namens von Peter Buchka den Künder B. Strauß als die »Wurlitzer-Orgel des Zeitgeists« erkennt und unterm »neuen Jargon der Geschwollenheit« ächzt. Denn zum einen hätte sie den früher schmecken können. Zweitens war es ei ja im Gegenteil doch J. Kaiser ebd., der das Gefrette um die schwerblütig splendide Seifenblase erst so richtig angezetert hat, indem er dieser, als einem besonders »lauteren Ton«-Träger, vor fünf Jahren noch die fashionabelsten Weihen gab. Und drittens schürt das späte Verdikt den schon 1983 von den Ganzgescheiten bis zum Gehtnichtmehr angefachten Theologenstreit ja noch einmal nach – und eben dieses funzelnd Nichtniederzukriegende ist allerdings auch das einzig Witzige an dem verschnarcht glimmenden Kasus.

☆

»Kein Sex, keine *verdammt gute* Literatur, keine Exzesse, keine geschmäcklerisch artifizielle Yuppi-Schreibe, *kein Geraune im Imperfekt,* keine Unzucht mit dem Mittelalter, kein Avantgarde-Scheiß, kein Parfüm, kein Patchwork, kein Cut Up, kein Tschernobyl. Tut mir leid, Brillenfreunde.«

Proklamation einer Anzeige des Kiepenheuer & Witsch Verlags zu: Joachim Lottmann, ›Mai, Juni, Juli, Ein Roman‹, 1987; Kursivhervorhebungen im Original.

Der zeigt's ihnen aber. »Kein Sex«: Das könnte gegen H. Miller gehen. »Keine verdammt gute Literatur«: Wahrscheinlich gegen Handke. »Keine Exzesse«: Sicherlich gegen Bukowski. »Keine geschmäcklerisch artifizielle Yuppi-Schreibe«: Zielt wohl gegen R. Goetz und Freunderln. »Kein Geraune im Imperfekt«: Gegen den alten Thomas Mann? »Keine Unzucht mit dem Mittelalter«: Klaro, Eco. »Kein Avantgarde-Scheiß«: Schätzungsweise wohl B. Strauß. »Kein Parfüm«: Süskind, bäh! »Kein Patchwork«: Richtig, Kempowski ist ja nun wirklich nicht gut mehr drauf. »Kein Cut up«: Ror Wolf, sowas Ungeiles! »Kein Tschernobyl«: Christa Wolf, die doofe Schrulle!

Tut mir leid, Brillengents, aber diese hipp- und postgardistische Kack-Schmiere aus der Kiepenheuer & Witsch Fix & Wichs-Reklamefactory bollert einfach zu hammerstark, als daß die dahinter gaunernde Schwarte eine Chance hätte, mithalten zu können.

Stöhn ungelesen also: In die ewigen Jagdgründe.

☆

Aus dem ›Calwer Wochenblatt – Amts- und Intelligenzblatt für den Bezirk‹ vom 8.3.1851:

»Calw. Da ich mich nunmehr, von mehreren Seiten freundlich dazu aufgemuntert, veranlaßt sehe, mich ferner hier dem Unterrichte im Klavierspielen zu widmen, so will ich nicht unterlassen, dieß hiermit zur öffentlichen Kenntniß zu bringen und damit die Bitte um geneigtes Vertrauen verbinden. Karl Bruckmann, wohnhaft im von Fischer'schen Hause im Bischoff.«

Dagegen die ›Amberger Zeitung‹ vom 13.4.1987:

»Coole Mode, heiß auf Sommer-Abenteuer. Adventure wear Bambus Republic. Wir in der Bambus-Republic nehmen nichts ernster als Ihren Spaß. Fun- and Function-Fashion, Cotton-kühle Männer-Sachen für heiße Zeiten. Manchmal muß man Wind machen, um schneller voran zu kommen.«

Deshalb lieber langsam noch einmal das ›Calwer Wochenblatt‹ vom 23.7. und 26.7.1851:

»Calw. Widerlegung. Um ein Gerücht zu widerlegen, welches der Brodneid zu verbreiten sucht, erkläre ich wiederholt, daß ich mein Geschäft in bisheriger Weise fortzubetreiben, auch Alle, die mir ihr Zutrauen schenken, reell und billig zu bedienen fortfahren werde, wornach ich auf fortwährenden Zuspruch hoffen zu dürfen glaube.«

Gebenedeiet sei die selige Redaktion, die's der Geschäftsfrau zu Papier zu bringen nicht verabsäumte. »Hoffen zu dürfen glaube«! Mich überläuft's; warm wie bei Brahms' kühler Paulus-Vertonung.

☆

»Hoffen zu dürfen gläubig mich anheischig mache«? Nein, »hoffen zu dürfen glaube« ist schon die divinischste Lösung. Nicht wenige Geschäftstexte der frühen kapitalistischen Periode werden auch von der ›Iphigenie‹ nicht an humanem Klange überboten. La voce che adoro. Wie jene der Gattin.

☆

»Schlängeln – ja, des teans gern, die Bach«, so Karl Valentin. Nur, *warum* sie mäandern, z. T. exzessiv, ist nicht allein für die Wissenschaft der Geologie nur sehr kompliziert darzustellen, sondern letzten Endes in Hypothese gegen Hypothese noch vollständig ungeklärt. Ich hätte einen Vorschlag einzubringen: So wie der Bratapfel in der Röhre wackelt, weil's dem Wurm in ihm zu eng wird, so freuen sich die Bäche und kleinen Flüsse einfach derart ihres freien Lebens, daß sie ins Wiegen, ja ins aufwiegelnde Schunkeln kommen und –

☆

Rita Streich ist gestorben; die lieblichste, anmutigste, die geistbeseelteste Stimme der Schallplattengeschichte. Möge der Edlen der Schritt über die Schwelle des Todes möglichst leicht gefallen sein, mit möglichst jener himmlisch-elysäischen Schumann-Passage im Ohr, die sie als ihre letzte und seraphischste Aufnahme der Menschheit noch vermachte: »Lebe wohl, auf ewig, schöner Abendstern.« Sie selber war der schönste – oder, wissenschaftlicher gesprochen: Sie brauchte sich eigentlich von ihm gar nicht zu verabschieden – der Abendstern war nur durch ihre Stimme einer.

DER FRÜHLING SCHWILLT BEDRÄNGEND, der Feriensommer naht, naht mit glühendem Liebesblick, es redet trunken die Ferne wie von künftigem großem Glück. Allein, welche Ferne? Tja, Nepal? Nee. Feuerland? Hm, nein. Idolien? Hör mir doch mit Idolien auf. Kallmünz, Schmidmühlen? Doch, das riecht schon sehr danach. Die zwischen Velden und Eschenbach wiegend, ja wie verrückt sich schlängelnde Pegnitz? Jjjaaah!! Wie so gelinde die Luft sich bewegt – wie so geschwinde –

☆

Eine verschrumpelt zarte Greisin sitzt im Eilzug Stuttgart–Ulm und weint zum Steinerbarmen. Sie will nach Esslingen, irgendein Dämon hat ihr eingegeben, sie sitze im falschen Zug – und die Greisin weint, schluchzt weiter auch dann noch, als der Schaffner und eine emsige Frau ihr bestätigen: Der Zug sei schon der richtige. Noch fast zehn Minuten lang, in der nachklingenden Erregung, purzeln atemlos hingerissen die Tränen – ich aber gestehe, daß mir 1987 nichts so gefallen, so buchstäblich wohlgetan, mich so schwellend gestärkt hat wie die herzschnürenden Zähren aus diesem bebenden, verzagten, verrunzelten, so gerade noch fleischigen Erdenhäuflein.

Scherzfrage: Warum aber?

☆

Nun muß sich alles, alles wenden: Die Bahnhofsgaststätte von Geislingen (Steige) prunkt schon zwischen Weißdorn und Forsythien mit einer pfingstrosengeblümten, von einer scharlachroten Markise überwölbten Hollywoodschaukel, direkt neben den Geleisen.

Das hätte dem Franz Kafka des Naturtheaters von Oklahoma aber nur dann eingeleuchtet, wäre die zugehörige Landschaft entschieden flacher und überhaupt harmreicher. Aber so: wendet sich eben rein gar nichts; nicht einmal zum nochmals Übleren.

☆

Jedoch die Ohren werden wieder weiter. Denn höre: Im orgelpunktartig tremolierenden Es-Dur-Hörnerakkord der ›Freischütz‹-Ouvertüre hat Weber zweifellos über die böhmische Sturmnacht weit hinaus wahrlich die Supernova-Löcher des Weltraums in aller Rabenschwärze und rotierenden Saugkraft vorausschwurbeln lassen. Schön die Schwärze, schöner noch der ›Oberon‹-Ouvertüre mildes Mondlicht in A-Dur auf des warmen Lebens Wogentanz: »Jetzt gießt sich aus ein sanfter Glanz« — noch das Schreiben drüber macht ganz hibblig, fickrig, und schon dreht sich der Plattenteller, kreisend, saugend, mondlichtsüchtig.

☆

»Ein Saum von unsagbarer Zärtlichkeit« umsäumt Dich, Münchener Piper Verlag, in diesem Frühjahr im Rahmen der von Dir herausgegebenen »Liebesgeschichten aus drei Jahrhunderten«. Einen Schaum von unsäglicher Schleimigkeit wünsche ich wiederum Dir, Piper Verlag, eben dafür um das schmierige Maul. Mögest Du daran ersticken.

☆

»Berta Zuckerkandl und Herr Würzfleisch«: Wer schreibt diesen hinreißend zärtlichen Liebesroman?

☆

Der Münchener Professor Nikolaus Lobkowicz auf der anderen Seite im Verein mit der über seinen Vortrag berichtenden ›Amberger Zeitung‹ sieht für Marx ziemlich schwarz, nämlich eine »Tatsache, die den Professor zu dem Schlußgedanken brachte, daß die Faszination des Marxismus, auch in Amberg immer mehr rückgängig, wenn nicht gar tot ist«.

»Es ist immer ein Trost, im Unglück«, so Kraus in der ›Fackel‹, »über das Unglück so viel in der Zeitung zu finden«, und sogar die Unglücke der, das Unglück Zeitung selber, trösten lindernd ein wenig über den lang erhofften Verlust des Marxismus hinweg. Dritterseits aber erheben sich, über alle Wucht und Clarté der Lobkowiczschen Analyse hinweg, auch fernerhin schwärende Fragen schweflig am Horizont: Ist – pars prost toto – der Marxismus in Amberg rückgängig oder nur – mit dem Älterwerden Alwin Streibls – by Gosh seine Faszination? Woher weiß der Professor dieses oder jenes, da er doch nachweislich por Dios weder Streibl noch Nennstil Adolf noch auch Bleicher Sultan kennt? Bzw., was allerdings die Kompetenz Lobkowiczens transzendiert: Wie der Satz wohl tönte, dächte man sich seine Amberger Parenthese weg? Würde, placierte man das Komma hinter Amberg, Marx evendöll doch noch der auch in Amberg Erkorene – – nein, diesen den nächtigen Schleier der meinungsbildenden Maja gar zu obszön lüftenden Gedanken schenken wir uns rückgängig lieber, die Faszination der Weberschen Schwarzen Löcher im böhmischen Weltraum, auch von Amberg aus gut zu sehen, wäre eine allzu mörderisch luftige und – Schluß, aus, Amen.

☆

In diesem Sinne aber, auch das mußte konkludierend irgendwann einmal gesagt werden: »Wie Nietzsches Verhältnis zu Schopenhauer an das Hegels zu Schelling erinnert, so Nietzsches Verhältnis zu Hegel ein wenig an das von Leibniz zu Spinoza« (Walter Kaufmann, ›Nietzsche‹, Darmstadt 1982, S. 282).

Nur, warum eigentlich »von Leibniz« statt »Leibnizens«? Irgendeine panische Furcht vor dem schon fast zu Numinosen seiner eigenen Analogieahnungspracht muß ihm da schlagartig durch den schäumenden Schädel gezuckt sein und vor gar zu verwegenen Genitiven zurückgerissen haben; wenn ihm schon sonst keine Kühnheit zu bravourhaft ist, unserm Wackel.

☆

Die Aids-»Entartung«, Johann Baptist Zehetmair, nicht nur »ausdünnen«! Ausmerzen, Zehetmair, *ausmerzen!*

Verstehst? *Ausmerzen!*

☆

Der Dreischritt Kultur – Prestige – Sinnlosigkeit, wie er schon der älteren Kultursoziologie auffiel, triumphiert heute noch einmal in der geradezu allmächtigen Sinnlosigkeit, in welche gerade die größten kulturellen Prestigeprojekte einbetoniert sind; dieweil die kleineren, sagen wir der Deutsche Literaturfonds Darmstadt, der mir fürs nächste Epos evtl. monatlich 2000 DM rüberschiebt, von einer so strahlenden Sinnhaltigkeit gehalten werden, daß – ich wie billig vor diesem letzten Tabu lieber doch haltmache.

☆

»Lontano, lontano, lontano«: Vor den großen Flucht- und Glücksvisionen der ›Aida‹, des ›Don Carlo‹ und der ›Tosca‹ braucht das sentimentale Kerkerduett in Boitos ›Mefistofele‹ nicht sich zu verstecken; weder pur musikalisch noch dramaturgisch. Einleuchtender noch als bei den drei Genannten wird, daß die Suggestivvokabeln »lontano« und »fuggiamo« und »flutti« und »altri« und »l'azzurra« und »oceano« es sind, die uns beim Zuhören mit Glücksschauern übersäen. Die Beschwörung selber ist das Befreiende, Erlösende, nämlich »Andere«, und bei diesem vollends verzagten, kraft- und willenlosen Fluchtgespinst im Kerker noch zumal. Margerite und Faust wissen es über die Musik, viel genauer als Aida und

Radames, daß schon jede Idee einer Realisierung ihres neuen Glücks ein letzter Humbug wäre. Es bleibt ja nur der Rausch der Worte, der Vokale: »Lontano, lontano, lontano . . .«

☆

Das steinalte Wahre: Kunst = Euphorie, und sonst gar nichts. Genauer, die vom Autor in eine Figur injizierte Euphorie strömt zurück auf ihn als die einzige Wahrheit seines Werks: »›Manon Lescaut mi chiamo‹ . . . Come queste parole profumate mi vagan nello spirito e ascose fibre vanno a carezzare . . . o sussurro gentil!«

A posto – comunque – – preciso – – –

☆

Die Holzbläsermischungen des Ouvertüren-Nebenthemas und der B-dur-Zwischenakt-Musik von Schuberts ›Rosamunde‹: Im schönsten Wiesengrunde; und wenn der Abend sinkt zu Tal – die reine Wehmut unbeirrbar. Nicht die schon kühle, fast eisige im Mahlerschen ›Lied von der Erde‹, sondern die gerade noch besonnte; die gleichsam ewiglich noch halbbesonnte.

☆

Schumanns ›Fantasiestücke‹ op. 73 für Klavier und Klarinette: Zarter, sänftigender, beschwichtigend flüsternder raunt versunkene Natur träumend allenfalls noch in den ›Märchenbildern‹ op. 113 für Viola und Klavier, allwo das Rieseln des Atmenden im trauten Murmeln des wie rinserisch Verwehenden – ach, hören S' doch auf, und Gruß an Stephan Opitz.

☆

Weniger verweht, daß der Verlag, dessen Hauptautor bislang Karl Kraus war, Kösel, jetzt für Pfarrer Sommerauer einsteht. »Selig, wem's vor nichts mehr graust« (F.W. Bernstein).

☆

Merkwürdig, fand Richard Strauss knapp vor seinem Tod, das Sterben sei genau so, wie er's in ›Tod und Verklärung‹ respektive, dies Werk zitierend, im vierten der ›Vier letzten Lieder‹, Eichendorffs ›Im Abendrot‹, komponiert habe.

Ich aber bin viel schlechter dran. Ich habe das Lied seit meinem 22. Lebensjahr so oft gehört, daß ich's mit 57, 65, 86, dann, wenn's drauf ankommt, partout nicht mehr wissen werde.

☆

Spätnachmittag, Frankfurt, Theaterplatz. Im Verbund mit den sie säumenden Hochhäusern von BfG und IBM und Commerzbank bildet die wild auffahrend zerrissene orangeviolettbraune Wolkenformation im Kornblumenblau des derart pathetischen, schrill klagenden und gleichzeitig feiernden Himmels ein barockes Altargemälde der allegorischen Veronese-Art: Wobei der Kranz der Wolkenkratzer für die Kruzifixgruppe wohl stehen möchte. Unverhofft in ausgerechnet der Stadt von Bank und Stank, des Smogs und des Gesocks, inmitten der Ausschwefelungen schwerster Krankheit, reißt abermals des Tempels längst verschlissener Vorhang; zeigt deutsam sich des Gottes Flammenantlitz; ereignet sich das Schöne und das Wahre.

Nachwort

Wenig, nein, nichts: kein Satz, keine Glosse, kein Gedanke der ganzen 19teiligen ›Zeitmagazin‹-Serie der sogenannten ›Sudelblätter‹ beschäftigte, erregte die Leser auch nur annähernd so heftig wie – dies die verblüffendste Erfahrung ihres Autors – das jeweils beigegebene lächelnde Autorenfoto; bzw.: die Penetranz seines allwöchentlichen Wiedererscheinens. Das Foto kitzelte, leserbrieflich erfahrbar, Exegesen nur so hervor. Das Foto-Lächeln, von der Redaktion quasi vorab etwas entschuldigend gemeint, wurde von den Lesern nimmermüd schürfend als ebenso »freundlich« und »sympathisch« und »kritisch« eingestuft – wie auf der anderen Seite prompt als »überheblich«, »arrogant«, »faunisch«, »tückisch«. Nun, wir leben halt in einem optischen, bildergläubigen Zeitalter. Hätte man als Kolumnistenportrait etwa das am gleichen Tag entstandene Isolde-Ohlbaumsche Foto gewählt, welches das Titelblatt meines Fischer-›Lesebuchs‹ ziert, also das Air des Nachdenklichen, Sensiblen – ich wette, der leserbriefliche Widerhall auf die Artikelchen hätte zu 55 Prozent anders geklungen. Mysterien der Fotosuggestion wie der spätlavaterschen Gesichtsmythen; Hinschwinden der Logik zugunsten volkstümlicher Semiotik – ich gebe zu, daß auch ich derlei Medialem gegenüber nicht immer sehr aufgeklärt reagiere und zu Vorurteilen neige. Die sich dann allerdings immer bestätigen: wenn Dr. Alt den Mund aufmacht.

Zum anderen haben die vom Foto behexten Leser natürlich auch ein wenig recht. Was, frugen sich manche insgeheim, fragten manche laut die Redaktion meist

z. Hd. Dönhoff-Sommer-Schmidt, was qualifiziert diesen bestenfalls schelmisch lächelnden Menschen mit seinen mehr oder weniger haltbaren Kurzmeinungen zu diesem und jenem wohl dazu, mir Woche für Woche sein Foto entgegenrecken zu dürfen – wo ich dergleichen doch viel besser könnte und mein Gesicht zudem viel schöner ist. Das zweite mag sein. Andererseits rühren die so Fragenden fraglos ans Kernzentrum des Larvenwesens Presse. Dritterseits aber können sie's, in meinem Fall, eben doch nicht besser, ja nicht einmal annähernd so gut – sie werden's nach wie vor ja nicht begreifen noch gar glauben, doch genau so ist es.

Mißverständnisse, Mißdeutungen zuhauf gab es auch hinsichtlich der Textchen selber. Einige von ihnen, vor allem die ersten, waren sozusagen »fürs Publikum geschrieben«, d. h.: sie versuchten, meist vergeblich, eine Art mittlerer Linie zu finden zwischen erster Hilfestellung – und Provokation; nämlich dem mitunter schon absichtsvollen Vergrätzen eines Monsters, wie es ein Lesepublikum von Millionenumfang halt mal ist. Das gelang aufs ganze vermutlich ebenso wenig, wie eben die ›Zeit‹ eine irgend noch homogene Leserschaft als ihre Basis verstehen dürfte. Eine Zeitlang spielte ich, schon an die Buchversion denkend, mit der Idee, den Packen Leserbriefe zu den Sudelblättern zumindest ebenso vorwissenschaftlich auszuwerten, wie das vor einem Jahr Dieter E. Zimmer für die Buchfassung seines Anti-Psychoanalyticons ›Tiefenschwindel‹ (1986) bewerkstelligte, das ja gleichfalls zu großen Teilen auf ›Zeit‹-Veröffentlichungen zurückgreift. Auch mir schwebte zuweilen eine ausführliche Dokumentation exemplarischen Leserbrief-Echos im Nachwortteil vor – auch mein Leserbriefpacken böte wohl exzellentes empirisches Material für eine zeitungswissenschaftlich-pressesoziologische

Doktorarbeit über nicht nur die ›Zeit‹-Leserschaft. Ich ließ den Plan dann wieder fallen, käme aber vermutlich zu sehr ähnlichen Saldi, wie sie aus Zimmers Dokumentation sich abzeichnen. 50 bis 70 Prozent der Leser des bürgerlichen Intelligenzblatts dürften nach meinen Unterlagen angenehme, neugierige, zurechnungsfähige, immerhin lernwillige Zeitgenossen und letztlich also vorbildliche Leser sein; 30 bis 50 Prozent auf der anderen Seite strahlend vor Ignoranz und Ressentiment; keinem Argument lauschend, dafür um so argumentloser zurückkläffend und die Rolläden allzeit scharf herunterlassend. »Dummköpfe: Alle, die nicht so denken wie wir«, definiert Flauberts ›Wörterbuch der übernommenen Ideen‹; und das gilt natürlich auch umgekehrt, von mir, dem Dummkopf, aus. Der Idealtypus der noch im Dichtmachen der Rolläden Naserümpfenden: Geschätzte 33 Prozent unserer die Kulturzeitung im Abonnement haltenden Kulturträger sind sehr dumme, exklusiv von den Ressentiments ihres fehlverstandenen Kulturträgertums zehrende Menschen. Nicht ganz unerwartet kommt nach meinen jetzigen Erfahrungen der Idealtypus in der ca. 40jährigen ledigen und Christa Wolf oder aber Sölle lesenden Zahnärztin aus Quakenbrück oder Winsen an der Luhe ziemlich genau auf den Punkt, die Realität.

Gleichfalls nicht unverhofft: Die Kolumne war vielen nicht fein genug. Als nicht salonfähig dürfte 25 von 100 Magazin-Lesern schon der Kolumnentitel aufgestoßen sein – jener, dem zwei Blattredakteure und ich vor allem deshalb den Vorzug gaben, weil er, unserer Meinung nach, nicht nur ganz gut die Richtung wies und die Gesinnung andeutete, sondern auch geeignet sein sollte, wenigstens die gröbsten der denkbaren Mißverständnisse vorab abzuwehren. Gerade dies gelang ihm nicht durchaus. Denn entweder durchschauten die Bildungsschranzen nicht einmal dies fette Lichtenberg-Zitat – oder sie machten sich umgekehrt und ohne erst mal unbefangen zu lesen daran, nun alle Textchen schnurstracks an Lichtenberg zu messen. Mit dessen Sammlung sie natürlich andererseits nur beschränkt vergleichbar sind, eignete doch jenen Miszellen viel mehr Privates, Tagebuchartiges, etwas, das bei meiner Sammlung erst in der Buchfassung langsam als Farbe zunimmt – von den unvergleichbar unterschiedlichen Publizitätskonditionen nicht zu reden. In diesem zweiten Fall, bei den Verächtern der Kolumne, lautete der leserbriefliche Tenor nicht selten: Lichtenberg ja, toll! – aber »so nicht« (Barzel). So quasi, als ob sie bei den Lichtenbergschen Gedankenspielfragmenten andauernd in geistdurchdrungenstes Lachen ausbrechen müßten. Meine Vermutung: Sie kennen auch ihren Lichtenberg nur vom Hörensagen, vom Ressentiment ihrer sie täuschenden, nicht existenten Erinnerung her.

Im übrigen hat Lichtenberg nur recht beschränkt für meine Textchen Modell gestanden. Eher taten das schon die kleineren Arbeiten von Schopenhauer, Kraus, natürlich Adornos ›Minima Moralia‹, ein wenig auch Montaigne; sowie, unter den Lebenden, Textsammlungen von Piwitt und natürlich, wenn auch formal nur tangential: Gremlizas ›konkret-express‹-Opuscula – was die in der ›Zeit‹ erschienenen pressekritischen Texte und ihre Formidee anlangt, galt es hier wiederum und umgekehrt, Plagiatsgefahren zu umschiffen. Die Gefahr, J. Gross' FAZ-Magazin-Tagebuch zu nah zu kommen, war da schon viel geringer.

Aus abermals strategisch-taktischen Gründen angesichts der Publikation in einem Massenblatt, dessen Leserschaft nur zu einem Teil die meiner Bücher und anderweitiger Arbeiten für andere Foren ist, glaubte ich, gut daran zu tun, manches nochmals zu sagen, was schon anderswo gesagt wurde, dort manchmal schärfer; daraus erklären sich etwa einige Überschneidungen mit der ›Titanic‹-Serie der ›Erledigten Fälle‹ bzw. deren Buchfassung von 1986. Insgesamt wurden solche strategisch-taktischen Motive der im ›Zeitmagazin‹ veröffentlichten Sudeltexte spürbar am wenigsten verstanden und goutiert. Bei meinen Stammlesern nicht durchwegs, und vor allem nicht in der Weltpresse von Rechts bis Dumm. Von der FAZ bis ›Spex‹ hatten die Sudelblätter eine überwiegend schlechte Presse – kaum einer lobte mich dafür, wie achtbar z. B. es mir gelungen sei, wahre und angemaßte Zelebritäten von Bloch bis Kaiser, von Woityla bis Manns Golo, von Reich-Ranicki bis Rinser ausgerechnet eben dort zu tatzeln, wo deren Zelebrität zumeist noch am zementiertesten ist, eben in der ›Zeit‹; für den Kitzel auch der wöchentlichen Frage: Wie lang das wohl noch gutgehen möchte. Das ausgereizte Späßchen etwa, den Dunstkreis Schmidt-Dönhoff selber mehrfach stänkernd zu durchfuchteln, oder das noch ausgereiztere, ausgerechnet in der ›Zeit‹ ein Buch (Gremlizas) zu preisen, das zu einem Drittel aus Sprachkritik an einem ›Zeit‹-Chefredakteur (Sommer) besteht: Ich fürchte, für solche schwejkisch-keunerischen Winkelzüge entwickeln Leser am allerwenigsten Sensus, auch nur Ahnung. Auch kaum dafür, daß eine Breitseite sagen wir gegen den Papst im Gebildetenblatt selbst dann noch wirksamer ist als eine im Hausblatt ›Titanic‹, wenn sie nur 75 statt der wünschenswerten 100 Punkte polemic drive macht.

Warum die zunächst auf 25 Folgen hin angelegte Serie nach 19 Folgen plötzlich trotzdem verblich – der Grund ist nicht mehr zu ermitteln. Irgendwas, hörte ich, habe der Gräfin strikt mißfallen, vielleicht ein spezieller Fauxpas, vielleicht die ganze schnöselhafte Richtung. Gut so.

Auf die Dauer hätte ich mich wahrscheinlich doch schämen müssen, wäre alles glatt weitergelaufen. Letzten Endes wundere ich mich noch heute. Ich hatte allenfalls an fünf Heftfolgen geglaubt. Zumal, wie ich häufig zu lesen kriegte, die Kolumne »menschenverachtend« sei, so, wie der ganze Kerl, der dahinterstecke.

Damit aber nun nicht ein gänzlich falsches Bild entsteht: Es erfuhr der Autor allzeit brieflich-mündlich auch viel Zuspruch, Neugier, einige Bewunderung dergestalt, daß dergleichen vergleichsweise scharfe und fraktionsüberschreitende Polemik im sonst eher bräsigen Wochenblatt möglich sei. Ja, nicht wenige Leser artikulierten, vor und nach deren Ende, ihre annähernde Süchtigkeit nach der Kolumne; auch solche, die andere meiner Arbeiten gar nicht kannten. Wenn ich's in Gedanken überschlage, überwogen gar die Pro-Stimmen bei weitem – weil aber der Kitzel des »Negativistischen« (Dr. Felkel) allzeit der kitzligere ist, will ich mich gleichwohl noch ein letztes kurzes Mal bei den Schmähungen und Mißverständnissen verweilen, die beiden waren die lehrreicheren Echos. Ist's ein spezifisch Deutsches, Kritik an Autoritäten ressentimentgeladen als inferior zurückzuweisen, als Beleidigung des eigenen »Status« gar zu empfinden? Auch dann noch, wenn starke Argumente für diese Kritik aufgefahren werden, z. B. in Form schwer widerleglicher Zitate? Die alte Untertanengesinnung im neumodischen Habitus unserer freiheitlichdemokratisch lebenslang Vergreisten? Mir jedenfalls geht's genau andersrum: Weil sie meine Kenntnisse mehrt, freut mich fast jede qualifizierte Kritik, selbst an meinen Hausgöttern von Mozart bis Dostojewski – ach was, bei Mozart freut mich fast krankhaft schon auch unqualifizierte, noch die ist im Zweifelsfall gescheiter und förderlicher und stärkender als das Lobgedudel, das ich eh auswendig in meinem Hinterkopf archiviert herumtrage. Peter Jakkopps Befund über den ›Parzival‹ des Wolfram sei hier allzeit maßstabsetzend: »Auf dieses mittelalterliche Gewichse scheiß ich!« (›Die Vollidioten‹, S. 43).

So wird's gemacht, so ist es recht. Kleinlicher allerdings, intoleranter, idiosynkratischer reagiere ich auf das gar zu doofe, eben darum aber tagein tagaus zu hörende und lesende Verdikt: Es sei dies und jenes ein Vergreifen an Lichtenberg, es sei dies alles auch keine »Satire«, nämlich im Sinne von Karl Kraus, Tucholsky, Robert Neumann. Hier wird's immer rabenduster. Und eine Literatur- und Geschmackssoziologie, so sie sich dieses peinvollste aller schwer gebildeten Ressentiments vornähme, stieße rasch auf den neblig gähnenden Schlund der erkenntnistheoretischen Einsicht: daß Lesen, Bildung offenbar nur immer dümmer macht; es sei denn, beides wäre eh gelogen. Nein, »Satire« im Sinne von Karl Kraus ist dies vorliegende Werk tatsächlich nicht. Aber das hat auch niemand behauptet, auch wenn die Sudelblätter in zitierender Hommage häufig auf jenen sich berufen. Sondern, damit da eine Ruh' ist, erklär ich's hier zum aberletzten Male: Diese kleinen Texte, vor allem jene, die erst in der Buchfassung zu den schon veröffentlichten stießen, meinen nix Satire, nix Polemik, nix Nonsens, nix Parodie, nix Ideologiekritik, nix Provokation. Sondern es sind kleine privatistische Plaudereien eines alten Causeurs für seine älteren Freunde draußen im Reich, piccolo pikante Petitessen für zaglos Wohlmeinende unter seinen und den Lesern Rinsers. Tja, und im Eingedenken an sie und ihre hochselige weiterhinnige Unweigerlichkeit und des ohnehinnigen und unkorrigierbaren ferneren Durcheinanderrauschens von Allem und von Jedem wollen wir hiermit unser Nachwort auch zu Ende zockeln lassen. Erstaunlich eilig; aber souverän.

REGISTER

Aufgenommen wurde der Name eines Autors auch dann, wenn sein Zitat im laufenden Text nicht namentlich gekennzeichnet ist.

Adenauer, Konrad 101, 138, 249, 345
Adjani, Isabelle 234
Adorno, Theodor W. 22, 55, 96, 107ff., 118, 120, 132, 134, 150, 163, 172, 180, 182, 190, 200, 215, 217, 225, 232, 237, 242, 257f., 265, 271, 278f., 294, 305, 320, 323, 335, 384, 428
Albrecht, Ernst 19
Albrechtsberger, Johann Georg 375
Alexander VI. 143
Allen, Woody 348, 363
Alt, Franz 26, 69, 114, 144, 405, 425
Amerongen, Otto Wolf von 360
Anders, Günther 61, 73f., 126, 149, 203, 205
Andrew, R.J. 170
Antonioni, Michelangelo 170
Anzengruber, Ludwig 296
Appel, Reinhard 412
Aragon, Louis 130
Aristoteles 289
Augstein, Rudolf 128, 138, 217

Baader, Andreas 104, 175f.
Bach, Johann Sebastian 29, 102, 128, 259, 334, 377
Bachmann, Ingeborg 328
Bahr, Egon 285
Balzac, Honoré de 119
Bangemann, Martin 13, 57, 91, 114, 264
Bardot, Brigitte 234, 307
Barschel, Uwe 36
Barzel, Rainer 325, 395, 428
Baselitz, Georg 47
Bataille, Georges 198
Bateson, Gregory 376
Baudrillard, Jean 63, 135, 305
Bauer, Felice 85
Baum, Gerhart 325
Bebel, August 113, 189, 282, 329
Beckenbauer, Franz 50, 219, 328, 392
Becker, Boris 11, 26, 51, 64, 82, 107, 121, 150, 178, 218f., 274, 404, 410
Becker, Thorsten 14, 64, 241
Becker-Ehmck, Klaus 276
Beckett, Samuel 187, 231, 323
Beethoven, Ludwig van 128, 133, 164, 289, 334, 347, 350, 355, 368, 377
Benjamin, Walter 308
Benn, Gottfried 97f., 104, 125, 139, 149, 173, 279, 309
Berghaus, Ruth 75f., 131
Berghold, Franz 306
Bergman, Ingmar 348
Bergonzi, Carlo 62, 152, 186, 192, 282
Bernhard, Thomas 103f., 269, 304
Bernstein, F. W. 46, 95, 97, 99, 116, 153, 156f., 237f., 267, 286, 300, 314, 337, 352, 354, 358, 382, 396, 406, 423
Beuys, Joseph 79, 169, 291, 386

Biedenkopf, Kurt H. 82, 383
Bierce, Ambrose 284, 301, 367
Biermann, Wolf 41, 139, 200, 256
Bischof, Norbert 189
Bismarck, Otto von 394
Bittorf, Wilhelm 53
Blatter, Silvio 236
Bloch, Ernst 21 ff., 74, 94, 109 f., 237, 271 f., 295, 308, 335, 346, 350, 429
Bodenheimer, Aron R. 208
Bodmer, Thomas 261, 348
Bodmer-Hauptmann, Tatjana 261
Boenisch, Peter 64, 278, 392
Bogart, Humphrey 121
Böhm, Karlheinz 78
Bohrer, Karl Heinz 114, 147 f., 158
Boito, Arrigo 193, 421
Böll, Heinrich 137, 161, 168, 179, 197 f., 216 ff., 305, 312, 348, 354, 370, 386
Böll, René 179
Bonnard, Pierre 119
Borg, Björn 107
Boswell, James 31
Brahms, Johannes 334, 416
Branden, Nathalie 198
Brandt, Willy 39, 96 f., 285, 329, 382, 390
Brauchitsch, Eberhard von 64
Brecht, Bertolt 19, 75, 134, 226, 255, 429
Brehm, Alfred 388
Breitner, Paul 150, 191, 218
Brentano, Clemens 23, 42, 226
Bresch, Carsten 400
Briegel, Hans-Peter 50
Broch, Hermann 176, 226
Brockes, Barthold Hinrich 369
Bruckmann, Karl 416
Bruckner, Anton 19, 194 f., 265, 334, 380
Brunkhorst, Hauke 224
Buch, Hans Christoph 161, 389
Buchka, Peter 414
Buchner, Mirl 305
Büchner, Georg 335
Buchwald, Art 165
Bukowski, Charles 58, 415
Buñuel, Luis 34
Burger, Hermann 63, 132, 155, 169, 278

Caesar, Gaius Julius 62
Calley, William 205
Calvino, Italo 348
Campe, Joachim Heinrich 118
Camus, Albert 156, 267, 272, 348, 399
Canetti, Elias 271, 283
Carrell, Rudi 291, 363
Carlsson, Ingvar 35
Celentano, Adriano 108 f.
Chandler, Raymond 406
Chaplin, Charlie 363
Chelini, Jean 140
Chomsky, Noam 168
Christians, Friedrich W. 159
Christiansen, Günther 159
Cioran, E. M. 268
Claudius, Matthias 114
Claussen, Detlev 221
Clay, Cassius 237
Clemens 329
Clever, Edith 174
Cooper, James Fenimore 23, 105 f.
Corot, Camille 119
Cromwell, Oliver 21 f.
Cuypers, H. W. 202

Dalí, Salvador 343 f.

Darwin, Charles 224
de Gaulle, Charles 234
Degas, Edgar 119
Deix, Manfred 58 f., 138
Deleuze, Gilles 192
Derwall, Jupp 50
Descartes, René 288
Deschner, Karlheinz 181
De Sica, Vittorio 170
Deutsch, Otto Erich 127
Dickens, Charles 241
Diepgen, Eberhard 405
Ditfurth, Jutta 309, 381, 414
Doderer, Heimito von 54, 128, 167, 347
Dohnanyi, Klaus von 90
Dollinger, Werner 90, 259
Domingo, Placido 186
Dönhoff, Marion Gräfin 46, 426, 429
Donizetti, Gaetano 343
Döring, Wolfgang 183 f.
Dostojewski, Fjodor Michailowitsch 41, 128, 139, 182, 187, 246 ff., 270, 283, 295, 319, 399, 409, 430
Dregger, Alfred 56, 183, 255
Drewitz, Ingeborg 273
Drews, Jörg 269
Drick, Herr 286
Duffy, Patrick 179
Duvanel, Adelheid 83

Eckermann, Johann Peter 226, 363, 378
Eco, Umberto 194 ff., 215, 241, 314, 415
Edel, Alfred 60, 259
Eichendorff, Josef v. 70, 100, 140, 217, 226, 250, 330, 335 f., 423
Eichinger, Bernd 196
Eigenbrodt, Joseph 192
Einstein, Albert 387
Ellis, Havelock 77
Elias, Norbert 399
Elsner, Constanze 87
Ely, Norbert 19
Engelmann, Bernt 161
Engels, Friedrich 271
Ensor, James 212
Ensslin, Gudrun 118, 176
Enzensberger, Hans Magnus 161, 197, 201
Eppler, Erhard 168, 386
Erben, Heinrich K. 107, 335

Fabiola 219
Falcke, Eberhard 370
Fassbinder, Rainer Werner 169, 307, 348, 386
Feigenspann, Ekkehard 192
Feisal 39 f.
Felkel, Horst 206, 430
Feller, Wolf 309
Fellini, Federico 170
Fellner, Hermann 20
Ferolli, Beatrice 199
Feuerbach, Ludwig 172, 390
Figgemeier, Eberhard 133
Fischer, Dieter 196 f.
Fischer, Gotthilf 197
Fischer, Joschka 35, 41, 232
Fischer, Susanne 392
Fischer-Dieskau, Dietrich 348
Flaubert, Gustave 282, 285, 427
Fleissner, Herbert 159
Flickenschildt, Elisabeth 273
Fontane, Theodor 185
Förster, Karlheinz 50
Fowles, John 41, 71
Frank, Anne 223, 335
Frank, Manfred 308
Franz, Albert 205 f.
Franz, Günter 130

Freud, Sigmund 37, 132, 135, 144, 157, 162, 202, 207, 249, 271, 300, 302f., 332, 360
Freytag, Gustav 272
Fried, Erich 158f., 219, 352
Friedrich, Caspar David 238, 266
Friedrichs, Hanns Joachim 286
Frisch, Max 368
Fritz, Bernd 348
Fröhlich, Hans Jürgen 127
Fromm, Erich 63, 207, 214, 272, 303, 321
Fromme, Friedrich Karl 47
Fuchs, Ernst 386
Furtwängler, Wilhelm 19f.

Geiger, Michaela 383
Geißler, Heiner 30, 36, 39, 56, 255, 282
Geitel, Klaus 20
Gellert, Christian Fürchtegott 26
Genscher, Hans Dietrich 13, 29, 53, 74, 147f., 160, 272, 286, 395
George, Götz 404
Gernhardt, Robert 39, 45, 95, 97, 206, 277f., 285, 314, 328, 347, 352
Gerold, Karl 365
Gersdorf, Lilo 275
Gerstenmaier, Eugen 301
Glaser, Hermann 179
Glotz, Peter 39f.
Gobert, Boy 77
Goebbels, Josef 228, 232, 238f., 390
Goethe, Cornelia 320
Goethe, Johann Wolfgang 22f., 92, 105f., 110, 133, 150, 175, 185, 204, 213ff., 222, 226, 231, 248, 279, 305, 320, 347, 352f., 356, 359, 363, 378, 385, 416
Goettle, Gabriele 345
Goetz, Rainald 102ff., 415
Gontscharow, Iwan 272
Gorbatschow, Michail 14, 130, 232, 238
Gotthelf, Jeremias 271
Gould, Glenn 245, 350
Gounod, Charles 385, 421
Graf, Steffi 84, 107, 219
Grass, Günter 51, 153, 161, 168, 219, 291, 325, 348, 386
Green, Julien 211f.
Greiner, Ulrich 44ff., 308
Gremliza, Hermann L. 35, 82, 90, 147f., 218, 288, 310, 428f.
Greser, Achim 386
Grimaldi, Stéphanie 52
Gross, Johannes 428
Grosz, George 151
Grün, Hartmut 135
Guattari, Felix 192
Günderode, Caroline von 101
Gunsch, Elmar 356f.
Günther, Dorothee 276
Gustav III. 34
Gütt, Dieter 260

Habermas, Jürgen 110, 192, 225, 271f.
Haffmans, Gerd 119, 262
Haffmans-v. Bülow, Susanne 262
Hagler, Marvin 332
Hahn, Ulla 63f., 161, 365
Hamilton, David 198
Hamm, Peter 212
Hamm-Brücher, Hildegard 57, 74
Hammer, Bernd 223, 393
Händel, Georg Friedrich 259

Handke, Peter 44, 120, 134, 163 f., 214, 291, 304, 348, 354, 415
Hanf, Petra 348
Harenberg, Bodo 121
Harreis, Sigi 87, 401
Härtling, Peter 161, 200, 312, 356
Hartmann, Nicolai 123 f., 339
Hašek, Jaroslav 429
Hauptmann, Gerhart 129
Hebbel, Friedrich 90
Hebel, Johann Peter 396
Heck, Dieter »Thomas« 335
Hefner, Christie 201
Hegel, Georg Wilhelm Friedrich 29, 110, 136, 163, 178, 180, 268, 284, 288, 365, 378, 395, 420
Heidegger, Martin 131, 157, 171 f., 268, 271, 288
Heidenreich, Elke 12, 364
Heine, Heinrich 251, 336
Heise, Hans-Jürgen 94
Heller, André 131
Hemingway, Ernest 11, 272, 380
Henkel, Gabriele 35
Herles, Helmut 382
Hermann, Ludolf 208
Herzog, Chaim 405
Herzog, Werner 304
Hesse, Hermann 129, 236, 258
Heussen, Benno 101
Heydrich, Reinhard 113
Heyme, Hansgünther 76
Hieronymus 329
Highsmith, Patricia 119, 204
Hildesheimer, Wolfgang 312, 361, 387
Hillermeier, Karl 91
Himmler, Heinrich 113
Hipp, Rüdiger 163, 259, 311
Hippel, Theodor Gottlieb 328
Hitler, Adolf 17, 115, 208, 301, 304, 308, 345, 349, 364, 367, 383
Hobbes, Thomas 360
Hoeneß, Dieter 285
Höfer, Hermann 192
Höfer, Werner 325
Hoff, Andreas 412
Hoffmann, E. T. A. 119
Hoffmann, Hilmar 36
Hoffmeister, Reinhard 74
Höffner, Joseph 289 f.
Hofmann, Peter 102, 332, 357, 392
Hofmannsthal, Hugo von 204
Hofstätter, Peter R. 271
Hölderlin, Friedrich 22, 172
Holst, Erich von 188
Hood, Robin 237
Horkheimer, Max 80, 221, 237
Huber, Joseph 28
Huberty, Ernst 325
Huch, Ricarda 374 f.
Humbach, Walter 81 f.
Hundhammer, Joseph 151
Hüsch, Hanns Dieter 12, 19, 139, 154, 229, 262, 272
Hüttenegger, Bernhard 198
Huxley, Aldous 250, 403
Huysmans, Joris Karl 233, 333

Ibn Saud 359
Iden, Peter 45, 77
Iglesias, Julio 32
Ikse, Sandra 223
Ingres, Jean D. 119

Jackopp, Peter 377, 431
Jacobi, Friedrich Heinrich 160, 386
Jaeggi, Urs 314, 374
James, Henry 80

Jandl, Ernst 190, 352
Jaruzelski, Wojciech 409
Jauch, Günther 335
Jeanne d'Arc 381
Jean Paul 104
Jelinek, Elfriede 86
Jenninger, Philipp 188f.
Jens, Walter 161
Jesus 18, 78f., 137, 187, 279f., 398f., 401, 411
Johannes XXIII. 403
Johnson, Samuel 31
Johnson, Uwe 90, 155, 249, 255
Josef 402
Joyce, James 40, 231
Juhnke, Harald 83, 219
Jungwirth, Nikolaus 344

Kafka, Franz 85, 87, 111, 118, 124, 135f., 161, 170, 185, 212, 224, 266, 305, 311, 314, 364f., 382, 397, 418
Kagel, Mauricio 111
Kaiser, Joachim 27, 79, 163ff., 217, 325, 414, 429
Kamper, Dietmar 65, 115, 180, 269, 308, 337, 351, 368, 384
Kant, Immanuel 55, 237, 364, 379, 400
Karajan, Herbert von 20, 27, 43f., 51, 90, 102, 333
Karl I. 22
Karpow, Anatoli 244f.
Kaschnitz, Marie Luise 273
Kasparow, Gari 28, 244
Kästner, Erich 86
Kaufmann, Walter 420
Keaton, Buster 363
Keel, Daniel 119
Keller, Harald 357
Kelly, Petra Karin 74, 219f., 325
Kempowski, Walter 415
Kennedy, John F. 53
Kennedy, Robert 53
Kerner, Justinus 374f.
Key, Wilson Bryan 160
Khadhafi, Muammar al 46
Kashoggi, Adnan 112
Khomeini, Ajatollah 291
Kielinger, Thomas 100
Kierkegaard, Sören 146, 216
Kieseritzky, Ingomar von 40
Kiesl, Erich 137, 325
Kinder, Hermann 41
Kirmeier, Josef 413
Kirsch, Sarah 64, 161, 352
Kishon, Ephraim 159
Kittner, Dietrich 19, 154
Kleist, Heinrich von 136, 244, 316
Klopstock, Friedrich Gottlieb 100, 210
Knef, Hildegard 33
Knitter, Ferenc 402
Koch, Peter 138, 349f.
Koch, Thilo 325
Koeppen, Wolfgang 348
Kohde, Claudia 84
Kohl, Helmut 11, 13, 30, 32, 35, 39, 45f., 53f., 56ff., 63, 69, 72, 74, 97, 110, 137, 148, 160, 162, 171, 177, 191, 218, 220, 232f., 238f., 286, 289, 293, 310, 316, 334, 363, 392, 404f.
Kojak, Theo 285
Kolb, Annette 127
Kolle, Oswalt 325
Köpf, Gerhard 14, 114
Kornhuber, H. H. 242
Kortschnoi, Viktor 28, 285
Kranz, Christl 305
Kraus, Karl 21, 25, 39, 60, 65, 88, 92, 116, 118, 168, 175,

194 f., 256, 258, 311, 313, 337, 411, 413, 419, 422, 428, 431
Kreisky, Bruno 59
Kress, Richard 192
Kroetz, Franz Xaver 41, 48 f.
Krolow, Karl 356
Kromschröder, Gerhard 344
Kronauer, Brigitte 277, 326, 346
Kroth, Lutz 58 f.
Kruse, Torsten 72, 122, 124
Kübler-Ross, Elisabeth 307
Kubrick, Stanley 348
Kulenkampff, Hans-Joachim 38, 285
Küng, Hans 143, 403
Kunitzsch, Michael 161
Kunze, Reiner 155 ff., 171, 219, 260, 286, 352
Kupfer, Harry 194

Lafontaine, Oskar 382
Lambsdorff, Otto Graf 178, 227
Landgrebe, Gudrun 100
Landsherr, Sigmund 378 ff.
Lang, August »Gustl« R. 205 f.
Lange-Eichenbaum, Wilhelm 83
Laurien, Hanna-R. 104
Lauster, Peter 146
Lavater, Johann Kaspar 425
Lehár, Franz 174
Lehner, Fritz 127
Leibniz, Wilhelm 420
Leisler-Kiep, Walter 71
Lenin, Wladimir Ilitsch 179, 279
Lenz, Siegfried 161, 219
Leobold, Alfred 155
Leonard, Sugar Ray 332
Lermontow, Michail 238
Lessing, Gotthold Ephraim 187
Lettau, Reinhard 255
Lichtenberg, Georg Christoph 28, 60, 91 f., 143, 211, 267, 358 f., 428, 431
Limmroth, Wolfgang 116
Lindenberg, Udo 169
Lindner, Dieter 192
Liszt, Franz 148
Ljubojevic, Ljubomir 62
Lobkowicz, Nikolaus 419 f.
Loch, Theo M. 276
Loderer, Eugen 48
Lorenz, Konrad 83, 320, 339
Loriot 165
Losey, Joseph 194
Lottmann, Joachim 415
Loy, Egon 192
Lübke, Heinrich 239
Luciani, Albino 151
Ludwig, Wolfgang 51, 70
Luhmann, Niklas 146, 250, 266, 326
Lummer, Heinrich 46
Luther, Martin 42, 75, 139, 281
Lutz, Hermann 192

Machiavelli, Niccolo 289
Mack, Günther 123
Magath, Felix 50
Mahlein, Leonard 48
Mahler, Gustav 100, 137, 215, 251, 278, 334, 422
Mai, Manfred 199
Maier, Adelheid 222
Maier, Hans 218, 222, 370
Maiwald, Peter 63
Maletzke, Elsemarie 23
Mann, Golo 35, 429
Mann, Thomas 35, 40, 129, 194,

249, 259, 334, 374, 385, 415
Manuguerra, Matteo 152
Marcuse, Herbert 139, 257, 271 f., 293 f., 322, 395
Maria 402
Marquard, Odo 300
Marx, Karl 29, 100, 143, 177, 226, 267, 271, 284, 293, 319, 352, 365, 379, 419 f.
Maugham, William Somerset 177
May, Karl 333
McCullers, Carson 24
Meinhof, Ulrike 104, 175 f.
Meins, Holger 34
Mendelssohn, Fanny 126
Mendelssohn, Felix 137, 213, 287, 318
Mende, Erich 183 f.
Merkel, Max 218
Messemer, Hannes 41
Messner, Reinhold 275
Metes, Jörg 199
Michaela 63
Mies, Herbert 290
Miller, Henry 415
Millowitsch, Willy 285 f.
Minetti, Bernhard 348
Mitscherlich, Alexander 232, 305, 364, 380
Mitscherlich, Margarete 228, 285, 364, 380, 401
Mitterand, François 35
Mizener, Arthur 11
Mock, Alois 59
Mogger, Arthur 322
Monod, Jacques 335, 390
Monroe, Marilyn 53, 100
Montaigne, Michel de 428
Montherlant, Henri de 212
Moravia, Alberto 348
Mörike, Eduard 144, 404
Morshäuser, Bodo 70
Morus, Thomas 293
Möser, Justus 91
Mozart, Wolfgang Amadeus 43, 90, 102, 126, 128, 137, 152, 194 f., 240, 259, 265, 294, 303, 318, 334, 360 f., 393, 416, 430
Müller, Egon 343
Müller, Hanns Christian 175, 247
Müller, Wilhelm 317, 343
Murphy, Edward 18
Murray, Don 53
Musil, Robert 58, 269
Muti, Ornella 181, 231, 234 f.
Muxeneder, Franz 304

Nabokov, Vladimir 100, 259, 267 f.
Neckermann, Josef 116
Nettelbeck, Uwe 338
Neuenfels, Hans 34, 76, 174, 189, 200 f., 239, 386 f.
Neumann, Robert 431
Neuss, Wolfgang 84
Nicolaus Cusanus 193
Nietzsche, Friedrich 80, 98, 110, 163, 271 f., 279, 420
Noelle-Neumann, Elisabeth 180, 273
Novalis 99, 226, 357, 400

Oates, Joyce Carol 370
Oelze, Friedrich Wilhelm 104, 125, 139, 173, 279
Ohlbaum, Isolde 425
Okonski, Miroslav 410
Opaschowski, Horst W. 13 f.
Opitz, Stephan 422
Orff, Carl 222 f., 243, 248, 275, 286
Origines 329

Orwell, George 250, 403
Overath, Wolfgang 325
Ovid 120, 222

Palm, Guntram 393
Palme, Olof 34f.
Palmer, Lilli 75, 273
Panizza, Oskar 386
Parkinson, Cyril Northcote 22, 403
Pascal, Blaise 264
Pasolini, Pier Paolo 201f.
Paulus 329, 416
Pavarotti, Luciano 186
Pavese, Cesare 269
Pertini, Sandro 286
Pfaff, Alfred 192
Pilatus, Pontius 88
Pita, Jorge 244
Piwitt, Hermann Peter 27, 74, 102ff., 156, 369, 428
Plack, Arno 208
Plato 91, 270
Platsch 388f.
Platschek, Hans 63, 125
Pohrt, Wolfgang 50, 240f., 242, 263f., 274, 407
Polgar, Alfred 138
Polt, Gerhard 49, 52, 138, 169, 175, 210, 213, 247, 256, 286, 294, 354, 381
Ponchielli, Amilcare 152
Popper, Karl 293f.
Pörksen, Uwe 191
Postman, Neil 50
Poth, Chlodwig 261
Poth-Krause, Anna-Maria 261
Prawda, Christl 305
Preussner, Eberhard 276
Proust, Marcel 40, 59, 188, 212, 230ff., 345
Puccini, Giacomo 34, 155, 355, 421f.
Raddatz, Fritz J. 109, 217f., 234f., 256, 269, 389
Ranke, Leopold von 35, 169
Ranke-Heinemann, Uta 402
Rau, Fritz 199
Rau, Johannes 39f., 174, 193, 382
Reagan, Nancy 148
Reagan, Ronald 41, 148, 204, 393f., 409
Reemtsma Jan Philipp 21
Reiber, Caroline 357
Reich-Ranicki, Marcel 14f., 63ff., 77, 132, 216f., 229, 240f., 278, 286, 353, 384, 390, 429
Reifenberg, Benno 263
Reincke, Hans 203
Reitzenstein, Alexander Freiherr von 168
Rembrandt, Harmensz von Rijn 339
Remmers, Werner 293f.
Renger, Annemarie 75
Renoir, Auguste 119
Reuter, Stefan 210
Ribbeck, Erich 50
Richter, Horst-Eberhard 115, 228, 300
Riedl, Erich 255
Riedl, Rupert 334, 410
Riehl-Heyse, Herbert 93
Riesenhuber, Heinz 51
Riesman, David 271, 310, 354
Rilke, Rainer Maria 276
Ringelnatz, Joachim 406
Rinser, Joseph 159f., 308
Rinser, Luise 17, 36, 105, 109, 114, 129f., 149, 159ff., 198, 212, 220, 222f., 236, 243, 246, 248, 258f., 272f., 275f., 286, 295ff., 307f., 314, 339, 349, 380, 384, 389, 391, 400, 422, 429, 431

Robbins, Harold 152
Roche, Denis 356
Rodenhauser, Herr 406
Rohmer, Eric 198
Rosendorfer, Herbert 115 f.
Rosenthal, Hans 89, 312
Röhl, Klaus Rainer 112
Rubin, Zick 227
Rudorf, Reginald 227
Rühe, Volker 365
Rühmann, Heinz 76
Rühmkorf, Peter 39
Rummenigge, Karl-Heinz 50
Rutschky, Katharina 87
Rutschky, Michael 72, 206, 291, 363
Rütting, Barbara 295

Sachs, Gunter 306
Sachs, Hans 333
Salomé, Maler 47
Sartre, Jean Paul 242, 267 f., 272, 348
Schärdel, Florian 286
Scheel, Walter 82
Scheibner, Hans 154
Schelling, Friedrich Wilhelm 308, 420
Schiller, Friedrich 22, 116, 226, 267, 319, 359, 368
Schily, Otto 43, 285
Schinkel, Karl Friedrich 132, 240, 266
Schirnding, Albert von 273
Schlegel, Friedrich 180, 226, 357
Schlöndorff, Volker 41, 234
Schmid, Carlo 387
Schmid, Thomas 147 f.
Schmidt, Arno 23, 36, 58, 60, 91 f., 105 f., 137, 229, 267, 277, 293, 320, 333
Schmidt, Doris 79
Schmidt, Helmut 46, 78, 96 f., 138, 160, 218, 294, 426, 429
Schmidt, Johannes 92
Schmidt, Uve 169
Schneider, Marcel 127
Schneider, Oskar 90
Schneider, Peter 161, 389
Schneider, Romy 100
Schnellinger, Karlheinz 245
Schober, Franz 105
Scholz, Bubi 218
Schönbohm, Wulf 288
Schönherr, Dietmar 41, 394
Schopenhauer, Arthur 75, 303, 322 f., 359, 411, 420, 428
Schottroff, Luise 76
Schreiber, Marion 412
Schubert, Franz 19, 23, 105 f., 127, 209, 244, 268, 294, 317, 343, 358, 374, 396, 422
Schult, H. A. 131, 188
Schulze, Hartmut 103 f.
Schumacher, Harald (»Toni«) 50, 313, 366, 386
Schumann, Clara 326
Schumann, Robert 100, 108, 111, 226, 326, 330, 336, 350, 417, 422
Schuster, Gabi 50
Schwakenberg, F. Paul 17
Schwall-Spitt, Petra 179
Schwanz, Otto 27
Schwarz-Schilling, Christian 181, 183, 232 f.
Schwarzenegger, Arnold 84, 108 f., 196
Schwarzer, Alice 20, 228 f., 272, 327
Schygulla, Hanna 101
Scott, John Paul 360
Sedelmayr, Walter 28
Seidel, Hanns 294
Selby, Hubert 245

Sellenbroich, J. C. 87f.
Serre, Claude 192
Shakespeare, William 47, 52, 284
Shaw, George Bernard 331, 404
Sichtermann, Barbara 14
Siebeck, Wolfram 202f.
Simmel, Johannes Mario 197
Sinowatz, Fred 59, 285
Sloterdijk, Peter 124, 157f., 308
Smetana, Friedrich 76
Sölle, Dorothee 76, 114, 200, 203, 276
Sommer, Theo 46, 288, 426, 429
Sommerauer, Adolf 148, 422
Späth, Lothar 13, 56, 58, 255
Spengler, Oswald 110, 237
Spinoza, Baruch 420
Spitt, Egon 179
Spitt, Svenja Patricia 179
Spranger, Carl-Dieter 17, 20
Springer, Axel Cäsar 96, 219, 301
Staël, Germaine de 226
Stalin, Joseph 367
Steger, Norbert 59
Steiner, Rudolf 18
Steinmüller, Wilhelm 138
Stephan, Cora 202f.
Stifter, Adalbert 139, 292f.
Stinka, Dieter 192
Stirner, Max 178
Stöckl, Ula 365
Stoiber, Edmund 30, 52, 146, 274, 286, 294
Stoltenberg, Gerhard 40, 58
Storch, Ralph 102, 332, 357
Strauß, Botho 28, 101, 114, 291, 312, 348, 383f., 414f.
Strauß, Franz Josef 13, 30, 39, 45, 52, 57, 61f., 69f., 74, 91, 97, 205, 208, 227f., 245, 286, 290, 295, 309f., 361, 373, 405
Strauß, Johann 286
Strauß, Marianne 227
Strauss, Richard 106, 259, 423
Streep, Meryl 41
Streibl, Alwin 313, 378ff., 394, 420
Streich, Rita 417
Struck, Karin 131, 199, 245, 389
Struck, Peter 87
Stücklen, Richard 41, 61
Stürmer, Michael 272
Suhrkamp, Peter 257ff.
Suppé, Franz von 266
Süskind, Patrick 14f., 119, 361, 415
Süssmuth, Rita 273
Svevo, Italo 331
Syberberg, Hans Jürgen 174
Sztani, Istvan 192

Tantow, Lutz 132
Tempes, Horst 313, 393
Terjung, Knut 307
Tertullian 77, 329
Theweleit, Klaus 96
Thoma, Ludwig 137, 283
Thurn und Taxis, Fritz von 133
Thurn und Taxis, Gloria von 90, 169f.
Thurn und Taxis, Johannes von 169f.
Tieck, Ludwig 226, 308
Tiedemann, Rolf 257
Tinbergen, Niko 170f.
Todenhöfer, Jürgen 288
Tolstoi, Leo 319
Tomayer, Horst 161, 216

Topor, Roland 41
Tosti, Francesco Paolo 240
Trakl, Georg 175
Traxler, Hans 59, 364
Trenker, Luis 267, 308 f.
Trotta, Margarethe von 101, 175 f.
Tucholsky, Kurt 44, 95, 107, 256, 406, 431
Turban, Dietlinde 100
Twain, Mark 376

Uhlen, Susanne 365
Uken, Sybille 203
Umbach, Klaus 101, 127 f., 152, 350
Ungeheuer, Günther 285
Unseld, Joachim 118
Unseld, Siegfried 118, 158

Valentin, Karl 18, 79, 137, 213, 225, 239, 261 f., 272, 278 f., 319, 376, 417
Veblen, Thorsten 272, 321, 352, 361, 391
Velazquez, Diego 119
Verdi, Giuseppe 27, 34, 51, 61 f., 128, 186, 193 f., 239 f., 282, 334, 351, 389, 421
Veronese, Paolo 423
Vesper, Bernward 118
Vesper, Guntram 117 f.
Vetter, Ernst Günter 47
Virchow, Rudolf 319
Virilio, Paul 192
Vogel, Bernhard 294
Vogel, Jochen 239, 382, 412
Voss, Johann Heinrich 52, 108, 287, 418
Vostell, Wolf 405

Waalkes, Otto 18, 365
Waberer, Keto von 128 f.
Waechter, Friedrich Karl 95, 97, 306, 314
Wagner, Cosima 377
Wagner, Hans 374
Wagner, Harald 72, 122, 124
Wagner, Leo 286 f.
Wagner, Richard 43, 75, 90, 128, 130, 144, 164, 177, 210, 222, 238, 271, 304, 322, 331, 334, 377, 381, 390, 398, 410
Waigel, Theo 392
Waldheim, Kurt 138
Wallmann, Jürgen 130
Wallraff, Günther 20, 51, 154
Walser, Martin 101, 148, 161, 178, 382, 385
Warnke, Jürgen 90
Watteau, Jean Antoine 119
Watzlawick, Paul 262
Weber, Alfred 225
Weber, Karl Maria von 326, 343, 360, 413, 418, 420
Weber, Max 224 f.
Webern, Anton 334
Wecker, Konstantin 201
Wedekind, Frank 180
Wegner, Bettina 163, 285, 367
Wehner, Herbert 96 f., 307, 345
Weilbächer, Josef 192
Weinberger, Caspar 307
Weinheber, Josef 240
Weizsäcker, Richard von 74, 125, 404
Wellershoff, Dieter 413
Westphal, Michael 29
Wieland, Christoph Martin 160, 386
Wieser, Walter G. 166 f.
Wiesheu, Otto 325
Wilander, Mats 107
Windel, Wolfgang 408
Winterstein, Innenminister 74

Witt, Franz 110
Woityla, Karol 43, 82, 90, 140, 143, 181, 187, 246, 274, 336, 366, 398, 404, 410, 429
Wolf, Christa 389, 415
Wolf, Ror 17, 38, 245, 316, 335, 347, 352, 386, 397, 415
Wolf, Ulrike 71
Wolfram von Eschenbach 431
Wondratschek, Wolf 41
Wormbs, Brigitte 267, 396
Wörner, Manfred 151

Yallop, David A. 151

Zadek, Peter 189
Zander, Leserin 70
Zeffirelli, Franco 193
Zehelein, Klaus 76
Zehetmair, Johann Baptist 421
Zeisler, Gert 249
Zimmer, Dieter E. 161, 168, 214, 242, 360, 426f.
Zimmermann, Friedrich 74, 137, 264, 270, 319
Zirfeld, Chefredakteur 314
Zirngiebl, Oskar 396
Zschorsch, Gerald K. 367
Zundel, Rolf 238
Zwerenz, Gerhard 45, 95, 161, 307, 389, 405